HISTOIRE
DU
CONSULAT
ET DE
L'EMPIRE

TOME I

PARIS, IMPRIMÉ PAR PLON FRÈRES, 36, RUE DE VAUGIRARD.

A. THIERS.

HISTOIRE

DU

CONSULAT

ET DE

L'EMPIRE

FAISANT SUITE

A L'HISTOIRE DE LA RÉVOLUTION FRANÇAISE

PAR M. A. THIERS

TOME PREMIER

PARIS

PAULIN, LIBRAIRE-ÉDITEUR

60, RUE RICHELIEU

1845

HISTOIRE
DU CONSULAT
ET
DE L'EMPIRE.

LIVRE PREMIER.
CONSTITUTION DE L'AN VIII.

Entrée en fonctions des Consuls provisoires. — Partage d'attributions entre M. Sieyès et le général Bonaparte. — Le général s'empare de l'administration des affaires, et laisse à M. Sieyès le soin de rédiger la nouvelle Constitution. — État de la France en brumaire an VIII. — Désordre de l'administration et des finances. — Profonde misère des armées. — Troubles en Vendée. — Agitation du parti révolutionnaire dans quelques villes du midi. — Premiers efforts des Consuls provisoires pour remettre l'ordre dans les diverses parties du gouvernement. — Nomination de MM. Cambacérès au ministère de la justice, Laplace, au ministère de l'intérieur, Fouché, au ministère de la police, de Talleyrand, au ministère des affaires étrangères, Berthier, au ministère de la guerre, Forfait, au ministère de la marine, Gaudin, au ministère des finances. — Premières mesures financières. — Suppression de l'emprunt forcé progressif. — Création de l'agence des contributions directes, et confection immédiate des rôles arriérés depuis plusieurs années. — Création des obligations des receveurs généraux. — La confiance commence à se rétablir, les banquiers de Paris prêtent au gouvernement les premiers fonds dont il a besoin. — Envoi d'un secours aux armées. — Actes politiques des Consuls provisoires. — Révocation de la loi des otages, élargissement des prêtres détenus, et des naufragés de Calais. — Pourparlers avec les chefs du parti royaliste. — Suspension d'armes en Vendée, conclue avec MM. de Bourmont, d'Autichamp et de Châtillon. — Commencement de relations avec les cabinets étrangers. — État de l'Europe. — L'An-

Nov. 1799.

gleterre et l'Autriche résolues à continuer la guerre. — Paul Ier, irrité contre ses alliés, est disposé à se retirer de la coalition, et à se rattacher au système de neutralité, adopté par la Prusse. — Importance de la Prusse en ce moment. — Le général Bonaparte envoie à Berlin son aide-de-camp Duroc. — Bruits de paix. — Sensible amélioration dans l'état matériel et moral de la France, par suite des premiers actes des Consuls provisoires. — On commence à s'occuper de la Constitution. — Projet de M. Sieyès conçu et médité depuis longtemps. — Les listes de notabilité, le Sénat conservateur, le Corps Législatif, le Tribunat, le grand électeur. — Désaccord entre M. Sieyès et le général Bonaparte, relativement à l'organisation du pouvoir exécutif. — Danger d'une rupture entre ces deux personnages. — Des intermédiaires les rapprochent. — Le grand électeur est remplacé par trois consuls. — Adoption de la Constitution de l'an VIII, et sa mise en vigueur fixée au 4 nivôse an VIII.

La journée du 18 brumaire venait de mettre fin à l'existence du Directoire.

Ce qu'avait été le Directoire.

Les hommes qui, après les orages de la Convention, avaient imaginé cette espèce de république, n'étaient pas bien convaincus de l'excellence et de la solidité de leur ouvrage; mais au sortir du régime sanglant qu'ils avaient traversé, il leur était difficile de faire mieux ou autrement. Il était impossible, en effet, de songer aux Bourbons, que le sentiment universel repoussait; il était également impossible de se jeter dans les bras d'un général illustre, car, à cette époque, aucun de nos hommes de guerre n'avait acquis assez de gloire pour subjuguer les esprits. D'ailleurs, toutes les illusions n'étaient pas encore dissipées par l'expérience. On venait d'échapper aux mains du Comité de Salut Public; on n'avait essayé que la république sanglante de quatre-vingt-treize, consistant dans une assemblée unique, qui exerçait tous les pouvoirs à la fois; il restait un dernier essai à faire, celui d'une république modérée, dans laquelle les pouvoirs seraient sagement divisés, et dont l'administration serait confiée à des hommes nouveaux, étrangers à tous les excès qui avaient épouvanté la France. On imagina donc le Directoire.

Ce nouvel essai de république dura quatre années, depuis le 13 brumaire an IV jusqu'au 18 brumaire an VIII. Il fut entrepris avec bonne foi et bonne volonté, par des hommes dont la plupart étaient honnêtes, et animés d'excellentes intentions. Quelques personnages d'un caractère violent, ou d'une probité suspecte, comme le directeur Barras, avaient pu se mêler à la liste des gouvernants, qui, pendant ces quatre années, se transmirent le pouvoir; mais Rewbell, La Reveillère-Lepeaux, Le Tourneur, Carnot, Barthélemy, Roger-Ducos, Sieyès, étaient des citoyens probes, quelques-uns très-capables, et le dernier, M. Sieyès, un esprit tout à fait supérieur. Et cependant, la république directoriale n'avait bientôt présenté qu'une désolante confusion : moins de cruauté, mais plus d'anarchie, tel avait été le caractère du nouveau gouvernement. On ne guillotinait pas, on déportait. On n'obligeait point à recevoir les assignats sous peine de mort, mais on ne payait personne. Nos soldats, sans armes et sans pain, étaient vaincus au lieu d'être victorieux. A la terreur avait succédé un malaise intolérable. Et comme la faiblesse a aussi ses emportements, cette république modérée d'intention avait fini par deux mesures tout à fait tyranniques, l'emprunt forcé progressif, et la loi des otages. Cette dernière mesure surtout, quoiqu'elle n'eût rien de sanguinaire, était l'une des vexations les plus odieuses inventées par la cruelle et féconde imagination des partis.

Est-il étonnant que la France, à laquelle les Bourbons ne pouvaient pas être présentés en quatre-vingt-dix-neuf, et qui, après le mauvais succès de la constitution directoriale, commençait à ne plus croire à la République, est-il étonnant que la France se jetât dans les bras de ce jeune général, vainqueur de l'Italie et de l'Égypte, étranger à tous les partis, affectant de les dédaigner tous, doué d'une volonté énergique, montrant pour les affaires militaires et civiles une aptitude égale, et laissant deviner une ambition qui, loin d'effrayer les esprits, était alors accueillie comme une espérance? Il aurait suffi de moins de gloire qu'il n'en avait pour s'emparer du gouvernement, car, quelque temps auparavant, on avait envoyé le général Joubert à Novi, afin qu'il pût y acquérir les titres qui lui manquaient encore, pour faire la révolution appelée depuis, dans nos annales, le 18 brumaire. L'infortuné Joubert avait été vaincu et tué à Novi ; mais le jeune Bonaparte, toujours heureux et victorieux, du moins alors, échappant aux dangers de la mer comme aux dangers des batailles, était revenu d'Égypte en France d'une manière presque miraculeuse, et, à sa première apparition, le Directoire avait succombé. Tous les partis étaient accourus à sa rencontre, lui demandant l'ordre, la victoire et la paix.

Cependant ce n'était pas en un jour que l'autorité d'un seul pouvait remplacer cette démagogie, où tout le monde, alternativement opprimé ou oppresseur, avait joui un instant de la toute-puissance. Il fallait ménager les apparences, et, pour amener au pouvoir absolu la France fatiguée, la faire passer par la transition d'un gouvernement glorieux, réparateur et demi-républicain. Il fallait, en un mot, le Consulat, avant d'aboutir à l'Empire.

Nov. 1799.

C'est cette partie de notre histoire contemporaine que je vais raconter aujourd'hui. Quinze ans se sont écoulés depuis que je retraçais les annales de notre première révolution. Ces quinze années, je les ai passées au milieu des orages de la vie publique ; j'ai vu s'écrouler un trône ancien, et s'élever un trône nouveau ; j'ai vu la Révolution française poursuivre son invincible cours : quoique les spectacles auxquels j'ai assisté m'aient peu surpris, je n'ai pas la prétention de croire que l'expérience des hommes et des affaires n'eût rien à m'apprendre ; j'ai la confiance, au contraire, d'avoir beaucoup appris, et d'être ainsi plus apte, peut-être, à saisir et à exposer les grandes choses que nos pères ont faites, pendant ces temps héroïques. Mais je suis certain que l'expérience n'a point glacé en moi les sentiments généreux de ma jeunesse ; je suis certain d'aimer, comme je les aimais, la liberté et la gloire de la France.

Je reprends mon récit au 18 brumaire an VIII (9 novembre 1799).

La loi du 19 brumaire, qui instituait le Consulat provisoire, était rendue ; les trois nouveaux consuls, Bonaparte, Sieyès et Roger-Ducos, quittèrent Saint-Cloud pour se transporter à Paris. MM. Sieyès et Roger-Ducos, anciens membres du Directoire, étaient

Réunion des trois Consuls provisoires au Petit-Luxembourg.

déja établis au palais du Luxembourg. Le général Bonaparte abandonna sa petite maison de la rue de la Victoire, et vint avec sa femme, ses enfants adoptifs et ses aides-de-camp, fixer sa demeure dans les appartements du Petit-Luxembourg. Là, rapproché de ses deux collègues, entouré des débris du dernier gouvernement et des éléments du gouvernement nouveau, il mit la main à l'œuvre, avec cette intelligence sûre et rapide, avec cette activité extraordinaire, qui avaient signalé sa manière d'agir à la guerre.

On lui avait associé deux collègues, MM. Roger-Ducos et Sieyès, tous deux pris dans le Directoire, et tous deux fort employés à détruire ce gouvernement, qu'ils méprisaient. M. Sieyès, surtout, avait été placé à côté du général Bonaparte, parce qu'il était le second personnage de la République. Auteur des plus grandes et des meilleures conceptions de la Révolution française, telles que la réunion des trois ordres, la division de la France en départements, l'institution des gardes nationales, M. Sieyès, dépourvu d'éloquence, avait rivalisé avec Mirabeau dans les premiers jours de notre révolution, alors que la puissance de la parole était la première de toutes ; et aujourd'hui que la guerre universelle assignait au génie militaire la première place, M. Sieyès, qui n'avait jamais porté une épée, était presque l'égal du général Bonaparte, tant est grande la puissance de l'esprit, même sans l'accompagnement des talents qui le rendent utile ou applicable. Mais maintenant qu'il fallait mettre la main aux affaires, M. Sieyès, qui était paresseux, chagrin, absolu dans ses idées, irrité ou bouleversé par la moindre contradiction, M. Sieyès ne pouvait rivaliser long-temps d'influence avec son jeune collègue, qui était capable de travailler jour et nuit, qu'aucune contradiction ne troublait, qui était brusque, mais point chagrin ; qui savait charmer les hommes quand il le voulait, et, lorsqu'il négligeait de s'en donner la peine, avait toujours la ressource de les dominer par la force.

Nov. 1799.

Il y avait toutefois un rôle qu'on assignait généralement à M. Sieyès, c'était de préparer la nouvelle Constitution, que les Consuls provisoires étaient chargés de rédiger, et de proposer à la France dans un délai prochain. On était encore un peu imbu à cette époque des idées du dix-huitième siècle ; on croyait moins, mais on croyait trop encore, que les institutions humaines pouvaient être un pur ouvrage de l'esprit, et que la constitution d'un peuple pouvait sortir toute faite de la tête d'un législateur. Assurément, si la Révolution française avait dû avoir un Solon ou un Lycurgue, M. Sieyès était digne de l'être ; mais il n'y a qu'un véritable législateur dans les temps modernes, c'est l'expérience. On ne pensait pas cela autant que nous le pensons aujourd'hui, et il était universellement admis que M. Sieyès devait être l'auteur de la nouvelle Constitution ; on l'espérait, on le disait : on prétendait qu'il en possédait une, longuement méditée, que c'était une œuvre profonde, admirable, et que, débarrassé aujourd'hui des obstacles que les passions révolutionnaires lui avaient opposés, il pourrait la produire ; qu'il serait le législateur, et le général Bonaparte l'administrateur du nouveau gouvernement,

M. Sieyès chargé de faire la nouvelle Constitution.

qu'à eux deux ils rendraient la France puissante et heureuse. Chaque époque de la Révolution avait eu ses illusions : l'époque actuelle devait aussi avoir les siennes ; ce devaient être, il est vrai, les dernières.

Il fut donc convenu, d'un commun accord, que M. Sieyès s'occuperait de la Constitution, et que le général Bonaparte gouvernerait. Il était urgent, en effet, de gouverner, car la situation sous tous les rapports était déplorable ; le désordre moral et matériel était à son comble.

Les révolutionnaires ardents, battus à Saint-Cloud, avaient encore des partisans dans la société dite *du Manége*, et dans les sociétés analogues répandues en France. Ils avaient à leur tête peu d'hommes marquants des deux assemblées ; mais ils comptaient parmi eux quelques officiers assez estimés dans nos armées : Bernadotte, personnage ambitieux, nourrissant des prétentions que son rang dans l'armée ne justifiait pas ; Augereau, vrai soldat, dépourvu de raison, mais plein de bravoure, et n'ayant aucune influence ; enfin, Jourdan, bon citoyen, bon général, que ses infortunes militaires avaient aigri, et jeté dans une opposition exagérée. On pouvait craindre que les fugitifs du conseil des Cinq-Cents ne se réunissent dans une ville considérable, n'y formassent une sorte de corps législatif et de directoire, et ne ralliassent autour d'eux les hommes qui conservaient encore toute l'ardeur des sentiments révolutionnaires, les uns parce qu'ils étaient compromis par des excès ou qu'ils possédaient des biens nationaux, les autres parce qu'ils aimaient le système républicain pour lui-même, et qu'ils craignaient de le voir succomber sous la main d'un nouveau Cromwell. Une pareille tentative eût été un embarras grave, dans une situation déjà très-difficile ; on n'était pas sans inquiétude de la voir essayer à Paris même.

Nov. 1799.

De la part de la faction opposée, on pouvait aussi concevoir des craintes sérieuses, car la Vendée était de nouveau en feu. M. de Châtillon sur la rive droite de la Loire, M. d'Autichamp sur la rive gauche, Georges Cadoudal dans le Morbihan, M. de Bourmont dans le Maine, M. de Frotté sur les côtes de Normandie, tous, excités et soutenus par les Anglais, avaient recommencé la guerre civile. La loi des otages, la faiblesse du gouvernement, les défaites de nos armées, tels étaient les motifs qui les avaient portés à reprendre les armes. M. de Châtillon avait un instant occupé Nantes ; il n'y était pas demeuré, mais il y était entré. Cet accident avait suffi pour que les grosses communes du pays se couvrissent de retranchements élevés à la hâte, et s'entourassent de palissades, quand elles ne pouvaient pas s'entourer de murailles. Quelques-unes, afin de pourvoir à leur propre défense, retenaient le peu de fonds que les provinces insurgées versaient dans les caisses publiques, disant que, puisque le gouvernement ne songeait pas à les protéger, elles devaient elles-mêmes se charger de ce soin.

Le parti royaliste.

Le Directoire, quoique résolu à se garder des excès de la Convention, n'avait pu résister à toutes les propositions violentes que la guerre de la Vendée, dès qu'elle renaissait, inspirait ordinairement au parti

La loi des otages.

révolutionnaire. Entraîné par le mouvement des esprits, il avait résolu la loi dite des otages, en vertu de laquelle tous ceux qui étaient ou parents, ou complices supposés des Vendéens, devaient être détenus, et punis de certaines peines, en répression des actes qui se commettaient dans les localités, dont ils répondaient comme otages. Cette loi injuste et violente n'avait fait qu'irriter les passions, sans désarmer un seul bras dans la Vendée; et elle avait excité contre le Directoire un déchaînement inouï.

La guerre extérieure avait été un peu moins malheureuse vers la fin de la dernière campagne. La victoire du général Masséna devant Zurich, celle du général Brune au Texel, avaient repoussé l'ennemi assez loin de nos frontières; mais nos soldats se trouvaient dans un dénûment absolu. Ils n'étaient ni payés, ni habillés, ni nourris. L'armée qui avait vaincu en Hollande les Anglo-Russes, ayant l'avantage d'être entretenue par la République batave, était moins malheureuse que les autres; mais l'armée du Rhin, qui avait perdu la bataille de Stokach, celle d'Helvétie, qui avait gagné la bataille de Zurich, étaient plongées dans la misère. L'armée du Rhin, placée sur le sol français, y exerçait sans mesure, et sans fruit, le système des réquisitions; celle d'Helvétie vivait au moyen de contributions de guerre, frappées sur Bâle, Zurich, Berne, contributions mal perçues, mal employées, et qui, très-insuffisantes pour nourrir nos soldats, révoltaient l'indépendance et l'esprit d'économie du peuple suisse. L'armée d'Italie, depuis les désastres de Novi et de la Trebbia, repliée sur l'Apennin, dans un pays stérile, ravagé par la guerre, était en proie aux maladies et à la disette la plus affreuse. Ces soldats, qui avaient soutenu les plus grands revers sans en être ébranlés, et avaient montré, dans la mauvaise fortune, une constance à toute épreuve, couverts de haillons, consumés par la fièvre et la faim, demandaient l'aumône sur les routes de l'Apennin, réduits à dévorer les fruits peu nourrissants que portent les terres arides de ces contrées. Beaucoup d'entre eux désertaient, ou allaient grossir les bandes de brigands, qui, dans le midi comme dans l'ouest de la France, infestaient les grandes routes. On avait vu des corps entiers quitter leurs postes sans ordre des généraux, et aller en occuper d'autres, où ils espéraient vivre moins misérablement. La mer, gardée par les Anglais, ne leur montrait en tous sens qu'un pavillon ennemi, et ne leur apportait jamais aucune ressource. Il y avait des divisions qui étaient privées de solde depuis dix-huit mois. On levait quelques vivres au moyen des réquisitions; mais, quant aux fusils, aux canons, aux munitions de guerre, qu'on ne se procure pas avec des réquisitions, nos soldats en manquaient totalement. Les chevaux, déjà insuffisants pour les services de l'artillerie et de la cavalerie, avaient été presque tous détruits par les maladies et par la faim.

Tels étaient les résultats d'une administration faible, désordonnée, et surtout d'une affreuse gêne financière. Les armées de la République avaient vécu des assignats et de la victoire, pendant plusieurs années. Les assignats n'étaient plus; et la victoire, après nous avoir tout à coup abandonnés, venait à

Nov. 1799.

peine de se montrer à nos légions, mais sans leur ouvrir encore les plaines abondantes de l'Allemagne et de l'Italie.

Il est nécessaire de donner ici une idée de notre situation financière, cause principale des maux de nos armées. Cette situation dépassait tout ce qu'on avait vu aux époques antérieures. L'Assemblée Constituante avait commis deux fautes, auxquelles on avait paré, jusqu'à un certain point, au moyen des assignats, mais auxquelles il ne restait plus de palliatif, depuis la chute de ce papier-monnaie. Ces deux fautes étaient, premièrement, la suppression des contributions indirectes, assises sur les boissons, sur le sel, sur les consommations en général; secondement, le soin laissé aux administrations municipales de faire elles-mêmes les rôles de la contribution foncière, et des autres contributions directes.

Par la suppression des contributions indirectes, le trésor avait perdu, sans compensation, le tiers de ses revenus. Le produit des domaines de l'État étant presque annulé par une mauvaise administration, celui de l'enregistrement par le défaut de transactions particulières, celui des douanes par la guerre, les contributions directes formaient à peu près la seule ressource du trésor; mais ces contributions, qui représentaient 300 millions environ dans un budget de 500, étaient extraordinairement arriérées. Il y avait des débets pour l'an v, l'an vi et l'an vii. Les rôles pour l'an vi n'étaient pas achevés; pour l'an vii, il en restait encore un tiers à terminer; et, pour l'année courante, c'est-à-dire pour l'an viii (1799), ils étaient à peine commencés. Grâce à ce retard dans la confection des rôles, on ne pouvait pas percevoir les contributions courantes, et l'accumulation des contributions arriérées faisait naître de nouvelles difficultés de perception, parce qu'il fallait souvent demander aux contribuables l'acquittement de plusieurs années à la fois. Cet état de choses provenait de l'adoption d'un principe, en apparence juste, mais en réalité funeste : c'était de laisser les administrations locales s'imposer, en quelque sorte, en dressant elles-mêmes les rôles. Les administrations départementales et municipales étaient alors collectives, comme chacun sait. Au lieu des préfets, sous-préfets et maires, qui furent institués plus tard, il y avait auprès de toutes ces administrations des commissaires du gouvernement ; ayant voix consultative, et la mission de provoquer, de solliciter l'accélération des travaux administratifs, mais non celle de les exécuter eux-mêmes. Le système des municipalités de canton, réunissant les quarante-quatre mille communes de France en cinq mille communes collectives, avait ajouté au désordre. Toutes les affaires locales se trouvaient abandonnées ; mais, ce qui était un malheur plus grave, les deux grandes affaires de l'État, le recrutement de l'armée et la perception de l'impôt, étaient complétement négligées. Pour suppléer à ce défaut d'action administrative, on avait attribué aux cinq mille commissaires placés auprès des municipalités de canton, le soin d'accélérer la confection des rôles ; mais ils n'avaient pas le seul pouvoir qui pût être efficace, celui de faire eux-mêmes ; et d'ailleurs, partagés entre mille occupations diverses, ils ne donnaient qu'une attention médiocre à l'œuvre importante de la confection des rôles. L'indemnité qu'on leur accordait pour ce travail, beaucoup plus coûteuse que ne l'a été depuis la rétribution de la régie des contributions directes, était pour le trésor une grosse dépense sans compensation.

<small>Nov. 1799.</small>

<small>Double cause du déficit.</small>

Ainsi, les contributions directes, la principale branche du revenu de l'État, n'étaient point perçues. Outre ce déficit permanent, provenant du défaut de recettes, il y en avait un autre provenant de l'étendue des dépenses, alors fort supérieures aux ressources. La dépense ordinaire aurait pu se solder au moyen d'un revenu de 500 millions environ, mais la guerre l'avait portée à près de 700 millions. Il ne restait comme supplément que les biens nationaux, absorbés en majeure partie, d'ailleurs très-difficiles à vendre avantageusement, parce que le triomphe définitif de la Révolution présentait encore de grands doutes.

Cet état de choses avait amené des abus révoltants, et une situation qu'il faut faire connaître, pour l'instruction des peuples et des gouvernements.

Les assignats, ainsi que nous venons de le dire, n'existaient plus depuis long-temps. Les mandats, qui les avaient remplacés, avaient disparu aussi. Le papier-monnaie était donc complétement abandonné; et, quelque grand que fût le vide, il valait mieux encore ne pas le remplir du tout, que de le remplir comme on avait fait auparavant, avec un papier forcé, qui n'était guère admis dans les payements quoique forcé, et qui donnait inutilement lieu à toutes les rigueurs de la loi pour le faire admettre. On suppléait de la manière suivante à ce papier-monnaie supprimé.

D'abord on se dispensait de payer, même en papier, les fonctionnaires, qui, en brumaire an VIII, n'avaient rien reçu depuis dix mois. Cependant il fallait donner quelque chose aux rentiers et aux pensionnaires de l'État. On leur délivrait des *bons d'arrérage*, dont l'unique valeur consistait à être reçus comme argent, dans le payement des contributions. On n'acquittait pas la solde, mais on payait ce que les armées prenaient sur les lieux pour vivre, au moyen de *bons de réquisition*, recevables également en acquittement des impôts. Les compagnies chargées de pourvoir à quelques-uns des besoins du soldat, exécutant mal leur service, et quelquefois pas du tout, se faisaient délivrer, au lieu d'argent, des *délégations* sur les premières rentrées du trésor ; et, grâce à ces espèces de titres, accordés fort arbitrairement, elles mettaient la main sur presque tout le numéraire qu'on parvenait à faire arriver dans les caisses publiques. Enfin des *rescriptions* sur les biens nationaux, recevables en payement de ces biens, étaient un dernier papier ajouté à tous ceux que nous venons d'énumérer, et contribuant au plus affreux agiotage.

Ces valeurs, en effet, n'avaient pas cours forcé, comme autrefois les assignats ; mais, jetées dans la circulation, sans cesse achetées et vendues sur la place de Paris, s'élevant ou s'abaissant au moindre souffle d'une nouvelle heureuse ou malheureuse, elles étaient le sujet d'une ruineuse spéculation pour l'État, et d'une affreuse démoralisation pour le public.

Nov. 1799

Divers papiers circulants.

Agiotage.

Les gens d'affaires, dépositaires de tout le numéraire, pouvaient se les procurer à fort bon marché. Ils les rachetaient des mains des rentiers, des fournisseurs et autres détenteurs, au taux le plus bas, les faisaient ensuite présenter au trésor en payement des contributions, et versaient pour cent francs ce qui leur en avait coûté tout au plus quatre-vingts, et quelquefois soixante ou cinquante. Les comptables se livraient eux-mêmes à ce genre de spéculation, et, tandis qu'ils recevaient de l'argent d'une partie des contribuables, ils versaient au pair, dans les caisses de l'État, du papier qu'ils avaient acquis au plus vil prix. Aussi, fort peu de gens payaient-ils leurs contributions en numéraire; il y avait trop d'avantage à les acquitter en papier. De la sorte, le trésor ne recevait presque pas de valeurs réelles, et sa détresse s'augmentait chaque jour.

De même que l'irritation contre les Vendéens avait produit la loi des otages, l'irritation contre les faiseurs d'affaires avait inspiré la mesure de l'emprunt forcé progressif, destinée à frapper les gros capitalistes, et à leur faire supporter les frais de la guerre. C'était ce qu'on avait appelé en France l'impôt sur les riches, pendant les jours de la terreur; c'est ce qu'en Angleterre on appelait l'*income-tax*, impôt dont M. Pitt se servait alors, pour alimenter la guerre acharnée qu'il soutenait contre la France. Cet impôt, proportionné, non pas à l'étendue des propriétés immobilières, ce qui constitue une base certaine, mais à la richesse supposée des particuliers, était praticable, quoique avec beaucoup de peine, en Angleterre,

CONSTITUTION DE L'AN VIII. 17

dans un état régulier, où la fureur des partis ne faisait pas de l'évaluation des fortunes un moyen de vengeance. Mais il était en France impraticable, car, au milieu des désordres du temps, le jury taxateur était une espèce de comité révolutionnaire, imposant capricieusement la richesse ou la pauvreté, au gré de ses passions, et ne passant jamais pour juste, même quand il l'était, ce qui équivaut presque à ne pas l'être. On n'avait pas osé présenter cette mesure, comme autrefois, sous la forme pure et simple d'un impôt : on l'avait dissimulée sous le nom d'*emprunt forcé*, remboursable, disait-on, en biens nationaux, et devant être réparti, suivant les facultés supposées de chacun, par un jury taxateur. Aussi cette mesure était-elle devenue l'une des calamités du moment. Elle formait, avec la loi des otages, les deux griefs le plus souvent allégués contre le Directoire. Elle n'était pas cause, comme on le disait, de la misère du trésor, misère due à un ensemble de circonstances; mais elle avait éloigné les riches spéculateurs, dont le secours était indispensable au gouvernement, et desquels il fallait qu'il se servît, ne fût-ce qu'un moment, afin de pouvoir se passer d'eux plus tard.

Nov. 1799.

Cette situation financière était, comme nous l'avons dit, la cause principale du dénûment et des revers de nos armées. Parfaitement connue des puissances étrangères, elle leur inspirait la confiance de nous vaincre avec un peu de persévérance. Sans doute les deux victoires de Zurich et du Texel avaient un peu éloigné ces puissances du but qu'elles poursuivaient,

La situation financière principale cause des revers de nos armées.

mais ne les en avaient pas détournées. L'Autriche, fière d'avoir reconquis l'Italie, était décidée à combattre à outrance plutôt que de la céder de nouveau. Elle s'y conduisait déjà en souveraine absolue. Occupant le Piémont, la Toscane, les États-Romains, elle n'avait rappelé ni le roi de Sardaigne à Turin, ni le grand-duc de Toscane à Florence, ni le gouvernement pontifical à Rome. La défaite de Korsakoff et de Suwarow à Zurich, la touchait moins qu'on ne l'aurait cru. C'était à ses yeux un échec pour les armées russes, et non pour les armées autrichiennes, une faute des généraux Korsakoff et Suwarow, un événement militaire d'ailleurs fort réparable, très-fâcheux seulement s'il dégoûtait les Russes de la guerre. Mais elle espérait bien, avec l'influence et les subsides britanniques, les ramener sur le champ de bataille. Quant à l'Angleterre, riche de l'*income-tax*, qui produisait déjà plus de 200 millions par an, bloquant Malte, qu'elle espérait bientôt prendre par famine, interceptant l'envoi de tout secours à notre armée d'Égypte, qu'elle espérait réduire prochainement par les privations et par la force, l'Angleterre était bien résolue à poursuivre tous les résultats dont se flattait sa politique, avant de déposer les armes. Elle comptait d'ailleurs sur une espèce de dissolution sociale en France, qui changerait bientôt notre pays en un pays ouvert, accessible à qui voudrait y entrer.

La Prusse, la seule des puissances du Nord qui n'eût pas pris part à la guerre, observait à l'égard du gouvernement français une réserve pleine de froideur. L'Espagne, obligée par le traité d'alliance de Saint-Ildephonse à faire cause commune avec nous, semblait très-fâchée de cette communauté d'intérêts. Tout le monde paraissait se soucier fort peu d'avoir des rapports avec un gouvernement prêt à succomber. Les victoires de Zurich et du Texel lui avaient rendu les égards extérieurs, mais non la confiance des cabinets, avec lesquels il était en paix ou en alliance.

Nov. 1799.

Ainsi, au dedans la Vendée de nouveau insurgée, au dehors les principales puissances de l'Europe en armes, rendaient le péril de la guerre doublement pressant. Il fallait, par la création de quelques moyens financiers, envoyer un premier secours aux armées affamées; il fallait les réorganiser, les reporter en avant, les bien commander, ajouter de nouvelles victoires à celles qu'on avait remportées à la fin de la dernière campagne; il fallait surtout enlever aux cabinets étrangers cette idée d'une prochaine dissolution sociale en France, qui rendait les uns si confiants dans le résultat de la guerre, les autres si défiants dans leurs relations avec nous; et tout cela ne pouvait s'obtenir que d'un gouvernement fort, qui sût contenir les partis, et imprimer aux esprits l'unité d'impulsion, sans laquelle il n'y a dans les efforts qu'on tente pour se sauver, ni ensemble, ni énergie, ni succès.

On était arrivé à cet excès du mal, qui souvent amène le retour du bien, à une condition toutefois, c'est qu'il reste des forces au corps malade dont on attend la guérison. Heureusement les forces de la France étaient grandes encore. La Révolution, quoi-

Ressources qui restaient alors à la France.

que décriée par ceux qu'elle avait froissés, ou dont elle n'avait pas réalisé les illusions, n'en était pas moins, après tout, la cause de la justice et de la raison, et elle inspirait encore l'attachement qu'une grande cause inspire toujours. Elle avait d'ailleurs de nombreux intéressés, liés à son sort, dans tous ceux qui avaient acquis des situations nouvelles, acheté des biens d'émigrés, ou joué un rôle compromettant. Enfin la nation n'était pas assez épuisée, moralement et physiquement, pour se résigner à voir les Autrichiens et les Russes envahir son territoire. Elle s'indignait, au contraire, à cette idée; ses armées fourmillaient de soldats, d'officiers, de généraux admirables, qui n'avaient besoin que d'une bonne direction. Toutes ces forces étaient prêtes à se réunir spontanément dans une seule main, si cette main était capable de les diriger. Les circonstances favorisaient donc l'homme de génie qui allait se présenter, et le génie lui-même a besoin de circonstances.

Que le jeune Bonaparte, par exemple, se fût offert en 1789, même avec ses talents et sa gloire, pour saisir la société française, tendant alors de toutes parts à se dissoudre, parce que les éléments en étaient devenus incompatibles, il aurait eu beau la serrer dans ses bras puissants, ses bras d'homme n'auraient rien pu contre les forces de la nature. En ce moment, au contraire, où cette vieille société, brisée comme il fallait qu'elle le fût avant d'être refaite sur un modèle nouveau, ne présentait plus que des éléments épars, mais tendant eux-mêmes à se rapprocher, elle allait se prêter à tous les efforts de la main habile qui saurait s'en saisir. Le général Bonaparte avait donc pour lui et son génie, et la faveur des circonstances. Il avait toute une société à organiser, mais une société qui voulait être organisée, et qui voulait l'être par lui, parce qu'elle avait en lui une confiance immense, inspirée par des succès inouïs.

Nov. 1799.

La loi qui décrétait le Consulat provisoire, attribuait aux trois Consuls de vastes pouvoirs. Cette loi les investissait de la plénitude du *pouvoir directorial;* les chargeait spécialement de *rétablir l'ordre dans toutes les parties de l'administration*, de *rétablir la tranquillité intérieure*, et de *procurer à la France une paix honorable et solide*. Elle leur adjoignait deux commissions législatives, de vingt-cinq membres chacune, choisies dans le Conseil des Anciens et dans celui des Cinq-Cents, chargées de remplacer le Corps Législatif, et de donner le caractère légal aux actes des Consuls. Elle autorisait ces deux commissions à décréter toutes les mesures nécessaires, sur la proposition de l'autorité exécutive. Elle leur confiait, en outre, le soin si important de préparer la nouvelle Constitution. Et cependant, comme on ne pouvait pas leur attribuer de tels pouvoirs pour une durée de temps illimitée, la même loi statuait que, le 1ᵉʳ ventôse prochain, les deux Conseils des Anciens et des Cinq-Cents se réuniraient de plein droit, si une nouvelle Constitution n'avait été promulguée et acceptée. Pour ce cas les membres du Corps Législatif actuel demeuraient revêtus de leurs pouvoirs, sauf soixante d'entre eux, rayés de la liste des Conseils par me-

Pouvoirs des Consuls provisoires, et des commissions législatives

sure extraordinaire. La réunion éventuelle étant fixée au 1ᵉʳ ventôse, la dictature confiée aux Consuls provisoires était limitée à trois mois. C'était, en effet, une véritable dictature qu'on leur avait déférée; car ces commissions délibérant à huis-clos, divisées en diverses sections de finances, de législation, de Constitution, ne se réunissant que pour légaliser ce que le gouvernement avait à leur proposer, étaient les instruments les plus sûrs, les plus commodes pour agir avec promptitude. Il n'était au reste guère à craindre qu'on abusât de tels pouvoirs, car lorsqu'il y a tant de bien à faire, et si vite, les hommes ne perdent pas leur temps à faire le mal.

Le jour même de leur entrée au Luxembourg, les trois Consuls provisoires s'assemblèrent pour délibérer sur les plus pressantes affaires de l'État. C'était le 11 novembre 1799 (20 brumaire). Il fallait choisir un président, et bien que l'âge et la situation de M. Sieyès semblassent appeler cette distinction, Roger-Ducos, quoique son ami, et comme entraîné par le sentiment du moment, dit au général Bonaparte : Prenez le fauteuil et délibérons. — Le général Bonaparte le prit à l'instant même. Cependant les actes des Consuls provisoires ne portèrent aucune mention d'un président. On fit un premier examen sommaire de la situation. Le jeune Bonaparte ignorait encore beaucoup de choses, mais il devinait celles qu'il ne savait pas. Il avait fait la guerre, pourvu à l'entretien d'armées nombreuses, administré des provinces conquises, négocié avec l'Europe : c'était là

BONAPARTE

le meilleur des apprentissages dans l'art de gouverner. Pour les esprits supérieurs, mais pour ces esprits seulement, la guerre est une excellente école : on y apprend à commander, à se décider, et surtout à administrer. Aussi le nouveau Consul parut-il avoir sur toutes choses, ou une opinion faite, ou une opinion qui se faisait avec la rapidité de l'éclair, surtout après avoir entendu les hommes spéciaux, qui étaient les seuls qu'il écoutât, et uniquement sur l'objet qui concernait leur spécialité.

Un genre de connaissance, fort regrettable dans l'exercice de l'autorité suprême, lui manquait alors, c'était la connaissance, non pas des hommes, mais des individus. Quant aux hommes, en général, il les connaissait profondément; mais, ayant toujours vécu aux armées, il était étranger aux individus qui avaient figuré dans la Révolution. Il y suppléait en s'aidant du témoignage de ses collègues. Mais, grâce à une pénétration rapide, à une mémoire prodigieuse, il allait connaître bientôt le personnel du gouvernement, aussi bien que celui de son armée.

Après cette première conférence, les rôles étaient pris et acceptés. Le jeune général, sans attendre l'avis de ses collègues, donnait le sien à l'instant même, résumait et réglait chaque affaire, avec la décision d'un homme d'action. Il était évident que l'impulsion allait partir de lui seul. On se retira après être convenu des choses les plus urgentes à faire, et M. Sieyès, avec une résignation qui honore sa raison et son patriotisme, dit le soir à MM. de Talleyrand et Rœderer : Nous avons un maître qui sait tout faire, qui peut tout faire, et qui veut tout faire. — Il en conclut sagement qu'on devait le laisser agir, car, dans ce moment, des rivalités personnelles auraient perdu la France. Il fut convenu de nouveau, par une sorte de partage d'attributions toute volontaire, que, pendant cette dictature qu'il fallait rendre courte et féconde, le général Bonaparte gouvernerait, et que M. Sieyès s'occuperait de la Constitution. C'était, comme on l'a déjà dit, un soin que l'opinion publique adjugeait à ce dernier, et, dans l'accomplissement duquel son collègue n'était pas disposé à le contrarier beaucoup, un seul point excepté, l'organisation du pouvoir exécutif.

Ce qui pressait le plus était la composition du ministère. Ce sont les premiers hommes d'un pays qu'on y appelle dans une monarchie. Dans une république, ces premiers hommes étant devenus les chefs mêmes de la république, il ne reste pour le ministère que des hommes de second ordre, de vrais commis, sans responsabilité aucune, parce que la responsabilité réelle est montée plus haut. Quand des personnages comme M. Sieyès et le général Bonaparte, étaient consuls, des personnages même fort distingués, comme MM. Fouché, Cambacérès, Reinhart, de Talleyrand, ne pouvaient être de véritables ministres. Leur choix n'avait d'autre importance qu'une certaine signification politique, et la bonne expédition des affaires. Sous ce rapport seulement, ces choix présentaient une sorte d'intérêt.

Le jurisconsulte Cambacérès, homme savant et

sage, que nous ferons connaître plus tard, fut maintenu sans contestation au ministère de la justice. M. Fouché, après vive discussion entre les Consuls, conserva le ministère de la police. M. Sieyès ne voulait pas de lui, parce que c'était, disait-il, un homme peu sûr, et une créature du directeur Barras. Le général Bonaparte le soutint, et le fit maintenir. Il se croyait engagé à son égard par les services qu'il en avait reçus pendant les événements du 18 brumaire. De plus, M. Fouché joignait à un esprit fort pénétrant une connaissance profonde des hommes et des choses de la Révolution. Il était alors le ministre indiqué de la police, comme M. de Talleyrand, avec son habitude des cours, sa pratique des hautes affaires, son esprit fin et conciliant, était le ministre indiqué des relations extérieures. M. Fouché fut maintenu; mais le déchaînement des révolutionnaires contre M. de Talleyrand était si grand, soit à cause de ses liaisons constantes avec le parti modéré, soit à cause de son rôle dans les derniers événements, qu'on fut obligé de différer de quelques semaines son retour au ministère des relations extérieures. M. de Reinhart fut, pour une quinzaine encore, maintenu dans ce poste. Le général Berthier, fidèle compagnon du vainqueur de l'Italie et de l'Égypte, son chef d'État-major inséparable, qui savait si bien comprendre et rendre ses ordres, le général Berthier reçut le portefeuille de la guerre, qu'on retirait à M. Dubois-Crancé, jugé beaucoup trop ardent dans ses opinions. Au ministère de l'intérieur, on remplaça M. Quinette

Nov. 1799.

par un savant illustre, M. de La Place. C'était un grand et juste hommage rendu à la science; mais ce ne fut pas un service rendu à l'administration. Ce beau génie était peu propre au détail des affaires. Un habile ingénieur des constructions navales, M. Forfait, remplaça M. Bourdon de Vatry au ministère de la marine. En ce moment, le choix le plus important peut-être était celui du ministre des finances. Dans les départements déjà indiqués, les Consuls pouvaient suppléer les ministres, notamment dans les deux plus considérables, la guerre et les relations extérieures : le général Bonaparte, en effet, pouvait parfaitement suppléer MM. Berthier et de Reinhart. Mais il n'en était pas ainsi aux finances. C'est là une matière où les connaissances spéciales sont indispensables; et il n'y avait dans le ministère qui s'en allait avec le Directoire, aucun homme qui pût utilement travailler à une réorganisation des finances, devenue nécessaire et urgente. Il existait un ancien premier commis, esprit peu brillant, mais solide, et fort expérimenté, qui avait rendu, soit sous l'ancien régime, soit même pendant les premiers temps de la Révolution, de ces services administratifs, obscurs mais précieux, dont les gouvernants ne sauraient se passer, et dont ils doivent tenir grand compte. Le premier commis dont il s'agit ici, était M. Gaudin, depuis duc de Gaëte. M. Sieyès, fort en état de juger les hommes, quoique peu capable de les manier, avait discerné M. Gaudin, et avait voulu lui confier le portefeuille des finances vers la fin du Directoire. M. Gaudin, bon financier, mais citoyen timide, n'avait pas voulu accepter l'offre qui lui était faite, sous un gouvernement expirant, auquel il manquait la première condition du crédit, la force et l'apparence de la durée. Mais quand le pouvoir parut échoir, sans contestation, à des mains habiles et fortes, il ne pouvait plus éprouver les mêmes répugnances. Le général Bonaparte, ayant un goût très-décidé pour les hommes pratiques, partagea sans hésiter l'avis de son collègue Sieyès, et offrit à M. Gaudin l'administration des finances. M. Gaudin accepta ce poste, où il n'a cessé, pendant quinze ans, de rendre d'éminents services.

Nov. 1799.

Le ministère se trouvait ainsi complété. Une dernière nomination fut ajoutée aux précédentes, ce fut celle de M. Maret, depuis duc de Bassano, qui devint secrétaire des Consuls, sous le titre de secrétaire d'État. Chargé de préparer pour les Consuls les éléments de leur travail, de rédiger souvent leurs résolutions, de les communiquer aux chefs des divers départements, de garder tous les secrets de l'État, il avait une espèce de ministère, destiné quelquefois à suppléer, à compléter, à contrôler les autres. Un esprit cultivé, une certaine connaissance de l'Europe, avec laquelle il avait déjà traité, notamment à Lille avec lord Malmesbury, une mémoire sûre, une fidélité à toute épreuve, le destinaient à devenir auprès du général Bonaparte l'un de ses compagnons de travail les plus commodes, et les plus constamment employés. Le général Bonaparte préférait chez ceux qui le servaient l'exactitude et l'intelligence, à l'esprit. C'est le goût des génies supérieurs, qui ont besoin d'être compris et obéis, et point suppléés. Ce fut là le motif de la grande faveur du général Berthier, pendant vingt années. M. Maret, sans l'égaler à beaucoup près, eut dans la carrière civile quelques-uns des mérites de cet illustre chef d'état-major dans la carrière militaire.

Le général Lefebvre fut maintenu dans le commandement de la 17ᵉ division militaire. On se souvient qu'il avait d'abord, dans la matinée du 18 brumaire, montré quelque hésitation, et qu'il s'était ensuite aveuglément jeté dans les bras du nouveau dictateur. Il en fut récompensé par la 17ᵉ division militaire, et par le gouvernement de Paris. On pouvait compter désormais sur sa fidélité.

Des membres des deux Conseils, signalés par leur coopération au 18 brumaire, furent envoyés dans les provinces, pour expliquer et justifier cet événement, et, au besoin, pour remplacer ceux des agents de l'autorité, qui auraient pu se montrer ou récalcitrants, ou insuffisants. L'événement du 18 brumaire était partout accueilli avec joie; néanmoins le parti révolutionnaire avait, dans les hommes compromis par leurs excès, des sectateurs qui pouvaient devenir dangereux, surtout du côté des provinces du midi. Là où ils se montraient, la jeunesse qu'on avait appelée dorée, était toute prête à en venir aux mains avec eux. La défaite ou la victoire des uns ou des autres aurait entraîné de graves inconvénients.

Il fut apporté quelques changements dans la distribution des grands commandements militaires. Le général Moreau, profondément irrité contre le Directoire, qui avait si mal récompensé son dévouement patriotique pendant la campagne de 1799, avait consenti à se faire le lieutenant du général Bonaparte, pour l'aider à consommer la révolution du 18 brumaire. A la tête de 300 hommes, il était descendu au rôle de gardien du Luxembourg, palais dans lequel les directeurs se trouvaient prisonniers, tandis que leur déchéance se décidait à Saint-Cloud. Le général Bonaparte, qui, en flattant habilement l'orgueil et les ressentiments de Moreau, l'avait conduit à accepter ce rôle singulier, lui devait un dédommagement. Il réunit en une seule les deux armées du Rhin et de l'Helvétie, et lui en conféra le commandement. C'était la plus nombreuse, la plus belle armée de la République, et on ne pouvait la mettre en de meilleures mains. Le général Moreau avait jeté peu d'éclat dans la dernière campagne. Ses services très-réels, surtout quand avec une poignée d'hommes il arrêta la marche victorieuse de Suwarow, n'étaient cependant pas des victoires, et ne furent pas appréciés à leur juste valeur. A cette époque la bataille de Zurich avait tout effacé. De plus, la conduite politique de Moreau dans l'affaire du 18 fructidor, lorsqu'il dénonça Pichegru, ou trop tôt ou trop tard, lui avait nui dans l'opinion, et l'avait fait juger comme un caractère faible, tout à fait au-dessous de lui-même, quand il était hors du champ de bataille. Le général Bonaparte le relevait donc beaucoup en lui décernant un si vaste commandement, et il prenait en outre une détermination fort sage. Les légions du Rhin et de l'Helvétie contenaient les plus chauds républicains de l'armée, et beaucoup d'envieux de la gloire acquise en Italie et en Égypte. Masséna les commandait, et il aimait peu le général Bonaparte, quoique subjugué par son génie. Il passait tour à tour, à son égard, de l'admiration à la mauvaise humeur. On pouvait craindre de sa part quelque fâcheuse démonstration, à l'occasion du 18 brumaire. Le choix de Moreau coupait court à toutes les manifestations possibles, et enlevait à une armée mécontente un général mal disposé. Ce choix était également bon sous le rapport militaire; car cette armée du Rhin et d'Helvétie était destinée, si la guerre recommençait, à opérer en Allemagne, et personne n'avait aussi bien étudié que Moreau cette partie du théâtre de la guerre.

Masséna fut envoyé à l'armée d'Italie, sur des lieux et parmi des soldats qui lui étaient parfaitement connus. Il était honorable pour lui d'être choisi comme réparateur des fautes commises en 1799, et comme continuateur des exploits du général Bonaparte en 1796. Séparé de l'armée au milieu de laquelle il venait de vaincre, de se créer des appuis, il allait être transporté au milieu d'une armée nouvelle, à laquelle le Directoire était odieux, et où il ne devait trouver que des approbateurs du 18 brumaire. Ce choix, comme le précédent, était parfaitement entendu sous le rapport militaire. C'était l'Apennin qu'il fallait disputer aux Autrichiens, et pour une guerre de ce genre, sur ce théâtre d'opérations, Masséna n'avait pas son pareil.

Nov. 1799.

Après avoir pourvu à ces nominations indispensables, les Consuls durent s'occuper d'une affaire au moins aussi pressante, c'était celle des finances. Avant d'obtenir de l'argent des capitalistes, il fallait leur donner la satisfaction de supprimer l'emprunt forcé progressif, qui partageait avec la loi des otages la réprobation universelle. L'emprunt forcé, comme la loi des otages, était loin d'avoir produit tous les maux qu'on lui attribuait. Mais ces deux mesures, fort mesquines sous le rapport de l'utilité, avaient le tort, sous le rapport moral, de rappeler les souvenirs les plus odieux de la terreur. Aussi tout le monde était-il d'accord pour les condamner. Les révolutionnaires eux-mêmes qui, dans leur ardeur patriotique, les avaient demandées au Directoire, par un retour fort ordinaire aux partis, s'étaient subitement prononcés contre ces mesures, dès qu'ils en avaient vu le mauvais succès.

Premières mesures financières.

Suppression de l'emprunt forcé progressif.

A peine installé, le ministre Gaudin, sur l'ordre des Consuls, présenta aux commissions législatives une résolution, dont l'objet était la suppression de l'emprunt forcé progressif. Cette suppression eut lieu aux applaudissements universels. On remplaça l'emprunt forcé par une subvention de guerre, consistant en une addition de 25 centimes au principal des contributions foncière, mobilière et personnelle. Cette subvention était payable, comme les autres

Subvention de guerre.

contributions, en argent ou en papiers de toute espèce; mais, vu l'urgence, on exigea que la moitié fût acquittée en numéraire.

La subvention de guerre qu'on venait de substituer à l'emprunt forcé progressif, ne pouvait pas donner des ressources immédiates, car elle ne devait être perçue que sur les rôles des contributions directes, et en même temps que ces contributions, dont elle n'était, en réalité, que l'augmentation dans la proportion d'un quart. Il fallait, pour le service courant, et surtout pour les armées, quelques fonds, versés tout de suite au trésor. M. Gaudin, en raison de ses nouveaux actes, destinés surtout à plaire aux grands capitalistes, fit un appel aux principaux banquiers de la capitale, et leur demanda un secours, dont l'urgence frappait tous les esprits. Le général Bonaparte intervint directement auprès d'eux, et une somme de 12 millions en numéraire fut immédiatement prêtée au gouvernement. Elle devait être remboursée sur les premières rentrées de la contribution de guerre.

Ce secours était un grand bienfait, et il honorait le bon esprit des banquiers de la capitale. Mais ce n'était qu'un aliment de quelques jours. Il fallait des ressources plus durables.

On a vu au commencement de ce livre, comment la suppression des contributions indirectes, résolue au début même de la Révolution, avait réduit le trésor au seul revenu des contributions directes; comment ce revenu était lui-même presque annulé par le retard dans la confecti ondes rôles; comment enfin les assignats, moyen ordinaire de combler tous les déficits, ayant totalement disparu, on faisait le service avec des papiers de diverse nature, qui, n'ayant pas cours forcé de monnaies, ne gênaient plus, comme auparavant, les transactions particulières, mais laissaient le gouvernement sans ressources, et donnaient naissance au plus hideux agiotage. Il fallait sortir de cet état, et réorganiser la perception, si on voulait rouvrir les sources du revenu public, et, avec les sources du revenu public, celles du crédit.

Nov. 1799.

Dans tout pays où il existe des contributions sur les propriétés et les personnes, ce que nous nommons en France contributions directes, il faut un état des propriétés avec évaluation de leur produit, un état nominatif des personnes avec évaluation de leurs facultés pécuniaires; il faut tous les ans modifier ces états, suivant la translation des propriétés de main en main, suivant la naissance, la mort, le déplacement des personnes; il faut ensuite répartir tous les ans, entre les propriétés et les personnes, la somme d'impôts qui a été décrétée; il faut enfin une perception tout à la fois exacte et prudente : exacte, pour assurer les rentrées; prudente, pour ménager les contribuables. Rien de tout cela n'existait en l'an vIII (1799).

Moyens employés pour assurer la perception.

Le cadastre, ouvrage des quarante années écoulées, n'était pas commencé. Il y avait d'anciens livres terriers dans quelques communes, et un état général des propriétés, entrepris sous la Constituante. Ces données, fort peu exactes, étaient cependant mises à profit. Mais les opérations qui consistent à reviser les états des propriétés et des personnes suivant leurs mutations incessantes, et à répartir annuellement entre elles la somme décrétée de l'impôt, ces opérations, qui constituent proprement ce qu'on appelle la confection des rôles, étaient livrées aux administrations municipales, dont nous avons déjà fait connaître la désorganisation et l'incurie.

La perception n'était pas dans un moindre désordre. Elle était adjugée au rabais, à ceux qui offraient de percevoir à moindres frais. Ces adjudicataires versaient les fonds perçus dans les mains de préposés, qui servaient d'intermédiaires entre eux et le receveur général. Ils étaient les uns et les autres en débet. Le désordre qui présidait à toutes choses ne permettait guère de les surveiller. D'ailleurs la non-confection des rôles leur fournissait toujours une excuse plausible pour le retard des versements, et l'agiotage un moyen de s'acquitter en papiers dépréciés. En un mot, ils recevaient peu, et versaient encore moins.

Sur l'avis de M. Gaudin, les Consuls ne craignirent pas de revenir à certaines pratiques de l'ancien régime, que l'expérience avait démontrées bonnes et utiles. Sur le modèle amélioré de l'ancienne administration des vingtièmes, on créa l'agence des contributions directes, toujours repoussée jusque-là, par la fâcheuse idée de laisser aux administrations locales le soin de s'imposer elles-mêmes. Un directeur et un inspecteur par département, 840 contrôleurs répandus, en plus ou moins grand nombre, dans les arrondissements, devaient exécuter eux-mêmes le travail des rôles; c'est-à-dire composer la liste des propriétés et des personnes, constater les changements survenus dans l'année, et leur appliquer la portion de l'impôt qui leur revenait. Ainsi, au lieu des cinq mille commissaires cantonaux, réduits à solliciter auprès des communes la confection des rôles, on devait avoir 99 directeurs, 99 inspecteurs, et 840 contrôleurs, exécutant eux-mêmes le travail, et coûtant à l'État 3 millions au lieu de 5. On espérait qu'en six semaines cette administration serait complétement organisée, et qu'en deux ou trois mois, elle aurait achevé le tiers restant à faire des rôles de l'an VII (année écoulée), tous ceux de l'an VIII (année courante), enfin tous ceux de l'an IX (année prochaine).

Il fallait le courage de vaincre quelques préventions, et le général Bonaparte n'était pas homme à s'arrêter devant des préventions. Les commissions législatives, discutant à huis-clos, adoptèrent le projet proposé, après quelques observations. Des garanties furent accordées à ceux des contribuables qui auraient des réclamations à élever; garanties qui se trouvèrent assurées depuis, avec plus de précision, au moyen de l'institution des conseils de préfecture. La base de toute contribution régulière se trouva ainsi rétablie.

Cela fait, il fallait organiser la perception, et la rentrée des fonds au trésor.

Aujourd'hui, grâce à l'ordre parfait que l'Empire et les gouvernements postérieurs ont successive-

Nov. 1799.

des receveurs généraux.

ment introduit dans nos finances, le recouvrement des fonds du trésor s'exécute avec une facilité et une régularité, qui ne laissent plus rien à désirer. Des percepteurs reçoivent, mois par mois, les *contributions directes*, c'est-à-dire les impôts assis sur la terre, les propriétés bâties et les personnes, les versent au receveur particulier placé dans chaque chef-lieu d'arrondissement, et celui-ci dans les mains du receveur général, placé au chef-lieu du département. Les receveurs des *contributions indirectes*, lesquelles se composent des droits de douane établis aux frontières sur les marchandises étrangères, des droits d'enregistrement établis sur les mutations de propriétés ou sur les actes judiciaires, enfin des droits établis sur les consommations de tout genre, telles que boissons, tabac, sel, etc., les receveurs de ces contributions en versent le produit, au fur et à mesure des recettes, dans les mains du receveur particulier, celui-ci encore dans les mains du receveur général, vrai banquier de l'État, chargé de centraliser les fonds, et de les mouvoir suivant les ordres qu'il reçoit de l'administration du trésor.

L'égale répartition des charges publiques, et l'aisance générale ont rendu l'acquittement de l'impôt si facile aujourd'hui ; de plus, la comptabilité, qui n'est que la description de toutes les opérations relatives à la recette et à la dépense, est devenue si claire, que les fonds arrivent au jour dit, souvent plus tôt, et qu'on sait en outre l'instant précis de leur entrée et de leur sortie. On est donc parvenu à établir un système, fondé sur la vérité même des faits, à mesure qu'ils s'accomplissent. Il est dans la nature des *contributions directes*, assises sur la propriété et sur les personnes, et qui sont comme une espèce de rente, de pouvoir être fixées d'avance, quant au montant, et quant au terme du paiement. On les exige donc par douzième et par mois. On en *débite*, ce qui veut dire qu'on en constitue débiteurs, les comptables, tous les mois. Mais on suppose qu'ils ne les ont reçues que deux ou trois mois après le douzième échu, afin de leur laisser le moyen de ménager les contribuables, et de leur créer en même temps à eux-mêmes un motif de faire rentrer l'impôt ; car, s'ils le reçoivent avant le terme auquel le versement en est dû, ils recueillent une jouissance d'intérêt proportionnée à la célérité du recouvrement. Il est, au contraire, de la nature des *contributions indirectes*, qui ne sont perçues qu'au fur et à mesure de l'entrée en France des produits étrangers, au fur et à mesure des mutations de propriétés, ou des consommations de tout genre, de n'arriver qu'irrégulièrement, et suivant le mouvement des choses sur lesquelles elles sont assises. On en *débite* donc, c'est-à-dire qu'on en constitue débiteurs, les comptables, au moment même où elles arrivent chez eux, et non par douzième et par mois, ainsi qu'on le pratique pour les *contributions directes*. Tous les dix jours, le receveur général est constitué débiteur de ce qui est entré dans la dizaine écoulée.

Dès qu'il est *débité*, n'importe pour quelle espèce de contribution, le receveur général paie intérêt pour les sommes dont il est *débité*, jusqu'au jour où il les verse pour l'acquittement des services publics. Le jour, au contraire, où il paie une somme quelconque, pour le compte de l'État, et avant de la devoir, l'État à son tour lui tient compte de l'intérêt. On compense ensuite les intérêts dus par le receveur général, pour les sommes qui ont séjourné chez lui en dehors du temps prescrit, et les intérêts dus par le trésor, pour les sommes qui lui ont été avancées : de la sorte, il n'y a pas un jour d'intérêt perdu, ni pour l'un ni pour l'autre; et le receveur général devient un vrai banquier, en compte courant avec le trésor, obligé de tenir toujours à la disposition du gouvernement les fonds que les besoins du service peuvent exiger, n'importe dans quelle proportion.

Tel est le système que l'expérience d'une part, et l'aisance croissante chez les contribuables de l'autre, ont successivement amené dans le recouvrement des fonds du trésor.

Mais à l'époque dont nous racontons l'histoire, l'impôt rentrait mal, et la comptabilité était obscure. Le comptable qui n'avait pas versé, pouvait alléguer le retard dans la confection des rôles, la détresse des contribuables; il pouvait, en outre, dissimuler ses recettes, grâce au défaut de clarté dans la description des opérations. Le gouvernement ne savait pas, comme aujourd'hui, ce qui se passe, chaque jour, dans les quelques mille caisses, grandes ou petites, composant la caisse générale de l'État.

M. Gaudin proposa, et fit accepter au général Bonaparte, un système, emprunté en grande partie à l'ancien régime, système ingénieux, qui nous a conduits insensiblement à l'organisation actuellement établie. Ce système fut celui des *obligations* des receveurs généraux. Ces receveurs, vrais banquiers du trésor, comme nous les avons appelés, devaient souscrire des obligations, échéant mois par mois, pour toute la valeur des contributions directes, c'est-à-dire pour 300 millions, sur 500 millions composant alors le budget de l'État. Ces *obligations*, à leur échéance, étaient payables à la caisse du receveur général. Pour représenter le retard apporté par le contribuable à verser son impôt, on supposait chaque douzième acquitté quatre mois environ après l'époque où il était dû. Ainsi, les *obligations* pour le douzième échu au 31 janvier, devaient être souscrites à échéance du 31 mai, de façon que le receveur général, ayant devant lui un terme de quatre mois, avait à la fois le moyen de ménager le contribuable, et un stimulant pour faire rentrer l'impôt ; car s'il le faisait rentrer en deux mois au lieu de quatre, il gagnait deux mois d'intérêt.

Cette combinaison, outre l'avantage de ménager le contribuable, et d'intéresser le compable à la rentrée de l'impôt, avait le mérite d'interdire aux receveurs généraux les retards de versement, car le trésor avait sur leur caisse des lettres de change à échéance fixe, qu'ils étaient forcés d'acquitter sous peine de protêt. Il est vrai qu'une telle combinaison n'était possible, qu'après avoir assuré la confection des rôles et la perception, les receveurs généraux

Nov. 1799.

ne pouvant verser exactement, que s'ils avaient touché exactement. Mais, cela fait par les moyens que nous avons indiqués, le système des obligations était aisé à établir ; et il avait, indépendamment des avantages déjà énumérés, celui de mettre, le premier jour de l'année, à la disposition du trésor, les 300 millions des contributions directes, en lettres de change d'un escompte sûr et facile.

Pour donner crédit à ce papier, destiné à remplir l'office que les bons royaux remplissent aujourd'hui en France, et les bons de l'Échiquier en Angleterre, on imagina la caisse d'amortissement. Cette caisse, qui devait recevoir bientôt toutes les attributions relatives à la dette publique, n'eut d'autre objet, dans ce premier moment, que celui de soutenir les *obligations* des receveurs généraux. Voici comment on s'y prit. Les comptables, pour garantie de leurs opérations, ne fournissaient alors qu'un cautionnement en immeubles. Ce genre de cautionnement, exposant l'État aux difficultés d'une expropriation forcée, quand il avait à exercer des recours, ne remplissait pas suffisamment l'objet de son institution. On songea donc à demander aux comptables un cautionnement en argent. Ils faisaient tous alors d'assez gros bénéfices, par suite de l'agiotage établi sur l'impôt même, pour se soumettre volontiers à une telle condition, plutôt que de résigner leurs charges.

Ces cautionnements, versés à la caisse d'amortissement, étaient destinés à servir de garantie aux *obligations*. Toute *obligation*, à son échéance, devait être payée à la caisse du receveur général, ou, à défaut, à la caisse d'amortissement, qui devait acquitter à l'instant même l'effet protesté, sur le cautionnement du comptable. L'*obligation*, par ce moyen, égalait sur-le-champ en solidité le meilleur papier de commerce. Ce n'était pas le seul avantage de cette combinaison. Probablement une faible portion des cautionnements devait suffire, pour soutenir le crédit des *obligations*, car peu de receveurs généraux seraient tentés de laisser protester leur papier ; le surplus restait dès lors à la disposition du trésor, qui en pouvait tenir compte à la caisse, en lui cédant des immeubles ou des rentes.

Nov. 1799.

On avait donc, par cette institution, l'avantage de donner cours assuré aux *obligations*, et de se procurer une certaine somme de numéraire, réalisable sur-le-champ, ressource qui, dans le moment, venait très à propos.

Tel fut le système de perception et de versement, qui ramena en peu de temps l'aisance au trésor. Il consistait, comme on le voit, à dresser les rôles des contributions, et à les mettre en recouvrement, avec exactitude et célérité ; à tirer ensuite des lettres de change sur les principaux comptables, pour la valeur totale de l'impôt, lettres de change d'un escompte facile, grâce aux moyens imaginés pour que les receveurs généraux pussent acquitter eux-mêmes leurs *obligations*, ou que la caisse d'amortissement pût les acquitter pour eux.

Nous n'avons parlé que des contributions directes. Quant aux contributions indirectes, ne rentrant ni régulièrement, ni par douzième, les receveurs généraux devaient, après la recette faite, mais seulement après, envoyer au trésor des *bons à vue* sur leur caisse, valeur qui ne devenait ainsi disponible qu'après que le comptable en avait reçu le montant. Cette partie du service qui laissait encore aux receveurs généraux de trop grandes jouissances de fonds, fut perfectionnée plus tard.

Il y a, au moment de l'introduction de tout système nouveau, des embarras de transition, naissant de la difficulté d'ajuster l'état présent des choses avec l'état prochain qu'on veut créer. Ainsi les *bons d'arrérages*, délivrés aux rentiers, les *bons de réquisition*, délivrés aux fermiers dont on avait pris les denrées sur les lieux, enfin les *délégations* sur les fonds à rentrer dans les caisses, délivrées à certains fournisseurs avec une coupable licence, pouvaient déranger tous les calculs. On s'y prit de différentes manières, pour parer aux inconvénients qui résultaient de la présence de tous ces papiers dans la circulation. Les *bons d'arrérages*, fournis aux rentiers, eurent seuls la faveur d'être reçus encore en payement de l'impôt; mais on en connaissait le montant pour l'année courante, et on diminua d'autant la somme des obligations que devaient souscrire les receveurs généraux.

Quant aux *bons de réquisition* et aux *délégations*, papiers d'origine suspecte, et dont le montant était inconnu, on les soumit à une liquidation particulière. On les remboursa plus tard, partie en biens nationaux, partie en valeurs de différente nature, et avec une suffisante équité.

En payant les rentiers en argent, comme on se proposait de le faire bientôt, dès que la rentrée des contributions serait assurée; en nourrissant les armées, et en les dispensant de recourir au système des réquisitions; en refusant obstinément aux fournisseurs les délégations abusives qu'on leur délivrait auparavant sur les recettes du trésor, on devait tarir la source des papiers, et rétablir partout la perception en numéraire.

Nov. 1799.

A ces moyens, imaginés pour assurer les revenus de l'État, on joignit quelques mesures, les unes fort légitimes en tout temps, les autres ayant encore le caractère d'expédients, et l'excuse de la nécessité. Les acquéreurs de domaines nationaux, faisant comme tout le monde alors, c'est-à-dire, n'exécutant pas les lois, n'acquittaient pas le prix des immeubles qu'ils avaient achetés. Ils furent astreints à le verser dans un délai de quatre mois, sous peine de déchéance. Cette obligation devait faire rentrer une grande partie des papiers circulants, qui étaient spécialement recevables en payement des biens nationaux. Certaines classes d'acquéreurs devaient solder en numéraire une portion du prix d'achat. On les obligea à souscrire pour cette portion des engagements négociables. C'étaient des valeurs assez bonnes et d'un placement facile, car ceux qui les avaient souscrites étaient menacés de perdre leurs biens, s'ils laissaient protester leurs engagements.

Il existait encore trois ou quatre cents millions de domaines nationaux non vendus. Cette valeur tout à fait hypothétique, fondée sur les estimations de 1790, pouvait, si on savait attendre des temps meilleurs, doubler, tripler, et même augmenter davantage. Ne pas aliéner eût mieux valu. Cependant l'urgence des besoins fit recourir à une nouvelle aliénation. On décida que des *rescriptions*, représentatives du prix des biens qu'il s'agissait de vendre, seraient négociées à des spéculateurs pour une somme de 150 millions. Heureusement qu'une très-petite partie de cette somme fut mise en émission.

Enfin on imagina de représenter aussi par des titres du même genre, le capital de certaines rentes foncières, appartenant à l'État, et dont les lois antérieures avaient permis le rachat aux débiteurs. C'était une ressource d'environ 40 millions. Les débiteurs de ces rentes ne les servaient plus, sans en avoir cependant opéré le rachat. Il fut émis des titres, destinés à représenter ce capital de 40 millions, et négociables, comme les *rescriptions* sur les biens nationaux, par le moyen des agents d'affaires.

Ces créations de valeurs artificielles étaient la dernière concession faite à des besoins urgents. Aliénées à des spéculateurs, elles étaient destinées à procurer quelques ressources, en attendant le rétablissement des finances, qu'on devait espérer de la confection ponctuelle des rôles, et du système des *obligations* des receveurs généraux. Du reste, ces valeurs, comme on le verra plus tard, furent émises avec une grande réserve, et n'eurent pas leurs inconvénients ordinaires, qui sont la dépréciation, et l'aliénation à vil prix des ressources de l'État.

Ces divers projets, quoique bons, ne pouvaient

valoir que ce que vaudrait le gouvernement lui-même. Fondés sur le retour supposé de l'ordre, ils donneraient les résultats qu'on s'en promettait, si l'ordre renaissait en effet; si le pouvoir exécutif apportait de la vigueur et de la suite dans l'exécution de ses plans; s'il organisait, vite et bien, la nouvelle régie des contributions directes; s'il mettait un soin constant à exiger que les rôles fussent faits et mis en recouvrement dans le temps prescrit, que les *obligations* des receveurs généraux fussent souscrites et payées à échéance, que les cautionnements, versés promptement, fussent déposés à la caisse d'amortissement, en somme suffisante pour soutenir le crédit des *obligations*; s'il abandonnait enfin pour toujours ces expédients ruineux, tels que *bons d'arrérages, bons de réquisition, délégations*, auxquels il s'était promis de renoncer. Si tout cela se réalisait, on était certain d'obtenir les résultats heureux qu'on attendait du nouveau système de finances. Il était permis de l'espérer ainsi de l'intelligence et de la fermeté du général Bonaparte. Tous ces projets, il les avait discutés, approuvés lui-même, souvent modifiés et améliorés; il en comprenait l'importance et le mérite, et il était parfaitement résolu de veiller à leur stricte exécution. A peine arrêtés, on les envoyait aux commissions législatives, qui les convertissaient en lois, sans qu'il y eût un moment perdu. Vingt jours suffirent à les concevoir, à les rédiger, à les revêtir du caractère légal, à en commencer l'exécution. Le général Bonaparte travaillait lui-même plusieurs fois par semaine avec le ministre des finances, et il prit ainsi le meilleur moyen de mettre fin à ces funestes *délégations*, qu'on accordait souvent aux instances ou à l'influence corruptrice des fournisseurs. Chaque semaine il se faisait apporter, par les divers ministres, l'état de leurs dépenses nécessaires; il le plaçait en regard de l'état des recettes probables, fourni par le trésor, et faisait, en proportion des besoins de chacun, la distribution des ressources réelles. Il ne disposait donc que de ce qu'on était certain de percevoir, et, grâce à cette fermeté, le principal abus, celui des *délégations*, devait bientôt disparaître.

En attendant la confection des rôles, leur mise en recouvrement, la remise au trésor et l'escompte des *obligations* des receveurs généraux, on avait pour vivre, outre les 12 millions prêtés par quelques banquiers, le versement des nouveaux cautionnements, la négociation aux gens d'affaires des valeurs récemment créées, enfin la perception courante, dont, tout imparfaite qu'elle était, on avait vécu jusque-là. La confiance dont les Consuls provisoires étaient investis, ramenait les gens d'affaires, et on trouvait à négocier auprès d'eux les valeurs nouvelles, qui, quelques jours auparavant, n'auraient été acceptées par personne.

C'est avec ces moyens réunis qu'on put venir au secours des armées nues et affamées, et leur procurer un premier soulagement, dont elles avaient un urgent besoin. Le désordre était si grand qu'il n'y avait pas même au ministère de la guerre des états des troupes, de leur nombre et de leur emplacement. Le bureau de l'artillerie était le seul qui possédât des états de ce genre, pour les troupes de son arme. Mais comme on ne nourrissait et n'habillait pas l'armée, comme les bataillons de conscrits levés dans les départements, et équipés avec des *bons de fournitures*, avaient été le plus souvent organisés sans l'intervention de l'autorité centrale, celle-ci ne savait presque rien de ce qui les concernait. Le général Bonaparte fut obligé d'envoyer des officiers d'état-major sur les lieux, pour se procurer les documents qui lui manquaient. Il adressa en même temps aux divers corps d'armée quelques secours, mais fort insuffisants par rapport à l'étendue de leurs besoins. Leur parlant, dans une proclamation, ce langage qu'il savait si bien tenir aux soldats, il les conjura de prendre patience encore quelques jours, et de déployer dans les souffrances le même courage qu'ils avaient déployé dans les combats :

« Soldats, leur disait-il, vos besoins sont grands ;
» toutes les mesures sont prises pour y pourvoir. La
» première qualité du soldat est la constance à sup-
» porter la fatigue et la privation ; la valeur n'est que
» la seconde. Plusieurs corps ont quitté leurs posi-
» tions ; ils ont été sourds à la voix de leurs officiers.
» La 17ᵉ légère est de ce nombre. Sont-ils donc tous
» morts les braves de Castiglione, de Rivoli, de
» Neumarck? Ils eussent péri plutôt que de quitter
» leurs drapeaux ; et ils eussent ramené leurs jeunes
» camarades à l'honneur et à leur devoir. Soldats !
» vos distributions ne sont pas régulièrement faites,
» dites-vous? Qu'eussiez-vous fait si, comme les 4ᵉ

» et 22ᵉ légères, les 18ᵉ et 32ᵉ de ligne, vous vous
» fussiez trouvés au milieu du désert, sans pain ni
» eau, mangeant du cheval et des mulets? *La vic-*
» *toire nous donnera du pain,* disaient-elles; et vous,
» vous quittez vos drapeaux!

» Soldats d'Italie! un nouveau général vous com-
» mande; il fut toujours à l'avant-garde dans les
» plus beaux jours de votre gloire. Entourez-le de
» votre confiance; il ramènera la victoire dans vos
» rangs.

» Je me ferai rendre un compte journalier de la
» conduite de tous les corps, et spécialement de celle
» de la 17ᵉ légère et de la 63ᵉ de ligne; elles se res-
» souviendront de la confiance que j'avais en elles. »

L'administration des finances et des armées n'é-
tait pas la seule des parties du gouvernement, qui
réclamât d'une manière pressante l'attention des
nouveaux Consuls. Il fallait tout à la fois révoquer
ces rigueurs, indignes d'un gouvernement sage et
humain, que la violence des partis avait arrachées à
la faiblesse du Directoire expirant; il fallait maintenir l'ordre menacé, ici par les Vendéens en armes,
là par les révolutionnaires exaspérés de la révolution
du 18 brumaire.

La première mesure politique des nouveaux Consuls fut relative à la loi des otages. Cette loi, qui rendait responsables les parents des Vendéens et des
chouans, des actes commis dans les provinces révol-
tées, frappait les uns de détention, les autres de
déportation. Elle partageait avec la loi de l'emprunt
forcé progressif, et à bien plus juste titre, l'ani-

madversion publique. Il fallait, en effet, les passions aveugles de ce temps, pour qu'on osât rendre les parents des insurgés, responsables d'actes qu'ils n'avaient pas commis, bien qu'ils en souhaitassent le succès. Les Consuls agirent à l'égard de cette loi comme ils avaient agi à l'égard de la loi de l'emprunt forcé progressif : ils en proposèrent la révocation aux commissions législatives, qui la prononcèrent sur-le-champ. Le général Bonaparte alla lui-même à la prison du Temple, où beaucoup de ces otages étaient détenus, pour briser leurs fers de ses mains glorieuses, et recueillir ces nombreuses bénédictions, qu'inspira si constamment et si justement le pouvoir réparateur du Consulat.

Nov. 1799.

A cette mesure s'en joignirent d'autres du même genre, qui marquaient d'un caractère tout à fait pareil la politique des Consuls provisoires. Beaucoup de prêtres, bien qu'ils eussent prêté à la constitution civile du clergé le serment, qui était devenu l'origine du schisme, avaient été cependant persécutés. Ces prêtres, qu'on qualifiait du titre d'*assermentés*, se trouvaient, les uns cachés ou fugitifs, les autres détenus aux îles de Ré et d'Oléron. Les Consuls ordonnèrent l'élargissement de ceux qui étaient encore détenus. Cette mesure devait faire rentrer en France ou reparaître au jour, tous les prêtres de la même classe, qui avaient cherché leur salut dans la fuite ou la retraite.

Élargissement des prêtres.

Plusieurs émigrés, naufragés dans les environs de Calais, étaient depuis quelque temps, pour l'opinion publique, l'objet d'un vif intérêt. Ces mal-

Les naufragés de Calais

heureux, placés entre les horreurs du naufrage et la rigueur des lois sur l'émigration, n'avaient pas hésité à se jeter sur le rivage de France, n'imaginant pas que leur patrie pût être aussi cruelle envers eux que la tempête. Les partisans des mesures de rigueur disaient, et la chose était à peu près certaine, que ces émigrés allaient en Vendée, pour y prendre part au renouvellement de la guerre civile, et ils en concluaient qu'il fallait leur appliquer les lois terribles du temps contre l'émigration. Mais l'humanité publique, heureusement réveillée, répugnait à une telle manière de raisonner. La question avait été plusieurs fois résolue en sens contraire. Les nouveaux Consuls firent décider que ces émigrés seraient élargis, mais transportés hors du territoire de la République. Parmi eux on comptait quelques membres des plus grandes familles de France, et notamment ce duc de Choiseul, que nous avons toujours trouvé depuis, au nombre des constants amis d'une liberté sage, la seule que les honnêtes gens puissent aimer et défendre.

Les actes que nous venons de rapporter, furent universellement applaudis. Admirez la différence qu'il peut y avoir entre un gouvernement et un autre! Émanant du Directoire, ces actes auraient été qualifiés d'indignes concessions, faites au parti de l'émigration : émanant du nouveau gouvernement consulaire, à la tête duquel figurait un général illustre, dont la présence, quelque part qu'il se trouvât, faisait naître tout de suite l'idée de la force, ces actes étaient pris pour les signes d'une politique forte et modérée. Tant il est vrai que, pour être modéré avec honneur et avec fruit, il faut être puissant !

Dans ce premier moment, la politique des Consuls provisoires ne manqua de sagesse qu'à l'égard du parti révolutionnaire. C'est avec ce parti qu'on avait eu à lutter, dans les journées récentes des 18 et 19 brumaire. C'est contre lui naturellement qu'on éprouvait de l'irritation et de la défiance, et, au milieu de ces actes d'une politique conciliante et réparatrice, il n'y eut de rigueur que pour lui seul. La nouvelle du 18 brumaire avait fort ému les patriotes du midi. Les sociétés affiliées à la société-mère du *Manége* qui siégeait à Paris, avaient redoublé d'emportement. On annonçait que les députés privés, par la loi du 19 brumaire, de leur qualité de membres du Corps Législatif, allaient se réunir à Toulouse, pour y réinstaller une espèce de Directoire. Le général Bonaparte, maintenant qu'il avait en main le gouvernement et l'armée, ne craignait plus rien. Il avait montré, au 13 vendémiaire, comment il savait réprimer les insurrections, et il n'était guère inquiet de ce que pourraient faire quelques patriotes exaltés, sans soldats. Mais ses collègues, Sieyès, Roger-Ducos, ne partageaient pas sa confiance. Plusieurs ministres se joignirent à eux, et on lui persuada qu'il fallait prendre des précautions. Enclin, du reste, aux mesures énergiques par caractère, quoique porté à la modération par politique, il consentit à faire prononcer la déportation contre trente-huit membres du parti révolutionnaire, et la détention à la Rochelle

4.

contre dix-huit autres. Il y avait dans le nombre, des misérables, et un notamment qui se vantait d'être l'assassin de la princesse de Lamballe; mais il y avait aussi d'honnêtes gens, des membres des deux Conseils, et surtout un personnage illustre et respectable, le général Jourdan. Son opposition publique au 18 brumaire, avait dans le moment inspiré quelques craintes. Inscrire un tel homme sur une telle liste, était une faute dans une faute.

L'opinion publique, quoique mal disposée pour les révolutionnaires, accueillit cette mesure avec froideur, et presque avec blâme. On craignait tant les rigueurs, les réactions, qu'on n'en voulait plus, même contre ceux qui s'étaient tout permis en ce genre. Des réclamations vinrent de toutes parts, et quelques-unes de très-haut, en faveur de certains noms portés sur cette liste de proscription. Le tribunal de cassation réclama pour un de ses membres, le sieur Xavier Audouin, qui n'avait pas mérité qu'on prît à son égard de telles précautions. M. de Talleyrand, toujours doux par caractère, toujours adroit dans ses démarches, M. de Talleyrand, que le parti révolutionnaire contribuait, par son aversion, à tenir éloigné du ministère des affaires étrangères, eut le bon esprit de réclamer en faveur d'un nommé Jorry, qui l'avait publiquement offensé. Il réclama, de peur, disait-il, qu'on n'attribuât à une vengeance de sa part, l'inscription de ce vulgaire offenseur sur la liste des nouveaux proscrits. Sa lettre publiée lui fit honneur, et sauva son recommandé. Une sorte de cri public fit rayer aussi le général Jourdan. Très-heureusement la tournure prompte et favorable que prirent les événements, permit de révoquer cet acte, qui n'était qu'un écart accidentel, dans une marche d'ailleurs ferme et droite.

Nov. 1799.

Le général Bonaparte avait envoyé son lieutenant dévoué, le général Lannes, à Toulouse. A la simple apparition de cet officier, toutes les tentatives de résistance s'évanouirent. La ville de Toulouse rentra dans le calme; les succursales de la société du Manége furent fermées dans toutes les villes du midi. Les révolutionnaires exaltés voyaient bien que l'opinion, réagissant contre eux, avait cessé de leur être favorable, et ils apercevaient à la tête du gouvernement, un homme auquel personne n'espérait pouvoir résister. D'ailleurs les plus raisonnables ne pouvaient oublier que c'était ce même homme, qui, au 13 vendémiaire, avait dispersé les bandes royalistes des sections de Paris, soulevées contre la Convention, et qui, sous le Directoire, en prêtant main-forte au gouvernement, lui avait fourni les moyens de faire le 18 fructidor. Ils se soumirent donc, les plus violents, en proférant quelques cris de rage bientôt étouffés, les autres, en espérant qu'au moins, sous le gouvernement militaire du nouveau Cromwell, comme ils l'appelaient alors, la Révolution et la France ne seraient pas vaincues au profit des Bourbons, des Anglais, des Autrichiens et des Russes.

Prompte soumission des révolutionnaires exaltés.

Un seul acte de résistance, non point par la force, mais par les moyens légaux, fut opposé au 18 brumaire. Le président du tribunal criminel de l'Yonne, le sieur Barnabé, renouvelant l'exemple des anciens parlements, refusa d'enregistrer la loi du 19 brumaire, constitutive du gouvernement provisoire. Ce magistrat, déféré aux commissions législatives, fut accusé d'avoir forfait à ses devoirs, suspendu, et éloigné de son siége. Il subit du reste sa condamnation avec soumission et dignité.

La prompte fin de ces tentatives de résistance, permit au gouvernement de revenir sur une mesure, qui était en contradiction avec sa sage politique. Sur un rapport du ministre de la justice Cambacérès, portant que l'ordre était rétabli dans les départements, que les lois s'exécutaient partout sans obstacle, la déportation prononcée contre trente-huit individus, et la détention à La Rochelle contre dix-huit autres, furent changées en simple surveillance. La surveillance elle-même fut bientôt supprimée.

Cet acte avait été bientôt effacé par la suite des actes sensés, habiles et vigoureux, qui signalaient le nouveau gouvernement. La Vendée à son tour avait attiré toute son attention. Une récente levée de boucliers venait d'y être essayée, vers la fin du Directoire. Mais l'avénement du général Bonaparte changeait complétement la face des choses, et la direction des esprits dans toutes les parties de la République. Les chefs de la nouvelle insurrection royaliste avaient été excités à prendre les armes, autant par les dernières rigueurs du Directoire, que par l'espérance du renversement prochain de ce gouvernement. Mais, d'une part, la révocation de la loi des otages, l'élargissement des prêtres, la vie accordée aux émigrés naufragés, ramenaient les esprits à la conciliation ; et, d'autre part, la présence au pouvoir du général Bonaparte, faisait évanouir l'espérance de voir tomber en dissolution l'ordre de choses sorti de la Révolution. Le 18 brumaire avait donc modifié les idées dans la Vendée comme ailleurs, et fait naître des dispositions toutes nouvelles.

Nov. 1799.

Les chefs royalistes, dont quelques-uns combattaient dans les campagnes de la Vendée, dont les autres étaient à Paris occupés d'intrigues politiques, livrés, comme tous les partis qui cherchent à renverser un gouvernement, à une continuelle activité d'esprit, et sans cesse en quête de nouvelles combinaisons pour faire triompher leur cause, imaginèrent que peut-être il y aurait quelque moyen de s'entendre avec le général Bonaparte. Ils pensaient qu'un personnage aussi éminent, ne pouvait avoir grand goût à figurer quelques jours sur la scène mobile de la Révolution française, pour disparaître ensuite comme ses prédécesseurs dans l'abîme ouvert sous leurs pas, et qu'il aimerait bien mieux prendre place dans une monarchie paisible et régulièrement constituée, dont il serait l'ornement et l'appui. Ils furent, en un mot, assez crédules pour espérer que le rôle de Monk conviendrait à un personnage, qui ne trouvait pas même celui de Cromwell assez grand pour lui. Ils profitèrent de l'intermédiaire de l'un de ces ministres de la diplomatie étrangère, qui, sous prétexte d'étudier le pays où ils sont accrédités, ont la main dans toutes les menées des partis, et se firent introduire auprès du général

Ouvertures des chefs royalistes au général Bonaparte.

Bonaparte. Ce furent, parmi les royalistes, MM. Hyde de Neuville et d'Andigné, qui se chargèrent de cette démarche.

Nov. 1799.

Erreur commise par les royalistes sur les dispositions du général Bonaparte à leur égard.

Il n'est pas besoin de démontrer à quel point cette manière de juger le général Bonaparte était erronée. Cet homme extraordinaire, sentant alors sa force et sa grandeur, ne voulait être le serviteur d'aucun parti. S'il n'aimait pas le désordre, il aimait la Révolution; s'il ne croyait pas à toute l'étendue de liberté qu'elle avait promise, il voulait tout entière cette réforme sociale qu'elle avait pour but d'accomplir. Il désirait donc le triomphe de cette Révolution; il désirait la gloire de la terminer, de la faire aboutir à un état de choses paisible et régulier; il désirait en rester le chef, sous n'importe quel titre, avec n'importe quelle forme de gouvernement : mais être l'instrument d'aucun autre pouvoir que celui de la Providence, il avait déjà trop de gloire et de conscience de ses forces pour y consentir!

Entrevue du général Bonaparte avec quelques-uns des chefs royalistes.

Il reçut donc MM. Hyde de Neuville et d'Andigné, écouta leurs insinuations plus ou moins claires, leur déclara franchement ses intentions, qui étaient de faire cesser les persécutions, de rapprocher tous les partis du gouvernement, mais de n'en faire triompher aucun autre que celui de la Révolution elle-même, de la Révolution entendue dans son meilleur sens. Il leur déclara sa volonté formelle de traiter avec les chefs de la Vendée à des conditions raisonnables, ou de les exterminer jusqu'au dernier. Cette entrevue n'aboutit donc à rien, qu'à faire mieux connaître le général Bonaparte au parti royaliste.

Tandis que ces communications s'établissaient à Paris, entre le général Bonaparte et quelques amis des Bourbons, il s'en établissait d'autres dans la Vendée même, entre les chefs de l'insurrection et les généraux de la République. Vers la fin du Directoire, quand on ne savait plus à qui obéir, une sorte de relâchement, voisin de l'infidélité, s'était introduit dans l'armée qui gardait la Vendée, et plus d'un officier républicain, doutant de l'existence prochaine de la République, avait tourné les yeux vers le parti royaliste. Tout ayant changé à l'avénement du général Bonaparte, ces communications, qui allaient devenir dangereuses, devinrent utiles au contraire, et les pourparlers prirent une nouvelle direction. Les chefs royalistes, qui attiraient à eux les officiers de l'armée républicaine, furent attirés à leur tour par ces mêmes officiers vers le gouvernement de la République. On leur fit sentir le peu d'espoir de vaincre le vainqueur de l'Italie et de l'Égypte, l'espérance d'obtenir de lui un régime doux et réparateur, qui rendrait la condition de tous les partis paisible et acceptable. Ce langage ne resta pas sans succès. Il y avait dans le moment, à la tête de l'armée de l'ouest un général sage, conciliant et fidèle, fort employé par le général Hoche, lors de la première pacification de la Vendée, c'était le général Hédouville. Il se saisit de tous ces fils, et offrit de les remettre dans la main du nouveau Consul.

Céc. 1799.

Suspension d'armes dans la Vendée.

Celui-ci s'en empara sur-le-champ, et ordonna au général Hédouville de traiter avec les chefs vendéens. Ces chefs, intimidés par la présence du général Bonaparte au pouvoir, se montraient disposés à pactiser. Il était difficile de signer tout de suite une capitulation, et de se mettre d'accord sur les articles de cette capitulation; mais une suspension d'armes ne présentait pas les mêmes difficultés. On offrit d'en signer une sur-le-champ. Elle fut acceptée du côté du gouvernement, et en peu de jours MM. de Châtillon, d'Autichamp et de Bourmont signèrent une suspension d'armes pour la Vendée et une partie de la Bretagne. Il fut convenu qu'on s'adresserait à Georges Cadoudal et à M. de Frotté, pour leur proposer d'en adopter une pareille dans le Morbihan et la Normandie.

Cet acte du nouveau gouvernement ne s'était pas fait attendre, car il s'accomplit au commencement de frimaire, une vingtaine de jours après l'installation des Consuls provisoires. Il inspira une satisfaction générale, et fit supposer la pacification de la Vendée plus prochaine qu'elle ne pouvait être.

Quelques bruits du même genre, à l'égard des puissances étrangères, firent aussi espérer, de l'heureuse étoile du général Bonaparte, un prompt rétablissement de la paix européenne.

Premières négociations avec l'Europe.

Comme on l'a dit au début de ce livre, la Prusse et l'Espagne étaient seules en paix avec la France, la première se montrant toujours froide, la seconde toujours embarrassée de sa communauté d'intérêts avec nous. La Russie, l'Autriche, l'Angleterre, et toutes les petites puissances à leur suite, soit en Italie, soit en Allemagne, soutenaient une lutte acharnée contre la République française. L'Angleterre, pour laquelle la guerre n'était qu'une question de finances, avait résolu cette question pour elle-même, en établissant l'*income-tax*, qui donnait déjà d'abondants revenus. Elle voulait donc continuer les hostilités pour avoir le temps de prendre Malte, qu'elle bloquait, et de réduire, en la bloquant aussi, l'armée française d'Égypte. L'Autriche, en possession de toute l'Italie, voulait tout risquer plutôt que de rendre cette conquête. Mais le chevaleresque Paul Ier, qui s'était jeté dans la guerre par une inspiration de son fol enthousiasme, venait de voir ses armes humiliées à Zurich, et il en avait conçu un vif ressentiment contre tout le monde, mais surtout contre l'Autriche. On lui avait persuadé que celle-ci était la cause unique de ce malheur, car ses soldats, devant, en vertu d'un mouvement convenu, se porter sur le Rhin, et céder la Suisse aux Russes, avaient abandonné trop tôt la position de Zurich, laissé Korsakoff exposé seul aux coups de Masséna, qui, vainqueur de Korsakoff, avait eu ensuite bon marché de Suwarow. Paul Ier voyait là un acte de mauvais allié, peut-être une perfidie. La défiance une fois excitée, tout devait lui apparaître sous un jour fâcheux. Il n'avait pris, disait-il, les armes que pour protéger les faibles contre l'oppression des forts, et replacer sur leurs trônes les princes que la République française en avait précipités. Or, l'Autriche avait partout arboré son drapeau en Italie, et n'avait rappelé dans

Déc. 1799.

Irritation
de Paul Ier
contre
la coalition.

cette contrée aucun des princes détrônés. Il commençait à se dire qu'agissant par générosité pure, il était dupe d'alliés qui agissaient uniquement par intérêt. Mobile à l'excès, il se livrait à ces nouveaux sentiments, aussi violemment qu'il s'était d'abord livré aux sentiments contraires. Un dernier fait l'avait exaspéré au plus haut point : c'était le pavillon russe abattu à Ancône, et remplacé par le pavillon autrichien. Ce n'était là que le tort d'un officier inférieur; mais ce tort, quel qu'il fût, avait été senti très-vivement.

Les sentiments des princes absolus, malgré leurs prétentions au secret, éclatent aussi vite que les sentiments des peuples libres; les uns, en effet, ne se contiennent guère plus que les autres. On commençait à connaître, dans toute l'Europe, ce nouveau résultat de la bataille de Zurich, et ce n'était pas le moins heureux pour nous.

L'Autriche et l'Angleterre, à cette nouvelle, avaient redoublé de soins auprès de Paul Ier. On avait comblé Suwarow, Suwarow l'invincible (comme on l'appelait avant qu'il eût rencontré Masséna), on l'avait comblé de distinctions de tout genre. Mais on n'avait pas plus calmé la douleur du général russe, que le ressentiment du czar. Une manifestation toute nouvelle de la part de Paul Ier, fit surtout appréhender qu'il n'abandonnât bientôt la coalition.

Dans le premier élan de son zèle pour la coalition, il avait déclaré la guerre à l'Espagne, parce que celle-ci faisait cause commune avec la France, et avait même failli la déclarer à la Suède, au Danemark, à la Prusse, parce que ces puissances voulaient rester neutres. Il avait rompu toute relation avec la Prusse. Depuis les derniers événements, il paraissait fort radouci à l'égard des cours, contre lesquelles il était si mal disposé d'abord, et venait notamment d'envoyer à Berlin un diplomate de sa confiance, M. de Krudener, qui devait s'y rendre en simple voyageur, mais avec la mission secrète de rétablir les rapports entre les deux cours de Prusse et de Russie.

Déc. 1799.

Nous avions alors à Berlin un agent sage et habile, M. Otto, qui depuis a su attacher son nom aux actes les plus importants de cette époque. Il avait averti le gouvernement du nouvel état des choses. Il était évident, en effet, que, si on inclinait à la paix plutôt qu'à la guerre, la clef de la situation était à Berlin. L'Espagne, jetée à une extrémité de l'Europe par sa position géographique, et de la politique par la faiblesse de son gouvernement, l'Espagne ne pouvait être d'aucune utilité. Mais la Prusse, placée au milieu des puissances belligérantes, restée neutre malgré leurs vives instances, mal vue d'abord de tous les cabinets dans la première chaleur de la coalition, mieux jugée par eux depuis qu'on était plus calme, la Prusse devenait un centre d'influence, surtout depuis que la Russie paraissait lui revenir. Ce qu'on avait appelé chez elle pusillanimité commençait à passer pour sagesse. Cette cour, si elle prenait avec force le rôle qui semblait lui être dévolu par les événements, pouvait servir de lien entre la France et l'Europe, pou-

Importance de la cour de Prusse en ce moment.

vait même imposer sa médiation, cette manière, tant employée depuis, et avec tant de profit, d'intervenir à propos entre des adversaires fatigués, et de recueillir tous les fruits de la guerre qu'on n'a pas faite, et de la paix qu'on a dictée. Si elle avait osé agir ainsi, elle n'aurait pas depuis les jours du grand Frédéric joué un plus beau rôle.

Il y avait à cette époque sur le trône de Prusse un roi jeune, honnête, plein de bonnes intentions, qui aimait la paix avec passion, et qui ne cessait de déplorer la faute que son père avait commise, en dissipant, dans une guerre folle contre la République française, la gloire militaire et le trésor accumulés par le grand Frédéric. Aujourd'hui, replacé dans des relations pacifiques avec la République française, il en profitait pour refaire par ses économies le trésor laissé par son grand-oncle, et dévoré par son père. Auprès de ce roi était un ministre spirituel, habile, M. d'Haugwiz, doué au plus haut point du talent d'éluder les difficultés, partisan, comme son maître, de la politique pacifique, mais plus ambitieux que lui, et croyant que de la neutralité bien dirigée on pouvait tirer pour la Prusse de plus vastes agrandissements que de la guerre elle-même. Alors, en effet, cela pouvait être vrai. Il poussait donc son roi à prendre activement le rôle de médiateur, et de pacificateur du continent. Le rôle sans doute était bien grand pour le jeune et timide Frédéric-Guillaume, mais ce prince pouvait le remplir avec plus ou moins d'étendue, et en assumer une partie, sinon le tout.

Le général Bonaparte ayant aperçu tout cela, mit aussitôt un grand soin à caresser la cour de Prusse. Il lui avait été commode autrefois d'être membre de l'Institut, pour ne figurer qu'à ce titre dans certaines solennités, où il ne voulait pas figurer politiquement, notamment aux fêtes célébrées le 21 janvier ; il lui était commode aujourd'hui d'être général, et d'avoir des aides-de-camp à envoyer où bon lui semblerait. L'idée lui vint de suivre l'exemple des princes qui montent sur le trône, et qui annoncent leur avénement par l'envoi de grands dignitaires. Il fit en effet la même chose avec moins d'apparat, en dépêchant à Berlin un de ses aides-de-camp, ce qu'un chef d'état tout militaire pouvait assurément se permettre, sans paraître excéder son rôle. Parmi ceux qui le servaient à ce titre, s'en trouvait un, sage, discret, intelligent, joignant à un extérieur agréable une tenue parfaite : c'était Duroc, revenu d'Égypte avec son général, et ayant sur son front quelque reflet de la gloire des Pyramides. Le nouveau Consul lui ordonna de se rendre tout de suite à Berlin, d'aller y complimenter le roi et la reine de Prusse, de s'y présenter comme chargé uniquement d'une mission de courtoisie et de déférence, mais de profiter de l'occasion pour expliquer la dernière révolution qui venait de s'accomplir en France, pour la présenter comme un retour à l'ordre, à toutes les saines traditions, et surtout aux idées pacifiques. Duroc devait flatter le jeune roi, et lui laisser apercevoir qu'on le ferait volontiers, s'il le voulait, l'arbitre de la paix future. La République, appuyée sur

Déc. 1799.

Envoi de Duroc à Berlin.

les victoires du Texel et de Zurich, et sur toutes celles dont le nom du général Bonaparte était le gage dans l'avenir, pouvait, sans crainte pour sa dignité, se présenter l'olivier de la paix à la main.

Tandis qu'il dépêchait Duroc vers Berlin, le général Bonaparte fit, au nom des Consuls provisoires, plusieurs actes qui devaient avoir au dehors la même signification. D'abord, après avoir différé quelque temps l'entrée de M. de Talleyrand aux affaires étrangères, il l'y appela enfin. On ne pouvait y placer un personnage plus conciliant, plus propre à traiter avec l'Europe, plus habile à lui plaire, à la flatter même, sans faire descendre le cabinet français de sa position élevée. Nous aurons d'autres occasions de peindre ce caractère singulier et remarquable; il suffira de dire en ce moment que le choix seul de ce personnage prouvait clairement que, sans passer de l'énergie à la faiblesse, on passait de la politique des passions à la politique du calcul. Il n'y avait pas jusqu'à cette élégance exquise de mœurs, particulière à M. de Talleyrand, qui ne fût un avantage pour la nouvelle situation qu'on voulait prendre à l'égard des puissances étrangères.

Le général Bonaparte fit quelques autres nominations diplomatiques, conçues dans le même esprit. Quoique M. Otto, chargé d'affaires à Berlin depuis que M. Sieyès avait quitté ce poste, fût un agent excellent, néanmoins ce n'était qu'un simple chargé d'affaires. On lui assigna une autre destination, dans laquelle il sut bientôt se rendre fort utile, et on nomma ministre à Berlin le général Beurnonville,

CONSTITUTION DE L'AN VIII.

ministre de la guerre sous la Convention, long-temps prisonnier de l'Autriche, et qui avait dès 1789 sincèrement embrassé la cause de la Révolution. Le général Beurnonville était un franc militaire, loyal, ouvert, modéré d'opinion, et parfaitement propre à bien représenter le nouveau gouvernement. L'Autriche, dont il avait été long-temps le prisonnier, lui inspirait une haine qui était une sorte d'à-propos à Berlin, où l'on éprouvait à l'égard de cette puissance, à peu près les mêmes sentiments que du temps du grand Frédéric.

Déc. 1799.

Nous avions pour représentant à Madrid un ancien démagogue, dépourvu de toute influence, et qui n'a laissé aucun nom dans la carrière diplomatique, où les événements l'avaient jeté par hasard. On le remplaça par un Constituant, homme sage, spirituel, instruit, qui a figuré avec honneur dans la diplomatie de ce temps, c'était M. Alquier. Enfin, à Copenhague, où les principes de la neutralité maritime, ouvertement violés par l'Angleterre, pouvaient faire naître en notre faveur des sentiments qu'il était bon de cultiver, on nomma M. Bourgoing, en place de M. Grouvelle, qui y avait été envoyé par le Directoire. Tous ces choix étaient excellents, et parfaitement propres à indiquer l'esprit de prudence et de modération, qui commençait à prévaloir dans les relations de la France avec les puissances étrangères.

M. Alquier nommé ambassadeur à Madrid.

A ces choix, les Consuls voulurent ajouter quelques actes qui pussent servir de réponse à un reproche fort répandu dans les cours de l'Europe, et con-

Mesures bienveillantes à l'égard des chevaliers

sistant à dire que la République française violait sans cesse le droit des gens, ou les traités conclus avec elle. Assurément, elle avait moins violé le droit des gens et les traités que l'Autriche, l'Angleterre, et toutes les cours en guerre avec nous ; mais c'était l'usage de prétendre qu'on ne pouvait avoir de rapports avec un gouvernement mobile, passionné, représenté sans cesse par des hommes nouveaux, qui ne se regardaient jamais comme liés par leurs engagements, ou par les traditions du droit public européen. Le reproche pouvait être renvoyé avec plus de fondement aux cabinets de l'Europe, qui avaient fait pis, sans avoir l'excuse ni des passions révolutionnaires, ni des changements de gouvernement continuels. Pour donner une idée meilleure de la politique des Consuls, le général Bonaparte fit un premier acte de justice envers les malheureux chevaliers de Malte, auxquels on avait promis, en prenant leur île, de ne pas traiter en France comme émigrés, ceux d'entre eux qui appartenaient à la *langue française*. Ils n'avaient pu jusqu'ici jouir de cette condition de leur capitulation, ni sous le rapport de leurs personnes, ni sous le rapport de leurs biens. Le général Bonaparte leur fit rendre tout entier le bénéfice de cette capitulation.

Il prit à l'égard du Danemark une mesure d'un excellent effet, et d'une équité bienveillante. Il y avait dans les ports de France beaucoup de bâtiments danois arrêtés sous le Directoire, par suite de représailles à l'égard des neutres. On leur reprochait de ne pas faire respecter en eux les droits de la neutralité maritime, de se laisser visiter par les Anglais, et de permettre que les propriétés françaises dont ils étaient porteurs fussent saisies sur leur bord. Le Directoire avait déclaré qu'on exercerait envers eux exactement les mêmes violences qu'ils souffriraient de la part des Anglais, pour les obliger à défendre avec plus d'énergie les principes du droit des gens, en vertu desquels ils naviguaient. C'eût été justice assurément, si, ayant la force de se faire respecter, ils n'avaient pas voulu l'employer; mais les malheureux faisaient comme ils pouvaient, et il était dur de les punir de la violence des uns par la violence des autres. En conséquence de ce système, on avait arrêté beaucoup de leurs navires marchands. Le général Bonaparte les fit relâcher tous, en signe d'une politique plus équitable et plus modérée.

Duroc, envoyé à Berlin, y arriva promptement, et fut présenté par M. Otto, qui s'y trouvait encore. D'après les règles rigoureuses de l'étiquette, Duroc, simple aide-de-camp, ne pouvait entrer en rapport direct avec la cour. Toutes ces règles furent mises de côté pour un officier attaché à la personne du général Bonaparte. Il fut reçu par le roi, par la reine, et invité sans cesse à Potsdam. La curiosité avait autant de part que la politique à cet empressement, car la gloire, outre son éclat, a aussi ses avantages matériels dans les affaires. Voir, entendre l'aide-de-camp Duroc, c'était pour ainsi dire approcher, quoique de loin, l'homme extraordinaire qui occupait le monde. Duroc avait assisté aux batailles des Pyramides, du Mont-Thabor, d'Aboukir.

On lui adressa mille questions, et il y répondit sans exagération, avec mesure et simplicité. Il parut doux, poli, modeste, profondément soumis à son général, et donna l'idée la plus avantageuse de la manière d'être que ce général imposait à tous ceux qui l'entouraient. Le succès de Duroc à Berlin fut complet. La reine lui témoigna la plus grande bienveillance, et de toutes parts on commença à parler de la République française en meilleurs termes. Duroc trouva le jeune roi fort content de voir enfin s'élever à Paris un gouvernement fort et modéré, flatté surtout d'être à la fois l'objet des recherches de la Russie et de la France, désirant beaucoup jouer le rôle de médiateur, mais en ayant le désir plus encore qu'il n'en avait la force, montrant toutefois beaucoup de zèle et d'ardeur à le remplir.

Le succès de ce voyage occupa les cours de l'Europe, et retentit jusqu'à Paris même. L'idée d'une paix prochaine commença bientôt à se répandre dans les esprits. Une circonstance fort spécieuse, et en soi de peu de conséquence, contribua singulièrement à propager cette idée. Les armées françaises et autrichiennes étaient en présence le long du Rhin, et sur les crêtes des Alpes et de l'Apennin. Sur le Rhin elles étaient arrêtées par un obstacle suffisant pour empêcher toute opération sérieuse ; car un passage du Rhin, par les uns ou par les autres, était une entreprise majeure, qu'on ne tente que lorsqu'on veut entrer en campagne. Or, on était en frimaire, c'est-à-dire en décembre ; on ne pouvait donc pas y songer. Les escarmouches sur les bords du fleuve devenaient dès lors une effusion inutile de sang. On convint d'un armistice pour cette frontière. Quant à celle des Alpes et de l'Apennin, il en était autrement. Au milieu de ce pays accidenté, une opération bien combinée dans telle ou telle vallée, pouvait procurer une position enviable pour la reprise des opérations. On ne voulut donc pas se lier les mains de ce côté, et il n'y eut pas d'armistice. Mais on ne fit attention qu'à celui qui venait d'être signé sur le Rhin; et, au nombre des changements heureux qu'on se plaisait alors à attendre du nouveau gouvernement, on rangea la possibilité, la probabilité même d'une paix prochaine.

Il y a toujours dans les maux publics un mal réel et un mal d'imagination, l'un contribuant à rendre l'autre insupportable. C'est beaucoup de faire cesser le mal d'imagination, car on diminue le sentiment du mal réel, et on inspire à celui qui souffre la patience d'attendre la guérison, et surtout la disposition à s'y prêter. Sous le Directoire, c'était un parti pris de ne plus rien espérer d'un gouvernement faible, déconsidéré, qui, pour réprimer les factions, allait jusqu'à la violence, sans obtenir aucun des effets de la force. On prenait tout de lui en mauvaise part, on ne voulait en attendre aucun bien, on ne voulait pas même y croire quand, par hasard, il en réalisait quelque peu. La victoire, car elle avait paru lui revenir vers les derniers jours de son existence, la victoire, qui aurait valu de la gloire à d'autres, n'avait pas même servi à le faire honorer.

L'avénement du général Bonaparte, dont on s'é-

Déc. 1799.

Confiance générale.

tait habitué à tout attendre, en fait de succès, avait changé cette disposition. Le mal d'imagination était guéri; on avait confiance, on prenait tout en bonne part. Assurément les choses étaient bonnes en soi, car il était bon de délivrer les otages, d'élargir les prêtres, de montrer des dispositions pacifiques à l'Europe; mais on était surtout disposé à les considérer comme telles. Un signe de rapprochement comme l'accueil fait à un aide-de-camp, un armistice sans conséquence comme celui qui venait d'être signé sur le Rhin, passaient déjà pour des gages de paix. Tel est le prestige de la confiance! Elle est tout pour un gouvernement qui commence, et envers celui des Consuls elle était immense. Aussi l'argent arrivait-il au trésor, du trésor aux armées, qui, contentes de ces premiers soulagements, attendaient avec patience ceux qui leur étaient promis plus tard. En présence d'une force réputée supérieure à toutes les résistances, les partis se soumettaient : les partis oppresseurs sans prétention d'opprimer encore, les partis opprimés avec confiance de ne plus l'être. Le bien accompli était déjà grand sans doute; mais tout ce que le temps n'avait pas permis de faire, l'espérance l'ajoutait.

Une chose se répandait déjà de toute part, sur le rapport quotidien de ceux qui avaient travaillé avec le jeune Consul : on disait que ce militaire, au-dessus duquel on ne mettait aucun général dans le temps présent, et presque aucun dans les temps passés, était de plus un administrateur consommé, un politique profond. Tous les hommes spéciaux dont il s'était entouré, qu'il avait écoutés avec attention, souvent éclairés eux-mêmes par la justesse et la promptitude de ses aperçus, qu'il avait en outre protégés contre des résistances de toute espèce, ne sortaient d'auprès de lui que subjugués, saisis d'admiration. Ils le disaient d'autant plus volontiers, que c'était devenu en quelques jours une mode de le penser et de le dire. On voit quelquefois un faux mérite, qui a su capter un moment le public, fasciner les esprits, et leur arracher les plus incroyables exagérations, mais quelquefois aussi il arrive au mérite vrai, au génie, d'inspirer cette sorte de caprice, et ce caprice devient alors une passion. Il n'y avait qu'un mois que le général Bonaparte s'était saisi des affaires, et déjà l'impression produite autour de lui par cet esprit puissant, était générale et profonde. Le bon Roger-Ducos n'en revenait pas; l'humoriste Sieyès, peu enclin à céder à la mode, surtout quand il n'en était pas le favori, reconnaissait la supériorité, l'universalité de ce génie de gouvernement, et lui rendait le plus pur des hommages en le laissant faire. Aux prôneurs convaincus, se joignaient les prôneurs intéressés, qui, voyant dans le général Bonaparte le chef évident de la nouvelle république, ne mettaient aucune mesure dans l'expression de leur enthousiasme. Le général Bonaparte avait parmi ses admirateurs, du reste, fort sincères, MM. de Talleyrand, Regnaud de Saint-Jean-d'Angely, Rœderer, Boulay (de la Meurthe), Defermon, Réal, Dufresne, etc., qui répétaient partout, qu'on n'avait jamais vu, ni une telle promptitude, ni une

Déc. 1799.

telle sûreté, ni une telle étendue d'esprit, ni une activité aussi prodigieuse ; et il est bien vrai que ce qu'il avait déjà accompli en un mois dans toutes les parties du gouvernement, était immense, et que la réalité, ce qui est rare, égalait cette fois les inventions de la flatterie.

De tout côté on le regardait comme l'homme auquel la nouvelle Constitution devait attribuer la plus grande part du pouvoir exécutif. On ne voulait pas d'un Cromwell, il faut le reconnaître, à l'honneur des gens honnêtes de ce temps-là ; et les amis du général disaient tout haut que les rôles de César, de Cromwell *étaient des rôles usés*, indignes du génie et des vertus du jeune sauveur de la France. On voulait qu'une concentration suffisante de l'autorité dans ses mains, avec certaines garanties pour la liberté, lui permît de gouverner la République, heureusement et grandement. C'était là le vœu des révolutionnaires modérés, alors les plus nombreux. Les révolutionnaires exaltés, s'obstinant à voir dans le jeune général un Cromwell et un César, désiraient cependant, pour garantir leur tête ou leurs biens nationaux, qu'il eût le temps d'éloigner les Bourbons et les Autrichiens. Les royalistes lui demandaient de les sauver des révolutionnaires, et de reconstituer le pouvoir ; ils n'étaient pas même sans quelque vague espérance qu'il le leur rendrait, après l'avoir reconstitué ; et ils étaient disposés en ce cas à lui en payer la restitution, fût-ce du rôle de connétable de Louis XVIII, s'il le fallait.

Ainsi tout le monde lui accordait la suprême puissance, plus ou moins complétement, pour plus ou moins long-temps, et dans des vues différentes. Le nouveau législateur Sieyès avait donc à lui faire sa place dans la constitution qu'il préparait. Mais M. Sieyès était un législateur dogmatique, travaillant pour la nature des choses, au moins comme il l'entendait, et non pour les circonstances, encore moins pour un homme, quel qu'il pût être. On en va juger par ce qui suit.

Déc. 1799.

M. Sieyès, pendant que son infatigable collègue gouvernait, s'était enfin occupé de la tâche qui lui était assignée. Donner une constitution à la France, non pas une de ces constitutions éphémères, produits ridicules de l'ignorance et des passions des partis, mais une constitution savante, fondée sur l'observation des sociétés et les leçons de l'expérience, était le rêve de sa vie. Dans ses méditations solitaires et chagrines, il s'en occupait sans cesse. Il y avait pensé au milieu des entraînements sincères, mais irréfléchis, de la Constituante, au milieu des sombres fureurs de la Convention, au milieu des faiblesses du Directoire. A chaque époque il avait remanié son ouvrage ; enfin il s'était fixé, et une fois fixé, il ne voulait rien changer à son plan. Il n'en voulait rien sacrifier aux circonstances du temps, pas même à la principale de ces circonstances, au général Bonaparte, dont il fallait cependant préparer la place, d'une manière assortie au génie et au caractère de celui qui devait l'occuper.

Projet de constitution long-temps médité par M. Sieyès.

Ce législateur singulier, méditant toujours, mais n'écrivant pas beaucoup plus qu'il n'agissait, n'avait jamais écrit sa constitution. Elle était dans sa tête, et il fallait l'en faire sortir. Cela n'était pas facile pour lui, quelque désir qu'il eût de la voir produite au dehors, et convertie en loi. On le pressait beaucoup de la faire connaître, et il se décida enfin à communiquer sa pensée à un de ses amis, M. Boulay de la Meurthe, qui se chargea de la transcrire au fur et à mesure des entretiens qu'ils auraient ensemble. C'est ainsi que cette conception remarquable a pu être recueillie avec exactitude, et conservée à la postérité, dont elle est digne.

M. Sieyès avait fait un puissant effort d'esprit pour concilier la république et la monarchie, pour emprunter à l'une et à l'autre ce qu'elles avaient d'utile et de nécessaire; mais en leur faisant des emprunts, il s'était fort défié de toutes deux. Il avait pris des précautions infinies contre la démagogie d'une part, contre le pouvoir royal de l'autre. Il avait produit ainsi une œuvre savante et compliquée, mais où toutes choses se tenaient; et si cette constitution, remaniée par, et pour le général Bonaparte, était privée de l'un de ses contre-poids, elle pouvait, contre l'intention de son auteur, aboutir tout simplement au despotisme.

Le premier soin de M. Sieyès dans ses combinaisons, avait été de se garder des passions démagogiques. Sans dépouiller complétement la nation de cette immense participation aux affaires publiques, dont elle avait joui si malheureusement pour elle-même, il voulait lui laisser un pouvoir dont elle ne pût pas abuser. Un mot qui, pour la première fois peut-être, se trouvait dans toutes les bouches, ce-

CONSTITUTION DE L'AN VIII. 75

lui de *gouvernement représentatif*, donne une idée
exacte de l'état des esprits à cette époque. On entendait par ce mot que la nation devait prendre part
à son gouvernement, seulement par intermédiaires,
c'est-à-dire qu'elle devait être *représentée;* et, comme
on va le voir, c'était très-indirectement qu'on voulait qu'elle le fût.

Les élections sous le Directoire avaient tour à tour
amené, les royalistes à une époque, les Jacobins
à une autre, et il avait fallu exclure violemment les
premiers au 18 fructidor, les seconds au 22 floréal.
Aussi le système des élections, et surtout des élections directes, était-il fort suspect à tout le monde.
Peut-être, si on avait osé réduire le nombre total des
électeurs à cent cinquante ou deux cent mille, au-
rait-on essayé de braver encore une fois les agitations
électorales. Mais un corps électoral réduit à peu près
aux proportions du nôtre, aurait blessé les esprits et
ne les aurait pas rassurés. Deux cent mille électeurs
accordés à une nation qui venait de jouir du suffrage
universel, auraient paru une aristocratie; et, en
même temps, des électeurs, quelque peu nombreux
qu'ils fussent, nommant directement leurs mandataires, avec liberté de céder à toutes les passions du
moment, auraient paru un renouvellement des réactions continuelles, dont on avait été témoin sous le
Directoire. L'élection directe, mais restreinte, comme
elle existe aujourd'hui parmi nous, était donc hors
de toutes les combinaisons. M. Sieyès, avec son
dogmatisme habituel, s'était fait une maxime : « *La
confiance*, disait-il, *doit venir d'en bas, et le pou-*

Déc. 1799.

voir d'en haut. » Il avait donc imaginé, pour réaliser cette maxime, le système de représentation nationale dont on va lire l'exposé.

Tout individu âgé de vingt et un ans, ayant la qualité de Français, était obligé, s'il voulait jouir de ses droits, de se faire inscrire sur un registre qu'on appelait registre civique. Cela pouvait former un nombre de cinq ou six millions de citoyens, admis à exercer leurs droits politiques. Ils devaient se réunir par arrondissement (cette circonscription, qui n'existait pas encore, allait être proposée), et désigner le dixième d'entre eux. Cette désignation du dixième devait donner une première liste de cinq à six cent mille individus. Ces cinq à six cent mille individus se réunissant à leur tour par département, et choisissant encore le dixième d'entre eux, étaient appelés à former une seconde liste, forte de cinquante à soixante mille citoyens. Ceux-ci faisant enfin un dernier triage, et se réduisant encore au dixième, formaient la dernière liste, qui se trouvait restreinte à cinq ou six mille candidats. Ces trois listes s'appelaient listes de notabilité.

La première, de cinq à six cent mille individus, s'appelait la liste de la notabilité communale; on devait y prendre les membres des administrations municipales, ceux des conseils d'arrondissement, et les administrateurs qui leur correspondaient, tels que les maires, les fonctionnaires que nous appelons aujourd'hui sous-préfets, les juges de première instance, etc. La seconde liste, de cinquante à soixante mille individus, s'appelait la liste de la notabilité départementale, et c'était dans celle-là qu'il fallait choisir les membres des conseils de département, les fonctionnaires appelés depuis préfets, les juges d'appel, etc., en un mot tous les fonctionnaires de cet ordre. Enfin, la dernière et troisième liste, de cinq à six mille individus, constituait la liste de la notabilité nationale, et on devait y prendre, obligatoirement, tous les membres du Corps Législatif, tous les fonctionnaires d'un ordre élevé, conseillers d'État, ministres, juges du tribunal de cassation, etc., etc. M. Sieyès, empruntant une figure à la géométrie pour donner une idée exacte de cette représentation nationale, large à la base, étroite au sommet, l'appelait une pyramide.

Déc. 1799.

On voit que, sans attribuer à la nation le droit de désigner elle-même les mandataires chargés de la représenter, ou les fonctionnaires chargés de la gouverner, M. Sieyès réduisait son rôle à former une liste de candidats, dans laquelle on devait puiser à la fois les représentants du pays, et les agents du gouvernement. Chaque année la masse des citoyens devait se réunir pour exclure de ces listes les noms qui n'étaient plus dignes d'y figurer, et pour les remplacer par d'autres. Il est à remarquer que si, d'une part, ce pouvoir de désignation était fort indirect, de l'autre il embrassait non-seulement les membres des assemblées délibérantes, mais les fonctionnaires exécutifs eux-mêmes. C'était moins et plus que ce qui existe ordinairement dans le système représentatif monarchique. Toutefois les agents appelés à remplir des fonctions tout à fait spéciales, et qui ne supposent aucune confiance politique, tels que les comptables, par exemple; ou bien les agents appelés à remplir des fonctions tellement difficiles, que le mérite, quand il se rencontre, doit être pris quelque part qu'on le trouve, comme les généraux et les ambassadeurs, ces agents n'étaient pas choisis obligatoirement sur les listes de notabilité.

Nous venons de montrer comment M. Sieyès, suivant sa maxime, faisait *venir la confiance d'en bas:* nous allons exposer maintenant comment il faisait *descendre le pouvoir d'en haut.*

Sous l'empire des impressions du moment, il redoutait l'élection, parce qu'il venait de voir des électeurs passionnés, nommer des représentants aussi passionnés qu'ils l'étaient eux-mêmes. Il y renonçait donc, et voulait que, dans ces listes de notabilité, formées par la confiance publique, le pouvoir législatif et le pouvoir exécutif pussent désigner leurs propres membres, et se composer ainsi eux-mêmes. Il ne leur imposait d'autre limite que celle de choisir dans les listes de notabilité. Mais, avant de faire connaître le mode de formation des pouvoirs, il faut décrire leur organisation.

Le pouvoir législatif devait être organisé comme il suit : d'abord le Corps Législatif proprement dit, placé entre deux corps opposés, le Tribunat et le Conseil d'État; puis, à part et au-dessus, le Sénat conservateur.

Le Corps Législatif devait être composé de 300 membres, entendant discuter les lois, ne les discutant pas eux-mêmes, et les votant silencieusement. Voici comment, et entre qui, se passait la discussion.

Déc. 1799.

Un corps de 100 membres, appelé Tribunat, chargé de représenter dans cette constitution l'esprit libéral, novateur, contradicteur, recevait communication des lois, les discutait en public, et émettait un vote, uniquement pour savoir s'il en poursuivrait devant le Corps Législatif l'adoption ou le rejet. Il nommait ensuite trois de ses membres, pour aller soutenir devant le Corps Législatif l'avis qui avait prévalu dans son propre sein.

Le Tribunat.

Un Conseil d'État, origine de celui qui existe aujourd'hui, mais plus considérable en importance et en attributions, était placé auprès du gouvernement pour rédiger les projets de lois; il les présentait au Corps Législatif, et envoyait trois de ses membres pour les discuter contradictoirement avec les orateurs du Tribunat. Ainsi, le Conseil d'État plaidant *pour*, le Tribunat *contre* (si toutefois celui-ci avait repoussé la loi), le Corps Législatif votait en silence l'adoption ou le rejet. Son vote seul donnait le caractère de loi aux propositions du gouvernement. Le Conseil d'État devait en outre compléter les lois, par les règlements nécessaires à leur exécution.

Le Conseil d'État.

Venait enfin le Sénat. Ce corps, composé de 100 membres, ne prenait aucune part à ce travail législatif. Il était chargé, spontanément, ou sur la dénonciation du Tribunat, de casser toute loi ou tout acte du gouvernement, qui lui paraissait entaché d'*inconstitutionnalité*. Il s'appelait pour ce motif Sénat *conservateur*. Il devait être composé d'hommes ayant

Le Sénat conservateur.

atteint l'âge mûr, privés, par le seul fait de leur entrée au Sénat, de toute fonction active, étant par conséquent renfermés exclusivement dans leur rôle de conservateurs, et ayant à le bien remplir un intérêt considérable, car M. Sieyès voulait qu'on les dotât richement.

Telles étaient les attributions des pouvoirs délibérants. Voici leur mode de formation.

Le Sénat se composait lui-même, en élisant ses propres membres dans la liste de la notabilité nationale. Il nommait encore les membres du Corps Législatif, du Tribunat, du Tribunal de cassation, en les choisissant au scrutin, dans cette même liste de la notabilité nationale.

Le pouvoir exécutif était aussi l'auteur de sa propre formation, en choisissant tous ses agents dans celle des trois listes de notabilité, qui correspondait aux fonctions auxquelles il s'agissait de pourvoir. Il prenait les ministres, les conseillers d'État, les agents supérieurs enfin, dans la liste de la notabilité nationale. Il prenait dans la liste de la notabilité départementale, d'abord les conseillers de département, qui, de même que le Conseil d'État, étaient considérés comme des autorités purement administratives; il y prenait, en outre, les préfets et les fonctionnaires de cette circonscription; il allait enfin chercher dans la liste de la notabilité communale les conseils municipaux, les maires, et tous les fonctionnaires du même ordre.

Ainsi, comme le voulait M. Sieyès, *la confiance venait d'en bas, le pouvoir venait d'en haut.*

Mais, de même qu'au-dessus du pouvoir législatif il y avait un créateur suprême, qui était le Sénat, de même il fallait, au-dessus du pouvoir exécutif, un créateur suprême qui nommât les ministres, lesquels devaient ensuite nommer les fonctionnaires subordonnés jusqu'au dernier degré de la hiérarchie. A la tête de ce pouvoir exécutif devait donc se trouver un pouvoir générateur. M. Sieyès lui avait donné un nom analogue à sa fonction, il l'avait appelé le *Grand-Électeur*. Ce magistrat suprême était réduit exclusivement à un acte : il devait élire deux agents supérieurs, seuls de leur rang et de leur espèce, appelés, l'un Consul de la paix, l'autre Consul de la guerre. Ceux-ci nommaient ensuite les ministres, qui, sous leur responsabilité personnelle, choisissaient dans les listes de notabilité tous les agents du pouvoir, gouvernaient, administraient, géraient, en un mot, les affaires de l'État.

Une existence magnifique était destinée à ce Grand-Électeur. Il était le principe générateur du gouvernement, et il en était aussi le représentant extérieur. Cette inaction à laquelle M. Sieyès avait voulu réduire les sénateurs pour assurer leur impartialité, et qu'il avait dotée d'un revenu annuel de cent mille livres en domaines nationaux, cette inaction, imposée au Grand-Électeur pour un motif semblable, était encore plus richement dotée chez lui que chez les sénateurs, car sa mission était de représenter la République tout entière. M. Sieyès voulait lui assigner un traitement de six millions, des habitations somptueuses, telles que les Tuileries à Paris, et Versailles à la campagne, plus une garde de trois mille hommes. C'est en son nom que la justice devait être rendue, que les lois devaient être promulguées, et les actes du gouvernement exécutés. C'est auprès de lui que les ministres étrangers devaient être accrédités; c'est de sa signature que les traités de la France avec les puissances étrangères devaient être revêtus. En un mot, il joignait, à l'importante mission de choisir les deux chefs actifs du gouvernement, l'éclat, vain si l'on veut, de la représentation extérieure; en lui devait briller tout le luxe d'une nation polie, élégante et magnifique.

Ce Grand-Électeur lui-même, il fallait le demander ou à l'élection ou à l'hérédité. Dans le dernier cas, c'était un roi, et on avait rétabli la monarchie en France. Mais M. Sieyès, qu'il la voulût ou non, n'aurait pas osé la proposer ouvertement. Il faisait donc élire par le plus impartial des corps de l'État, par le Sénat, ce magistrat suprême, qui lui-même n'était placé si haut, que pour être dans ses deux choix, aussi impartial que possible.

Une dernière et redoutable disposition complétait cette œuvre si compliquée.

Le Sénat, qui pouvait casser tout acte inconstitutionnel, loi ou mesure du gouvernement, recevait, en outre, la faculté d'arracher le Grand-Électeur à ses fonctions, en le nommant sénateur malgré lui. C'était ce que M. Sieyès appelait *absorber*. Le Sénat en pouvait faire autant à l'égard de tout citoyen, dont l'importance ou les talents causeraient des ombrages à la République. On donnait ainsi au citoyen, qu'on frappait d'inaction forcée en l'absorbant dans le Sénat, on donnait en dédommagement l'importance, la riche oisiveté, des membres d'un corps, qui ne pouvait pas agir par lui-même, mais qui pouvait, par son *veto*, empêcher toute action quelconque.

Dans cette conception singulière, mais profonde, qui ne reconnaît une image, effacée, obscurcie peut-être à dessein, de la monarchie représentative? Ce Corps Législatif, ce Sénat, ce Grand-Électeur, c'étaient bien une chambre basse, une chambre haute, un roi, le tout reposant sur une sorte de suffrage universel, mais avec de telles précautions que la démocratie, l'aristocratie, la royauté, admises dans cette constitution, y étaient aussitôt annulées qu'admises. Ces listes de notabilité, dans lesquelles on devait puiser à la fois les corps délibérants et les fonctionnaires exécutifs, c'était le suffrage universel, universel mais nul, car elles constituaient un cercle de candidature si vaste, que l'obligation de choisir dans ce cercle, était un pouvoir absolu d'élire, déféré au gouvernement et au Sénat. Ce Corps Législatif muet, entendant discuter la loi, mais ne la discutant pas lui-même, ayant à ses côtés le Tribunat, chargé de la discuter contradictoirement avec le Conseil d'État, était une espèce de chambre des communes, coupée en deux, l'une ayant le vote, l'autre la parole, et toutes deux annulées par cette séparation même; car la première était exposée à s'endormir dans le silence, la seconde à s'épuiser dans de stériles agitations. Ce Sénat se nommant lui-même et tous les corps délibé-

Déc. 1799.

Analogies de la Constitution de M. Sieyès avec les constitutions connues.

rants, nommant le chef du pouvoir exécutif, et au besoin l'absorbant dans son sein, ce Sénat pouvant tout cela, mais privé de fonctions actives, ne prenant aucune part à la loi, se bornant à la casser si elle était inconstitutionnelle, ce Sénat, réduit ainsi à une sorte d'inaction pour qu'il fût plus désintéressé, et animé seulement du sentiment de la conservation, ce Sénat était bien l'imitation savante, mais exagérée, d'une pairie aristocratique, prenant peu de part au mouvement des affaires, l'arrêtant quelquefois par son *veto*, et recevant dans son sein les hommes qui, après une carrière agitée, viennent se reposer volontiers au milieu d'un corps grave, influent et honoré. Ce Grand-Électeur enfin, c'était bien la royauté, réduite au rôle peu actif, mais considérable, de choisir les chefs agissants du gouvernement; c'était la royauté, mais avec des précautions infinies contre son origine et sa durée, car elle sortait de l'urne du Sénat et pouvait s'y ensevelir au besoin. En un mot, ce suffrage universel, ce Corps Législatif, ce Tribunat, ce Sénat, ce Grand-Électeur, ainsi constitués, énervés, neutralisés les uns par les autres, attestaient un prodigieux effort de l'esprit humain, pour réunir dans une même constitution toutes les formes connues de gouvernement, mais pour les annuler ensuite à force de précautions.

Il faut l'avouer, la monarchie représentative, avec moins de peine et d'effort, en se confiant davantage à la nature humaine, procure depuis deux siècles une liberté animée, mais point subversive, à l'une des premières nations du monde. Simple et naturelle en ses moyens, la constitution britannique admet la royauté, l'aristocratie, la démocratie; puis, après les avoir admises, elle les laisse agir librement, ne leur imposant d'autre condition que de gouverner d'un commun accord. Elle ne limite pas le roi à tel ou tel acte, elle ne le fait pas sortir de l'élection pour s'y abîmer ensuite, elle n'interdit pas à la pairie les fonctions actives, elle ne prive pas de la parole l'assemblée élective, elle n'accorde pas le suffrage universel pour le rendre nul ensuite en le rendant indirect : elle laisse sortir la royauté et l'aristocratie de leur source naturelle, l'hérédité; elle admet un roi, des pairs héréditaires, mais en revanche elle laisse à la nation le soin de désigner directement, suivant ses goûts ou ses passions du jour, une assemblée qui, maîtresse de donner ou de refuser à la royauté les moyens de gouverner, l'oblige ainsi à prendre pour chefs dirigeants du gouvernement, les hommes qui ont su captiver la confiance publique. Tout ce que recherchait le législateur Sieyès s'accomplit ainsi presque infailliblement. La royauté, l'aristocratie n'agissent pas plus qu'il ne le souhaitait, elles modèrent seulement une impulsion trop rapide ; l'assemblée élective, pleine des passions du pays, mais contenue par deux autres pouvoirs, choisit, en réalité, les vrais chefs de l'État, les porte au gouvernement, les y maintient, ou les renverse, s'ils ont cessé de répondre à ses sentiments. C'est là une constitution simple, vraie, parce qu'elle est le produit de la nature et du temps, et non pas, comme celle de M. Sieyès, l'œuvre savante, mais artificielle, d'un esprit dégoûté de la monarchie par le règne des derniers Bourbons, et effrayé de la république par dix années d'orages.

Maintenant, supposons des temps plus calmes, supposons cette Constitution de M. Sieyès mise paisiblement en pratique à une époque où le besoin d'une main puissante, comme celle du général Bonaparte, n'aurait pas dominé toutes les combinaisons; supposons cette vaste notabilité établie, ce Sénat puisant librement en elle les corps de l'État et le chef du gouvernement, que serait-il arrivé?... Bientôt la nation n'eût mis aucun intérêt à renouveler des listes, qui n'étaient qu'un moyen impuissant d'exprimer son vœu; ces listes seraient devenues presque permanentes; le Sénat y eût puisé à son gré les corps de l'État, le Grand-Électeur; et, nommant le chef du pouvoir exécutif, pouvant le faire disparaître à chaque instant, le tenant sous sa dépendance absolue, il aurait été à peu près tout; il aurait été, quoi? L'aristocratie vénitienne, avec son livre d'or, avec son doge fastueux et nul, chargé, tous les ans, d'épouser la mer Adriatique. Spectacle curieux, et digne d'être médité! M. Sieyès, esprit profond et élevé, sincèrement attaché à la liberté de son pays, avait parcouru, en dix ans, ce cercle d'agitations, de terreurs, de dégoûts, qui avaient conduit la plupart des républiques du moyen âge, et la plus célèbre d'entre elles, celle de Venise, au livre d'or et à un chef nominal. Il avait abouti à l'aristocratie vénitienne, constituée au profit des hommes de la révolution, car pendant dix ans il attribuait à ceux qui avaient exercé des fonctions depuis 1789, le privilége de figurer de droit sur les listes de notabilité; et il voulait, en outre, se réserver à lui-même et à trois ou quatre personnages principaux du temps, la faculté de composer pour une première fois tous les corps de l'État.

Déc. 1799.

Mais on n'improvise pas l'aristocratie, on n'improvise que le despotisme. Cette société tourmentée ne pouvait se reposer que dans les bras d'un homme puissant. On allait tout admirer, tout admettre, dans cette Constitution extraordinaire, tout, sauf le Grand-Électeur richement doté, et en apparence oisif. On allait le remplacer par un chef actif et énergique, par le général Bonaparte; et, un seul ressort changé, cette Constitution devait, sans aucune complicité de la part de son auteur, aboutir au despotisme impérial, que nous avons vu, avec un Sénat conservateur, avec un Corps Législatif muet, gouverner, quinze ans, la France d'une manière glorieuse, mais despotique.

Lorsque M. Sieyès, après un grand effort sur lui-même, était parvenu à tirer du fond de sa pensée toutes ces combinaisons, qui, depuis long-temps, y étaient comme enfouies, il les exposait à son ami M. Boulay de la Meurthe, qui les écrivait, et à divers membres des deux commissions législatives, qui les répandaient autour d'eux. Les deux commissions législatives s'étaient divisées en sections, et, dans chacune des deux, se trouvait une section de Constitution. C'est à ces deux sections réunies que

M. Sieyès communique son projet aux commissions législatives.

M. Sieyès, quand il pouvait se rendre maître de sa pensée, exposait son système. Ce système saisissait les esprits par la nouveauté, la singularité, et l'art infini des combinaisons.

D'abord les intérêts des auditeurs de M. Sieyès étaient fort satisfaits, car il avait, ainsi que nous venons de le dire, adopté une disposition transitoire, tout à fait nécessaire. Dans le but de sauver la Révolution, en maintenant au pouvoir les hommes qui l'avaient faite, il proposait une résolution, à peu près semblable à celle par laquelle la Convention s'était perpétuée dans les deux Conseils des Anciens et des Cinq-Cents. Il voulait que tous les hommes qui, depuis 1789, avaient exercé des fonctions publiques, qui avaient été membres des diverses assemblées, législatives, départementales ou municipales, fussent de droit portés sur les listes de notabilité, et que ces listes ne fussent pas remaniées avant dix années. De plus, MM. Sieyès, Roger-Ducos, et le général Bonaparte, devaient composer pour la première fois le personnel des corps de l'État, en vertu du droit qu'ils s'attribuaient de faire la nouvelle Constitution. Cette disposition était hardie, mais indispensable; car il est à remarquer que tous les hommes nouveaux qui arrivaient par les élections, animés d'un esprit de réaction alors général, cédant d'ailleurs au goût ordinaire de blâmer ce qu'on n'a pas fait, affichaient une haine ouverte contre les actes et les hommes de la Révolution, même quand ils en partageaient les principes. M. Sieyès avait donc pris ses précautions contre la nécessité d'un nouveau 18 fructidor, en assurant pour dix ans la mise en pratique de sa Constitution par des mains dont il était sûr. Les idées de M. Sieyès devaient convenir à tous les intérêts. Déjà chacun se croyait assuré d'être sénateur, législateur, conseiller d'État ou tribun ; et ces charges étaient richement rétribuées.

Déc. 1799.

Intérêt à part, les combinaisons semblaient aussi neuves qu'habiles. Les hommes s'enthousiasment facilement pour le génie militaire, mais ils s'enthousiasment tout aussi facilement pour ce qui a l'apparence de la profondeur d'esprit. Le législateur Sieyès avait ses enthousiastes, comme le général Bonaparte avait les siens. Les listes de notabilité paraissaient la plus heureuse des combinaisons, surtout dans l'état de discrédit où était tombé le système électif, depuis les élections qui avaient donné les *Clichiens* exclus par la révolution de fructidor, et les Jacobins exclus par le moyen des *scissions*. Le Conseil d'État et le Tribunat, plaidant l'un *pour*, l'autre *contre*, devant un Corps Législatif muet, plaisaient à des esprits fatigués de discussions, et demandant le repos avec instance. Le Sénat, placé si haut, et dans un rôle si utile au maintien de l'ensemble, pouvant frapper d'ostracisme les citoyens éminents et dangereux, tout cela trouvait de nombreux admirateurs.

Accueil fait aux idées de M. Sieyès.

Le Grand-Électeur, seul, paraissait une singularité à des hommes qui, n'ayant pas encore réfléchi beaucoup à la Constitution anglaise, ne comprenaient pas une magistrature, réduite au rôle unique de choisir les agents supérieurs du gouvernement. Ils trouvaient que c'était trop peu de pouvoir pour un roi, et trop de représentation pour un simple président de république. Personne, enfin, ne trouvait la place adaptée à celui qui devait la remplir, c'est-à-dire au général Bonaparte. Cette place avait trop d'apparence, et pas assez de pouvoir réel : trop d'apparence, car il fallait éviter d'effaroucher les imaginations, en rendant trop manifeste le retour à la monarchie ; pas assez de pouvoir réel, car il fallait une autorité presque sans bornes à l'homme qui était chargé de réorganiser la France. Certains esprits, incapables de comprendre le désintéressement d'un penseur profond, qui n'avait songé qu'à faire concorder ses conceptions entre elles, et nullement à combiner les ressorts de sa Constitution dans un intérêt personnel, certains esprits affirmaient que le Grand-Électeur n'avait pu être inventé pour un caractère aussi actif que le général Bonaparte, et que dès lors M. Sieyès n'avait pu l'imaginer que pour lui-même, qu'il se réservait cette place, et qu'il destinait à son jeune collègue celle du Consul de la guerre. C'était là une conjecture mesquine et malveillante. M. Sieyès joignait à une grande force de pensée une finesse d'observation remarquable, et il jugeait trop bien sa position personnelle et celle du vainqueur de l'Italie, pour croire qu'il pût être, lui, cette espèce de roi électif, et le général Bonaparte simplement son ministre. Il avait en ceci uniquement obéi à l'esprit de système. D'autres interprétateurs, moins malveillants, croyaient, à leur tour, que M. Sieyès destinait en effet la place de Grand-Électeur au général Bonaparte, mais dans le but de lui lier les mains, et surtout de le faire prochainement *absorber* par le Sénat conservateur. Les amis de la liberté ne lui en savaient pas mauvais gré. Les partisans du général Bonaparte ne pouvaient parler de cette invention du Grand-Électeur sans jeter les hauts cris; et, parmi eux, Lucien Bonaparte, qui a tour à tour contrarié ou servi le chef de sa famille, mais toujours capricieusement, sans à-propos, sans mesure, jouant tantôt le frère passionné pour la grandeur de son frère, tantôt le citoyen ennemi du despotisme, Lucien Bonaparte déclamait avec violence contre le projet de M. Sieyès. Il disait hautement qu'il fallait un président de la République, un Conseil d'État, et pas grand'chose avec; que le pays était fatigué des bavards, et qu'il ne voulait plus que des hommes d'action. Ces propos inconsidérés étaient de nature à produire le plus fâcheux effet; heureusement on n'attachait pas une grande importance aux paroles de Lucien.

Le général Bonaparte avait, au milieu de ses travaux incessants, recueilli les rumeurs répandues autour de lui sur le projet de M. Sieyès. Il laissait faire son collègue, par une sorte de partage d'attributions convenu entre eux, et il ne voulait se mêler de la Constitution, que lorsqu'il serait temps de la rédiger définitivement, se promettant bien alors d'assortir à son goût la place qui lui était destinée. Cependant les rapports qui lui venaient de tout côté finirent par l'irriter, et il exprima son déplaisir avec la vivacité ordinaire de son langage, vi-

Déc. 1799.

Fâcheux dissentiment entre M. Sieyès et le général Bonaparte.

vacité regrettable, et dont il n'était pas toujours le maître.

La désapprobation dont il frappait quelques idées du projet de Constitution arriva jusqu'à son auteur. M. Sieyès en conçut une vive peine. Il craignait en effet qu'après avoir perdu, par l'ignorance et la violence des temps antérieurs, l'occasion de devenir le législateur de la France, il ne la perdît encore une fois par l'humeur despotique du collaborateur qu'il s'était donné en faisant le 18 brumaire. Quoique dépourvu d'intrigue et d'activité, il s'attacha davantage à conquérir un à un les membres des deux sections législatives.

Cependant son ami, M. Boulay de la Meurthe, et deux intimes du général Bonaparte, MM. Rœderer et de Talleyrand, désirant maintenir la bonne harmonie entre des hommes si importants, s'employèrent activement à les mettre d'accord. M. Boulay de la Meurthe avait accepté la mission de transcrire les idées de M. Sieyès, et il était devenu ainsi le confident de son projet. M. Rœderer était ancien Constituant, homme d'esprit, véritable publiciste à la façon du dix-huitième siècle, aimant beaucoup à raisonner sur l'origine et l'organisation des sociétés, et à faire des projets de constitution, joignant à cela des penchants monarchiques très-prononcés. M. de Talleyrand, capable de comprendre et de goûter les esprits, même les plus contraires au sien, était également touché et du génie agissant du jeune Bonaparte, et du génie spéculatif du philosophe Sieyès; il avait du penchant pour tous deux. Il croyait d'ailleurs que ces deux hommes avaient besoin l'un de l'autre, et mettait un grand intérêt à faire réussir les affaires du nouveau gouvernement. MM. Boulay de la Meurthe, Rœderer et de Talleyrand s'employèrent donc à rapprocher le général et le législateur. Une entrevue fut préparée; elle devait avoir lieu chez le général Bonaparte, en présence de MM. Rœderer et de Talleyrand. La chose se fit, et ne réussit guère. Le général Bonaparte était sous l'impression des rapports qu'on lui avait faits sur le Grand-Électeur inactif et exposé à être absorbé par le Sénat; M. Sieyès était tout plein des propos improbateurs qu'on prêtait au général, et qu'on avait sans doute exagérés. Ils s'abordèrent avec de mauvaises dispositions, ne se montrèrent que leurs dissentiments, et s'adressèrent les propos les plus aigres. M. Sieyès, qui avait besoin de calme pour produire ses idées, ne les exposa point, cette fois, avec la clarté et la suite convenables. Le général Bonaparte, de son côté, fut impatient et brusque : ils se traitèrent mal, et se séparèrent presque brouillés.

Déc. 1799.

Entrevue imaginée pour rapprocher M. Sieyès et le général Bonaparte.

Mauvais succès de l'entrevue proposée.

Les conciliateurs, effrayés, se remirent au travail pour réparer le mauvais effet de cette entrevue. On dit à M. Sieyès qu'il devait discuter avec patience, se donner la peine de convaincre le général, et surtout faire des concessions; on dit au général qu'il fallait ici plus de ménagements qu'il n'en mettait, que sans l'appui de M. Sieyès, et son autorité sur le Conseil des Anciens, lui, général Bonaparte, n'aurait jamais pu obtenir, dans la journée du 18 brumaire, le décret qui lui avait mis la force en main; que M. Sieyès, comme personnage politique, avait un crédit immense sur les esprits, et que, dans le cas d'un conflit entre le législateur et le général, beaucoup de gens se prononceraient pour le législateur, comme le représentant de la Révolution et de la liberté, opprimées par un homme d'épée. Le premier moment n'était pas favorable pour amener un rapprochement; il fallut y mettre un peu de temps. MM. Boulay de la Meurthe et Rœderer imaginèrent de nouveaux modèles de pouvoir exécutif, qui levassent les deux difficultés sur lesquelles le général Bonaparte paraissait inflexible, l'inaction du Grand-Électeur, et la menace d'ostracisme suspendue sur sa tête. Ils songèrent d'abord à un Consul, aidé de deux collègues qui devraient l'assister, puis à un Grand-Électeur, comme l'avait voulu M. Sieyès, qui nommerait les deux Consuls de la paix et de la guerre, assisterait à leurs délibérations et prononcerait entre eux. Ce n'était pas assez pour satisfaire le général Bonaparte, et c'était beaucoup trop pour M. Sieyès, dont le projet était ainsi renversé. Chaque fois qu'on proposait à M. Sieyès de faire participer au gouvernement le chef du pouvoir exécutif, « c'est de l'ancienne monarchie, disait-il, que vous voulez me donner; et je n'en veux pas. » — Il n'admettait, en effet, que la royauté d'Angleterre, en lui retranchant encore le titre de roi, l'inamovibilité et l'hérédité. On était loin de compte, et M. Sieyès, avec cette promptitude de découragement propre aux esprits spéculatifs, quand ils rencontrent les obstacles que leur oppose la nature des choses, M. Sieyès disait qu'il allait renoncer à tout, quitter Paris, se réfugier à la campagne, et laisser le jeune Bonaparte tout seul, avec son despotisme naissant, révélé à tous les yeux. « Il veut partir, disait le général, » qu'il s'en aille; je vais faire rédiger une Consti- » tution par Rœderer, la proposer aux deux sec- » tions législatives, et satisfaire l'opinion publique, » qui demande qu'on en finisse. » Il se trompait en parlant de la sorte, car il était encore trop tôt pour montrer à la France son épée toute nue; il eût rencontré autour de lui des résistances inattendues.

Déc. 1799.

Cependant, ces deux hommes, qui, malgré des répugnances instinctives, avaient réussi à s'entendre un moment pour consommer le 18 brumaire, devaient s'entendre encore une fois pour faire une constitution. Les bruits qui s'étaient répandus avaient donné l'éveil aux commissions législatives; elles savaient quels propos tenait Lucien Bonaparte, quel ton décidé prenait le général sur tout cela, quelle disposition à tout abandonner montrait M. Sieyès; elles se dirent avec raison, qu'en définitive, c'était à elles que le soin de faire une constitution était spécialement confié; qu'il fallait accomplir leur devoir, rédiger un projet, le présenter aux Consuls, et les mettre forcément d'accord, après avoir opéré entre eux une transaction raisonnable.

Les sections législatives se chargent du soin de faire la Constitution, en prenant pour base le projet de M. Sieyès.

Elles se mirent donc à l'œuvre; et comme plusieurs des membres qui les composaient avaient eu communication des idées de M. Sieyès, et les avaient goûtées, elles adoptèrent son plan comme base de leur travail. A l'égard d'un esprit systématique, adopter toutes ses idées moins une, c'est lui causer presque autant de chagrin que si on les rejetait toutes. C'était cependant un point important que de prendre le projet de M. Sieyès pour base de la nouvelle Constitution : aussi finit-il par se calmer un peu ; et le général Bonaparte, en voyant les commissions s'emparer de leur rôle, et le remplir résolument, se radoucit lui-même d'une manière sensible. On saisit ce moment pour amener un nouveau rapprochement. Il y eut une seconde entrevue entre M. Sieyès et le général, en présence de MM. Boulay (de la Meurthe), Rœderer et de Talleyrand. Cette fois, les deux principaux interlocuteurs étaient plus calmes, et plus disposés à s'entendre. Au lieu de se heurter comme la première fois, en se montrant de préférence leurs dissentiments, ils cherchèrent au contraire à se rapprocher, en se montrant le côté semblable de leurs opinions. M. Sieyès fut modéré et plein de tact : le général déploya son bon sens, son originalité d'esprit ordinaires. Le sujet de l'entretien fut l'état de la France, les vices des constitutions précédentes, et les précautions à prendre dans une constitution nouvelle, pour prévenir les désordres passés. Sur tout cela on devait être d'accord. On se retira donc satisfait, et on se promit, dès que les sections auraient achevé leur travail, de les réunir, pour adopter ou modifier leurs propositions, et sortir enfin du provisoire, qui commençait à déplaire à tout le monde. M. Sieyès avait désormais la certitude que, sauf son Grand-Électeur et quelques attributions du Sénat conservateur, il ferait adopter sa Constitution tout entière.

Dans les dix premiers jours de frimaire (du 20 novembre au 1ᵉʳ décembre), les sections eurent achevé leur projet. Le général Bonaparte les appela chez lui à des réunions auxquelles devaient assister les Consuls. Quelques membres des sections trouvaient cette convocation peu conforme à leur dignité, et, cependant, décidé qu'on était à passer par-dessus beaucoup de difficultés, à concéder beaucoup à l'homme qui était si nécessaire, on se rendit chez lui.

Les séances commencèrent immédiatement. A la première, M. Sieyès fut chargé d'exposer son plan, puisque ce plan était la base même du travail des commissions. Il le fit avec une force de pensée et de langage, qui produisit sur les assistants la plus vive impression. — Tout cela est beau et profond, dit le général; cependant, il y a plusieurs points qui méritent une discussion sérieuse. Mais procédons avec ordre; traitons chaque partie du projet l'une après l'autre, et choisissons un rédacteur. Citoyen Daunou, prenez la plume. — M. Daunou devint ainsi le rédacteur de la nouvelle Constitution. Ce travail dura plusieurs séances, et l'on convint des dispositions suivantes.

Les listes de la notabilité communale, départementale, et nationale, furent successivement adoptées. Elles réduisaient trop l'action populaire, en la rendant indirecte, pour ne pas convenir, et aux appréhensions du moment, et aux goûts du général Bonaparte. Deux dispositions accessoires, l'une

Déc. 1799.

Réunions des sections législatives chez le général Bonaparte.

Dispositions du projet de M. Sieyès qui sont définitivement adoptées.

conforme, l'autre contraire aux idées de M. Sieyès, furent adoptées. On déclara que les fonctionnaires de tout genre ne seraient obligatoirement choisis sur les listes de notabilité, que lorsque la Constitution les aurait nominativement désignés. Qu'on y prît, en effet, les membres des corps délibérants, les consuls, les ministres, les juges, les administrateurs, à la bonne heure; mais des généraux, des ambassadeurs! cela parut exorbitant. On fut d'accord sur ce point. La seconde disposition était relative, non pas au fond du projet, mais à la nécessité de l'adapter à l'état présent des choses. Au lieu de remettre le remaniement des listes à dix ans, on l'ajourna à l'an IX, c'est-à-dire à une année, et il fut arrêté que l'on nommerait aujourd'hui tout le personnel des grands corps de l'État, par un acte du pouvoir constituant, et que les individus ainsi nommés, seraient portés de droit sur les premières listes. La révision, au lieu d'être annuelle, dut être triennale.

On passa ensuite à l'organisation des grands pouvoirs. La maxime de M. Sieyès : *La confiance doit venir d'en bas, le pouvoir doit venir d'en haut*, prévalut tout à fait. C'est en haut que fut placé le droit d'élire, mais avec obligation de choisir dans les listes de notabilité. On adopta le Sénat de M. Sieyès, ainsi que le Corps Législatif, placé entre le Conseil d'État et le Tribunat. Le Sénat dut choisir, sur les listes de notabilité, d'abord les sénateurs eux-mêmes, puis les membres du Corps Législatif, du Tribunat, du Tribunal de cassation, de la Commission de comptabilité (depuis Cour des Comptes), et enfin le chef ou les chefs du pouvoir exécutif. Toutefois, et c'était là une réduction d'attributions considérable, le Sénat ne dut nommer les sénateurs que sur la présentation de trois candidats, dont l'un était désigné par les Consuls, l'autre par le Corps Législatif, le troisième par le Tribunat. Quant au Conseil d'État, ce corps, faisant partie du pouvoir exécutif, devait être nommé par ce pouvoir même. Indépendamment de la faculté de faire les nominations les plus importantes, le Sénat reçut l'attribution suprême de casser les lois ou les actes du gouvernement, entachés d'inconstitutionnalité. Il ne devait, du reste, avoir aucune part à la confection des lois, ses membres ne pouvaient exercer de fonctions actives.

Déc. 1799.

Le Corps Législatif muet, comme le voulait M. Sieyès, dut entendre contradictoirement trois conseillers d'État, trois tribuns, et voter ensuite, sans discussion, sur les propositions du gouvernement.

Le Tribunat eut seul la faculté de discuter publiquement les lois ; mais il ne dut les voter que pour savoir quel avis il soutiendrait auprès du Corps Législatif. Son vote, même négatif, n'empêchait pas que la loi fût loi, si le Corps Législatif l'avait adoptée. Le Tribunat n'avait pas l'initiative des propositions légales, mais il pouvait émettre des vœux, il recevait des pétitions, et les renvoyait aux diverses autorités qu'elles concernaient.

Le Sénat dut se composer de 80 membres au

lieu de 100, comme le voulait d'abord M. Sieyès : 60 devaient être nommés tout de suite, 20 dans les dix années qui suivraient. Le Corps Législatif dut se composer de 300 membres, le Tribunat de 100. Les sénateurs avaient 25 mille francs de dotation annuelle ; les législateurs, 10 mille ; les tribuns, 15 mille. Jusque-là le plan de M. Sieyès était adopté en entier, sauf quelques réductions dans l'autorité du Sénat. Mais ce plan allait subir une altération considérable dans l'organisation du pouvoir exécutif.

C'était là le point capital, et sur lequel le général Bonaparte était inflexible. M. Sieyès, déjà résigné à voir cette partie de son plan écartée, fut cependant invité à exposer ses idées. Il proposa donc, devant les commissions réunies, l'institution du Grand-Électeur. Personne, il faut le dire, pas même le général Bonaparte, n'avait alors assez réfléchi sur l'organisation des pouvoirs, dans un gouvernement libre, pour comprendre ce qu'il y avait de profond dans cette conception, et pour saisir l'analogie qu'elle présentait avec le roi de la monarchie anglaise. Mais le général Bonaparte, eût-il arrêté son esprit à considérer la question sous ce rapport, n'en aurait voulu à aucun prix, par des motifs tout personnels, et faciles à comprendre. Il fit avec verve la critique de ce Grand-Électeur. Il dit, sur sa riche oisiveté, ce que disent tous les rois, seulement, avec moins d'esprit que lui, et moins de fondement, car en présence d'une société bouleversée à réorganiser, de factions sanguinaires à soumettre, du monde à vaincre, il était excusable de vouloir se réserver l'emploi tout entier de son génie. Mais si dans ces premiers jours du Consulat, où tant de choses étaient à faire, il avait peut-être raison de ne pas laisser enchaîner ses talents, depuis, sublime infortuné à Sainte-Hélène, il a dû regretter la liberté qui lui fut donnée de les exercer sans mesure. Gêné dans l'emploi de ses facultés, il n'aurait pas sans doute accompli d'aussi grandes choses, mais il n'en aurait pas tenté d'aussi exorbitantes, et probablement son sceptre et son épée seraient restés, jusqu'à sa mort, dans ses glorieuses mains.

Déc. 1799.

— Votre Grand-Électeur, dit-il à M. Sieyès, est un roi fainéant, et le temps des rois fainéants est passé. Quel est l'homme d'esprit et de cœur, qui voudrait subir une telle oisiveté, au prix de six millions, et d'une habitation aux Tuileries ! Quoi ! nommer des gens qui agissent, et ne pas agir soi-même ! c'est inadmissible. Et d'ailleurs vous croyez par ce moyen réduire votre Grand-Électeur à ne pas se mêler du gouvernement ? Si j'étais ce Grand-Électeur, je me chargerais bien de faire encore tout ce que vous ne voudriez pas que je fisse. Je dirais aux deux Consuls de la paix et de la guerre : Si vous ne choisissez pas tel homme, ou si vous ne prenez pas telle mesure, je vous destitue. Et je les obligerais bien de marcher à ma volonté. Je redeviendrais le maître par un détour. —

Ici, le général Bonaparte lui-même, avec sa sagacité ordinaire, rentrait dans la vérité, et reconnaissait que cette inaction du Grand-Électeur n'était point un état de nullité, car ce magistrat suprême, avait, à certains moments, le moyen de reparaître tout-puissant dans l'arène où les partis se disputent le pouvoir, en venant le retirer aux uns pour le conférer aux autres. Mais cette haute surveillance de la royauté anglaise sur le gouvernement, réduite à jeter quelquefois entre les ambitions le poids décisif de sa volonté, ne pouvait convenir à cet ardent jeune homme; et il faut le lui pardonner, car ce n'était ni le lieu ni le moment de la royauté constitutionnelle.

<small>Déc. 1799.</small>

<small>L'institution du Grand-Électeur repoussée par le général Bonaparte.</small>

Le Grand-Électeur périt sous les sarcasmes du jeune général, et sous une puissance beaucoup plus grande que celle des sarcasmes, la puissance de la nécessité présente. Il fallait en effet, alors, une véritable dictature, et l'autorité attribuée au Grand-Électeur était loin de suffire aux besoins des circonstances.

Il y eut une autre partie de l'institution proposée par M. Sieyès, que le général Bonaparte repoussa également, parce qu'il s'obstinait à y voir un piége: c'était la faculté d'absorption dévolue au Sénat, non-seulement à l'égard du Grand-Électeur, mais de tout citoyen notable, dont la grandeur inspirerait des ombrages.

Le général ne voulait pas qu'après quelques années d'éminents services, on pût l'ensevelir tout vivant au sein du Sénat, et le réduire à une oisiveté forcée, moyennant une pension de vingt-cinq mille francs. Il obtint satisfaction sous ce nouveau rapport, et voici quelle fut l'organisation définitive du pouvoir exécutif.

<small>Forme définitivement donnée</small>

On adopta un Premier Consul, accompagné de deux autres, pour dissimuler un peu la toute-puissance du premier. Ce premier Consul avait la nomination directe, et sans partage, des membres de l'administration générale de la République, des membres des Conseils départementaux et municipaux, des administrateurs appelés depuis sous-préfets et préfets, des agents municipaux, etc. Il avait la nomination des officiers de terre et de mer, des conseillers d'Etat, des ministres à l'étranger, des juges civils et criminels, autres que les juges de paix et les membres du Tribunal de cassation. Il ne pouvait pas révoquer les juges, une fois nommés : l'inamovibilité fut ainsi substituée à l'élection, comme garantie d'indépendance.

Outre la nomination du personnel administratif, militaire et judiciaire, le Premier Consul avait le gouvernement tout entier, la direction de la guerre et de la diplomatie ; il signait les traités, sauf leur discussion et leur adoption par le Corps Législatif, dans la même forme que les lois. Dans ces diverses fonctions il devait être assisté des deux autres Consuls, qui avaient seulement voix consultative, mais qui pouvaient constater leur opinion sur un registre de délibérations tenu à cet effet. Évidemment, ces deux Consuls se trouvaient là pour dissimuler l'immense autorité déférée au général Bonaparte, autorité dont la durée était assez longue, et pouvait même devenir perpétuelle, car les trois Consuls étaient élus pour dix ans, et de plus indéfiniment rééligibles. Quelque chose resta de l'*absorption* imaginée par M. Sieyès. Le Premier Consul, sortant par démission ou autrement, devenait sénateur

Déc. 1799.

au pouvoir exécutif. Création d'un Premier Consul.

de plein droit, c'est-à-dire, était exclu à l'avenir des fonctions publiques. Les deux autres Consuls, n'ayant pas exercé la plénitude du pouvoir, demeuraient libres de ne pas accepter cette opulente annulation, et ne devenaient sénateurs que s'ils consentaient à l'être.

Le Premier Consul devait avoir 500 mille francs de traitement ; les deux autres, 150 mille francs chacun. Ils devaient loger tous les trois aux Tuileries, et avoir une garde consulaire.

La nouvelle constitution qualifiée dans nos annales Constitution de l'an VIII.

Telles furent les principales dispositions de la célèbre Constitution de l'an VIII. M. Sieyès vit ainsi réduire les attributions du Sénat, et substituer un chef tout-puissant à son Grand-Electeur inactif ; ce qui a fait aboutir plus tard sa Constitution, non pas à l'aristocratie, mais au despotisme.

Dispositions générales.

Cette Constitution ne renfermait pas de déclaration des droits, mais au moyen de certaines dispositions générales, elle garantissait la liberté individuelle, l'inviolabilité du domicile du citoyen, la responsabilité des ministres, et celle des agents inférieurs, sauf, à l'égard de ceux-ci, l'approbation préalable des poursuites par le Conseil d'État ; elle stipulait qu'une loi pourrait, dans certains départements, et dans certains cas extraordinaires, suspendre l'action de la Constitution, ce qui revenait à ce que nous avons appelé, depuis, la mise en état de siége ; elle assurait des pensions aux veuves et aux enfants des militaires, et enfin, par une sorte de retour à des idées long-temps proscrites, elle posait, en principe, qu'il pourrait être accordé des récompenses nationales aux hommes qui auraient rendu d'éminents services. C'était le germe d'une institution célèbre depuis, celle de la Légion-d'Honneur.

Déc. 1799.

Le projet de M. Sieyès contenait deux fortes et belles idées qui, toutes deux, sont demeurées dans notre organisation administrative : la circonscription d'arrondissement et le Conseil d'État.

M. Sieyès devait ainsi être l'auteur de toutes les circonscriptions administratives de la France. Il avait déjà imaginé, et fait adopter autrefois la division en départements ; il voulut en cette occasion qu'on substituât aux administrations cantonales, qui existaient au nombre de cinq mille, les administrations d'arrondissement, qui, beaucoup moins nombreuses, étaient un intermédiaire plus convenable entre la commune et le département. Le principe seul en fut posé dans la Constitution ; mais on convint que bientôt une loi réformerait, sur ce principe, le système administratif de la France, et ferait cesser l'anarchie communale dont on a vu plus haut le tableau affligeant. Il dut y avoir un tribunal de première instance par arrondissement, et un tribunal d'appel pour plusieurs départements réunis.

La seconde des créations de M. Sieyès, qui lui appartient en propre, est le Conseil d'État, corps délibérant attaché au pouvoir exécutif, préparant les lois, les soutenant auprès du pouvoir législatif, y ajoutant les règlements qui doivent accompagner les lois, et rendant la justice administrative. C'est la plus pratique de ses conceptions, et elle devait, avec la précédente, traverser le présent, subsister dans l'avenir. Disons-le à l'honneur de ce législateur : le

Gloire particulière à M. Sieyès.

temps a emporté toutes les Constitutions éphémères de la Révolution, mais les seules parties de ces Constitutions qui aient survécu, ont été son ouvrage.

Ce n'était pas tout que d'arrêter les dispositions de la Constitution nouvelle, il était indispensable d'y ajouter le personnel des pouvoirs, de le chercher dans les hommes de la Révolution, et de le désigner même dans l'acte constitutionnel. Il fallait donc, après la rédaction de toutes les dispositions qui viennent d'être énumérées, il fallait s'occuper du choix des personnes.

Le général Bonaparte fut nommé Premier Consul pour dix ans. On ne peut pas dire qu'il fut choisi, tant il était indiqué par la situation : on le reçut des mains de la victoire et de la nécessité. Sa situation une fois fixée, il s'agissait d'en trouver une pour M. Sieyès. Ce grand personnage aimait peu les affaires, et encore moins les rôles secondaires. Il ne lui convenait pas d'être l'assistant du jeune Bonaparte, et il refusa, par conséquent, d'être second Consul. On verra tout à l'heure quelle place, plus conforme à son caractère, lui fut assignée. On choisit pour second Consul M. Cambacérès, jurisconsulte éminent, qui avait acquis une grande importance parmi les personnages politiques du temps, par beaucoup de savoir, de prudence et de tact. Il était, à cette époque, ministre de la justice. M. Lebrun, écrivain distingué, rédacteur autrefois des édits Maupeou, rangé, dans l'ancien régime, parmi les hommes disposés à de sages réformes, fidèle toujours à la cause de la Révolution modérée, très-instruit dans les matières financières, et trop doux pour être un contradicteur incommode, M. Lebrun fut le troisième Consul désigné. M. Cambacérès pouvait très-bien suppléer le général Bonaparte dans l'administration de la justice ; M. Lebrun pouvait le seconder utilement dans l'administration des finances, et tous deux l'aider beaucoup sans le contrarier aucunement. Il était impossible de mieux associer les hommes destinés à composer le nouveau gouvernement, et de ces choix devaient découler tous les autres dans l'organisation du pouvoir exécutif.

Déc. 1799.

Il fallait procéder à la composition des corps délibérants. Là se trouvait indiqué le rôle naturel de M. Sieyès. On avait écrit dans la Constitution, que le Sénat élirait les membres de tous les corps délibérants. Il s'agissait de savoir qui composerait le Sénat, une première fois. On statua, par un article particulier de la Constitution, que MM. Sieyès et Roger-Ducos, qui allaient cesser d'être Consuls, réunis à MM. Cambacérès et Lebrun, qui allaient le devenir, nommeraient la majorité absolue du Sénat, laquelle était de 31 membres sur 60. Les 31 sénateurs, élus de la sorte, devaient ensuite élire au scrutin les 29 sénateurs, restant à désigner. Le Sénat, une fois complété, devait composer le Corps Législatif, le Tribunat, le Tribunal de cassation.

M. Sieyès chargé de composer le Sénat.

Au moyen de ces diverses combinaisons, le général Bonaparte se trouvait chef du pouvoir exécutif, mais on observait en même temps une sorte de convenance, en l'excluant de la composition des corps délibérants appelés à contrôler ses actes ; on

Déc. 1799.

laissait ce soin principalement au législateur de la France, à M. Sieyès, dont le rôle actif était désormais fini, et on assurait, comme retraite, à celui-ci la présidence du Sénat. Les positions étaient ainsi convenablement faites, et les apparences sauvées.

Il fut décidé que la Constitution serait soumise au vœu national, au moyen de registres ouverts dans les mairies, les justices de paix, les notariats, les greffes des tribunaux, et qu'en attendant une acceptation, dont on ne paraissait pas douter, le Premier Consul, les deux Consuls sortants, et les deux Consuls entrants, procéderaient aux choix dont ils étaient chargés, pour que, le 1er nivôse, les grands pouvoirs de l'État fussent constitués, et prêts à mettre en pratique la nouvelle Constitution. C'était indispensable pour faire cesser cette dictature des Consuls provisoires, dont quelques esprits commençaient à s'offusquer, et pour satisfaire l'impatience générale qu'on éprouvait de voir établir enfin un gouvernement définitif. Tout le monde, en effet, souhaitait avec ardeur un gouvernement stable et juste, qui assurât la force et l'unité du pouvoir, sans étouffer toute liberté; auprès duquel les hommes honnêtes et capables, de tous les rangs, de tous les partis, trouvassent la place qui leur était due. Ces vœux, il faut le reconnaître, n'étaient pas impossibles à exaucer sous la Constitution de l'an VIII; elle les aurait même satisfaits complétement, sans les violences que lui fit subir plus tard un génie extraordinaire, qui, du reste, favorisé comme il l'était par les circonstances, serait venu à bout de bien plus fortes barrières que celles que pouvait lui opposer l'œuvre législative de M. Sieyès, ou toute autre qu'on aurait pu imaginer alors.

Déc. 1799.

La Constitution, arrêtée dans la nuit du 12 au 13 décembre (21 au 22 frimaire), fut promulguée le 15 décembre 1799 (24 frimaire an VIII), à la grande satisfaction de ses auteurs, et du public lui-même.

Promulgation de la Constitution de l'an VIII.

Elle charma les esprits par la nouveauté des idées, par l'habileté des artifices. Tout le monde commença à espérer en elle, et dans les hommes qui allaient la mettre à exécution.

Elle était précédée du préambule suivant :

« Citoyens, une Constitution vous est présentée.

» Elle fait cesser les incertitudes que le gouver-
» nement provisoire mettait dans les relations ex-
» térieures, dans la situation intérieure et militaire
» de la République.

» Elle place, dans les institutions qu'elle établit,
» les premiers magistrats dont le dévouement a paru
» nécessaire à son activité.

» La Constitution est fondée sur les vrais princi-
» pes du gouvernement représentatif, sur les droits
» sacrés de la propriété, de l'égalité, de la liberté.

» Les pouvoirs qu'elle institue seront forts et sta-
» bles, tels qu'ils doivent être pour garantir les
» droits des citoyens, et les intérêts de l'État.

» Citoyens, la Révolution est fixée aux principes
» qui l'ont commencée; ELLE EST FINIE. »

Deux hommes tels que le général Bonaparte et M. Sieyès, s'écriant en 1800 : La Révolution est finie ! quelle singulière preuve des illusions de l'esprit humain ! Cependant, il faut le reconnaître, il y avait quelque chose de fini, c'était l'anarchie.

Chez tous ceux qui avaient mis la main à cette œuvre, la joie de la voir achevée était grande. Quelques-unes des idées de M. Sieyès avaient été repoussées ; cependant, sa Constitution presque tout entière était adoptée, et, à moins d'une puissance absolue comme celle de Solon, de Lycurgue ou de Mahomet, puissance que dans nos temps de doute, où tout prestige individuel est détruit, aucun homme ne saurait obtenir, il n'était guère possible de faire passer une plus grande portion de sa pensée dans la Constitution d'un grand peuple. Et telle qu'elle était, si le vainqueur de Marengo n'y avait apporté plus tard deux changements considérables, l'hérédité impériale de plus, le Tribunat de moins, cette Constitution aurait pu fournir une carrière qui n'eût pas été le triomphe du pouvoir absolu.

M. Sieyès, après avoir mis à la main du général Bonaparte l'épée qui avait servi à renverser le Directoire, après avoir fait une Constitution, allait livrer la France à l'activité dévorante du jeune Consul, et se retirer, quant à lui, dans cette oisiveté méditative, qu'il préférait au mouvement agité des affaires. Le nouveau Premier Consul voulut donner au législateur de la France un témoignage de reconnaissance nationale ; il fit proposer aux commissions législatives de lui décerner en don la terre de Crosne. Ce don fut décrété, et annoncé à M. Sieyès avec les plus nobles expressions de la gratitude publique. M. Sieyès éprouva une vive satisfaction, car, malgré une incontestable probité, il était sensible aux jouissances de la fortune, et il dut être touché aussi des formes élevées et délicates avec lesquelles cette récompense nationale lui fut décernée.

Déc. 1799.

On disposa ensuite toutes choses pour mettre la Constitution en vigueur dans les premiers jours de janvier 1800 (nivôse an VIII), c'est-à-dire dans les premiers jours de l'année, qui allait clore ce grand siècle.

FIN DU LIVRE PREMIER.

LIVRE DEUXIÈME.

ADMINISTRATION INTÉRIEURE.

Constitution définitive du gouvernement consulaire. — Composition du Sénat, du Corps Législatif, du Tribunat et du Conseil d'État. — Déclaration du Premier Consul aux puissances de l'Europe. — Offres publiques de paix à l'Angleterre et à l'Autriche. — Proclamation adressée à la Vendée. — Ouverture de la première session. — Opposition naissante dans le Tribunat. — Discours des tribuns Duveyrier et Benjamin Constant. — Une majorité considérable accueille les projets des Consuls. — Nombreuses lois d'organisation. — Institution des préfectures et des sous-préfectures. — Création des tribunaux de première instance et d'appel. — Clôture de la liste des émigrés. — Rétablissement du droit de tester. — Loi sur les recettes et les dépenses. — Banque de France. — Suite des négociations avec l'Europe. — Refus par l'Angleterre d'écouter les propositions de paix. — Vive discussion à ce sujet dans le parlement britannique. — L'Autriche fait un refus plus doux, mais aussi positif que celui de l'Angleterre. — Nécessité de recommencer les hostilités. — Ne pouvant ramener les puissances belligérantes, le Premier Consul tâche de s'attacher la Prusse, et s'explique franchement avec elle. — Il s'applique à terminer la guerre de la Vendée avant d'ouvrir la campagne de 1800. — Situation des partis en Vendée. — Conduite de l'abbé Bernier. — Paix de Montfaucon. — MM. d'Autichamp, de Châtillon, de Bourmont, Georges Cadoudal se rendent à Paris et voient le Premier Consul. — M. de Frotté est fusillé. — Soumission définitive de la Vendée. — Les troupes sont acheminées vers la frontière. — Fin paisible de la session de l'an vɪɪɪ. — Règlement de police relatif à la presse. — Cérémonie funèbre à l'occasion de la mort de Washington. — Le Premier Consul va s'établir au palais des Tuileries.

Le 4 nivôse an vɪɪɪ (25 décembre 1799) était le jour fixé pour l'entrée en fonctions des Consuls, et pour la première réunion du Sénat conservateur. De nombreuses nominations devaient précéder ce moment, car il fallait constituer à la fois le pouvoir exécutif et le Sénat, avant de les faire agir.

Le général Bonaparte, chargé de nommer les
agents du pouvoir exécutif; MM. Sieyès, Roger-
Ducos, Cambacérès et Lebrun, chargés d'élire les
membres du Sénat, lesquels devaient, à leur tour,
composer le Corps Législatif et le Tribunat, étaient
assiégés de sollicitations de tout genre. Il s'agissait
en effet, pour les solliciteurs, d'obtenir des fonctions de sénateurs, de membres du Corps Législatif,
de tribuns, de conseillers d'État, de préfets; et ces
hautes fonctions, toutes à donner à la fois, toutes
largement rétribuées, avaient de quoi tenter les
ambitions. Beaucoup de révolutionnaires ardents,
ennemis du 18 brumaire, étaient déjà fort apaisés.
Beaucoup de ces incertains, qui ne se décident
qu'après le succès, commençaient à se prononcer
hautement. Il y avait alors, comme toujours, une
expression courante, qui peignait parfaitement l'état
des esprits. Il faut *se montrer,* disait-on; il faut
prouver que loin de vouloir créer des obstacles au
nouveau gouvernement, on est prêt au contraire à
l'aider à vaincre ceux qui l'entourent : ce qui signi-
fiait qu'on désirait attirer sur soi l'attention des cinq
personnages chargés de toutes les nominations. Il y
avait même des solliciteurs qui, pour obtenir leur
admission au Tribunat, promettaient leur dévouement au gouvernement consulaire, quoique fort ré-
solus d'avance à lui faire essuyer les contrariétés les
plus vives.

Lorsque, dans les révolutions, le feu des passions
commence à s'éteindre, on voit l'avidité succéder à
la violence, et de l'effroi on passe presque subite-

Déc. 1799.

Sollicitations
de tout genre
pour
trouver place
dans
le nouveau
gouverne-
ment.

ment au dégoût. Si des actes d'une haute vertu, si des faits héroïques, ne venaient pas couvrir de leur éclat de tristes détails, et surtout, si les vastes et bienfaisants résultats que les révolutions sociales procurent aux nations, ne venaient pas compenser le mal présent par l'immensité du bien à venir, il faudrait détourner les yeux du spectacle qu'elles offrent au monde. Mais elles sont l'épreuve à laquelle la Providence soumet les sociétés humaines pour les régénérer, et on doit dès lors en observer avec soin, et, si l'on peut, avec fruit, le tableau tour à tour repoussant ou sublime.

Il paraît que ce mouvement de toutes les ambitions fut assez grand, pour frapper les écrivains, et occuper leur plume. Le *Moniteur* lui-même, qui n'était pas encore journal officiel, mais qui le devint quelques jours après (le 7 nivôse), le *Moniteur* crut devoir flétrir ces bassesses :

« Depuis que la Constitution a créé, disait-il, une
» quantité de places richement dotées, que de gens
» en mouvement! que de visages peu connus qui
» s'empressent de se montrer! que de noms oubliés
» qui s'agitent de nouveau sous la poussière de la
» Révolution! que de fiers républicains de l'an vii
» se font petits pour arriver jusqu'à l'homme puis-
» sant qui peut les placer! que de Brutus qui sollici-
» tent! que de petits talents on exalte! que de min-
» ces services on exagère! que de taches sanglantes
» on déguise! Ce prodigieux changement de scène
» s'est opéré en un moment. Espérons que le héros
» de la liberté, celui qui n'a encore marqué dans

ADMINISTRATION INTÉRIEURE.   115

» la Révolution que par des bienfaits, verra ces
» manœuvres avec le dégoût qu'elles inspirent à
» toute âme élevée, et qu'il ne souffrira pas qu'une
» foule de noms obscurs ou flétris cherchent à s'en-
» velopper des rayons de sa gloire. » (*Moniteur* du
3 nivôse.)

Déc. 1799.

Faisons cependant la juste part du bien et du mal, et ne croyons pas que ce tableau fût celui de la nation tout entière. S'il y avait des hommes qui s'abaissaient, ou d'autres qui, sans s'abaisser, s'agitaient au moins; quelques-uns attendaient dignement l'appel que le gouvernement allait faire à leurs lumières et à leur zèle. Si M. Constant, par exemple, sollicitait, avec instance et avec de grandes assurances de dévouement à la famille Bonaparte, son admission au Tribunat, MM. de Tracy, Volney, Monge, Carnot, Ginguené, Ducis, ne sollicitaient pas, et laissaient à la libre volonté du pouvoir constituant, le soin de les comprendre dans cette vaste distribution des fonctions publiques.

Le 24 décembre (3 nivôse), les nouveaux Consuls se réunirent pour procéder à la composition du Conseil d'État, et se mettre ainsi en mesure d'installer le gouvernement le lendemain, 25 décembre (4 nivôse). MM. Sieyès, Roger-Ducos, Consuls sortants, MM. Cambacérès et Lebrun, Consuls entrants, se rendirent ensuite au Luxembourg, pour nommer la moitié plus un des membres du Sénat, afin que le Sénat pût aussi se réunir le lendemain, se compléter, et procéder à la composition des grands corps délibérants.

Première réunion, le 24 décembre, pour la composition des principales autorités

8.

Déc. 1799.

Organisation du Conseil d'État.

Le Conseil d'État fut divisé en cinq sections : la première des finances, la seconde de législation civile et criminelle, la troisième de la guerre, la quatrième de la marine, la cinquième de l'intérieur. Chaque section devait être présidée par un conseiller d'État, le Conseil tout entier par le Premier Consul, ou, en son absence, par l'un de ses deux collègues, Cambacérès ou Lebrun.

Chaque section devait rédiger les projets de loi, ou les règlements relatifs aux matières de sa compétence. Ces projets et règlements devaient être ensuite délibérés en assemblée générale de toutes les sections réunies. Le Conseil d'État était chargé, en outre, de prononcer sur le contentieux administratif, et de décider les conflits de compétence, entre l'administration et les tribunaux. Ce sont là les attributions dont il jouit encore aujourd'hui; mais il avait alors la rédaction obligée des lois, leur discussion exclusive devant le Corps Législatif, plus enfin la connaissance des grandes questions de gouvernement, quelquefois même celles de politique extérieure, comme on en verra certains exemples plus tard. Le Conseil d'État était donc à cette époque, non pas seulement un conseil d'administration, mais un vrai conseil de gouvernement.

Quelques membres de ce corps étaient chargés, en outre, dans divers ministères, de certaines administrations spéciales, auxquelles on avait voulu attribuer une importance plus grande, ou assurer des soins plus particuliers : c'étaient l'instruction publique, le trésor, le domaine de l'État, les colonies et les travaux publics. Les conseillers d'État chargés de diriger ces diverses parties, étaient placés sous l'autorité du ministre compétent. Les membres du Conseil d'État, grandement rétribués, devaient recevoir chacun 25 mille francs d'appointements, et les présidents, 35 mille. De telles valeurs, comme on sait, étaient alors fort supérieures à ce qu'elles seraient aujourd'hui. On ambitionnait les places au Conseil d'État, plus que les places au Sénat, car, avec des traitements égaux à ceux des sénateurs, et une considération aussi grande, les conseillers d'État étaient admis, autant que les ministres eux-mêmes, au maniement des plus hautes affaires.

Les membres principaux de ce grand corps furent, à la section de la guerre, MM. Lacuée, Brune, Marmont; à la section de la marine, MM. de Champagny, Ganteaume, Fleurieu; à la section des finances, MM. Defermon, Duchâtel, Dufresne; à la section de la justice, MM. Boulay de la Meurthe, Berlier, Réal; à la section de l'intérieur, MM. Rœderer, Cretet, Chaptal, Regnaud de Saint-Jean-d'Angely, Fourcroy. Les cinq présidents désignés furent MM. Brune, Ganteaume, Defermon, Boulay de la Meurthe et Rœderer. On ne pouvait assurément pas composer ce corps de noms plus considérés, de talents plus réels et plus divers. Il faut dire que la Révolution française avait été prodigieusement féconde en hommes, dans tous les genres, et que, si on voulait surtout ne plus tenir compte des exclusions prononcées par les partis, les uns à l'égard des autres, on avait le moyen de composer le personnel de gouvernement, le plus varié, le plus capable, ajoutons, le plus glorieux. C'est ce que fit le nouveau Consul; il choisit, par exemple, pour la section des finances, M. Devaisnes, fort accusé alors de royalisme, mais ayant, dans la partie dont il s'occupait, des connaissances pratiques, qui avaient été, et qui furent depuis fort utiles.

Ce même jour 24 décembre (3 nivôse), MM. Sieyès, Roger-Ducos, Cambacérès et Lebrun, se réunirent pour désigner les vingt-neuf sénateurs, qui, avec les deux Consuls sortants, faisaient le nombre de trente-un. La liste avait été naturellement préparée à l'avance ; elle contenait les noms les plus respectables, MM. Berthollet, Laplace (celui-ci récemment sorti du ministère de l'intérieur), Monge, Tracy, Volney, Cabanis, Kellermann, Garat, Lacépède, Ducis. Ce dernier n'accepta pas.

Le lendemain 25 décembre (4 nivôse), le Conseil d'État se réunit pour la première fois. Les Consuls, accompagnés des ministres, assistaient à la séance. On délibéra sur un projet de loi destiné à régler les rapports des grands corps de l'État entre eux ; on convint aussi des projets qu'il faudrait préparer pour les présenter à la prochaine session du Corps Législatif.

Le Sénat s'assembla de son côté au Palais du Luxembourg, et se compléta par l'élection de vingt-neuf membres nouveaux, lesquels, ajoutés aux trente-un déjà choisis, portèrent à soixante le nombre total des sénateurs. On se rappelle que ce nombre devait être élevé plus tard à quatre-vingts. On comptait encore de belles renommées dans cette liste complémentaire : MM. Lagrange, d'Arcet, François de Neufchâteau, Daubenton, Bougainville, le banquier Perrégaux, et enfin un nom très-ancien, M. de Choiseul-Praslin.

Déc. 1799.

Les jours suivants le Sénat s'occupa de la composition du Corps Législatif et du Tribunat. On plaça dans le Corps Législatif des hommes modérés de toutes les époques, des membres de l'Assemblée constituante, de l'Assemblée législative, de la Convention nationale, enfin des députés aux Cinq-Cents. On eut soin de choisir dans ces diverses assemblées les hommes qui avaient peu recherché le bruit, le succès, l'agitation des affaires, réservant pour le Tribunat ceux qui étaient connus pour avoir les goûts contraires. Les trois cents noms composant le Corps Législatif ne pouvaient donc être des noms bien éclatants, et, dans cette liste nombreuse, il serait difficile d'en trouver deux ou trois qui soient connus encore aujourd'hui. On y remarquait le modeste et brave Latour-d'Auvergne, héros digne de l'antiquité par ses vertus, ses exploits et sa noble fin.

Composition du Corps Législatif.

Les cent noms du Tribunat, choisis avec l'intention toute naturelle, mais bientôt suivie d'amers regrets, de donner place aux esprits actifs, remuants, amoureux de renommée, ces cent noms contenaient des célébrités dont quelques-unes sont déjà un peu effacées, mais point oubliées au jour où nous écrivons : c'étaient MM. Chénier, Andrieux, Chauvelin,

Composition du Tribunat.

Stanislas de Girardin, Benjamin Constant, Daunou, Rioufle, Bérenger, Ganilh, Ginguené, Laromiguière, Jean-Baptiste Say, Jacquemont, etc.

La composition de ces corps une fois terminée, on prépara le local qui leur était destiné. Les Tuileries furent réservées aux trois Consuls; le Luxembourg fut affecté au Sénat, le Palais-Bourbon au Corps Législatif, et le Palais-Royal au Tribunat.

On consacra une somme de quelques cent mille francs à rendre les Tuileries habitables; et, en attendant l'achèvement des travaux nécessaires, les Consuls demeurèrent au Petit-Luxembourg.

Le général Bonaparte avait déjà beaucoup fait depuis son retour d'Égypte : il avait renversé le Directoire, et s'était acquis une autorité, inférieure en apparence, supérieure en réalité, à celle de la royauté constitutionnelle. Mais il venait à peine de se saisir de cette autorité, et il fallait en légitimer la possession par d'utiles travaux, de grandes actions. Il lui restait donc immensément à faire, et ses premiers essais de réorganisation n'étaient qu'un effort, déjà heureux sans doute, mais qui laissait encore dans le pays de grands désordres, de profondes souffrances, la gêne au trésor, la misère aux armées, les feux de la guerre civile en Vendée, l'incertitude chez les puissances neutres, un véritable acharnement à prolonger la lutte chez les puissances belligérantes. Et cependant, cette prise de possession du pouvoir, venant après ses premiers travaux, et précédant les travaux immenses qu'il avait la confiance d'exécuter bientôt, charma son cœur ambitieux.

Il fit, pour célébrer l'installation de son gouvernement, une suite d'actes soigneusement accumulés, dans lesquels perçaient une politique profonde, une joie sensible, et cette générosité que le contentement inspire à toute âme vive et bienveillante. Ces mesures se succédèrent depuis le 25 décembre (4 nivôse), jour de l'installation du gouvernement consulaire, jusqu'au 1er janvier 1800 (11 nivôse), jour de l'ouverture de la première session législative.

Déc. 1799.

Diverses mesures politiques, qui accompagnent l'installation du gouvernement consulaire.

D'abord, un avis du Conseil d'État du 27 décembre (6 nivôse) décida que les lois qui excluaient les parents d'émigrés et les ci-devant nobles des fonctions publiques, tombaient de droit, vu que ces lois étaient contraires aux principes de la nouvelle Constitution.

Les parents d'émigrés et les ci-devant nobles, admis aux fonctions publiques.

Un certain nombre d'individus, appartenant au parti révolutionnaire, devaient, comme nous l'avons dit, être déportés ou détenus, par suite d'une mesure peu réfléchie, prise quelques jours après le 18 brumaire. La déportation et la détention avaient été changées en surveillance de la haute police. Cette surveillance elle-même fut supprimée par un arrêté du 5 nivôse. Après cette réparation accordée à ceux qui avaient failli essuyer ses rigueurs, le Premier Consul en accorda une plus importante, et plus nécessaire, aux victimes du Directoire, et des gouvernements antérieurs. Les déportés sans jugement régulier furent autorisés à rentrer en France, sauf l'obligation de séjourner dans des lieux indiqués. Cette disposition s'appliquait à des proscrits de tous les temps, mais surtout à ceux du 18 fructidor.

Rappel des proscrits du 18 fructidor.

MM. Boissy d'Anglas, Dumolard, Pastoret, étaient rappelés et autorisés à séjourner, le premier à Annonay, le second à Grenoble, le troisième à Dijon. MM. Carnot, Portalis, Quatremère-Quincy, Siméon, Villaret-Joyeuse, Barbé-Marbois, Barrère, rappelés aussi, étaient autorisés à habiter Paris. Le soin de placer dans la capitale, quoiqu'elle ne fût pas leur pays natal, des hommes tels que MM. Carnot, Siméon et Portalis, indiquait assez que le gouvernement avait des vues sur eux, et se disposait à employer leurs talents.

D'autres mesures furent prises relativement au culte et à son libre exercice. Le 28 décembre (7 nivôse), il fut arrêté que les édifices destinés aux cérémonies religieuses continueraient à recevoir cette destination, ou la recevraient de nouveau, s'ils n'avaient pas été rendus aux ministres des divers cultes. Certaines autorités locales, voulant gêner l'exercice du Catholicisme, défendaient l'ouverture des églises le dimanche, et ne l'autorisaient que les jours de décadi. Les Consuls cassèrent les arrêtés municipaux de cette espèce, et ajoutèrent à la restitution des édifices religieux, la libre faculté d'en jouir les jours indiqués par chaque culte. Cependant on n'osa pas encore interdire les cérémonies des théophilanthropes, qui avaient lieu dans les églises, certains jours de la semaine, et qui, aux yeux des catholiques, passaient pour des profanations.

Les Consuls firent modifier la formule de l'engagement exigé de la part des prêtres. On leur demandait auparavant un serment spécial à la constitution civile du clergé, serment qui les obligeait à reconnaître une législation contraire, suivant quelques-uns, aux lois de l'Église. On imagina de leur imposer une simple promesse d'obéissance à la Constitution de l'État, ce qu'aucun d'eux ne pouvait raisonnablement hésiter à faire, à moins de refuser l'*obéissance à César*, rigoureusement prescrite par la religion catholique. C'est là ce qu'on appela depuis la *promesse*, par opposition au *serment*, et ce qui ramena sur-le-champ un grand nombre de prêtres à l'autel. Les *assermentés* avaient déjà obtenu la faveur du gouvernement; c'était le tour aujourd'hui des *non-assermentés*.

Enfin, aux mesures de cette nature, le nouveau Premier Consul en ajouta une, qui devait, aux yeux de tout le monde, lui appartenir plus directement, parce qu'elle rappelait des relations qui lui étaient en quelque sorte personnelles. Il avait négocié avec Pie VI, le pape défunt, et signé, aux portes de Rome, le traité de Tolentino : il avait, dès l'année 1797, affecté de montrer de grands égards pour ce chef de l'Église catholique, et en avait reçu des témoignages marqués de bienveillance. Pie VI, mort à Valence en Dauphiné, n'avait pas encore obtenu les honneurs de la sépulture. Ses restes mortels étaient déposés dans une sacristie. Le général Bonaparte, revenant d'Égypte, vit le cardinal Spina à Valence, apprit ces détails, et se promit de réparer bientôt un oubli tout à fait inconvenant.

Aussi, dès le 30 décembre (9 nivôse), il fit pren-

Déc. 1799.

La promesse de fidélité à la Constitution substituée pour les prêtres au serment.

dre par les Consuls un arrêté, appuyé sur les plus nobles considérations.

« Les Consuls, disait cet arrêté, considérant, que
» le corps de Pie VI est depuis six mois en dépôt
» dans la ville de Valence, sans qu'il lui ait été ac-
» cordé les honneurs de la sépulture ;

» Que, si ce vieillard, respectable par ses mal-
» heurs, a été un moment l'ennemi de la France,
» ce n'a été que séduit par les conseils des hommes
» qui environnaient sa vieillesse ;

» Qu'il est de la dignité de la nation française,
» et conforme à son caractère, de donner des mar-
» ques de considération à un homme qui occupa un
» des premiers rangs sur la terre ;

» Les Consuls arrêtent....., etc., etc. » Suivaient les dispositions, qui ordonnaient à la fois des honneurs funèbres pour le pontife, et un monument qui fît connaître la dignité du prince enseveli.

Cette démonstration produisit plus d'effet, peut-être, que les mesures les plus humaines, parce qu'elle frappait, étonnait les imaginations, habituées à d'autres spectacles. Aussi une foule immense accourut-elle à Valence, pour profiter de l'autorisation qui lui était donnée de faire une manifestation religieuse.

Le catalogue des fêtes révolutionnaires en renfermait une bien malheureusement imaginée, c'était celle qu'on célébrait le 21 janvier. Quel que fût le sentiment des hommes de tous les partis, à l'égard du tragique événement rappelé par cette date, c'était une fête barbare, que celle qui avait pour objet la commémoration d'une catastrophe sanglante. Le général Bonaparte, sous le Directoire, avait déjà montré une vive répugnance à y assister, non pas qu'il songeât dès lors à honorer la royauté qu'il devait un jour rétablir à son profit, mais il aimait à braver publiquement les passions qu'il ne partageait pas. Devenu chef du gouvernement, il fit décider par les commissions législatives, qu'il n'y aurait plus que deux fêtes : celle du 14 juillet, anniversaire du premier jour de la Révolution, et celle du 1er vendémiaire, anniversaire du premier jour de la République. « Ces journées, disait-il, sont impérissables dans la » mémoire des citoyens; elles ont été accueillies par » tous les Français avec des transports unanimes, et » ne réveillent aucun souvenir qui tende à porter la » division parmi les amis de la République. »

Déc. 1799.

Il fallait toute la puissance, toute la hardiesse du chef du nouveau gouvernement, pour se permettre une suite de mesures qui, bien que justes, politiques et morales en elles-mêmes, paraissaient cependant à beaucoup d'esprits exaltés, autant d'actes précurseurs d'une contre-révolution complète. Mais, en faisant tout cela, le général Bonaparte avait soin, tantôt de donner lui-même le premier exemple de l'oubli des haines politiques, tantôt de réveiller avec éclat ce sentiment de la gloire, par lequel il conduisait les hommes du temps, et les arrachait aux basses fureurs des partis. Ainsi, le général Augereau l'avait offensé par une conduite inconvenante au 18 brumaire; néanmoins il le nomma commandant de l'armée de Hollande.

Déc. 1799.

« Montrez, lui écrivait-il, dans une lettre qui fut
» publiée, montrez dans tous les actes que votre
» commandement vous donnera lieu de faire, que
» vous êtes au-dessus de ces misérables divisions de
» parti, dont le contre-coup a été malheureusement,
» depuis dix ans, le déchirement de la France...
» Si les circonstances m'obligent à faire la guerre
» par moi-même, comptez que je ne vous laisserai
» pas en Hollande, et que je n'oublierai jamais la
» belle journée de Castiglione. »

Institution des armes d'honneur.

En même temps il préluda à la fondation de la Légion-d'Honneur, en instituant les armes d'honneur. Cette démocratie française, après avoir affiché l'horreur des distinctions personnelles, pouvait tout au plus admettre alors des récompenses pour les actions militaires. Comme conséquence d'un article de la Constitution, le Premier Consul fit décider que, pour toute action d'éclat, il serait décerné un fusil d'honneur aux fantassins, un mousqueton d'honneur aux cavaliers, des grenades d'honneur aux artilleurs, et, enfin, des sabres d'honneur aux officiers de tous les grades. A l'institution qui fut décrétée le 25 décembre (4 nivôse), le Premier Consul ajouta des faits positifs. Le lendemain, il décerna au général Saint-Cyr un sabre pour un combat brillant que ce général venait de livrer dans l'Apennin. « Recevez, lui dit-il, comme témoi-
» gnage de ma satisfaction, un beau sabre que vous
» porterez les jours de combat. Faites connaître aux
» soldats qui sont sous vos ordres que je suis content
» d'eux, et que j'espère l'être davantage encore. »

A ces actes, qui annonçaient la prise de possession du pouvoir, qui marquaient le caractère de son gouvernement, et faisaient ressortir sa disposition à se mettre au-dessus de toutes les passions des partis, le Premier Consul joignit immédiatement des démarches d'une importance plus considérable, tant à l'égard de la Vendée que des puissances de l'Europe.

Déc. 1799.

Une suspension d'armes avait été signée avec les Vendéens, des pourparlers entamés avec eux, et cependant la pacification n'avançait pas. Le général Bonaparte avait laissé peu de doutes aux royalistes, qui s'étaient adressés à lui pour sonder ses intentions, et savoir s'il ne lui suffirait pas d'être le restaurateur, le soutien, le premier sujet de la maison de Bourbon. Il les avait détrompés en se montrant irrévocablement attaché à la cause de la Révolution française. Cette franchise dans ses déclarations, n'avait pas rendu plus facile le rapprochement commencé. Les chefs vendéens hésitaient ; ils étaient placés entre la crainte que leur inspirait la vigueur du nouveau gouvernement, et les instances des émigrés de Londres, autorisés à leur promettre, de la part de M. Pitt, des armes, de l'argent et des débarquements.

C'était sur une nouvelle insurrection en Vendée que l'Angleterre comptait particulièrement. Elle projetait de faire sur cette partie de nos côtes, une tentative semblable à celle qui avait été essayée en Hollande. Le mauvais succès de cette dernière ne l'avait pas découragée, et elle demandait avec instance à l'empereur Paul le concours de ses troupes, sans beaucoup de chances, il est vrai, de l'obtenir. La Prusse, qui commençait à témoigner pour le gouvernement consulaire une sorte d'intérêt, la Prusse ne cessait de répéter à l'aide-de-camp Duroc et au chargé d'affaires de France, M. Otto : Finissez-en avec la Vendée, car c'est là qu'on vous prépare les coups les plus sensibles. —

Le général Bonaparte le savait. Indépendamment du tort que la Vendée faisait aux armées de la République, en absorbant une partie de leurs forces, la guerre civile lui semblait non-seulement un malheur, mais une sorte de déshonneur pour un gouvernement, car elle attestait un état intérieur déplorable. Il avait donc pris, pour en finir, les mesures les plus efficaces. Il avait fait revenir de Hollande une partie de l'armée qui, sous le général Brune, venait de vaincre les Anglo-Russes; il y avait joint une partie de la garnison de Paris, qu'il lui importait peu de diminuer considérablement, suppléant à la force matérielle par le prestige de son nom, et de la sorte il était parvenu à réunir dans l'Ouest une armée excellente, d'environ 60 mille hommes. Le général Brune fut mis à la tête de cette armée, avec recommandation de garder pour son principal lieutenant, le sage et conciliant Hédouville, qui tenait tous les fils de la négociation avec les royalistes. Le nom du général Brune était une réponse à ceux qui comptaient sur une nouvelle descente des Anglo-Russes. Mais, avant de frapper un coup décisif, si les conditions de la pacification n'étaient pas enfin acceptées, le Premier

Consul crut devoir s'adresser aux Vendéens, le jour même de son installation.

Déc. 1799.

Le 29 décembre (8 nivôse), il fit parvenir aux départements de l'Ouest une proclamation, et un arrêté des Consuls; il leur disait:

« Une guerre impie menace d'embraser une se-
» conde fois les départements de l'Ouest. Le devoir
» des premiers magistrats de la République est d'en
» prévenir les progrès, et de l'éteindre dans son
» foyer; mais ils ne veulent déployer la force qu'a-
» près avoir épuisé les voies de la persuasion et de
» la justice. »

Proclamation adressée à la Vendée.

Distinguant entre les hommes criminels, vendus à l'étranger, à jamais irréconciliables avec la République, et les citoyens égarés, qui n'avaient voulu en faisant la guerre civile, que résister à des persécutions cruelles, le Premier Consul rappelait tous les actes qui devaient rassurer ces derniers et les ramener au gouvernement nouveau, tels que la révocation de la loi des otages, la restitution des églises aux prêtres, la liberté laissée à chacun d'observer le dimanche; il promettait ensuite pleine et entière amnistie à ceux qui se soumettraient, abandonneraient les rassemblements d'insurgés, et déposeraient les armes fournies par l'Angleterre. Mais il ajoutait qu'on sévirait immédiatement par la force, contre ceux qui persisteraient dans l'insurrection. Il annonçait la suspension de la Constitution, c'est-à-dire l'emploi des juridictions extraordinaires, dans les lieux où les bandes insurgées continueraient à se montrer en armes. « Le gouvernement, disait en finissant

» la proclamation des Consuls, pardonnera; il fera
» grâce au repentir; l'indulgence sera entière et
» absolue; mais il frappera quiconque, après cette
» déclaration, oserait encore résister à la souverai-
» neté nationale.... Mais non, nous ne connaîtrons
» plus qu'un sentiment, l'amour de la patrie. Les
» ministres d'un Dieu de paix seront les premiers
» moteurs de la réconciliation et de la concorde.
» Qu'ils parlent aux cœurs le langage qu'ils appri-
» rent à l'école de leur maître; qu'ils aillent dans
» ces temples qui se rouvrent pour eux, offrir le
» sacrifice qui expiera les crimes de la guerre, et le
» sang qu'elle a fait verser. »

Cette manifestation, appuyée sur une force redoutable, était de nature à produire effet, surtout de la
part d'un gouvernement nouveau, complétement
étranger aux excès et aux fautes, qui avaient servi
de prétexte à la guerre civile.

Après avoir ainsi procédé à l'égard des ennemis
du dedans, le Premier Consul, s'adressant aux ennemis du dehors, résolut de faire une démarche solennelle auprès des deux puissances qui n'avaient
encore donné aucun signe de retour vers la France,
et qui semblaient, au contraire, acharnées à la guerre :
nous voulons parler de l'Autriche et de la Grande-
Bretagne.

La Prusse avait parfaitement accueilli, comme on
l'a vu, l'aide-de-camp Duroc, et ne cessait de
donner chaque jour des témoignages de sympathie
plus expressifs au Premier Consul. Satisfaite de ses
rapports avec lui, elle souhaitait des succès à son

gouvernement contre l'anarchie, des succès à ses armes contre l'Autriche. Quant au projet de se porter médiatrice, elle en caressait toujours la pensée, mais elle n'osait faire le premier pas, croyant le moment de la paix encore éloigné, et ne voulant pas s'engager, si tôt, dans une démarche dont il n'était pas possible de prévoir la portée. Quiconque, en effet, observait bien l'état des choses en Europe, pouvait facilement entrevoir que, pour dénouer les liens qui attachaient l'Angleterre et l'Autriche, il faudrait encore une campagne. La cour de Madrid avait vu aussi avec satisfaction l'avénement du général Bonaparte, parce qu'avec lui l'alliance de l'Espagne et de la France semblait à la fois plus honorable et plus profitable. Mais l'horizon ne s'éclaircissait nulle part d'une manière complète. Le général Bonaparte résolut donc, le jour même où la Constitution l'investissait officiellement d'une autorité nouvelle, de s'adresser aux puissances, décidément ennemies, pour leur offrir la paix, et pour les mettre ainsi publiquement dans leur tort, si elles la refusaient. Après cela, il pourrait entreprendre la guerre, en ayant l'opinion du monde pour lui.

D'abord, il donna des ordres de départ à tous les agents français nommés précédemment, et qui n'avaient pas encore quitté Paris, parce qu'on voulait qu'ils fussent accrédités au nom d'un gouvernement définitivement constitué. Le général Beurnonville se mit en route pour Berlin, M. Alquier pour Madrid, M. de Sémonville pour La Haye, M. Bourgoing pour Copenhague. Le général Beurnonville fut chargé d'une adroite flatterie envers le roi de Prusse, ce fut de lui demander un buste du grand Frédéric, afin de placer ce buste dans la grande galerie de Diane aux Tuileries. Le Premier Consul faisait disposer dans cette galerie les images de tous les grands hommes, objets de sa prédilection. M. Alquier, en portant à Madrid les paroles les plus caressantes pour le roi et pour la reine, était chargé d'y joindre un cadeau pour le prince de la Paix, qui exerçait une influence considérable, quoiqu'il ne fût plus ministre. Ce cadeau consistait en belles armes fabriquées dans la manufacture de Versailles, célèbre alors dans toute l'Europe par la perfection de ses produits.

Cela fait, le Premier Consul s'occupa de la démarche projetée à l'égard des deux cours ennemies, l'Angleterre et l'Autriche. En général, on a coutume de dissimuler de telles démarches, de les faire précéder de tentatives indirectes, pour s'épargner l'humiliation d'un refus. Le général Bonaparte, en parlant à l'Angleterre et à l'Autriche, voulait parler au monde, et pour cela il lui fallait une ouverture solennelle, qui sortît tout à fait des formes accoutumées, qui pût s'adresser au cœur des souverains eux-mêmes, les flatter ou les embarrasser. En conséquence, au lieu de faire parvenir des notes à lord Grenville, ou à M. de Thugut, il écrivit directement au roi d'Angleterre et à l'empereur d'Allemagne, deux lettres, que les ministres de ces cours furent chargés de transmettre à leurs souverains.

La lettre destinée au roi d'Angleterre était ainsi conçue :

Déc. 1799.

Paris, 5 nivôse an VIII (26 décembre 1799).

« Appelé, Sire, par le vœu de la nation fran-
» çaise à occuper la première magistrature de la Ré-
» publique, je crois convenable, en entrant en
» charge, d'en faire directement part à Votre Ma-
» jesté.

Lettre au roi d'Angleterre.

» La guerre qui, depuis huit ans, ravage les
» quatre parties du monde, doit-elle être éternelle?
» n'est-il donc aucun moyen de s'entendre?

» Comment les deux nations les plus éclairées de
» l'Europe, puissantes et fortes plus que ne l'exigent
» leur sûreté et leur indépendance, peuvent-elles
» sacrifier à des idées de vaine grandeur, le bien du
» commerce, la prospérité intérieure, le bonheur
» des familles? comment ne sentent-elles pas que
» la paix est le premier des besoins, comme la pre-
» mière des gloires?

» Ces sentiments ne peuvent pas être étrangers à
» Votre Majesté, qui gouverne une nation libre, et
» dans le seul but de la rendre heureuse.

» Votre Majesté ne verra dans cette ouverture,
» que mon désir sincère de contribuer efficacement,
» pour la seconde fois, à la pacification générale,
» par une démarche prompte, toute de confiance,
» et dégagée de ces formes, qui, nécessaires peut-
» être pour déguiser la dépendance des États fai-
» bles, ne décèlent dans les États forts que le désir
» mutuel de se tromper.

» La France, l'Angleterre, par l'abus de leurs
» forces, peuvent long-temps encore, pour le mal-
» heur de tous les peuples, en retarder l'épuise-
» ment; mais, j'ose le dire, le sort de toutes les
» nations civilisées est attaché à la fin d'une guerre,
» qui embrase le monde entier. .

» Signé BONAPARTE,
» *Premier Consul de la République française.* »

Le même jour, le Premier Consul adressa la lettre suivante à l'empereur d'Allemagne :

Lettre à l'empereur d'Allemagne.

« De retour en Europe après dix-huit mois d'ab-
» sence, je retrouve la guerre allumée entre la Ré-
» publique française et Votre Majesté.

» La nation française m'appelle à occuper la pre-
» mière magistrature.

» Étranger à tout sentiment de vaine gloire, le
» premier de mes vœux est d'arrêter l'effusion du
» sang qui va couler. Tout fait prévoir que dans la
» campagne prochaine, des armées nombreuses et
» habilement dirigées tripleront le nombre des vic-
» times, que la reprise des hostilités a déjà faites.
» Le caractère connu de Votre Majesté ne me laisse
» aucun doute sur le vœu de son cœur. Si ce vœu
» est seul écouté, j'entrevois la possibilité de conci-
» lier les intérêts des deux nations.

» Dans les relations que j'ai eues précédemment
» avec Votre Majesté, elle m'a témoigné personnel-
» lement quelque égard. Je la prie de voir dans la
» démarche que je fais, le désir d'y répondre, et de

» la convaincre de plus en plus de la considération
» toute particulière que j'ai pour elle.

» Signé Bonaparte,
» *Premier Consul de la République française.* »

Telle était la manière dont le Premier Consul annonçait son avénement, soit aux partis qui divisaient la France, soit aux cabinets coalisés contre elle. Il offrait la paix, se disposant à la conquérir par la force, s'il ne pouvait l'obtenir par des démarches amicales. Son intention était d'employer l'hiver à faire une campagne courte et décisive en Vendée, afin de pouvoir ensuite, au printemps, reporter sur le Rhin et sur les Alpes, les troupes, qui, après la fin de la guerre intérieure, seraient devenues disponibles pour la guerre extérieure.

En attendant le résultat de ses démarches, il ouvrit le 1ᵉʳ janvier 1800 (11 nivôse an VIII) la session législative, et résolut de consacrer cette session de quatre mois, à préparer par de bonnes lois la réorganisation administrative de la France, qui était à peine commencée. Il venait de substituer, dans le ministère de l'intérieur, au savant Laplace, son frère Lucien; dans le ministère de la justice, à M. Cambacérès, devenu Consul, M. Abrial, très-honnête homme et très-appliqué au travail.

Le 1ᵉʳ janvier 1800, le Sénat, le Corps Législatif, le Tribunat s'assemblèrent. Le Sénat élut M. Sieyès pour président, le Corps Législatif élut M. Perrin des Vosges, le Tribunat, M. Daunou. De nombreux projets de lois furent immédiatement présentés au Corps Législatif.

Il régnait une sorte d'anxiété à la vue de ces assemblées délibérantes, de nouveau réunies. On était fatigué d'agitations, on avait soif de repos, on était revenu de ce goût si vif pour l'éloquence politique, que la France avait éprouvé en quatre-vingt-neuf, lorsque Mirabeau, Barnave, Maury, Cazalès, lui ouvrirent une carrière de gloire toute nouvelle, celle de la tribune. Le déchaînement contre les avocats était général; il n'y avait de faveur que pour les hommes d'action, capables de procurer à la France la victoire et la paix. Cependant on n'avait pas encore pris son parti de l'établissement du pouvoir absolu; on ne souhaitait pas l'étouffement de toute liberté, de toute discussion sage. Si la puissance d'action, qu'un nouveau législateur venait de placer, dans la Constitution, en créant un Premier Consul, et en choisissant pour cette magistrature le plus grand capitaine du siècle, si cette puissance était incompatible avec la liberté, on était prêt à sacrifier celle-ci : mais tout le monde eût été charmé que la conciliation de la liberté et d'un pouvoir fort fût possible. Ce n'étaient pas les agitateurs vulgaires, ou les républicains obstinés, qui pensaient ainsi; c'étaient les esprits sages, éclairés, qui n'auraient pas voulu que la Révolution se démentît elle-même sitôt, et si complétement. Aussi les indifférents se demandaient-ils avec curiosité, les bons citoyens avec une inquiétude véritable, comment le Tribunat, seul corps qui eût la parole, se comporterait à l'égard du gouvernement, et comment le gouvernement supporterait une opposition, s'il venait à s'en produire une.

Quand une réaction se prononce, quelque générale que soit cette réaction, elle n'entraîne pas tout le monde; et elle irrite, révolte même, ceux qu'elle n'entraîne pas. MM. Chénier, Andrieux, Ginguené, Daunou, Benjamin Constant, qui siégeaient au Tribunat, MM. de Tracy, Volney, Cabanis, qui siégeaient au Sénat, tout en déplorant les crimes de la Terreur, n'étaient pas disposés à penser que la Révolution française eût tort contre ses adversaires. Les doctrines monarchiques et religieuses, qui revenaient à vue d'œil, les froissaient, surtout par la précipitation immodérée avec laquelle s'opérait ce retour aux anciennes idées. Ils en éprouvaient un mécontentement qu'ils ne prenaient aucun soin de déguiser. La plupart étaient sincères. Fortement attachés à la Révolution, ils en voulaient presque tout, sauf le sang et les spoliations, et ne voulaient guère ce qu'on croyait entrevoir dans la pensée profonde du nouveau dictateur. Qu'on ne persécutât pas les prêtres, soit; mais qu'on les favorisât jusqu'à les remettre à l'autel, c'était trop pour ces fidèles sectateurs de la philosophie du dix-huitième siècle. Qu'on rendît un peu plus d'unité et de force au pouvoir, soit encore; mais qu'on poussât ce soin jusqu'à rétablir l'unité monarchique au profit d'un homme de guerre, c'était encore beaucoup trop à leurs yeux. Du reste, comme il arrive toujours, leurs motifs étaient divers : si c'étaient là les opinions de MM. Chénier, Ginguené, Daunou, Tracy, Cabanis, ce ne pouvaient être celles de M. Constant, qui n'avait puisé assurément, dans la société de la famille Necker, où il vivait, ni l'aversion des idées religieuses, ni le goût exclusif de la Révolution française. Arrivé au Tribunat, grâce aux sollicitations de ses amis, il n'en était pas moins devenu, en quelques jours, le plus remuant, et le plus spirituel des nouveaux opposants. Il était mû par son humeur railleuse, mais surtout par le mécontentement de la famille Necker, qu'il partageait. Madame de Staël, qui représentait alors à elle seule cette famille illustre, avait fort admiré le général Bonaparte; et il eût été facile à celui-ci de conquérir une personne dont la vive imagination était sensible à tout ce qui était grand. Mais, quoique doué d'autant d'esprit que de génie, il avait blessé, par des propos peu séants, une femme qui lui déplaisait, parce qu'il trouvait en elle des prétentions au-dessus de son sexe; et il avait produit dans son cœur une irritation, sinon redoutable, au moins fâcheuse. Toute faute, même légère, porte ses fruits. Le Premier Consul allait recueillir le fruit de la sienne, en rencontrant une opposition fort incommode, de la part de ceux qui étaient placés sous l'influence de l'esprit entraînant de madame de Staël. M. Constant était du nombre.

On avait établi le Tribunat au Palais-Royal, sans aucune intention assurément, et uniquement par nécessité. Les Tuileries avaient été rendues au chef du gouvernement. Le Luxembourg, précédemment affecté au Directoire, avait été donné au Sénat. On avait laissé le Palais-Bourbon au Corps Législatif. Il ne restait que le Palais-Royal qu'on pût affecter au Tribunat. La disposition à prendre en mauvaise part les actes les plus simples, était telle chez certains esprits, qu'ils se plaignaient amèrement du choix de ce palais, et prétendaient qu'on avait voulu rabaisser le Tribunat, en le plaçant dans l'asile ordinaire du désordre et de la débauche. On discutait, le 2 et le 3 janvier, dans cette assemblée, certains articles du règlement, lorsque, tout à coup, un de ses membres, M. Duveyrier, prit la parole pour se plaindre de quelques mesures, qui nuisaient, disait-il, à plusieurs propriétaires d'établissements, existant depuis longues années dans le Palais-Royal. Les réclamants étaient peu intéressants, et d'ailleurs ils avaient été indemnisés. Le tribun Duveyrier réclama vivement contre ces prétendues injustices, et dit qu'on ne devait pas dépopulariser la représentation nationale, en la rendant responsable des rigueurs commises en son nom. Puis, passant au choix du local : « Je ne suis pas de ceux, s'écria-t-il, qui sont offensés de ce qu'on a choisi pour y établir le Tribunat, un lieu, théâtre ordinaire de désordres et d'excès de tout genre ; je n'y vois ni danger ni allusion fâcheuse pour nous. Je rends hommage, au contraire, à l'intention populaire de ceux qui ont voulu que les tribuns du peuple siégeassent au milieu du peuple, que les défenseurs de la liberté fussent placés dans les lieux témoins du premier triomphe

Janv. 1800.

Premières séances du Tribunat.

de la liberté. Je les remercie de nous avoir ménagé le moyen d'apercevoir de cette tribune même, l'endroit où le généreux Camille Desmoulins, donnant le signal d'un mouvement glorieux, arbora cette cocarde nationale, notre plus beau trophée, notre signe éternel de ralliement, cette cocarde qui vit naître tant de prodiges, à laquelle tant de héros doivent la célébrité de leurs armes, et que nous ne déposerons qu'avec la vie. Je les remercie de nous avoir fait apercevoir ces lieux qui, si l'on voulait élever une idole de quinze jours, nous rappelleraient la chute d'une idole de quinze siècles. »

Cette attaque si brusque produisit une vive sensation dans l'assemblée, et bientôt dans Paris. Le Tribunat passa à l'ordre du jour, la majorité de ses membres improuvant une telle sortie. Mais l'effet n'en fut pas moins grand, et c'était un mauvais début pour une assemblée, qui, si elle voulait sauver la liberté des dangers dont la menaçait une réaction alors générale, avait des ménagements infinis à garder, soit envers des esprits prompts à s'alarmer, soit envers un chef de gouvernement prompt à s'irriter.

Une telle scène ne pouvait manquer d'avoir des suites. La colère du Premier Consul était vive, et les humbles adorateurs de sa puissance naissante jetaient les hauts cris. MM. Stanislas de Girardin, de Chauvelin et quelques autres, qui, sans vouloir abdiquer toute indépendance en présence du nouveau gouvernement, désapprouvaient cependant cette opposition intempestive, prirent la parole dans la séance suivante, et proposèrent, pour corriger l'effet du discours du tribun Duveyrier, de prêter une espèce de serment à la Constitution.

« Avant de procéder à nos travaux, dit M. de Girardin, je pense que nous devons donner à la nation un témoignage éclatant de notre attachement à la Constitution. Je ne vous proposerai pas d'en jurer le maintien. Je connais et vous connaissez comme moi l'inutilité des serments; mais je crois qu'il est utile, en acceptant des fonctions, de promettre de les remplir loyalement. Suivons l'exemple du Sénat conservateur et du Conseil d'État, et nous fixerons ainsi l'opinion qu'on doit se faire de nous-mêmes; nous ferons taire la malveillance qui répand déjà que le Tribunat est une résistance organisée contre le gouvernement. Non, le Tribunat n'est point un foyer d'opposition, mais un foyer de lumières; non, le Tribunat ne veut pas combattre sans relâche les actes du gouvernement; il est prêt, au contraire, à les accueillir avec joie quand ils seront conformes à l'intérêt public. Le Tribunat s'appliquera à calmer les passions au lieu de chercher à les irriter. Sa modération doit se placer entre toutes les factions, pour les réunir et les dissoudre. Ce sont les modérés qui ont fait le 18 brumaire, cette journée salutaire et glorieuse, qui a sauvé la France de l'anarchie intérieure et de l'invasion étrangère. Retournons, pour sauver la République, aux principes qui l'ont fondée, mais évitons le retour des excès qui ont si souvent failli la perdre. Si nous voyons d'ici la place où l'on a arboré pour la première fois le signe de la liberté, d'ici nous voyons également la place où ont été conçus les crimes qui ont ensanglanté la Révolution. Je suis loin de m'applaudir, quant à moi, du choix qu'on a fait de ce palais pour y fixer le lieu de nos séances; je le regrette, au contraire; mais, du reste, les souvenirs qu'il rappelle sont heureusement loin de nous. Le temps des harangues véhémentes, des appels aux groupes séditieux du Palais-Royal, est passé. Toutefois, si certaines déclamations ne peuvent plus nous perdre, elles peuvent encore retarder le retour au bien. En retentissant de cette tribune dans Paris, de Paris dans toute l'Europe, elles peuvent alarmer les esprits, fournir des prétextes, et retarder cette paix que nous désirons tous!... La paix, ajoutait M. de Girardin, la paix doit préoccuper sans cesse notre pensée; et, quand nous aurons toujours présent ce grand intérêt, nous ne nous permettrons plus des expressions semblables à celles qui l'autre jour ont échappé à l'un de nos collègues, et qu'aucun de nous n'a relevées parce qu'elles étaient sans application, car nous ne connaissons point d'idole en France. »

L'orateur termina ce discours en demandant que chaque tribun fît la déclaration suivante : *Je promets de remplir avec fidélité les fonctions que la Constitution m'a attribuées.*

Cette proposition fut adoptée. M. Duveyrier, fâché du scandale produit par son discours, tâcha de s'excuser, et voulut être le premier à faire la déclaration dont M. de Girardin avait donné l'idée. Tous les membres du Tribunat s'empressèrent de la répéter après lui.

L'effet de cette première scène fut donc un peu réparé. Le Premier Consul en conçut néanmoins pour le Tribunat une aversion insurmontable, qu'il aurait éprouvée, du reste, pour toute assemblée libre, usant et abusant de la parole. Il fit insérer dans le *Moniteur*, des observations très-amères sur les tribuns de France et les tribuns de Rome.

Les séances suivantes amenèrent de nouvelles manifestations, tout aussi regrettables que les précédentes. La première proposition du gouvernement avait pour but de régler les formes à suivre dans la présentation, la discussion et l'adoption des projets de lois. C'était l'un des sujets négligés par la Constitution de l'an VIII, et abandonnés à la législature. Le Tribunat n'était pas, dans les dispositions proposées, l'objet de beaucoup d'égards. Le projet du gouvernement statuait que les lois seraient portées par trois conseillers d'État au Corps Législatif, communiquées ensuite au Tribunat, et qu'à un jour fixé par le gouvernement, le Tribunat devrait être prêt à les discuter, par l'organe de ses trois orateurs, en présence du Corps Législatif. Toutefois le Tribunat était admis à demander un délai au Corps Législatif, qui devait décider si ce délai pouvait être accordé. Il faut convenir qu'on traitait ici le Tribunat fort légèrement, car on voulait qu'il eût rempli sa tâche à jour fixe, comme on oserait à peine l'exiger d'une section du Conseil d'État, ou des bureaux d'un ministre. Personne aujourd'hui ne se permettrait de fixer à une assemblée délibérante le jour et le terme d'une discussion ; c'est un soin qu'on laisse à son intelligence et à son zèle, s'il y a urgence. Mais les convenances parlementaires qui sont, comme la politesse, le fruit de l'usage, ne pouvaient précéder chez nous la pratique du gouvernement représentatif. De la violence révolutionnaire on passait presque sans transition à la brusquerie militaire. Les commissions qui venaient, pendant un mois, d'exercer le pouvoir législatif, avaient, par leur discussion à huis clos, et leur expédition des lois en vingt-quatre heures, développé davantage les goûts du Premier Consul, voulant toujours être servi et satisfait sur l'heure. C'est là ce qui explique, sans les excuser, les inconcevables dispositions du projet du gouvernement.

L'opposition naissante du Tribunat, en combattant ce projet, avait donc raison ; mais, après avoir débuté par une scène inconvenante, c'était un malheur pour elle d'avoir à combattre la première proposition émanée des Consuls, car cela faisait croire à un parti pris de tout attaquer ; et à ce malheur elle ajouta encore le tort de la forme, qui fut fâcheuse. L'attaque la plus vive vint de M. Constant. Dans un discours spirituel et ironique, comme il savait les faire, il demanda que le Tribunat eût un temps déterminé pour examiner les projets de lois qui lui seraient soumis, et qu'il ne fût pas tenu de les examiner en courant. Il rappelait à ce sujet le danger *des lois d'urgence*, rendues pendant la Révolution, lesquelles avaient toujours été des lois désastreuses ; il demandait pourquoi on mettait tant de soin à en finir si rapidement avec le Tribunat, pourquoi on le considerait déjà comme tellement hostile, qu'on voulût abréger le plus possible la traversée que les lois feraient dans son sein. « Tout cela tient, ajoutait-il, à la fausse idée que nous ne sommes qu'un corps d'opposition, destiné à ne pas faire autre chose, à contrarier sans cesse le gouvernement; ce qui n'est pas, ce qui ne saurait être, ce qui nous affaiblirait dans l'opinion. Cette fausse idée a empreint tous les articles de ce projet d'une impatience inquiète et démesurée; on nous présente pour ainsi dire les propositions au vol, dans l'espérance que nous ne pourrons pas les saisir; on veut leur faire traverser notre examen comme une armée ennemie, pour les transformer en lois sans que nous ayons pu les atteindre. »

Janv. 1800

Beaucoup de réflexions piquantes se mêlaient à ce long discours, qui produisit une assez grande sensation. M. Constant avait mis un soin extrême à soutenir que le Tribunat n'était pas un corps spécialement voué à la contradiction, qu'il ne contredirait que lorsque l'intérêt public l'y forcerait, mais il avait répété ces protestations d'une manière et d'un ton à n'y pas faire croire, et à rendre évidente l'intention d'opposition systématique qu'il mettait tant de soin à nier.

Le tribun Riouffe, connu par son amitié fidèle et courageuse pour les Girondins proscrits, était l'un de ces hommes que les horreurs de quatre-vingt-treize avaient tellement émus, qu'ils étaient prêts à se jeter aveuglément dans les bras du nouveau gouvernement, quoi que ce gouvernement pût faire. Il voulut donc repousser les attaques, selon lui inconvenantes, de M. Benjamin Constant.

Discours du tribun Riouffe.

« Des méfiances, dit-il, aussi injurieuses que celles qui ont été manifestées hier, suffiraient pour rompre toute communication ultérieure, dans des rapports d'homme à homme ; et il serait impossible que des autorités, destinées à vivre ensemble, pussent long-temps traiter les unes avec les autres, si les égards n'étaient pas un devoir sacré dont elles ne dussent jamais s'écarter. »

L'orateur déclara ensuite qu'il avait, quant à lui, une confiance absolue dans le gouvernement ; et il entreprit un éloge vrai du Premier Consul, mais trop long, et trop peu ménagé dans les termes. « Quand tel orateur, dit-il, loue ici Camille Desmoulins, et tel autre, la Convention nationale, je ne m'enfermerai pas dans un *silence conspirateur ;* je louerai aussi, moi, celui que l'univers loue ; n'ayant célébré jusqu'ici que la vertu proscrite, j'aurai un genre de courage nouveau, celui de célébrer le génie dans le sein de la puissance et de la victoire ; je m'honorerai de voir à la tête de la République celui qui a conquis à la nation française le titre de la Grande Nation ; je le proclamerai grand, clément et juste... » M. Riouffe, poursuivant, comparait le général Bonaparte à César et Annibal ; et par ce langage d'une admiration légitime, mais inopportune, provoqua une manifestation assez fâcheuse. Plusieurs voix l'interrompirent : Parlez de la loi, lui dit-on. — Je veux, répliqua M. Riouffe, parler de l'homme que l'univers admire... — Parlez de la loi, lui répétèrent les interrupteurs, et il fut obligé de rentrer dans son sujet.

Soit que M. Riouffe eût provoqué par l'expression sincère, mais diffuse et maladroite, de ses sentiments, l'impatience des interrupteurs, soit que l'admiration qu'il éprouvait ne fût pas partagée au même degré par les membres du Tribunat, l'effet produit par son discours ne fut pas heureux. M. de Chauvelin essaya de corriger cet effet par un discours en faveur du projet de loi.

Janv. 1800

Discours de M. de Chauvelin

Il en avoua les défauts; mais les circonstances, dit-il, « les circonstances qui nous environnent, l'é-
» tat de plusieurs départements, qui peuvent exiger
» des mesures promptes, et même urgentes; de
» puissantes considérations politiques ; la calomnie
» qui nous épie; les divisions dont elle se plaît déjà
» à supposer l'existence ; le besoin si pressant de
» l'union entre les pouvoirs, tout nous engage à
» voter l'adoption du projet qui nous est présenté. »

Le projet fut en effet mis aux voix, et adopté à une majorité qui aurait dû rassurer et calmer le gouvernement : 54 voix contre 26 décidèrent que les orateurs du Tribunat, chargés de porter la parole devant le Corps Législatif, appuieraient la loi proposée. Le Corps Législatif l'accueillit encore plus favorablement, et l'adopta à la majorité de 203 voix contre 23. On ne pouvait pas désirer mieux, car enfin une majorité des deux tiers dans le Tribunat (corps dont l'opposition ne décidait rien, puisqu'il ne votait pas les lois), une majorité des neuf dixièmes dans le Corps Législatif (seul corps dont le vote fût décisif), devaient satisfaire le Premier Consul et ses adhérents, et les rendre faciles pour cette dernière ma-

nifestation d'esprit libéral, indulgents pour des torts de forme, qui, après tout, étaient un droit de la liberté même. Mais le Premier Consul, qui ne pouvait pas être sérieusement alarmé, paraissait cependant piqué au vif, et s'exprimait sans ménagement. Il commençait à se servir beaucoup de la presse, et, quoiqu'il l'aimât peu, il savait cependant en user à son profit. Il fit insérer dans le *Moniteur* du 8 janvier (18 nivôse) un article tout à fait inconvenant, où lui-même s'attachait à démontrer le peu de portée de cette opposition, à faire voir qu'elle ne tenait à aucun projet arrêté de contrarier le gouvernement, et l'attribuait chez quelques esprits à un désir de perfection impossible dans les lois humaines, chez quelques autres au désir de faire du bruit. « Ainsi, ajoutait le journal
» officiel, tout permet de conclure qu'il n'existe
» point dans le Tribunat d'opposition combinée et
» systématique, en un mot de véritable opposition.
» Mais chacun a soif de gloire, chacun veut confier
» son nom aux cent bouches de la Renommée, et
» quelques gens ignorent encore qu'on parvient
» moins sûrement à la considération par l'empres-
» sement à bien dire, que par la constance à servir
» utilement, obscurément même, ce public qui ap-
» plaudit et qui juge. »

Cette manière de traiter un grand corps de l'État était peu séante; elle prouvait de la part du Premier Consul la disposition à tout se permettre, et de la part de la France la disposition à tout souffrir.

Cependant ces impressions firent promptement

place à d'autres. Les vastes travaux du gouvernement, auxquels le Corps Législatif et le Tribunat étaient appelés à participer, attirèrent bientôt l'attention des esprits, et l'occupèrent exclusivement. Le Premier Consul fit présenter au Corps Législatif deux projets de loi de la plus haute importance. L'un avait pour objet l'administration départementale et municipale, et devint la fameuse loi du 28 pluviôse an VIII, qui a constitué en France la centralisation administrative; l'autre avait pour objet l'organisation de la justice, organisation qui existe encore aujourd'hui. A ces deux projets s'en joignirent d'autres sur les émigrés, dont il était urgent de régler le sort; sur le droit de tester, dont toutes les familles demandaient le rétablissement; sur le tribunal des prises, qu'il fallait constituer dans l'intérêt de nos relations avec les neutres; sur la création de nouveaux comptables reconnus nécessaires; enfin sur les recettes et dépenses de l'an VIII.

L'administration de la France, comme nous l'avons exposé plus haut, se trouvait, en 1799, dans un désordre affreux. Il y a, en tout pays, deux genres d'affaires à expédier : celles de l'État, qui sont le recrutement, l'impôt, les travaux d'utilité générale, l'application des lois; celles des provinces et des communes, qui consistent dans la gestion des intérêts locaux de toute espèce. Si on livre un pays à lui-même, c'est-à-dire s'il n'est pas régi par une administration générale, à la fois intelligente et forte, les premières de ces affaires, celles de l'État, ne se font pas; les secondes rencontrent, dans l'intérêt ou pro-

Janv. 1800.

Projets de loi relatifs à l'organisation administrative et judiciaire de la France.

État de désordre où se trouvait l'administration en 1799.

vincial ou communal, un principe de zèle, mais d'un zèle capricieux, inégal, injuste, rarement éclairé. Les administrations provinciales ou communales ne manquent assurément pas de goût pour s'occuper de ce qui les concerne particulièrement; mais elles sont prodigues, vexatoires, toujours ennemies de la règle commune. Les singularités tyranniques du moyen-âge n'ont pas eu, en Europe, une autre origine. Dès que l'autorité centrale se retire d'un pays, il n'est sorte de désordres auxquels les intérêts locaux ne soient prêts à se livrer, leur propre ruine comprise. En 1789, partout où les communes avaient joui de quelque liberté, elles étaient en état de banqueroute. La plupart des villes libres d'Allemagne, quand elles ont été supprimées en 1803, étaient complétement ruinées. Ainsi, sans une forte administration générale, les affaires de l'État ne se font pas, les affaires locales se font mal.

L'Assemblée constituante et la Convention nationale, après avoir successivement remanié l'organisation administrative de la France, avaient abouti à un état de choses qui était l'anarchie même. Des administrations collectives, à tous les degrés, délibérant perpétuellement, n'agissant jamais, ayant à leurs côtés des commissaires du gouvernement central chargés de solliciter auprès d'elles, ou l'expédition des affaires de l'État, ou l'exécution des lois, mais privés du pouvoir d'agir eux-mêmes, tel était au 18 brumaire le régime départemental et municipal en vigueur. Quant au régime municipal en particulier, on avait imaginé un genre de municipalités cantonales, qui ajoutaient encore à cette confusion administrative. On avait trouvé le nombre des communes trop grand, car il était de plus de 40 mille. Assurément, la surveillance d'un tel nombre de petits gouvernements locaux, déjà fort difficile en elle-même, devenait impossible pour des autorités constituées comme l'étaient les autorités de ce temps. Les préfets y suffisent aujourd'hui avec l'aide des sous-préfets, à la condition de s'y appliquer beaucoup. Mais qu'on suppose les préfets, les sous-préfets de moins, et à leur place de petites assemblées délibérantes, et on comprendra quel désordre devait régner dans une telle administration. Ces quarante et quelques mille communes furent donc réduites à cinq mille municipalités cantonales, composées de la réunion de plusieurs communes en une seule. On crut, en réunissant ainsi plusieurs communes sous un même gouvernement, leur donner un gouvernement d'abord, et puis les placer plus près de l'autorité centrale, plus à portée de sa surveillance. Il en résulta bientôt une confusion plus affreuse que celle qu'on avait le désir de faire cesser. Ces cinq mille municipalités cantonales étaient trop nombreuses et trop éloignées de l'autorité centrale, pour être aperçues d'elle ; et, sans les avoir assez rapprochées du gouvernement, on les avait fâcheusement éloignées de la population qu'elles étaient destinées à régir. L'administration communale est faite pour être placée le plus près possible des lieux. Le magistrat qui constate les naissances, les morts, les

Janv. 1800.

Mauvais succès des municipalités cantonales.

mariages; qui veille à la police, à la salubrité de la cité; qui entretient la fontaine, l'église, l'hospice du village ou de la ville, doit résider dans le village ou la ville même, vivre enfin au milieu de ses concitoyens. Ces municipalités cantonales avaient donc abouti à un inutile déplacement de l'autorité domestique, sans avoir porté les affaires locales assez près de l'œil du gouvernement pour qu'il pût les saisir. Ajoutez que rien ne se faisait bien alors, grâce au désordre des temps, et on comprendra ce que le vice de l'institution, aggravé par le vice des circonstances, devait entraîner de confusion.

Une dernière cause de désordre s'était encore ajoutée à toutes les autres. Il faut non-seulement administrer pour le compte de l'État et des communes, il faut aussi juger, car les citoyens peuvent avoir à se plaindre, tantôt qu'en traçant une rue ou un chemin on empiète sur leur propriété, tantôt qu'en évaluant leurs biens pour les imposer, on les évalue injustement. Dans l'ancien régime, la justice ordinaire, seul frein alors de l'autorité exécutive (ce qu'exprimait très-bien la résistance des parlements à la cour), la justice ordinaire s'était emparée de tout ce qu'on appelle le contentieux administratif. C'était un inconvénient grave, car les juges civils rendent mal la justice administrative, faute d'avoir l'esprit de la chose. Nos premiers législateurs de la Révolution, sentant très-bien cet inconvénient, avaient cru pouvoir résoudre la difficulté en abandonnant tout le contentieux administratif aux petites assemblées locales, auxquelles ils avaient livré l'administration. Qu'on se figure donc ces administrations collectives, remplaçant ce que nous appelons aujourd'hui les préfets, sous-préfets, maires, chargées de faire tout ce qu'ils font, et de juger en outre tout ce que jugent les conseils de préfecture, et on aura une idée à peu près juste de la confusion qui régnait alors. Même avec l'esprit d'ordre qui prévaut aujourd'hui, le résultat serait le chaos; qu'on y ajoute les passions révolutionnaires, et on comprendra quel autre chaos ce devait être. C'est ainsi que les rôles des contributions ne s'achevaient point, que la perception de l'impôt se trouvait arriérée pour plusieurs années, que les finances étaient en ruine, les armées dans la misère. Le recrutement seul s'exécutait quelquefois, grâce aux passions révolutionnaires, qui avaient fait le mal, mais qui avaient contribué en partie à le réparer; car ayant pour principe un amour désordonné, mais ardent, de la France, de sa grandeur et de sa liberté, elles poussaient violemment la population aux armées.

Janv 1800.

C'est pour une telle situation que le Premier Consul était, on peut le dire, un véritable envoyé de la Providence. Son esprit simple, juste, guidé par un caractère actif et résolu, devait le conduire à la vraie solution de ces difficultés. La Constitution avait placé à la tête de l'État un pouvoir exécutif et un pouvoir législatif : le pouvoir exécutif, concentré à peu près dans un chef unique, et le pouvoir législatif divisé en plusieurs assemblées déli-

Institution des préfets, sous-préfets et maires.

Janv. 1800.

bérantes. Il était naturel de placer à chaque degré de l'échelle administrative, un représentant du pouvoir exécutif spécialement chargé d'agir, et à ses côtés, pour le contrôler ou l'éclairer seulement, mais non pour agir à sa place, une petite assemblée délibérante, telle qu'un conseil de département, d'arrondissement ou de commune. On dut à cette idée simple, nette, féconde, la belle administration qui existe aujourd'hui en France. Le Premier Consul voulut dans chaque département un préfet, chargé, non de solliciter auprès d'une administration collective l'expédition des affaires de l'État, mais de les faire lui-même; chargé en même temps de gérer les affaires départementales, mais celles-ci d'accord avec un conseil de département, et avec les ressources votées par ce conseil. Comme le système des municipalités cantonales était universellement condamné, et que M. Sieyès, l'auteur de toutes les circonscriptions de la France, avait, dans la Constitution nouvelle, posé le principe de la circonscription par arrondissement, le Premier Consul voulut l'employer pour se passer des administrations de canton. D'abord l'administration communale fut replacée où elle doit être, c'est-à-dire dans la commune même, ville ou village; et entre la commune et le département, il fut créé un degré administratif intermédiaire, c'est-à-dire l'arrondissement. Entre le préfet et le maire, il dut y avoir le sous-préfet, chargé, sous la surveillance du préfet, de diriger un certain nombre de communes, soixante, quatre-vingts ou cent, plus ou moins, sui-

Suppression des municipalités cantonales, et adoption de la circonscription d'arrondissement.

vant l'importance du département. Enfin, dans la commune même, il dut y avoir un maire, pouvoir exécutif aussi, ayant à ses côtés son pouvoir délibérant dans le conseil municipal, un maire, agent direct et dépendant de l'autorité générale pour l'expédition des affaires de l'État, agent de la commune quant aux affaires locales, gérant les intérêts de celle-ci d'accord avec elle, sous la surveillance toutefois du préfet et du sous-préfet, par conséquent de l'État.

Janv. 1800.

Telle est cette admirable hiérarchie, à laquelle la France doit une administration incomparable pour l'énergie, la précision de son action, la pureté des comptes, et qui est si excellente qu'elle suffit en six mois, comme on le verra bientôt, pour remettre l'ordre en France, sous l'impulsion, il est vrai, d'un génie unique, le Premier Consul, et avec une faveur des circonstances, unique aussi, car on avait partout horreur du désordre et soif de l'ordre, dégoût du bavardage, goût des résultats prompts et positifs.

Restait la question du contentieux, c'est-à-dire de la justice administrative, chargée de faire que le contribuable ne soit pas imposé au delà de ses facultés, que le riverain d'un ruisseau ou d'une rue ne soit pas exposé à des empiétements, que l'entrepreneur des travaux de la ville ou de l'État trouve un juge de ses marchés avec la commune ou le gouvernement : question difficile, les tribunaux ordinaires étant reconnus impropres à rendre ce genre de justice. Le principe d'une sage division des pouvoirs, fut encore employé ici avec grand avantage.

Création des conseils de préfecture.

Le préfet, le sous-préfet, le maire, chargés de l'action administrative, pouvaient être suspects de partialité, enclins à faire prévaloir leurs volontés, car le justiciable froissé a ordinairement à réclamer contre leurs propres actes. Les conseils de département, d'arrondissement, de commune, pouvaient et devaient paraître suspects aussi, car ils ont le plus souvent un intérêt contraire au réclamant. Rendre la justice d'ailleurs est un travail long et continuel ; or, on ne voulait plus ni des conseils de département, ni des conseils communaux permanents. Le Premier Consul les désirait une quinzaine de jours par an, tout juste le temps de leur soumettre leurs affaires, de prendre leurs avis, de leur faire voter leurs dépenses. Il fallait, au contraire, un tribunal administratif siégeant sans interruption. On établit donc une justice spéciale, un tribunal de quatre ou cinq juges, siégeant à côté du préfet, jugeant avec lui, espèce de petit Conseil d'État, éclairant la justice du préfet, comme le Conseil d'État éclaire et redresse celle des ministres, soumis d'ailleurs à la juridiction de ce Conseil suprême, par la voie des appels. Ce sont ces tribunaux qu'on nomme encore aujourd'hui conseils de préfecture, et dont l'équité n'a jamais été contestée.

Tel fut le gouvernement provincial et communal en France : un chef unique, préfet, sous-préfet, ou maire, expédiant toutes les affaires ; un conseil délibérant, conseil de département, d'arrondissement ou de commune, votant les dépenses locales ; puis un petit corps judiciaire, placé à côté du préfet seulement, pour rendre la justice administrative : gouvernement subordonné d'une manière absolue au gouvernement général pour les affaires de l'État, surveillé et dirigé, mais ayant ses vues propres, pour les affaires départementales et communales. L'ordre n'a pas cessé de régner, pas plus que la justice, depuis que cette belle et simple institution existe parmi nous, c'est-à-dire depuis près d'un demi-siècle : bien entendu que les mots d'ordre et de justice, comme tous les mots des langues humaines, n'ont qu'une valeur relative, et veulent dire qu'il y a eu en France, sous le rapport administratif, aussi peu de désordre, aussi peu d'injustice, qu'il est possible de le souhaiter dans un grand État.

Janv. 1800.

Le Premier Consul voulut naturellement que les préfets, sous-préfets, maires, fussent à la nomination du pouvoir exécutif, car ils étaient ses agents directs, ils devaient être pleins de sa volonté ; et, quant aux affaires locales, qu'ils avaient à gérer selon les vues locales, il fallait qu'ils les gérassent aussi suivant l'esprit général de l'État. Mais il n'eût pas été naturel que le pouvoir exécutif nommât les membres des conseils de département, d'arrondissement et de commune, chargés de contrôler les agents de l'administration, et de leur voter des fonds. C'est la Constitution qui le conduisit à cette prétention, et qui la justifia. *La confiance doit venir d'en bas*, avait dit M. Sieyès, *le pouvoir doit venir d'en haut*. D'après cette maxime, la nation donnait sa confiance par l'inscription sur les listes de notabilité ; l'autorité supérieure conférait le pouvoir, en choisissant ses agents

Nomination de tous les agents de l'administration, et de tous les membres des conseils locaux, déférée au Premier Consul.

dans ces listes. Le Sénat était chargé d'élire tous les corps délibérants politiques. Mais les conseils occupés des intérêts locaux, étant censés faire partie de l'administration générale de la République, le pouvoir exécutif, d'après la Constitution, devait les nommer en les prenant dans les listes de notabilité. En vertu donc de l'esprit, et même de la lettre de la Constitution, le Premier Consul dut choisir, dans les listes de la notabilité départementale, les membres des conseils de département; dans les listes de la notabilité d'arrondissement, les membres des conseils d'arrondissement; enfin, dans les listes de la notabilité communale, les membres des conseils municipaux. Ce pouvoir, excessif en temps ordinaire, était en ce moment nécessaire. L'élection, en effet, était impossible pour la formation des conseils locaux, tout comme pour la formation des grandes assemblées politiques. Elle n'aurait donné que des agitations funestes, de petits triomphes alternatifs à tous les partis extrêmes, au lieu d'une fusion paisible et féconde de tous les partis modérés, fusion qui était indispensable pour fonder la société nouvelle avec les débris réunis de la société ancienne.

L'organisation judiciaire ne fut pas moins bien imaginée. Elle eut pour double but de placer la justice plus près des justiciables, et de leur assurer cependant au-dessus de la justice locale, s'ils voulaient y recourir, une justice d'appel, éloignée, mais haut placée, et ayant des lumières, de l'impartialité, en raison de la hauteur de sa position.

Nos premiers législateurs révolutionnaires, par
l'aversion qu'inspiraient les parlements, avaient supprimé les tribunaux d'appel, et placé un seul tribunal par département, présentant un premier degré de
juridiction pour les justiciables du département, et
un second degré de juridiction, un tribunal d'appel,
pour les départements voisins. L'appel avait lieu,
non pas de tribunal inférieur à tribunal supérieur,
mais de tribunal voisin à tribunal voisin. Au-dessous
étaient les justices de paix, au-dessus le tribunal de
cassation. Le tribunal unique par département se
trouvant trop éloigné des justiciables, on avait étendu
la compétence des justices de paix, de manière à dis-
penser les citoyens de se transporter, trop souvent,
au chef-lieu. On avait aussi créé quatre ou cinq cents
tribunaux correctionnels, chargés de réprimer les
petits délits. Le jury criminel siégeait au chef-lieu,
près du tribunal central.

Cette organisation judiciaire avait aussi peu réussi
que les municipalités cantonales. Les justices de
paix, dont on avait trop étendu la compétence,
étaient au-dessous de leur tâche. La justice du premier degré se trouvait placée trop loin en résidant
au chef-lieu; la justice d'appel devenait à peu près
illusoire, car l'appel ne se conçoit que lorsqu'il y a
recours à des lumières supérieures. Des cours souveraines, comme autrefois les parlements, comme
aujourd'hui les cours royales, réunissant dans leur
sein des magistrats éminents, auprès d'elles un barreau renommé, présentent une supériorité de savoir,
à laquelle on peut être tenté de recourir; mais ap-

Janv. 1800.

peler d'un tribunal de première instance à un autre tribunal de première instance, ne se conçoit pas. Les tribunaux de police correctionnelle étaient aussi trop nombreux, et bornés d'ailleurs à un seul emploi. Il fallait évidemment reformer cette organisation judiciaire. Le Premier Consul, adoptant les idées de son collègue Cambacérès, auquel il prêta en cette occasion l'appui de son bon sens et de son courage, fit adopter l'organisation qui existe encore de nos jours.

La circonscription d'arrondissement, qu'on venait d'imaginer pour l'administration départementale, présentait une grande commodité pour l'administration judiciaire. Elle offrait le moyen de créer une première justice locale, placée très-près du justiciable, sauf à recourir à une justice d'appel, placée plus loin et plus haut. On créa donc un tribunal de première instance par arrondissement, formant un premier degré de juridiction; puis, sans crainte de paraître rétablir les anciens parlements, on prit le parti de créer des tribunaux d'appel. Un par département, c'était trop comme nombre, trop peu comme importance et élévation de juridiction. On en créa vingt-neuf, ce qui leur donnait à peu près l'importance des anciens parlements, et ils furent placés dans les lieux, qui avaient autrefois joui de la présence de ces cours souveraines. C'était un avantage à restituer aux localités qui en avaient été privées. C'étaient de vieux dépôts de traditions judiciaires, dont les débris méritaient d'être recueillis. Les barreaux d'Aix, de Dijon, de Toulouse, de Bordeaux, de

Rennes, de Paris, étaient des foyers de science et de talent qu'il fallait rallumer.

Janv. 1800.

Les tribunaux de première instance établis dans chaque arrondissement, furent chargés en même temps de la police correctionnelle, ce qui leur procurait une double utilité, et plaçait la justice civile et répressive au premier degré, dans l'arrondissement. La justice criminelle, toujours confiée au jury, dut résider seule au chef-lieu du département, au moyen de juges se détachant des tribunaux d'appel, et venant diriger le jury, tenir en un mot des assises. Cette partie n'a été complétée que plus tard.

La justice de paix devait, par suite des dispositions précédentes, être ramenée à une compétence plus bornée. La loi destinée à la réformer fut remise à la session suivante, car il était impossible de tout faire à la fois. Mais on voulait conserver, en la perfectionnant, cette justice du peuple, paternelle, expéditive et peu coûteuse. Au-dessus de l'édifice judiciaire, fut maintenu avec quelques modifications, et une juridiction répressive sur tous les magistrats, le Tribunal de Cassation, l'une des plus belles institutions de la Révolution française, tribunal qui n'est pas destiné à juger une troisième fois ce que les tribunaux de première instance et d'appel ont jugé déjà deux fois, mais qui, laissant de côté le fond du litige, n'intervient que lorsqu'il y a doute élevé sur le sens de la loi, détermine ce sens par une suite d'arrêts, et ajoute ainsi à l'unité du texte émané de la législature, l'unité d'interprétation émanant d'une juridiction suprême, commune à tout le territoire.

Janv. 1800.

C'est donc de cette année 1800, année si féconde, que date notre organisation judiciaire : elle a consisté depuis, en près de deux mille juges de paix, magistrats populaires, rendant à peu de frais la justice au pauvre ; en près de trois cents tribunaux de première instance, un par arrondissement, rendant la justice civile et correctionnelle au premier degré ; en vingt-neuf tribunaux souverains[1] rendant la justice civile en appel, et la justice criminelle par des juges détachés, qui vont tenir des assises au chef-lieu de chaque département ; enfin en un tribunal suprême, placé au-dessus de toute la hiérarchie judiciaire, interprétant les lois, et complétant l'unité de la législation par l'unité de la jurisprudence.

Adoption des lois proposées sur l'organisation administrative et judiciaire.

Les deux lois dont il s'agit étaient trop urgentes, trop bien conçues, pour rencontrer de sérieux obstacles. Elles essuyèrent cependant plus d'une attaque au Tribunat. Des objections assez mesquines furent élevées contre le système administratif proposé. On se plaignit peu de la concentration d'autorité dans la main des préfets, sous-préfets, maires, car cela était conforme aux idées du moment, et imité de la Constitution, qui plaçait un chef unique à la tête de l'État ; mais on se plaignit de la création de trois degrés dans l'échelle administrative, le département, l'arrondissement, la commune. On prétendit surtout qu'il ne fallait pas reconstituer la commune, car on ne

---

[1] Nous ne donnons ici que des quantités approximatives, parce que le nombre des tribunaux a varié sans cesse depuis cette époque, par suite des changements de territoire que la France a subis. Il n'y a plus aujourd'hui, par exemple, que 27 cours royales, ou tribunaux d'appel.

trouverait pas de maires assez éclairés. C'était pourtant la restauration de l'autorité domestique, et, sous ce rapport, la conception la plus populaire qui pût être imaginée. Quant à l'organisation judiciaire, on cria à la restauration des parlements; on se plaignit surtout de la juridiction attribuée au Tribunal de cassation sur les magistrats inférieurs, toutes objections peu dignes de mémoire. On adopta néanmoins les deux lois proposées. Les vingt ou trente voix, composant le fond de l'opposition au Tribunat, se prononcèrent contre ces lois, mais les trois quarts se prononcèrent en leur faveur. Le Corps Législatif les adopta presqu'à l'unanimité. La loi relative à l'administration départementale prit la date, restée célèbre, du 28 pluviôse an VIII. Celle qui était relative à l'organisation judiciaire prit la date du 27 ventôse an VIII.

Janv. 1800.

Le Premier Consul ne voulant pas les laisser comme une lettre morte au Bulletin des lois, nomma sur-le-champ les préfets, sous-préfets et maires. Il était exposé à commettre plus d'une méprise, comme il arrive toujours lorsqu'on choisit précipitamment beaucoup de fonctionnaires à la fois. Mais un gouvernement éclairé et vigilant rectifie bientôt l'erreur de ses premiers choix. Il suffit que l'esprit général en ait été bon. Or, l'esprit de ces choix était excellent : il était à la fois ferme, impartial et conciliant. Le Premier Consul rechercha dans tous les partis les hommes réputés honnêtes et capables, n'excluant que les hommes violents, adoptant même quelquefois ces derniers, si l'expérience et le temps les

Nomination du personnel administratif et judiciaire.

avaient ramenés à cette modération, qui faisait alors le caractère essentiel de sa politique. Il appela aux préfectures, qui étaient des places importantes et bien rétribuées, car les préfets devaient recevoir 12, 15 et jusqu'à 24 mille francs d'appointements (ce qui valait le double de ce que de tels appointements vaudraient aujourd'hui), il appela des personnages qui avaient figuré honorablement dans les grandes assemblées politiques, et qui faisaient ressortir clairement l'intention de ses choix, car les hommes, s'ils ne sont ni les choses, ni les principes, les représentent du moins aux yeux des peuples. Le Premier Consul nomma à Marseille, par exemple, M. Charles Lacroix, ex-ministre des relations extérieures ; à Saintes, M. Français, de Nantes ; à Lyon, M. Verninac, ancien ambassadeur ; à Nantes, M. Letourneur, ancien membre du Directoire ; à Bruxelles, M. de Pontécoulant ; à Rouen, M. Beugnot ; à Amiens, M. Quinette ; à Gand, M. Faypoult, ancien ministre des finances. Tous ces hommes, et d'autres, qu'on allait chercher dans la Constituante, la Législative, la Convention, les Cinq-Cents, qui étaient pris parmi les ministres, les directeurs, les ambassadeurs de la République, étaient faits pour relever les nouvelles fonctions administratives, et donner au gouvernement des provinces l'importance qu'il mérite d'avoir. La plupart ont occupé leurs places pendant tout le règne du Premier Consul et de l'Empereur. L'un d'eux, M. de Jessaint, était préfet encore il y a quatre ans. Le Premier Consul choisit pour la préfecture de Paris

M. Frochot. Il lui donna, comme collègue à la préfecture de police, M. Dubois, magistrat dont l'énergie fut utile, pour purger la capitale de tous les malfaiteurs, que les partis avaient vomis dans son sein.

Le même esprit présida aux nominations judiciaires. Des noms honorables, pris dans l'ancien barreau, dans l'ancienne magistrature, furent mêlés autant que possible à des noms nouveaux, portés par des gens honnêtes. Quand il put orner ce personnel de noms éclatants, le Premier Consul n'y manqua pas, car il aimait l'éclat en toutes choses, et le moment était venu où l'on pouvait, sans trop de danger, faire des emprunts au passé. Un magistrat du nom de d'Aguesseau ouvrait la liste des nominations judiciaires, en qualité de président du tribunal d'appel de Paris, aujourd'hui Cour royale. Ces fonctionnaires à peine nommés, avaient ordre de partir à l'instant même pour aller prendre possession de leurs siéges, et contribuer, chacun de leur côté, à l'œuvre de réorganisation, dont le jeune général faisait son occupation constante, dont il voulait faire sa gloire, et qui, même après ses prodigieuses victoires, est restée, en effet, sa gloire la plus solide.

Il fallait toucher à tout en même temps, dans cette société bouleversée de fond en comble. L'émigration, à la fois si coupable et si malheureuse, juste objet d'intérêt et d'aversion, car dans ses rangs se trouvaient des hommes cruellement persécutés, et de mauvais Français qui avaient conspiré contre leur patrie, l'émigration méritait l'attention particulière

Janv. 1800

Clôture de la liste des émigrés. Dispositions légales à l'égard des émigrés, inscrits ou non inscrits.

du gouvernement. D'après la dernière législation, il suffisait ou d'un arrêté du Directoire, ou d'un arrêté des administrations départementales, pour porter tout individu absent sur la liste des émigrés; dès lors les biens de cet absent étaient confisqués, et, s'il était retrouvé sur le sol de la République, la loi prononçait sa mort. Une foule d'individus, véritablement émigrés, ou seulement cachés, n'ayant pas été inscrits sur la fatale liste, soit qu'ils eussent été oubliés, soit qu'ils n'eussent pas trouvé un ennemi pour les dénoncer, pouvaient être inscrits encore. Il suffisait, pour qu'ils le fussent, que cet ennemi se rencontrât une fois, et ils tombaient alors sous le coup des lois de proscription. Beaucoup de Français vivaient ainsi dans une anxiété continuelle. Quant à ceux qui avaient été inscrits, dûment ou indûment, ils arrivaient en grand nombre, afin d'obtenir leur radiation. Leur empressement téméraire attestait la confiance qu'on avait dans l'humanité du gouvernement, mais offusquait certains révolutionnaires, dont les uns avaient des excès à se reprocher envers les émigrés rentrants, dont les autres avaient acquis leurs biens. C'était une nouvelle occasion de désordre, et, s'il ne fallait pas continuer à proscrire, il ne fallait pas non plus exposer à vivre dans l'inquiétude, les hommes qui avaient pris part à la Révolution, même violemment. On devait, à tous ceux qui s'étaient compromis pour elle, une sécurité entière; car malheureusement, les hommes sont le plus souvent, ou de froids égoïstes, ou des partisans passionnés de la cause qu'ils ont embrassée, et dans ce dernier cas, la modération n'est pas leur mérite ordinaire.

Janv. 1800.

Il était urgent de porter remède à un tel état de choses. Le gouvernement présenta un projet de loi, dont la première disposition avait pour but de clôturer la fameuse liste des émigrés. A partir du 5 nivôse an VIII (25 décembre 1799), jour de la mise en vigueur de la Constitution, la liste fut déclarée close, c'est-à-dire que tout fait d'absence, postérieur à cette époque, ne pouvait plus être qualifié d'émigration, poursuivi des mêmes peines. Il était permis, à l'avenir, de s'absenter, d'aller de France à l'étranger, de l'étranger en France, sans que ce fût là un fait condamnable; car il est vrai que, pendant dix ans, s'absenter avait été un crime. La liberté d'aller et de venir fut donc rendue à tous les citoyens.

A cette première disposition fut ajoutée la suivante : les individus plus ou moins accusables d'émigration, dont les uns avaient quitté momentanément le territoire, dont les autres s'étaient simplement cachés pour se soustraire à la persécution, et qui avaient été heureusement omis sur la liste des émigrés, ne pouvaient plus être inscrits qu'en vertu d'une décision des tribunaux ordinaires, c'est-à-dire du jury. C'était, pour ceux-là aussi, clore en quelque sorte la liste, car il n'y avait pas danger de la voir s'accroître de nouveaux noms, avec l'esprit actuel des tribunaux.

Enfin, tandis qu'on déférait aux tribunaux ceux qui n'avaient pas encore été inscrits, leur assurant ainsi les garanties de la justice ordinaire, on déférait à l'autorité administrative ceux qui, ayant été indûment inscrits, ou prétendant l'avoir été de la sorte, voulaient réclamer leur radiation. Ici perçait l'intention indulgente du nouveau gouvernement à leur égard; car les nouvelles autorités administratives, formées par lui, pleines de son esprit, ne pouvaient manquer d'accueillir avec facilité les réclamations de ce genre. Il suffisait en effet de présenter des certificats de résidence dans un lieu quelconque de la France, certificats souvent faux, pour prouver qu'on avait été injustement déclaré absent, et se faire radier. Avec la complaisance générale à violer des lois tyranniques, ce moyen de se faire radier ne devait pas manquer aux réclamants. Il était permis en outre aux émigrés qui voulaient obtenir leur radiation, d'entrer en France, sous la surveillance de la haute police. Dans la langue du temps, on appelait cela obtenir des *surveillances :* on en délivrait beaucoup, et les émigrés les plus pressés avaient ainsi un moyen de devancer le moment de leur radiation. Ces *surveillances* devinrent même, pour la plupart de ceux qui en usèrent, leur rappel définitif.

Quant aux émigrés dont les noms ne pouvaient être retranchés de la fatale liste, à cause de la notoriété de leur émigration, les lois existantes furent maintenues à leur égard. L'esprit du temps était tel qu'on ne pouvait faire autrement; car, si on avait pitié des malheureux, on était irrité contre les coupables qui étaient sortis du territoire, pour porter les armes contre leur patrie, ou pour appeler sur elle les armes de l'étranger. Du reste, dans tous les cas, rayés ou non rayés, n'avaient plus de recours sur leurs biens vendus. Les ventes étaient irrévocables, soit en vertu de la Constitution, soit en conséquence des dispositions de la loi nouvelle. Ceux qui obtenaient leur radiation, et dont les biens étaient séquestrés, sans avoir été vendus, pouvaient seuls aspirer à se les faire rendre.

Janv. 1800.

Telle fut la loi proposée, et adoptée à une immense majorité, malgré quelques critiques dans le Tribunat, de la part de ceux qui trouvaient que c'était trop de faveur, ou pas assez, à l'égard de l'émigration.

Au nombre des dispositions légales, alors en vigueur, qui paraissaient une tyrannie insupportable, se trouvait l'interdiction du droit de tester. Les lois existantes ne permettaient de disposer en mourant, que du dixième de sa fortune si on avait des enfants, du sixième si on n'en avait pas. Ces dispositions avaient été le résultat de la première indignation révolutionnaire contre les abus de l'ancienne société française, société aristocratique, dans laquelle la vanité paternelle, voulant tantôt constituer un aîné, tantôt contraindre les affections de ses enfants par des unions mal assorties, dépouillait les uns au profit des autres. Par un emportement ordinaire à l'esprit humain, au lieu de réduire la puissance paternelle à de justes limites, on l'avait complétement enchaînée. Un père ne pouvait plus récompenser ou punir. Il ne pouvait, s'il avait des enfants, disposer de rien, ou à peu près, en faveur de celui qui avait mérité toutes ses affections; et, ce qui est plus extraordinaire, s'il n'avait que des neveux, prochains ou éloignés, il ne pouvait donner qu'une partie à peu près

Rétablissement du droit de tester.

insignifiante de sa fortune, c'est-à-dire, un sixième. C'était là un véritable attentat au droit de propriété, et l'une des rigueurs les plus senties du régime révolutionnaire ; car la mort frappe tous les jours, et des milliers de mourants expiraient sans pouvoir obéir au penchant de leur cœur, envers ceux qui les avaient servis, soignés, consolés dans leur vieillesse.

Il n'était pas possible, pour une telle réforme, d'attendre la rédaction du Code civil. Une loi fut portée pour rétablir le droit de tester, dans de certaines limites. En vertu de cette loi, le père mourant qui avait moins de quatre enfants, put disposer par testament du quart de sa fortune, du cinquième s'il en avait moins de cinq, et ainsi de suite en observant la même proportion. Il put disposer de la moitié, lorsqu'il n'avait que des ascendants ou collatéraux, de la totalité lorsqu'il n'avait pas de parents aptes à succéder.

Cette mesure fut la plus attaquée au Tribunat ; elle le fut surtout par le tribun Andrieux, honnête homme, sincère, mais plus spirituel qu'éclairé. Il prétendit qu'on revenait aux abus du droit d'aînesse, aux violences de l'ancien régime sur les enfants de famille, etc. Cette loi passa comme les autres, à une immense majorité.

Le gouvernement institua, par une loi encore, un tribunal des prises, devenu indispensable, pour rendre aux neutres une justice impartiale, et les ramener à la France par de meilleurs traitements. Enfin on appela l'attention des deux assemblées sur les lois de finances.

Il y avait peu à dire sur ce sujet au Corps Législatif,

ADMINISTRATION INTÉRIEURE.

les deux commissions législatives ayant déjà rendu les lois nécessaires. Les travaux administratifs que le gouvernement avait entrepris, en conséquence de ces lois, dans le but de réorganiser les finances, n'étaient guère une matière à discussion. Toutefois il fallait arrêter, ne fût-ce que pour la forme, le budget de l'an VIII. Si la perception avait existé régulièrement, si les impôts établis avaient été payés exactement, et non-seulement payés par les contribuables, mais fidèlement versés par les dépositaires des deniers publics, les finances de l'État auraient été dans une situation supportable. Les impôts ordinaires pouvaient donner 430 millions environ ; et c'était le chiffre auquel on espérait ramener les dépenses publiques en temps de paix ; on se promettait même de les faire descendre à beaucoup moins. L'expérience prouva bientôt qu'il n'était pas possible, même en temps de paix, de les ramener à moins de 500 millions ; mais elle prouva aussi qu'il était facile de porter les impôts à cette somme, sans augmenter les tarifs. Nous supposons les frais de perception en dehors, ainsi que les dépenses locales, ce qui porte le budget de cette époque, en comptant comme on le fait aujourd'hui, à 600 ou 620 millions.

L'insuffisance des recettes n'était grande et certaine, que par rapport aux dépenses de la guerre ; et cela n'a rien de bien extraordinaire, car il en est ainsi partout. On ne peut jamais en aucun pays, soutenir la guerre avec les revenus ordinaires de la paix. Si on le pouvait, ce serait une preuve qu'en temps de paix les impôts auraient été

Janv. 1800.

Lois de finances.

Montant du budget de 1800.

inutilement augmentés. Mais, grâce au désordre du passé, on ne savait si, avec la guerre, le budget s'élèverait à 600, 700 ou 800 millions. Les uns disaient 600, les autres 800. Chacun, à cet égard, faisait des conjectures différentes. L'expérience prouva encore qu'avec 150 millions environ, ajoutés au budget ordinaire, on pourrait suffire aux besoins de la guerre, toutefois avec des armées victorieuses, qui vécussent sur le sol ennemi. Le budget de l'année fut donc évalué à 600 millions, en dépenses et en recettes. Les revenus ordinaires montant à 430 millions, on se trouvait en arrière de 170 millions. Mais là n'était pas la difficulté véritable. C'eût été trop de prétentions, au sortir du chaos financier, de vouloir atteindre tout de suite l'équilibre des recettes et des dépenses. Il fallait auparavant faire rentrer l'impôt ordinaire. Si on arrivait à ce premier résultat, on était certain d'avoir promptement de quoi faire face aux besoins les plus urgents, car le crédit devait s'en ressentir bien vite, et, avec les valeurs de différentes espèces dont nous avons ailleurs énuméré la création, on avait dans les mains le moyen d'obtenir des capitalistes les fonds nécessaires à tous les services. C'est à quoi travaillait sans relâche M. Gaudin, secondé, contre toutes les difficultés qu'il rencontrait, par la volonté forte et soutenue du Premier Consul. La direction des contributions directes, récemment établie, déployait la plus grande activité. Les rôles étaient fort avancés, et déjà mis en recouvrement. On commençait à voir arriver dans le portefeuille du trésor les obligations des receveurs généraux, et à les escompter à un intérêt qui n'était pas trop usuraire. La difficulté pour l'établissement de ce système des obligations, consistait toujours dans la quantité des papiers circulants, difficile à fixer, surtout par rapport à chaque recette générale. Un receveur qui devait percevoir 20 millions, par exemple, ne pouvait souscrire des obligations pour cette somme, s'il devait lui arriver pour 6 ou 8 millions de valeurs mortes, en bons d'arrérage, en bons de réquisition, etc. Le ministre s'appliquait à retirer ces papiers, à évaluer ce qui pouvait en arriver dans chaque recette générale, et à faire souscrire des obligations aux receveurs généraux, pour la somme de numéraire qu'il supposait devoir entrer dans leur caisse.

Janv. 1800.

On créa, dans cette même session, une nouvelle espèce de comptables, destinés à accroître l'exactitude dans le versement des fonds du trésor : ce furent les receveurs d'arrondissement. Jusque-là il n'y avait d'autre intermédiaire, entre les percepteurs placés près des contribuables, et le receveur général placé au chef-lieu, que des préposés aux recettes, agents du receveur général, dépendants de lui, ne disant la vérité qu'à lui. C'était cependant l'un des points de passage, où l'on pouvait le mieux observer, et constater l'entrée des produits dans les caisses publiques. Ce point était malheureusement négligé. On créa des receveurs particuliers dans chaque arrondissement, dépendants de l'État, lui devant le compte de ce qu'ils recevaient et de ce qu'ils versaient au receveur général, témoins informés et désintéressés du mouvement des fonds,

Institution des receveurs particuliers d'arrondissement.

car ce n'est pas eux qui faisaient le bénéfice de la stagnation des deniers publics, dans les caisses des comptables. On avait par cette création l'avantage d'être instruit plus exactement de l'état des recettes, et de toucher de nouveaux cautionnements en numéraire, ce qui serait indifférent aujourd'hui, ce qui ne l'était pas alors; on avait enfin l'avantage de trouver un nouvel emploi de la circonscription par arrondissement, récemment imaginée. Déjà la justice civile et correctionnelle, et une partie considérable de l'administration communale, avaient été établies au centre de l'arrondissement; en y fixant encore une partie de l'administration financière, on donnait une utilité de plus à cette circonscription, à laquelle certains esprits reprochaient de n'être qu'une subdivision arbitraire du territoire. Puisque, sous certains rapports, elle avait été jugée indispensable, on ne pouvait mieux faire que d'en multiplier l'usage, et de la rendre réelle, d'artificielle qu'on l'accusait d'être. Les préfets, les sous-préfets avaient ordre de se rendre auprès des receveurs, et de veiller eux-mêmes, par l'inspection des livres, à l'exactitude des versements. Nous n'en sommes plus là aujourd'hui, heureusement; mais dans ce moment, où tout n'était qu'en ébauche, c'étaient d'utiles stimulants à employer auprès des comptables, que d'envoyer les préfets et sous-préfets à leurs caisses.

La réorganisation des finances ne pouvait donc marcher plus vite. Mais les assemblées n'apprécient que les résultats réalisés. On ne voyait pas tout ce qui se faisait de véritablement utile, dans l'intérieur de l'administration. On disserta à perte de vue, au sein du Tribunat, sur la grande question de l'équilibre des recettes et des dépenses ; on se plaignit du déficit, on produisit mille systèmes, et il y eut quelques esprits assez peu sensés, pour vouloir refuser le vote des lois de finances, jusqu'à ce que le gouvernement présentât un moyen de mettre en équilibre les dépenses et les recettes. Mais toutes ces propositions n'aboutirent à aucun résultat. Les lois proposées furent adoptées, à une grande majorité dans le Tribunat, à la presque unanimité dans le Corps Législatif.

Janv. 1800.

Une institution, digne d'être mentionnée par l'histoire, vint s'ajouter à toutes celles dont nous avons déjà raconté la création : ce fut la Banque de France. Les anciens établissements d'escompte avaient succombé au milieu des désordres de la Révolution ; il n'était cependant pas possible que Paris se passât d'une banque. Dans tout centre commercial, où règne une certaine activité, il faut une monnaie commode pour les payements, c'est-à-dire, la monnaie de papier, et un établissement qui escompte en grand les effets de commerce. Ces deux services se prêtent même un mutuel secours, car les fonds déposés en échange des billets circulants, sont ceux-là mêmes qu'on peut prêter au commerce par la voie de l'escompte. Partout, en effet, où il y a un mouvement d'affaires, tant soit peu considérable, une banque doit réussir, si elle n'escompte que de bon papier, et si elle n'émet pas plus de billets qu'il ne faut ; en un mot, si elle proportionne ses opérations aux besoins vrais de la place où elle réside. C'est ce

Création de la Banque de France.

qu'il fallait faire à Paris, et ce qui devait réussir si on le faisait bien. Cette nouvelle banque devait avoir, outre ses affaires avec les particuliers, ses affaires avec le trésor, et par conséquent autant de bénéfices à recueillir que de services à rendre. Le gouvernement suscita les principaux banquiers de la capitale, à la tête desquels se plaça M. Perregaux, financier dont le nom se rattache à tous les grands services rendus alors à l'État, et on forma une association de riches capitalistes, pour la création d'une banque, appelée Banque de France, la même qui existe aujourd'hui. On lui constitua un capital de 30 millions ; elle dut être gouvernée par quinze régents et un comité gouvernant de trois personnes, comité remplacé depuis par un gouverneur. Elle devait, suivant ses statuts, escompter les effets de commerce répondant à des affaires légitimes et non collusoires, émettre des billets circulants comme monnaie, et s'interdire toutes les spéculations étrangères à l'escompte et au commerce des métaux. Fidèle à ses statuts, elle est devenue le plus bel établissement de ce genre connu dans le monde. On verra bientôt ce que fit le gouvernement pour imprimer aux opérations de cette banque le mouvement rapide, qui la fit prospérer dès les premiers jours de son existence.

Pendant que le gouvernement consulaire, de concert avec le Corps Législatif, se livrait à ces vastes travaux d'administration intérieure, les négociations avec les puissances, amies ou belligérantes, avaient été continuées sans interruption. La lettre du Premier Consul au roi d'Angleterre venait d'être suivie d'une réponse immédiate. Le Premier Consul avait écrit le 26 décembre (5 nivôse); on lui répondait le 4 janvier (14 nivôse) : c'est que le parti du cabinet anglais était pris d'avance, et que pour lui il n'y avait pas à délibérer. L'Angleterre, en effet, avait pu, en 1797, songer à traiter, et envoyer lord Malmesbury à Lille, alors que ses finances étaient embarrassées, que l'Autriche était obligée de signer à Campo-Formio la paix du Continent; mais aujourd'hui que la création de l'*income-tax* ramenait l'aisance à l'Échiquier, aujourd'hui que l'Autriche, replacée en état de guerre avec nous, avait porté ses armées jusqu'à nos frontières, aujourd'hui qu'il s'agissait de nous enlever les positions capitales de Malte et de l'Égypte, de venger l'affront du Texel, la paix devait être peu du goût de cette puissance. Elle avait d'ailleurs une raison plus forte encore de la refuser, c'est que la guerre convenait aux passions et aux intérêts de M. Pitt. Ce célèbre chef du cabinet britannique, avait fait de la guerre à la France sa mission, sa gloire, le fondement de son existence politique. Si la paix devenait nécessaire, il fallait peut-être qu'il se retirât. Il apportait, dans la lutte, cette ténacité de caractère, qui, jointe à ses talents oratoires, en avait fait un homme d'État, peu éclairé mais puissant. La réponse ne pouvait être douteuse; elle fut négative et désobligeante. On ne fit pas au Premier Consul l'honneur de lui adresser directement cette réponse : s'appuyant sur la coutume, du reste excellente, de communiquer de ministre à ministre, on répondit par une note de lord Grenville à M. de Talleyrand.

Cette note laissait voir maladroitement le déplaisir qu'avait causé à M. Pitt, ce défi, non de guerre, mais de paix, adressé par le Premier Consul à l'Angleterre. Elle contenait une récapitulation, éternellement reproduite depuis quelques années, des commencements de la guerre : elle imputait la première agression à la République française, lui reprochait, dans un langage violent, les ravages commis en Allemagne, en Hollande, en Suisse, en Italie, parlait même de rapines exercées par ses généraux dans ce dernier pays; elle joignait à ce reproche celui de vouloir renverser, partout, le trône et les autels; puis, arrivant aux dernières ouvertures du Premier Consul, le ministre anglais disait que ces feintes démonstrations pacifiques n'étaient pas les premières du même genre; que les divers gouvernements révolutionnaires successivement élevés et renversés depuis dix années, en avaient fait plus d'une fois de semblables; que S. M. le roi de la Grande-Bretagne ne pouvait voir encore dans ce qui se passait en France, un changement de principes, capable de satisfaire et de tranquilliser l'Europe; que le seul changement qui pourrait la rassurer complétement serait le rétablissement de la maison de Bourbon, qu'alors seulement l'ordre social pourrait ne plus paraître en danger; que du reste on ne faisait pas du rétablissement de cette maison la condition absolue de la paix avec la République française, mais que jusqu'à de nouveaux symptômes, plus significatifs et plus satisfaisants, l'Angleterre persisterait à combattre, tant pour sa sûreté que pour celle de ses alliés.

Cette note inconvenante, qui fut désapprouvée par les hommes sensés de tous les pays, faisait peu d'honneur à M. Pitt ; elle annonçait chez lui plus de passion que de lumières. Elle prouvait qu'un gouvernement nouveau, pour se faire respecter, a besoin de beaucoup de victoires, car le gouvernement actuel en avait déjà remporté de nombreuses, et d'éclatantes ; mais évidemment il lui en fallait de plus grandes encore. Le Premier Consul ne se déconcerta pas, et, voulant profiter de la bonne position que lui donnait, aux yeux du monde, la modération de sa conduite, il fit une réponse douce et ferme, non plus en forme de lettre au roi, mais en forme de dépêche adressée au ministre des affaires étrangères, lord Grenville. Récapitulant en peu de mots les premiers événements de la guerre, il prouvait, avec une grande réserve de langage, que la France avait pris les armes uniquement pour résister à une conspiration européenne, tramée contre sa sûreté ; concédant les malheurs que la Révolution avait entraînés pour tout le monde, il insinuait, en passant, que ceux qui avaient poursuivi la République française avec tant d'acharnement, pouvaient se reprocher à bon droit d'être la vraie cause des violences si souvent déplorées. — Mais, ajoutait-il, à quoi bon tous ces souvenirs ? Voici aujourd'hui un gouvernement disposé à faire cesser la guerre : la guerre sera-t-elle sans fin, parce que tel ou tel aura été l'agresseur ? Et si on ne veut pas la rendre éternelle, ne faut-il pas en finir de ces incessantes récriminations ? Assurément on n'espère pas obtenir de la France le

Janv. 1800

Réplique du Premier Consul.

rétablissement des Bourbons : est-il dès lors convenable de faire des insinuations, semblables à celles qu'on s'est permises? Et que dirait-on si la France, dans ses communications, provoquait l'Angleterre à rétablir sur le trône cette famille des Stuarts, qui n'en est descendue que le siècle dernier? Mais laissons de côté ces questions irritantes, ajoutait la note dictée par le Premier Consul; si vous déplorez, comme nous, les maux de la guerre, convenons d'une suspension d'armes, désignons une ville, Dunkerque, par exemple, ou toute autre, à votre choix, afin d'y rassembler des négociateurs; le gouvernement français met à la disposition de la Grande-Bretagne des passe-ports, pour les ministres qu'elle aura revêtus de ses pouvoirs. —

Cette attitude si calme produisit l'effet ordinaire qu'un homme de sang-froid produit sur un homme en colère; elle provoqua de lord Grenville une réplique plus vive, plus amère, plus mal raisonnée que sa première note. Dans cette réplique, le ministre anglais cherchait à pallier la faute qu'il avait commise en parlant de la maison de Bourbon, répondait que ce n'était pas pour elle qu'on faisait la guerre, mais pour la sûreté de tous les gouvernements, et déclarait de nouveau que les hostilités seraient continuées sans relâche. Cette dernière communication était du 20 janvier (30 nivôse). Il n'y avait pas un mot de plus à dire. Le général Bonaparte en avait assez fait : confiant dans sa gloire, il n'avait pas craint d'offrir la paix; il l'avait offerte sans beaucoup d'espoir, mais de bonne foi; et il avait gagné à cette démarche le double avantage de mettre à découvert, tant aux yeux de la France qu'aux yeux de l'opposition anglaise, les passions déraisonnables de M. Pitt. Heureux si, dans tous les temps, il avait joint à sa puissance cette modération de conduite, si habilement calculée !

Les communications de l'Autriche furent plus convenables, sans laisser plus d'espérances de paix. Cette puissance, n'imaginant pas que les intentions du Premier Consul, quoique très-pacifiques, pussent aller jusqu'à l'abandon de l'Italie en sa faveur, était résolue à continuer la guerre; mais connaissant le vainqueur de Castiglione et de Rivoli, sachant qu'il ne fallait pas trop compter sur la victoire quand on l'avait pour adversaire, elle ne voulait pas fermer toute voie à des négociations ultérieures.

Comme si l'Autriche se fût entendue avec l'Angleterre quant à la forme, la réponse de l'empereur au Premier Consul était une dépêche de M. de Thugut à M. de Talleyrand. Cette dépêche portait la date du 15 janvier 1800 (25 nivôse). Le fond en était le même que celui des notes anglaises. On ne faisait la guerre, disait-on, que pour garantir l'Europe d'un bouleversement universel; on ne désirait pas mieux que de voir la France disposée à la paix, mais quelle garantie donnait-elle de ses nouvelles dispositions? On accordait cependant que, sous le Premier Consul, plus de modération au dedans et au dehors, plus de stabilité dans les vues, plus de fidélité aux engagements pris, étaient à espérer, et qu'il en résulterait dès lors plus de chances pour

Janv. 1800.

Réponse de l'Autriche, plus modérée, mais également négative.

une paix solide et durable. On attendait cet heureux changement de ses grands talents, mais sans le dire, on donnait à entendre que lorsqu'il serait complétement effectué, on songerait alors à négocier.

Le Premier Consul, agissant avec l'Autriche comme avec l'Angleterre, ne s'en tint pas à cette explication évasive, et, ne se laissant pas décourager par le vague de la réponse, voulut placer le cabinet de Vienne dans l'obligation de s'expliquer positivement, et de refuser ou d'accepter la paix d'une manière catégorique. Le 28 février (9 ventôse), M. de Talleyrand fut chargé d'écrire à M. de Thugut, pour lui offrir de prendre pour base des négociations, le traité de Campo-Formio. Ce traité, lui disait-il, avait été un acte de grande modération de la part du général Bonaparte, envers l'empereur d'Autriche; car maître, en 1797, d'exiger de ce prince de grands sacrifices, par la position menaçante de l'armée française aux portes de Vienne, il avait, dans l'espoir d'une paix durable, préféré des avantages modérés à des avantages plus étendus; il avait même, ajoutait le ministre français, encouru, par ses ménagements pour la cour impériale, le blâme du Directoire. M. de Talleyrand déclarait enfin que la maison d'Autriche recevrait en Italie les dédommagements qui, par le traité de Campo-Formio, lui étaient promis en Allemagne.

Pour comprendre la portée des propositions du Premier Consul, il faut se rappeler que le traité de Campo-Formio accordait à la France la Belgique et le Luxembourg; à la République Cisalpine, la Lombardie, le Mantouan, les Légations, etc., et que l'Autriche recevait, en dédommagement, Venise et la plus grande partie des États vénitiens. Quant à la ligne du Rhin, embrassant, outre la Belgique et le Luxembourg, les pays compris entre la Meuse, la Moselle, le Rhin, en un mot, ce que nous appelons aujourd'hui les Provinces Rhénanes, l'Autriche devait s'entremettre pour les faire concéder à la France par l'empire germanique. Dans le moment, l'Autriche cédait, quant à elle, le comté de Falkenstein, situé entre la Lorraine et l'Alsace, et s'engageait à ouvrir aux troupes françaises les portes de Mayence, qu'elle occupait pour le compte de l'empire. L'Autriche, en compensation, devait recevoir l'évêché de Salzbourg du côté de la Bavière, lorsque les provinces ecclésiastiques seraient sécularisées. Ces divers arrangements devaient être négociés au congrès de Rastadt, terminé si tragiquement, en 1799, par l'assassinat des plénipotentiaires français. Tel était le traité de Campo-Formio.

En offrant ce traité pour base d'une nouvelle négociation, le Premier Consul ne tranchait donc pas la question de la ligne du Rhin, en ce qui concernait les provinces rhénanes; il ne décidait que la question de la Belgique, irrévocablement cédée à la France, abandonnant la question des Provinces Rhénanes à une négociation ultérieure avec l'empire; et en offrant en Italie les dédommagements autrefois stipulés en Allemagne, il insinuait que les succès obtenus par l'Autriche en Italie, seraient pris

Janv. 1800.

en considération, pour lui ménager en ce pays un état meilleur. Il ajoutait que, pour les puissances secondaires de l'Europe, il serait stipulé *un système de garanties, propre à rétablir dans toute sa force, ce droit des gens, sur lequel reposaient essentiellement la sûreté et le bonheur des nations.* C'était une allusion à l'invasion de la Suisse, du Piémont, de la Toscane, des États du pape et de Naples, tant reprochée au Directoire, et prise pour prétexte de la seconde coalition ; c'était une offre assez claire de rétablir ces divers États, et de rassurer ainsi l'Europe contre les prétendus envahissements de la République française.

On ne pouvait pas accorder davantage : il fallait même le besoin que la France avait alors de la paix, pour amener le Premier Consul à de telles offres. Et comme il ne faisait pas les choses à demi, il adressait à l'Autriche, ainsi qu'à l'Angleterre, la proposition formelle d'une suspension d'armes, non-seulement sur le Rhin, où cette suspension existait déjà, mais encore sur les Alpes et l'Apennin, où elle n'existait pas encore.

Réponse de l'Autriche. Elle demande une négociation générale.

Le 24 mars (3 germinal), M. de Thugut répondit, en termes d'ailleurs fort modérés, que le traité de Campo-Formio, violé aussitôt que conclu, ne contenait point un système de pacification, capable de rassurer les puissances belligérantes ; que le vrai principe, adopté dans toutes les négociations, était de prendre pour base l'état dans lequel la fortune des armes avait laissé chaque puissance ; que c'était la seule base que l'Autriche pût accepter. M. de

Thugut ajoutait qu'avant d'aller plus loin, il avait une explication à demander, relativement à la forme de la négociation; qu'il lui importait de savoir si la France voudrait admettre les négociateurs de tous les États en guerre, afin d'arriver à une paix générale, la seule qui fût loyale et sage, la seule à laquelle l'Autriche pût accéder.

Ce langage prouvait deux choses : premièrement que l'Autriche, en voulant pour point de départ, l'état actuel, c'est-à-dire la situation dans laquelle la dernière campagne avait laissé chaque puissance, nourrissait de grandes prétentions en Italie; secondement qu'elle ne se séparerait pas de l'Angleterre, à laquelle des traités de subsides la liaient étroitement. Cette fidélité à l'Angleterre était de sa part un devoir de position, qui influa, comme on le verra plus tard, sur le sort des négociations et de la guerre.

Une telle réponse, quoique convenable dans les termes, laissait peu d'espoir de s'entendre, puisqu'elle faisait dépendre la conduite d'une puissance disposée à écouter quelques paroles de paix, de la conduite d'une puissance résolue à n'en écouter aucune. Toutefois le général Bonaparte fit de nouveau répondre qu'en offrant en Italie les dédommagements, stipulés autrefois en Allemagne, il proposait implicitement de partir, non pas du *status ante bellum*, mais du *status post bellum*, c'est-à-dire de tenir compte des succès de l'Autriche en Italie; que les ouvertures par lui faites à l'Angleterre, prouvaient son désir de rendre la paix générale; qu'il espérait peu, du reste, d'une négociation commune à toutes les puissances belligérantes, car l'Angleterre ne voulait pas d'accommodement; mais qu'il admettait purement et simplement les propositions de l'Autriche; qu'il attendait, en conséquence, la désignation du lieu où l'on pourrait traiter, et que, puisqu'on voulait continuer à combattre, il fallait le fixer hors du théâtre de la guerre.

L'Autriche déclara que, telles étant les intentions du cabinet français, elle allait s'adresser à ses alliés, mais qu'avant de les avoir consultés, il lui était impossible de faire aucune désignation précise. C'était remettre la négociation à un terme inconnu.

Nécessité évidente de continuer la guerre, et d'acheter la paix par de nouvelles victoires.

Le Premier Consul, en adressant ces ouvertures à l'Angleterre et à l'Autriche, ne s'était fait aucune illusion sur leur résultat; mais il avait voulu tenter une démarche pacifique, premièrement, parce qu'il désirait la paix, la regardant comme nécessaire à l'organisation du nouveau gouvernement; secondement, parce qu'il jugeait que cette démarche le plaçait mieux, dans l'esprit de la France et de l'Europe.

Vive discussion dans le Parlement britannique, au sujet des offres de paix repoussées.

Ses calculs furent complétement justifiés par ce qui se passa dans le Parlement d'Angleterre. M. Pitt, par sa brutale manière de répondre aux ouvertures de la France, s'attira des attaques violentes et parfaitement fondées. Jamais l'opposition de MM. Fox et Shéridan n'avait été plus noblement inspirée; jamais elle n'avait jeté autant d'éclat, et mérité plus justement l'estime des honnêtes gens de tous les pays.

La continuation de la guerre, en effet, était fort peu motivée, car l'Angleterre se trouvait en position d'obtenir alors tout ce qu'il était raisonnable de souhaiter : sans doute elle n'aurait pas obtenu l'abandon de l'Égypte, mais résignée, quelques mois après, à nous la laisser (les négociations ultérieures le prouveront), elle pouvait y consentir tout de suite, et, à ce prix, elle aurait conservé ses conquêtes, les Indes comprises ; elle se serait épargné les immenses dangers, auxquels son entêtement l'exposa plus tard. Ce n'était donc au fond qu'un intérêt ministériel, qui portait le cabinet britannique à soutenir la guerre avec cet acharnement. Les interpellations de l'opposition furent vives, et incessamment répétées. Elle exigea et obtint le dépôt des pièces relatives à la négociation, et il s'engagea à leur sujet les plus violentes discussions. Les ministres soutenaient qu'on ne pouvait négocier avec le gouvernement français, parce qu'il n'y avait pas sûreté à traiter avec lui ; qu'il s'était successivement attiré, par son défaut de foi, la guerre avec tout le monde, le Danemarck et la Suède seuls exceptés, et que ses rapports étaient même altérés avec ces deux derniers pays ; que la paix avec ce gouvernement était trompeuse et funeste, témoin les États d'Italie ; qu'après avoir été l'agresseur envers les princes de l'Europe, il voulait les détrôner tous, car il était dévoré du besoin incessant de détruire et de conquérir ; que le général Bonaparte n'offrait

Janv. 1800.

Langage des ministres anglais dans le Parlement.

pas plus de garanties que ses prédécesseurs ; que si le nouveau gouvernement français n'était plus terroriste, il était toujours révolutionnaire, et qu'avec la Révolution française, on ne devait espérer ni paix ni trêve ; que, si on ne pouvait l'anéantir, il fallait l'épuiser du moins, jusqu'à ce qu'on l'eût tellement affaiblie qu'elle ne fût plus à craindre. Les ministres anglais, notamment lord Grenville, employèrent, à l'égard du Premier Consul, le langage le plus outrageant. Ils n'avaient pas autrement traité Robespierre.

MM. Fox, Shéridan, Tierney, le duc de Bedford, lord Holland, répondirent avec la plus haute raison à toutes ces allégations. — Vous demandez quel a été l'agresseur, disaient-ils, et qu'importe cela? vous dites que c'est la France ; la France dit que c'est l'Angleterre : faudra-t-il donc s'entre-détruire jusqu'à ce qu'on soit d'accord sur ce point d'histoire? Et qu'importe l'agresseur, si celui que vous accusez de l'avoir été, offre le premier de déposer les armes? Vous dites que l'on ne peut pas traiter avec le gouvernement français ; mais vous-mêmes avez envoyé lord Malmesbury à Lille, pour traiter avec le Directoire! La Prusse, l'Espagne, ont traité avec la République française, et n'ont pas eu à s'en plaindre. Vous parlez des crimes de ce gouvernement ; mais votre alliée, la cour de Naples, en commet qui sont plus atroces que ceux de la Convention, car elle n'a pas l'excuse des entraînements populaires. Vous parlez d'ambition ; mais la Russie, la Prusse et l'Autriche ont partagé la Pologne ; mais l'Autriche vient de reconquérir l'Italie, sans rendre leurs États aux princes que la France avait dépossédés; vous-mêmes, vous vous emparez de l'Inde, d'une partie des colonies espagnoles, et de toutes les colonies hollandaises. Qui osera se dire plus désintéressé qu'un autre, dans cette lutte de colère et d'avidité, engagée entre tous les États? Ou vous ne traiterez jamais avec la République française, ou vous ne trouverez jamais un moment plus favorable que celui-ci, car un homme puissant et obéi vient de se saisir du pouvoir, et semble disposé à l'exercer avec justice et modération. Est-il bien digne du gouvernement anglais, de couvrir d'outrages un personnage illustre, chef de l'une des premières nations du monde, et qui est du moins un grand capitaine, quels que soient les vices ou les vertus que le temps pourra plus tard faire éclater en lui? A moins de dire qu'on veut épuiser la Grande-Bretagne, son sang, ses trésors, toutes ses ressources les plus précieuses, pour le rétablissement de la maison de Bourbon, on ne peut pas donner une bonne raison du refus de traiter aujourd'hui. —

Janv. 1800.

Il n'y avait rien à répondre à une argumentation aussi pressante et aussi vraie. M. Tierney, profitant de la faute qu'avait commise le ministère anglais, en parlant dans ses notes du rétablissement de la maison de Bourbon, fit une proposition spéciale contre cette maison. Il proposa d'émettre un vœu formel, celui de séparer la cause de l'Angleterre de la cause de ces Bourbons, si funestes aux deux pays, à la Grande-Bretagne, s'écriait-il, autant qu'à la France ! — J'ai

Motion de M. Tierney contre la maison de Bourbon.

entendu, continuait-il, j'ai entendu bien des partisans de l'administration de M. Pitt, dire que le gouvernement français n'ayant pas offert une négociation collective, on avait pu être fondé à refuser une négociation isolée, qui nous affaiblissait en nous séparant de nos alliés ; mais je n'en ai vu aucun qui ne blâmât sévèrement cette manière de fixer le terme de la guerre au rétablissement de la maison de Bourbon ! — Et il est vrai, comme le disait M. Tierney, que tout le monde avait blâmé cette faute, et que le cabinet de Vienne, moins passionné que le cabinet britannique, s'était bien gardé de l'imiter. Les ministres anglais répondaient, qu'ils n'avaient pas présenté cette condition comme absolue et indispensable ; mais on leur répliquait avec raison qu'il suffisait de l'indiquer pour violer le droit des gens, et attenter à la liberté des nations. — Et que diriez-vous, s'écriait M. Tierney (répétant ici l'argument du cabinet français), que diriez-vous si le général Bonaparte, victorieux, vous déclarait qu'il ne veut traiter qu'avec les Stuarts ? D'ailleurs, ajoutait-il, est-ce par reconnaissance pour la maison de Bourbon, que vous prodiguez notre sang et nos trésors ? Souvenez-vous de la guerre d'Amérique ! Ou bien n'est-ce pas plutôt pour le principe qu'elle représente ? Vous allez donc déchaîner contre vous toutes les passions qui ont soulevé la France contre les Bourbons ? vous allez attirer sur vos bras, tous ceux qui ne veulent plus de nobles, tous ceux qui ne veulent plus ni des dîmes, ni des droits féodaux ; tous ceux qui ont acquis des biens nationaux, tous ceux qui ont porté les armes dix ans pour la Révolution française? Vous voulez donc épuiser jusqu'à la dernière goutte, le sang de tant de Français, avant de songer à négocier? Je demande formellement, concluait M. Tierney, que l'Angleterre sépare sa cause de celle de la maison de Bourbon. —

Dans une autre motion, le célèbre Shéridan, toujours le plus hardi, le plus poignant des orateurs, Shéridan porta le débat sur le point le plus sensible au cabinet britannique, l'expédition de Hollande, à la suite de laquelle les Anglais et les Russes, vaincus par le général Brune, avaient été réduits à capituler.

— Il paraît, disait M. Shéridan, que si notre gouvernement ne peut pas conclure avec la République française des traités de paix, il peut du moins conclure des capitulations. Je lui demande qu'il nous explique les motifs de celle qu'il a signée pour l'évacuation de la Hollande. — M. Dundas, interpellé, avait donné trois motifs de l'expédition de Hollande : le premier, de détacher les Provinces-Unies de la France; le second, de diminuer les moyens maritimes de la France et d'augmenter ceux de l'Angleterre, en prenant la flotte hollandaise; le troisième, de faire une diversion utile aux alliés; et il ajoutait que le cabinet britannique avait réussi en deux choses sur trois, puisqu'il tenait la flotte, et qu'il avait contribué à faire gagner la bataille de Novi, en attirant en Hollande les forces destinées à l'Italie. Le ministre avait à peine achevé, que M. Shéridan, se précipitant sur lui, avec une verve sans égale, lui disait : Oui, vous avez cru

Janv. 1800.

Discours de M. Shéridan.

des rapports d'émigrés, et vous avez risqué sur le continent une armée anglaise pour la couvrir de honte. Vous avez voulu détacher la Hollande de la France, et vous la lui avez attachée plus que jamais, en la remplissant d'indignation, par l'enlèvement inique de sa flotte et de ses colonies. Vous tenez, dites-vous, la flotte hollandaise; mais par un procédé inouï, odieux, en provoquant la révolte de ses équipages, et en donnant un spectacle des plus funestes, celui de matelots se révoltant contre leurs chefs, violant cette discipline qui fait la force des armées de mer, et la grandeur de notre nation. Vous avez ainsi dérobé ignominieusement cette flotte, mais pas pour l'Angleterre, en tout cas, pour le stathouder; car vous avez été obligés de déclarer qu'elle était à lui et non à l'Angleterre. Enfin, vous avez rendu un service à l'armée autrichienne à Novi, cela est possible; mais vantez-vous donc, ministres du roi de la Grande-Bretagne, d'avoir sauvé une armée autrichienne, en faisant égorger une armée anglaise! —

Malgré les efforts de l'opposition, M. Pitt obtient tous les moyens de continuer la guerre.

Ces attaques si virulentes n'empêchèrent pas M. Pitt d'obtenir d'immenses ressources financières, onze cents millions environ (presque le double du budget de la France à cette époque); l'autorisation de donner des subsides à l'Autriche et aux États de l'Allemagne méridionale; d'importantes additions à l'*income-tax*, qui déjà produisait 180 millions par an; une nouvelle suspension de l'*habeas corpus*, et enfin la grande mesure de l'union de l'Irlande. Mais les esprits, en Angleterre, étaient profondément émus de tant de raison et d'éloquence. Les hommes raisonnables dans toute l'Europe, étaient frappés aussi des torts qu'on se donnait envers la France, et bientôt, la victoire se joignant à la justice, M. Pitt devait expier par de cruelles humiliations la jactance de sa politique envers le Premier Consul. Cependant M. Pitt était en mesure de fournir à la coalition les moyens d'une nouvelle campagne; campagne, il est vrai, la dernière, à cause de l'épuisement des parties belligérantes, mais la plus acharnée, par cela même qu'elle devait être la dernière.

Dans cette grave conjoncture, le Premier Consul voulut tirer de la cour de Prusse toute l'utilité qu'on en pouvait attendre dans le moment. Cette cour n'aurait pu, en présence d'adversaires si puissants, ramener la paix qu'en la leur imposant au moyen d'une médiation armée; rôle non pas impossible pour elle, mais tout à fait hors des vues du jeune roi, qui s'appliquait à refaire son trésor et son armée, tandis que tout le monde s'épuisait autour de lui. Déjà ce prince avait sondé les puissances belligérantes, et les avait trouvées si loin de compte, qu'il avait renoncé à s'interposer entre elles. D'ailleurs, le cabinet prussien avait lui-même ses vues intéressées. Il voulait bien que la France épuisât l'Autriche, et s'épuisât elle-même dans une lutte prolongée; mais il aurait souhaité qu'elle renonçât à une partie de la ligne du Rhin, que, se contentant de la Belgique, du Luxembourg, de ce côté, elle n'exigeât pas les provinces rhénanes. Il le conseillait fort au Premier Consul, disant d'abord que la France et la Prusse, moins rapprochées, en seraient plus d'accord, et que les cabinets européens, rassurés par cette modération, en seraient plus enclins à la paix. Mais bien que le Premier Consul eût mis une grande réserve à s'expliquer à cet égard, au fond il y avait peu d'espoir de le décider à ce sacrifice, et le cabinet prussien ne voyait pas, dans tout cela, une paix qui le satisfît assez pour s'en mêler beaucoup. Il donnait donc quantité de conseils, enveloppés d'une forme dogmatique, quoique très-amicale, mais il n'agissait pas.

Toutefois ce cabinet pouvait être utile à maintenir la neutralité du nord de l'Allemagne, à faire entrer le plus grand nombre possible de princes allemands dans cette neutralité, enfin à détacher entièremen l'empereur Paul de la coalition. Quant à ces choses, il les faisait avec zèle, parce qu'il voulait assurer et agrandir la neutralité du nord de l'Allemagne, et surtout amener la Russie à son système. Paul, toujours extrême en ses sentiments, s'était de jour en jour irrité davantage contre l'Autriche et l'Angleterre; il disait tout haut qu'il obligerait bien l'Autriche à replacer les princes italiens sur les trônes d'Italie, qu'elle avait reconquis avec les armes russes, l'Angleterre à replacer l'ordre de Malte dans cette forteresse insulaire, dont elle était prête à s'emparer; il montrait pour ce vieil ordre de chevalerie une passion étrange, et s'en était fait le grand-maître. Il blâmait la manière dont on avait reçu à Vienne et à Londres les ouvertures du Premier Consul, et dans ses confidences devenues intimes avec la Prusse, laissait entrevoir qu'il aurait bien voulu qu'on lui adressât de pareilles ouvertures. Le Premier Consul, en effet, ne l'avait pas osé, par crainte de ce qui pouvait en arriver avec un caractère comme celui du czar. La Prusse, avertie de toutes ces particularités, en informait le cabinet français, qui en faisait son profit.

Janv. 1800.

Avant d'ouvrir la campagne, car la saison des opérations militaires approchait, le Premier Consul fit appeler auprès de lui M. de Sandoz, ministre de Prusse, et eut avec lui, le 5 mars (14 ventôse), une explication positive et complète. Après avoir récapitulé longuement tout ce qu'il avait fait pour rétablir la paix, et tout ce qu'on lui avait opposé de mauvais procédés ou d'obstacles invincibles, il exposa l'étendue de ses préparatifs militaires, et, sans dévoiler ses profondes combinaisons, laissa entrevoir au ministre prussien la grandeur des ressources qui restaient à la France; il lui déclara ensuite que, plein de confiance dans la Prusse, il attendait d'elle de nouveaux efforts pour rapprocher les puissances belligérantes, pendant qu'on serait occupé à combattre; qu'à défaut de la paix générale, peu probable avant une nouvelle campagne, il espérait du roi Frédéric-Guillaume deux services : la réconciliation de la République avec Paul Ier, et une tentative directe auprès de l'électeur de Bavière, pour arracher ce prince à la coalition. — Raccommodez-nous avec Paul, dit le général Bonaparte, décidez en même temps l'électeur de Bavière à refuser ses soldats et son territoire à la coalition, et vous nous aurez rendu deux services dont il vous sera tenu grand compte. Si l'électeur accède à nos demandes,

Explication du Premier Consul avec M. de Sandoz, ministre de Prusse.

vous pouvez lui promettre tous les égards désirables pendant la guerre, et les meilleurs traitements à la paix. —

Le Premier Consul exposa ses vues ultérieures à l'envoyé de Prusse. Il lui déclara que le traité de Campo-Formio étant la base offerte pour la future négociation, la frontière du côté du Rhin serait une question à traiter plus tard avec l'Empire; que l'indépendance de la Hollande, de la Suisse, des États italiens serait formellement garantie. Sans s'expliquer sur le point où le Rhin cesserait d'être la frontière française, il dit seulement que personne ne pouvait croire que la France n'exigeât pas au moins jusqu'à Mayence, mais qu'au-dessous de Mayence, la Moselle, la Meuse pourraient servir de limite. La Belgique et le Luxembourg étaient toujours hors de contestation. Il ajouta enfin que si la Prusse rendait à la France les services qu'elle était en position de lui rendre, il s'engageait à laisser au cabinet de Berlin une influence considérable dans les négociations de la paix. C'était en effet le point auquel la Prusse tenait le plus, car elle désirait se mêler de ces négociations, pour faire tracer les frontières allemandes de la manière qui conviendrait le mieux à ses vues.

Cette communication, pleine d'à-propos et de franchise, eut le meilleur effet à Berlin. Le roi répondit qu'à l'égard de l'empereur Paul, il avait déjà employé ses bons offices, et les emploierait encore pour le rapprocher de la France; qu'à l'égard de la Bavière, enveloppée de tout côté par l'Autriche, il ne pouvait rien; mais que si l'empereur Paul se prononçait, on parviendrait peut-être, avec le double secours de la Prusse et de la Russie, à retirer l'électeur de la coalition.

Janv. 1800.

Il ne restait, après toutes ces démarches fort sagement concertées, qu'à ouvrir les hostilités le plus promptement possible. Cependant la saison n'en était pas tout à fait venue, et elle devait arriver cette année plus tard que de coutume, parce que la France avait à réorganiser ses armées en partie dissoutes, et que l'Autriche avait à combler le vide laissé par la Russie dans les cadres de la coalition. Le Premier Consul pensa que le moment était arrivé d'en finir avec la Vendée : premièrement, pour faire cesser le spectacle odieux de la guerre civile; secondement, pour rendre disponibles, et transporter sur le Rhin et les Alpes, les troupes excellentes que la Vendée retenait dans l'intérieur de la République.

Les significations par lui adressées aux provinces insurgées, concurremment avec les offres de paix faites aux puissances, y avaient produit le plus grand effet. Ces significations avaient été appuyées d'une force imposante, de 60 mille hommes environ, tirés de la Hollande, de l'intérieur, et de Paris même. Le Premier Consul avait poussé la hardiesse jusqu'à rester dans Paris, rempli alors de l'écume de tous les partis, avec 2,300 hommes de garnison; et cette hardiesse même, il l'avait poussée jusqu'à la publier. Pour répondre aux ministres anglais, qui prétendaient que le gouvernement consulaire n'était pas plus solide que les précédents, il fit imprimer un état comparatif des forces qui se trouvaient à Lon-

Efforts du Premier Consul pour terminer la guerre civile, avant de reprendre la guerre extérieure.

dres et à Paris. Il en résultait que Londres était gardé par 14,600 hommes, et Paris par 2,300. C'était à peine de quoi fournir aux postes de simple police, qui veillent sur les grands établissements publics et sur la demeure des hauts fonctionnaires. Évidemment, le nom du général Bonaparte gardait Paris.

Quoi qu'il en soit, les provinces insurgées se virent enveloppées à l'improviste par une armée redoutable, et se trouvèrent ainsi placées entre une paix immédiate et généreuse, ou la certitude d'une guerre d'extermination. Elles ne pouvaient tarder à prendre un parti. MM. d'Andigné et Hyde de Neuville, après avoir vu de près le Premier Consul, étaient revenus de toutes leurs illusions, et ne croyaient plus qu'il voulût un jour rétablir les Bourbons. Ils ne croyaient pas davantage qu'on pût réussir à vaincre un tel homme. M. Hyde de Neuville, envoyé par le comte d'Artois pour juger de l'état des choses, se décida à retourner à Londres, ne voulant pas quant à lui abandonner le parti des Bourbons, mais reconnaissant l'impossibilité de continuer la guerre, et laissant à tous les chefs le conseil de faire ce que la nécessité des temps et des lieux commanderait à chacun d'eux. M. d'Andigné retourna en Vendée rapporter ce qu'il avait vu.

Courtes incertitudes des royalistes. La durée de la suspension d'armes allait expirer. Il fallait que les chefs du parti royaliste, ou signassent une paix définitive, ou se décidassent à entreprendre sur-le-champ une lutte à mort avec une armée formidable. En 1793, dans le premier enthousiasme de l'insurrection, ils n'avaient pu vaincre les 16 mille hommes de la garnison de Mayence, et n'avaient réussi qu'à livrer des combats héroïques et sanglants, pour finir par succomber. Que pouvaient-ils aujourd'hui contre 60 mille hommes de troupes, les premières de l'Europe, dont une moitié seulement venait de suffire pour jeter à la mer les Russes et les Anglais? Rien évidemment, et cette opinion était universelle dans les provinces insurgées. Toutefois elle était plus ou moins partagée dans chacune d'elles. Sur la rive gauche de la Loire, entre Saumur, Nantes et les Sables, en un mot dans la vieille Vendée, épuisée d'hommes et de toutes choses, on éprouvait une fatigue extrême; on y jugeait cette dernière prise d'armes, qui n'avait été amenée que par la faiblesse et les rigueurs du Directoire, pour ce qu'elle valait, c'est-à-dire pour une folie. Sur la rive droite, autour du Mans, pays qui avait été aussi le théâtre d'une lutte désespérée, ces sentiments dominaient. En Basse-Normandie, où l'insurrection était de date plus récente, où M. de Frotté, jeune chef, actif, rusé, ambitieux, menait les royalistes, on montrait plus de disposition à continuer la guerre. Il en était de même dans le Morbihan, où l'éloignement de Paris, le voisinage de la mer, la nature des lieux, offraient plus de ressources, et où un chef d'une énergie féroce et indomptable, Georges Cadoudal, soutenait les courages. Dans ces deux dernières provinces, les communications plus fréquentes avec les Anglais, contribuaient à rendre la résistance plus opiniâtre.

D'un bout à l'autre de la Vendée et de la Bretagne, on conférait sur le parti à prendre. Les émigrés payés par l'Angleterre, dont le dévouement consistait en allées et venues continuelles, et qui n'avaient pas à souffrir toutes les conséquences de l'insurrection, étaient en vive contestation avec les gens du pays, sur lesquels pesait sans relâche le fardeau de la guerre civile. Ceux-là soutenaient qu'il fallait continuer la lutte, et ceux-ci au contraire qu'il fallait y mettre fin. Ces représentants d'un intérêt plus anglais que royaliste disaient que le gouvernement des Consuls allait périr, comme les autres gouvernements révolutionnaires, après quelques jours d'apparence trompeuse, qu'il allait périr par le désordre des finances et de l'administration ; que les armées russes et anglaises devaient envoyer un détachement en Vendée, pour tendre la main aux royalistes français, qu'il ne fallait plus à ceux-ci que quelques jours de patience, pour recueillir le fruit de huit ans d'efforts et de combats, et qu'en persistant ils auraient probablement l'honneur de conduire à Paris les Bourbons victorieux. Les insurgés qui n'allaient pas habituellement se réfugier à Londres, et y vivre de l'argent anglais, qui restaient sur les lieux avec leurs paysans, qui voyaient leurs terres ravagées, leurs maisons incendiées, leurs femmes et leurs enfants exposés à la faim et à la mort, ceux-là disaient que le général Bonaparte n'avait jamais échoué dans ce qu'il avait entrepris ; qu'à Paris, au lieu de croire que tout tombait en dissolution, on croyait au contraire que tout se réorganisait sous la main heureuse du nouveau chef de la République ; que cette République, qu'on disait épuisée, venait de leur envoyer une armée de 60 mille hommes; que ces Russes et ces Anglais tant vantés venaient de poser les armes devant une moitié de cette même armée; que c'était chose facile de faire à Londres de beaux projets, de parler de dévouement, de constance, quand on était loin des lieux, des événements, et de leurs conséquences; qu'il fallait à cet égard ménager ses discours, en présence de gens qui, depuis huit années, enduraient seuls les maux de la plus affreuse guerre civile. Parmi ces royalistes épuisés, on allait jusqu'à insinuer que le général Bonaparte, dans son entraînement vers le bien, après avoir rétabli la paix, fait cesser la persécution, relevé les autels, relèverait peut-être aussi le trône; et on répétait les fables qui n'étaient plus admises chez les principaux royalistes, depuis les entrevues de MM. d'Andigné et Hyde de Neuville avec le Premier Consul, mais qui, dans les derniers rangs du peuple insurgé, avaient conservé quelque créance, et contribuaient à rapprocher les esprits du gouvernement.

Janv. 1800.

Il y avait au sein de la vieille Vendée, un simple prêtre, l'abbé Bernier, curé de Saint-Laud, destiné bientôt à prendre part aux affaires de la République et de l'Empire, lequel, par beaucoup d'intelligence et d'habileté naturelle, avait acquis un grand ascendant sur les chefs royalistes. Il avait vu de près cette longue insurrection qui n'avait abouti à rien, qu'à des malheurs; il jugeait la cause des Bourbons perdue, pour le moment du moins, et croyait qu'on ne pouvait sauver du bouleversement général produit par la Révo-

L'abbé Bernier, curé de Saint-Laud.

lution française, que le vieil autel des chrétiens. Éclairé sous ce dernier rapport par les actes du Premier Consul, et par des communications fréquentes avec le général Hédouville, il n'avait plus de doute, et il comptait qu'en se soumettant on obtiendrait la paix, la fin des persécutions, et la tolérance au moins, sinon la protection du culte. Il conseilla donc la soumission à tous ces vieux chefs de la rive gauche, et par son influence fit taire les porteurs de paroles, allant et venant de la Vendée à Londres. Une réunion eut lieu à Montfaucon, et là, dans un conseil des officiers royalistes, l'abbé Bernier décida M. d'Autichamp, jeune gentilhomme plein de bravoure, mais docile aux lumières d'autrui, à mettre bas les armes, pour le compte de la province. La capitulation fut signée le 18 janvier (28 nivôse). La République promettait amnistie entière, respect pour le culte, abandon de l'impôt pour quelque temps dans les provinces ravagées, radiation de tous les chefs de la liste des émigrés. Les royalistes promettaient, en retour, soumission complète, et remise immédiate de leurs armes.

Ce même jour 18 janvier, l'abbé Bernier écrivit au général Hédouville : « Vos vœux et les miens
» sont accomplis. Aujourd'hui, à deux heures, la paix
» a été acceptée avec reconnaissance à Montfaucon,
» par tous les chefs et officiers de la rive gauche de
» la Loire. La rive droite va sans doute suivre cet
» exemple, et l'olivier de la paix remplacera sur les
» deux bords de la Loire les tristes cyprès que la
» guerre eût fait croître. Je charge MM. de Bauvollier,
» Duboucher et Renou, de vous porter cette heureuse

» nouvelle. Je les recommande à la bienfaisance du
» gouvernement et à la vôtre. Inscrits faussement
» sur la liste fatale de 1793, ils se sont vu dépouil-
» ler de leurs biens. Ils ont fait ce sacrifice à la né-
» cessité des circonstances, et n'en ont pas moins
» désiré la paix. Cette paix est votre ouvrage ;
» maintenez-la, général, par la justice et la bienfai-
» sance. Votre gloire et votre bonheur y sont atta-
» chés. Je ferai, pour remplir vos vues salutaires,
» tout ce qui dépendra de moi : la sagesse le com-
» mande, l'humanité le veut... Mon cœur est tout
» entier au pays que j'habite, et sa félicité est le
» premier de mes vœux.

» Bernier. »

Janv. 1800.

Cet exemple produisit son effet. Deux jours après, les insurgés de la rive droite, commandés par un vieux et brave gentilhomme, M. de Châtillon, et dégoûtés comme lui de servir les vues de l'Angleterre plutôt que la cause du royalisme, se rendirent : toute l'ancienne Vendée se trouva ainsi pacifiée. La joie fut extrême, soit dans les campagnes où régnait le royalisme, soit dans les villes où régnait au contraire l'esprit de la Révolution. En plusieurs villes, telles que Nantes et Angers, les chefs royalistes, portant la cocarde tricolore, furent reçus en triomphe, et fêtés comme des frères. De toutes parts on commença à rendre les armes, et à se soumettre de bonne foi, sous l'influence d'une opinion qui peu à peu devenait générale, c'est que la guerre, sans ramener les Bourbons, n'aboutirait qu'à l'effu-

La rive droite dépose aussi les armes.

sion du sang, au ravage du pays; et que la soumission, au contraire, procurerait repos, sécurité, rétablissement de la religion, chose de toutes la plus désirée.

Cependant la pacification rencontrait plus d'obstacles en Bretagne et en Normandie. La guerre de ces côtés était plus récente, comme nous venons de le dire, et avait moins épuisé les courages; d'ailleurs elle y procurait de honteux bénéfices, tandis qu'en Vendée elle ne rapportait que des souffrances. C'était dans le centre de la Bretagne, et vers la Normandie, que s'étaient réfugiés tous les chouans, c'est-à-dire les hommes que l'insurrection avait habitués au brigandage, et qui ne savaient plus s'en passer. Ils faisaient beaucoup plus la guerre aux caisses des comptables, aux diligences, aux acquéreurs de biens nationaux, qu'à la République. Ils étaient en rapport avec une troupe de mauvais sujets établis à Paris, et recevaient d'eux les avis qui les guidaient dans leurs expéditions. Enfin, dans le Morbihan, où était le siége de l'insurrection la plus tenace, Georges, le seul implacable des chefs vendéens, recevait des Anglais l'argent, les ressources matérielles, qui pouvaient seconder sa résistance : aussi était-il fort peu disposé à se soumettre.

Mais les préparatifs étaient faits pour écraser ceux des chefs royalistes qui ne voudraient pas se rendre. Le 21 janvier (1ᵉʳ pluviôse), le général Chabot, rompant la suspension d'armes, marcha sur les bandes du centre de la Bretagne, commandées par MM. de Bourmont et de La Prévalaye. Près la commune de Mélay, il joignit M. de Bourmont qui, à la tête de

4 mille chouans, se défendit avec vigueur, mais fut cependant obligé de céder aux républicains, habitués à vaincre d'autres soldats que des paysans. Lui-même, après avoir couru le plus grand danger, ne parvint qu'avec beaucoup de peine à se sauver. Obligé bientôt de reconnaître qu'il ne pouvait plus rien pour sa cause, il rendit les armes le 24 janvier (4 pluviôse).

Janv. 1800.

Soumission de M. de Bourmont.

Le général Chabot marcha ensuite sur Rennes, pour se porter de là vers le fond de la Bretagne, où le général Brune concentrait de grandes forces. Le 25 janvier (5 pluviôse), plusieurs colonnes parties de Vannes, d'Auray, d'Elven, sous les généraux Harty et Gency, rencontrèrent à Grandchamp les bandes de Georges. Les deux généraux républicains avaient acheminé sur Vannes des convois de grains et de bestiaux, qu'ils avaient enlevés dans les campagnes insurgées. Les chouans ayant voulu reprendre ce convoi, les colonnes d'escorte les enveloppèrent, et, malgré la plus vigoureuse résistance, leur tuèrent 400 hommes, plusieurs chefs, et les mirent complétement en déroute. Le surlendemain 27, un combat très-violent à Hennebon fit encore périr 300 chouans, et acheva de détruire toutes les espérances de l'insurrection. Il y avait tout près des côtes un vaisseau anglais de 80 et quelques frégates, qui purent voir combien étaient chimériques les illusions dont on avait bercé le gouvernement britannique. Du reste, on s'était trompé réciproquement, le gouvernement britannique en promettant une nouvelle expédition comme celle de Hollande, les Bretons en annonçant une levée en masse. Des royalistes récemment débarqués eurent quelque peine à rejoindre en chaloupe la division anglaise, et furent reçus comme des émigrés qui ont beaucoup promis et peu fait. Georges se vit réduit à déposer les armes, et livra 20 mille fusils et 20 pièces de canon, qu'il venait de recevoir des Anglais.

Dans la Basse-Normandie, M. de Frotté, jeune chef fort dévoué à sa cause, était, avec Georges, le plus résolu des royalistes à continuer la guerre. Il fut poursuivi par les généraux Gardanne et Chambarlhac, détachés de la garnison de Paris. Plusieurs rencontres très-vives eurent lieu sur divers points. Le 25 janvier (5 pluviôse), M. de Frotté fut joint par le général Gardanne aux forges de Cossé, près de la Motte-Fouquet, et perdit beaucoup de monde. Le 26 (6 pluviôse), un des chefs, nommé Duboisgny, fut attaqué dans son château de Duboisgny, près Fougères, et essuya comme M. de Frotté une perte considérable. Enfin le 27 (7 pluviôse), le général Chambarlhac enveloppa, dans les environs de Saint-Christophe, non loin d'Alençon, quelques compagnies de chouans, et les fit passer par les armes.

M. de Frotté, voyant, comme les autres, mais malheureusement trop tard, que toute résistance était impossible devant les nombreuses colonnes qui avaient assailli le pays, M. de Frotté pensa qu'il était temps de se rendre. Il écrivit, pour demander la paix, au général Hédouville, qui, dans le moment, était à Angers, et, en attendant la réponse, il proposa une suspension d'armes au général Cham-

ADMINISTRATION INTÉRIEURE.   207

barlhac. Celui-ci répondit que, n'ayant pas de pouvoirs pour traiter, il allait s'adresser au gouvernement pour en obtenir, mais que dans l'intervalle il ne pouvait prendre sur lui de suspendre les hostilités, à moins que M. de Frotté ne consentît à livrer immédiatement les armes de ses soldats. C'était justement ce que M. de Frotté redoutait le plus. Il consentait bien à se soumettre, et à signer une pacification momentanée, mais à condition de rester armé, afin de saisir plus tard la première occasion favorable de recommencer la guerre. Il écrivit même à ses lieutenants des lettres dans lesquelles, en leur prescrivant de se rendre, il leur recommandait de garder leurs fusils. Pendant ce temps, le Premier Consul, irrité contre l'obstination de M. de Frotté, avait ordonné de ne lui point accorder de quartier, et de faire sur sa personne un exemple. M. de Frotté, inquiet de ne pas recevoir de réponse à ses propositions, voulut se mettre en communication avec le général Guidal, commandant le département de l'Orne, et fut arrêté avec six des siens, tandis qu'il cherchait à le voir. Les lettres qu'on trouva sur lui, lesquelles contenaient l'ordre à ses gens de se rendre, mais en gardant leurs armes, passèrent pour une trahison. Il fut conduit à Verneuil, et livré à une commission militaire.

La nouvelle de son arrestation étant venue à Paris, une foule de solliciteurs entourèrent le Premier Consul, et obtinrent une suspension de procédure, qui équivalait à une grâce. Mais le courrier qui apportait l'ordre du gouvernement arriva trop tard. La Constitution étant suspendue dans les départements insurgés, M. de Frotté avait été jugé sommairement, et quand le sursis arriva, ce jeune et vaillant chef avait déjà subi la peine de son obstination. La duplicité de sa conduite, bien que démontrée, n'était cependant point assez condamnable, pour qu'on ne dût pas regretter beaucoup une telle exécution, la seule, au reste, qui ensanglanta cette heureuse fin de la guerre civile.

Dès ce jour les départements de l'Ouest furent entièrement pacifiés. La sagesse du général Hédouville, la vigueur, la promptitude des moyens employés, la fatigue des insurgés, le mélange de confiance et de crainte que leur inspirait le Premier Consul, amenèrent cette pacification si rapide. Elle était complétement terminée à la fin de février 1800 (premiers jours de ventôse). Le désarmement s'opérait partout; il restait seulement des voleurs de grande route, dont une justice active et impitoyable devait bientôt venir à bout. Les troupes employées dans l'Ouest se remirent en marche vers Paris, pour concourir aux vastes desseins du Premier Consul.

La Constitution, suspendue dans les quatre départements de la Loire-Inférieure, d'Ille-et-Vilaine, du Morbihan et des Côtes-du-Nord, fut remise en vigueur, et la plupart des chefs qui venaient de déposer les armes, furent successivement attirés à Paris, dans l'intention de les mettre en rapport avec le Premier Consul. Celui-ci savait bien qu'il ne suffisait pas de leur arracher les armes des mains, mais qu'il fallait s'emparer de ces âmes portées à l'exaltation, et les diriger vers un noble but. Il voulait entraîner les chefs royalistes avec lui, dans l'immense carrière ouverte en ce moment à tous les Français, les conduire à la fortune, à la gloire, par ce chemin des dangers, qu'ils étaient habitués à parcourir. Il les fit inviter à venir le voir. Sa renommée, qui inspirait un vif désir de l'approcher à tous ceux qui en avaient l'occasion ; sa bienfaisance, très-vantée déjà dans la Vendée, et qu'on avait à invoquer en faveur des nombreuses victimes de la guerre civile, étaient pour les chefs royalistes autant de motifs honorables de le visiter. Le Premier Consul reçut et accueillit fort bien, d'abord l'abbé Bernier, puis MM. de Bourmont, d'Autichamp, de Châtillon, et enfin Georges Cadoudal lui-même. Il distingua l'abbé Bernier, et résolut de se l'attacher en l'employant aux difficiles affaires de l'Église. Il entretint fréquemment les chefs militaires, les toucha par son noble langage, et en décida quelques-uns à servir dans les armées françaises. Il réussit même à gagner le cœur de M. de Châtillon. Celui-ci rentra dans sa retraite, se maria, et devint l'intermédiaire ordinaire, et toujours écouté, de ses concitoyens, quand ils avaient quelque acte de justice ou d'humanité à solliciter du Premier Consul. C'est avec la gloire, la clémence et la bienfaisance qu'on termine les révolutions.

Fév. 1800.

Georges seul résista à cette haute influence. Quand il fut conduit aux Tuileries, l'aide-de-camp chargé de l'introduire conçut à son aspect de telles craintes, qu'il ne voulut jamais refermer la porte du cabinet

Résistance de Georges Cadoudal à l'influence du Premier Consul du Premier Consul, et qu'il venait à chaque instant jeter à la dérobée quelques regards pour voir ce qui s'y passait. L'entrevue fut longue. Le général Bonaparte fit en vain retentir les mots de patrie, de gloire aux oreilles de Georges, il essaya même en vain l'amorce de l'ambition sur le cœur de ce farouche soldat de la guerre civile ; il ne réussit point, et fut convaincu lui-même qu'il n'avait pas réussi, en voyant le visage de son interlocuteur. Georges, en le quittant, partit pour l'Angleterre avec M. Hyde de Neuville. Plusieurs fois, racontant son entrevue à son compagnon de voyage, et lui montrant ses bras vigoureux, il s'écria : Quelle faute j'ai commise de ne pas étouffer cet homme dans mes bras ! —

Cette prompte pacification de la Vendée produisit un grand effet sur les esprits. Quelques malveillants, qui ne voulaient pas l'expliquer par ses causes naturelles, c'est-à-dire par l'énergie des moyens physiques, par la sagesse des moyens moraux, et surtout par l'influence du grand nom du Premier Consul, prétendaient qu'il y avait eu avec les Vendéens des conventions secrètes, dans lesquelles on leur promettait quelque importante satisfaction. On ne disait pas clairement, on insinuait que ce serait peut-être beaucoup plus que le rétablissement des principes de l'ancien régime, mais celui des Bourbons eux-mêmes. C'étaient les nouvellistes du parti révolutionnaire qui débitaient ces fables ridicules ; mais les gens sensés, appréciant mieux les actes du général Bonaparte, se disaient qu'on ne faisait pas de si grandes choses pour autrui, et croyaient que, s'il ne travaillait pas uniquement pour la France, c'était du moins pour lui-même, et non pour les Bourbons. Du reste, aux yeux de tout le monde, la pacification de la Vendée était un événement des plus heureux, présageant une paix plus importante et plus difficile, la paix avec l'Europe.

Mars 1800.

Le Premier Consul se hâta, avant d'ouvrir la campagne de cette année, de clore la session du Corps Législatif, et de presser l'adoption des nombreux projets de lois qu'il avait présentés. Quelques membres du Tribunat se plaignaient de la rapidité avec laquelle on les faisait discuter et voter. « Nous sommes, disait le tribun Sedillez, homme impartial et modéré, nous sommes entraînés dans un *tourbillon d'urgence*, dont le mouvement rapide se dirige vers le but de nos vœux. Ne vaut-il pas mieux céder à l'impétuosité de ce mouvement, que de s'exposer à en entraver la marche? L'année prochaine nous examinerons avec plus de maturité les projets présentés, nous rectifierons ce qui aurait besoin de l'être. » Tout marchait, en effet, rapidement vers le but que le Premier Consul s'était proposé. Les lois votées étaient mises à exécution; les fonctionnaires nommés se rendaient à leur poste. Les nouveaux préfets entraient en charge, et l'administration reprenait de toute part un ensemble, une activité qu'on ne lui avait jamais vus. Les contributions arriérées rentraient dans les caisses du Trésor, depuis que la confection des rôles permettait de se présenter avec un

Fin de la session de l'an VIII.

14.

titre légal aux contribuables. Chaque jour de nouvelles mesures signalaient plus clairement la marche politique du gouvernement. Une seconde liste de proscrits venait d'obtenir le bienfait du rappel. Les écrivains y figuraient en grand nombre. MM. de Fontanes, de La Harpe, Suard, Sicard, Michaud, Fiévée, étaient rappelés de leur exil, ou autorisés à sortir de leur retraite. Les membres de l'Assemblée Constituante, connus pour avoir voté l'abolition des institutions féodales, étaient exemptés de toutes les rigueurs dont on les avait frappés sous la Convention et le Directoire. Un proscrit fameux du 18 fructidor, négociateur et signataire du premier traité de paix de la République, l'ex-directeur Barthélemy, était, sur la proposition des Consuls, nommé sénateur. Enfin, un autre proscrit de la même date, Carnot, récemment tiré de l'exil, puis nommé inspecteur aux revues, venait d'être appelé au ministère de la guerre, à la place du général Berthier, partant pour prendre le commandement de l'une des armées de la République. Le nom de Carnot était alors un grand nom militaire, auquel se rattachait le souvenir des victoires de la Convention en quatre-vingt-treize ; et, bien que le nom du général Bonaparte fût suffisant pour faire trembler la coalition, celui de Carnot, s'ajoutant au sien, produisit encore une véritable sensation sur les états-majors étrangers.

La session tendant à sa fin, l'opposition du Tribunat fit une dernière tentative, qui causa quelque agitation, bien qu'elle fût repoussée par une grande majorité. Le Corps Législatif ne devait siéger que quatre mois. Il n'y avait pas de terme assigné aux sessions du Tribunat. Ce dernier pouvait donc se réunir, bien que la vacance du Corps Législatif le laissât sans ouvrage. On lui proposa de se créer un emploi de son temps, au moyen des pétitions qu'il était seul chargé de recevoir, et des vœux qu'il était autorisé à émettre sur les objets d'intérêt général. M. Benjamin Constant proposa de livrer ces pétitions à des commissions distinctes, de les soumettre à un travail continuel, et de se ménager par ce moyen, non-seulement la discussion de tous les actes du gouvernement, chose en soi fort légitime, mais leur discussion permanente pendant les douze mois de l'année. Cette proposition fut repoussée dans ce qu'elle avait de grave. Il fut décidé que le Tribunat se réunirait une fois par quinzaine, pour entendre un rapport de pétitions, et que ce rapport serait fait par le bureau de l'assemblée, composé du président et des secrétaires. Réduite à ces termes, la proposition n'avait plus rien d'inquiétant.

Sauf cette dernière tentative, la fin de la session fut parfaitement paisible, même au Tribunat. Les projets du gouvernement y avaient obtenu une telle majorité, qu'il fallait une bien grande susceptibilité, pour en vouloir à ce corps de l'opposition d'une vingtaine de ses membres. Le Premier Consul, quelque disposé qu'il fût à ne rien supporter, prit le parti de n'en tenir aucun compte. Aussi cette première session, dite de l'an VIII, ne répondit-elle aucunement aux craintes que certains propagateurs de mauvaises nouvelles affectaient de répandre. Si plus tard les choses en étaient restées là, on se serait accommodé de ce dernier simulacre des assemblées délibérantes. Cette génération alarmée, et le chef qu'elle avait adopté, les auraient également supportées.

Un peu avant la clôture de la session, le Premier Consul prit, à l'égard de la presse périodique, une mesure qui aujourd'hui ne serait rien moins qu'un phénomène impossible, mais qui alors, grâce au silence de la Constitution, était une mesure tout à fait légale, et, grâce à l'esprit du temps, à peu près insignifiante. La Constitution, en effet, ne disait rien à l'égard de la presse périodique, et il paraîtra étonnant qu'une liberté aussi importante que celle d'écrire, n'eût pas même obtenu une mention spéciale dans la loi fondamentale de l'État. Mais alors la tribune, tant celle des assemblées que celle des clubs, avait été pour les passions révolutionnaires le moyen préféré de se produire, et on avait tant usé du droit de parler, qu'on avait tenu peu de compte du droit d'écrire. A l'époque du 18 fructidor, la presse fut un peu plus employée, mais particulièrement par les royalistes, et elle excita contre elle un tel soulèvement chez les révolutionnaires, qu'elle leur inspira depuis un médiocre intérêt. On souffrit donc qu'elle fût proscrite au 18 fructidor, et que, dans la rédaction de la Constitution de l'an VIII, elle fût omise, et livrée dès lors à l'arbitraire du gouvernement.

Le Premier Consul, qui avait déjà supporté avec peu de patience les attaques des journaux royalistes lorsqu'il était simple général de l'armée d'Italie, commençait à s'inquiéter aujourd'hui des indiscrétions que la presse commettait à l'égard des opérations militaires, et des attaques virulentes qu'elle se permettait contre les gouvernements étrangers. S'appliquant d'une manière toute particulière à réconcilier la République avec l'Europe, il craignait que les feuilles républicaines, fort déchaînées contre les cabinets, surtout depuis le refus des offres de la France, ne rendissent vains tous ses efforts de rapprochement. Le roi de Prusse, notamment, avait eu à se plaindre de quelques journaux français, et en avait exprimé son déplaisir. Le Premier Consul, qui voulait effacer partout les traces de la violence, et qui n'était pas retenu d'ailleurs, à l'égard de la liberté de la presse, par une opinion publique ferme et arrêtée, telle que celle qui existe aujourd'hui, prit une décision, par laquelle il supprima une grande quantité de journaux, et désigna ceux qui auraient le privilége de continuer à paraître. Ces dispositions devaient demeurer en vigueur jusqu'à la paix générale. Les journaux maintenus étaient au nombre de treize. C'étaient : le *Moniteur universel*. — Le *Journal des Débats*. — Le *Journal de Paris*. — Le *Bien-informé*. — Le *Publiciste*. — L'*Ami des lois*. — La *Clef du cabinet*. — Le *Citoyen français*. — La *Gazette de France*. — Le *Journal des hommes libres*. — Le *Journal du soir*. — Le *Journal des défenseurs de la Patrie*. — La *Décade philosophique*.

Ces journaux favorisés étaient en outre avertis que

ceux qui publieraient des articles contre la Constitution, contre les armées, leur gloire ou leur intérêt, qui publieraient des invectives contre les gouvernements étrangers, amis ou alliés de la France, seraient immédiatement supprimés.

Cette mesure, qui paraîtrait si extraordinaire aujourd'hui, fut accueillie sans murmure et sans étonnement, car les choses n'ont de valeur que par l'esprit qui règne.

Les votes demandés aux citoyens, au sujet de la nouvelle Constitution, avaient été recueillis et comptés. Le résultat de ce dépouillement fut communiqué au Sénat, au Corps Législatif, au Tribunat, par un message des Consuls. Aucune des constitutions antérieures n'avait été acceptée par un aussi grand nombre de suffrages.

On avait compté, en 1793, pour la Constitution de cette époque, 1,800 mille suffrages favorables, et 11 mille suffrages contraires; en 1795, pour la Constitution directoriale, un million 57 mille suffrages favorables, et 49 mille contraires. Cette fois il se présenta plus de 3 millions de votants, sur lesquels 3 millions adoptèrent la Constitution, 15 cents seulement la repoussèrent[1]. Assurément, ces vaines formalités ne signifient rien pour les esprits sérieux. Ce n'est pas à ces signes vulgaires et souvent mensongers, c'est à son aspect moral qu'on juge de la vo-

---

[1] Voici les nombres exacts : en 1793, 1,801,918 suffrages favorables et 11,610 contraires; en 1795, 1,057,390 suffrages favorables et 49,955 contraires; en 1800, sur 3,012,569 votants, 3,011,007 favorables et 1,562 contraires.

lonté d'une société. Mais la différence dans le nombre des votants avait ici une incontestable signification. Elle prouvait au moins combien était général le sentiment qui appelait un gouvernement fort et réparateur, capable d'assurer l'ordre, la victoire et la paix.

Mars 1800.

Le Premier Consul, avant son départ pour l'armée, se décida enfin à une démarche importante : il alla s'établir aux Tuileries. Avec la disposition des esprits à voir en lui un César, un Cromwell, destiné à terminer le règne de l'anarchie par le règne du pouvoir absolu, cet établissement dans le palais des rois était une démarche hardie et délicate, non à cause des résistances qu'elle pouvait provoquer, mais de l'effet moral qu'elle était dans le cas de produire.

Le Premier Consul va s'établir au Palais des Tuileries.

Le Premier Consul la fit précéder d'une cérémonie imposante, et habilement imaginée. Washington venait de mourir. La mort de cet illustre personnage, qui avait rempli de son nom la fin du dernier siècle, avait été un sujet de regrets pour tous les amis de la liberté en Europe. Le Premier Consul, jugeant qu'une manifestation à ce sujet était opportune, adressa aux armées l'ordre du jour suivant :

Cérémonie funèbre en l'honneur de Washington

« Washington est mort! Ce grand homme s'est
» battu contre la tyrannie; il a consolidé l'indépen-
» dance de sa patrie. Sa mémoire sera toujours chère
» au peuple français, comme à tous les hommes li-
» bres des deux mondes, et spécialement aux sol-
» dats français, qui, comme lui et les soldats améri-
» cains, se battent pour l'égalité et la liberté. »

En conséquence, dix jours de deuil furent ordonnés. Ce deuil devait consister en un crêpe noir suspendu à tous les drapeaux de la République. Le Premier Consul ne s'en tint pas là : il fit préparer une fête simple et noble dans l'église des Invalides, église appelée, dans la langue fugitive du temps, *le temple de Mars*. Les drapeaux conquis en Égypte n'avaient pas encore été présentés au gouvernement. Le général Lannes fut chargé de les remettre, en cette occasion, au ministre de la guerre, sous le dôme magnifique élevé par le grand roi à la vieillesse guerrière.

Le 9 février (20 pluviôse), toutes les autorités étant réunies aux Invalides, le général Lannes présenta au ministre de la guerre Berthier 96 drapeaux, pris aux Pyramides, au Mont-Thabor, à Aboukir. Il prononça une harangue courte et martiale. Berthier lui fit une réponse du même genre. Celui-ci était assis entre deux invalides centenaires, et il avait en face le buste de Washington, ombragé des mille drapeaux, conquis sur l'Europe par les armées de la France républicaine.

Non loin de là une tribune était préparée. On y vit monter un proscrit, qui devait sa liberté à la politique du Premier Consul : c'était M. de Fontanes, écrivain pur et brillant, le dernier qui ait fait usage de cette langue française, autrefois si parfaite, et emportée aujourd'hui avec le dix-huitième siècle dans les abîmes du passé. M. de Fontanes prononça en un langage étudié, mais superbe, l'éloge funèbre du héros de l'Amérique. Il célébra les vertus guerrières de Washington, sa valeur, sa sagesse, son désintéressement ; il plaça fort au-dessus du génie militaire, qui sait remporter des victoires, le génie réparateur qui sait terminer les guerres civiles, fermer les plaies de la patrie, et donner la paix au monde. A côté de l'ombre de Washington, il évoqua celles de Turenne, de Catinat, de Condé, et, parlant en quelque sorte au nom de ces grands hommes, il donna, sous la forme la plus délicate et la plus digne, des louanges, qui cette fois étaient pleines de noblesse, parce qu'elles étaient pleines de sages leçons.

« Oui, s'écriait-il en finissant, oui, tes conseils
» seront entendus, ô Washington! ô guerrier! ô lé-
» gislateur! ô citoyen sans reproche! Celui qui, jeune
» encore, te surpassa dans les batailles, fermera,
» comme toi, de ses mains triomphantes, les bles-
» sures de la patrie. Bientôt, nous en avons pour gages
» sa volonté, et son génie guerrier, s'il était malheu-
» reusement nécessaire, bientôt l'hymne de la paix
» retentira dans ce temple de la guerre ; alors le sen-
» timent universel de la joie effacera le souvenir de
» toutes les injustices et de toutes les oppressions...
» déjà même les opprimés oublient leurs maux, en
» se confiant à l'avenir !........ Les acclamations de
» tous les siècles accompagneront le héros qui don-
» nera ce bienfait à la France, et au monde qu'elle
» ébranle depuis trop long-temps. »

Ce discours terminé, des crêpes noirs furent attachés à tous les drapeaux, et la République française fut censée en deuil du fondateur de la République américaine, comme les monarchies qui se mettent en deuil, les unes pour les pertes que font les autres. Que manquait-il à cette pompe, pour qu'elle eût la grandeur de ces scènes funèbres, où Louis XIV venait entendre l'éloge de l'un de ses guerriers, de la bouche de Fléchier ou de Bossuet? Ce n'était pas sans doute la grandeur des choses et des hommes, car on parlait de Washington devant le général Bonaparte, on parlait au milieu d'une société qui avait vu aussi des Charles Ier monter sur l'échafaud, et même des femmes couronnées les y suivre! On pouvait y prononcer à chaque instant les mots de Fleurus, d'Arcole, de Rivoli, de Zurich, des Pyramides, et ces mots magnifiques pouvaient assurément agrandir un discours aussi bien que ceux des Dunes et de Rocroy! Que manquait-il donc à cette solennité pour être tout à fait grande? Il y manquait ce que le plus grand des hommes lui-même n'y pouvait mettre : il y manquait la religion d'abord, non pas celle qu'on s'efforce d'avoir, mais celle qu'on a véritablement, et sans laquelle les morts sont toujours froidement célébrés : il y manquait le génie des Bossuet, car il est des grandeurs qui ne reviennent pas chez les nations, et si les Turenne, les Condé ont des successeurs, les Bossuet n'en ont pas : il y manquait enfin une certaine sincérité, car cet hommage à un héros, renommé surtout par le désintéressement de son ambition, était trop visiblement affecté. Cependant n'allons pas croire, avec la foule des interprétateurs vulgaires, que tout fût ici de l'hypocrisie pure : sans doute il y en avait; mais il y avait aussi les illusions ordinaires du temps, et de tous les temps! Les hommes, en effet, se trompent plus souvent eux-mêmes qu'ils ne trompent les autres. Beaucoup de Français, comme les Romains sous Auguste, croyaient encore à la République, parce qu'on en prononçait soigneusement le nom; et il n'est pas bien certain que l'ordonnateur de cette fête funèbre, que le général Bonaparte lui-même, ne s'abusât en célébrant Washington, et qu'il ne crût effectivement qu'on pouvait en France comme en Amérique, être le premier, sans être roi ou empereur.

Mars 1800.

Cette cérémonie était le prélude de l'installation des trois Consuls aux Tuileries. Depuis long-temps on faisait à ce palais les réparations nécessaires; on effaçait les traces que la Convention y avait laissées, on supprimait les bonnets rouges qu'elle avait fait placer au milieu des lambris dorés. Le Premier Consul devait occuper l'appartement du premier étage, celui même que la famille royale, aujourd'hui régnante, occupe pendant les réceptions du soir. Sa femme et ses enfants devaient être logés au-dessous de lui, à l'entresol. La galerie de Diane était, comme à présent, le vestibule qu'il fallait traverser pour arriver à la demeure du chef de l'État. Le Premier Consul la fit décorer avec des bustes représentant une suite de grands hommes, et s'attacha à marquer, par le choix de ces bustes, les prédilections de son esprit : c'étaient Démosthène, Alexandre, Annibal, Scipion, Brutus, Cicéron, Caton, César, Gustave-Adolphe, Turenne, Condé, Duguai-Trouin, Marlborough, Eugène, le maréchal de Saxe, Washington,

Travaux exécutés aux Tuileries pour y recevoir les Consuls

le Grand-Frédéric, Mirabeau, Dugommier, Dampierre, Marceau, Joubert ; c'est-à-dire des guerriers et des orateurs, des défenseurs de la liberté et des conquérants, des héros de l'ancienne monarchie et de la République, enfin quatre généraux de la Révolution, morts au feu. Réunir autour de lui les gloires de tous les temps, de tous les pays, comme autour de son gouvernement il voulait réunir tous les partis, tel était à chaque occasion le penchant qu'il aimait à manifester.

Mais il ne devait pas occuper seul les Tuileries. Ses deux collègues devaient les occuper avec lui. Le Consul Lebrun fut logé au pavillon de Flore. Quant au Consul Cambacérès, qui avait rang avant le Consul Lebrun, il refusa de prendre place dans ce palais des rois. Ce personnage, d'une prudence consommée, le seul peut-être des hommes de ce temps qui ne se soit livré à aucune illusion, ce personnage dit à son collègue Lebrun : C'est une faute d'aller nous loger aux Tuileries ; cela ne nous convient point à nous, et, pour moi, je n'irai pas. Le général Bonaparte voudra bientôt y loger seul ; il faudra alors en sortir. Mieux vaut n'y pas entrer. — Il n'y alla pas, et se fit donner un bel hôtel sur la place du Carrousel, qu'il a gardé aussi long-temps que Napoléon a gardé l'Empire.

Lorsque tout fut disposé, et quelques jours après la cérémonie funèbre des Invalides, le Premier Consul résolut de prendre publiquement possession des Tuileries. Il le fit avec une grande solennité.

Le 19 février (30 pluviôse), il quitta le Luxembourg, pour se rendre à son nouveau palais, précédé et suivi d'un cortége imposant. Les beaux régiments qui avaient passé de Hollande en Vendée, de la Vendée à Paris, et qui allaient s'illustrer pour la centième fois dans les plaines de l'Allemagne et de l'Italie, ces régiments, commandés par Lannes, Murat, Bessières, ouvraient la marche. Puis venaient dans des voitures, presque toutes d'emprunt, les ministres, le Conseil d'État, les autorités publiques, enfin dans un beau carrosse, attelé de six chevaux blancs, les trois Consuls eux-mêmes. Ces chevaux avaient un à-propos particulier, dans cette circonstance : c'étaient ceux que l'Empereur d'Allemagne avait donnés au général Bonaparte, à l'occasion de la paix de Campo-Formio. Le général avait reçu aussi de ce prince un magnifique sabre dont il eut soin de se parer ce jour-là. Il étalait ainsi autour de lui tout ce qui rappelait le guerrier pacificateur. La foule répandue dans les rues, et sur les quais qui aboutissent aux Tuileries, accueillit sa présence avec de vives acclamations. Ces acclamations étaient sincères, car on saluait en lui la gloire de la France, et le commencement de sa prospérité. Arrivée au Carrousel, la voiture des Consuls fut reçue par la garde consulaire, et passa devant deux corps-de-garde construits, l'un à droite, l'autre à gauche de la cour du palais. Sur l'un des deux était restée cette inscription : LA ROYAUTÉ EN FRANCE EST ABOLIE, ET NE SE RELÈVERA JAMAIS.

A peine entré dans la cour, le Premier Consul monta à cheval, et passa en revue les troupes qui

Mars 1800.

en grand
cortége
du
Luxembourg
aux Tuileries.

étaient rangées devant le palais. Arrivé en présence des drapeaux de la 96°, de la 43° et de la 30° demi-brigades, drapeaux noircis, déchirés par les balles, il les salua, et fut salué à son tour par les cris des soldats. Après avoir parcouru leurs rangs, il se plaça devant le pavillon de Flore, et les vit défiler devant lui. Au-dessus de sa tête, sur le balcon du palais, se trouvaient les Consuls, les principales autorités, sa famille enfin, qui commençait à avoir rang dans l'État. La revue terminée, il monta dans les appartements ; le ministre de l'intérieur lui présenta les autorités civiles, le ministre de la guerre lui présenta les autorités militaires, le ministre de la marine tous les officiers de mer se trouvant pour le moment à Paris. Dans la journée, il y eut banquet aux Tuileries et chez les ministres.

Service intérieur du palais consulaire.

Le service du palais consulaire fut réglé comme il suit : un conseiller d'État, ancien ministre de l'intérieur, M. Bénezech, était chargé de l'administration générale de ce palais. Les aides-de-camp, et surtout Duroc, devaient en faire les honneurs, et remplacer cette multitude d'officiers de tout genre, qui ordinairement remplissent les vastes appartements des royautés européennes. Tous les quinze jours, le 2 et le 17 de chaque mois, le Premier Consul recevait le corps diplomatique. Une fois par décade, à des jours différents et à des heures déterminées, il recevait les sénateurs, les membres du Corps Législatif, du Tribunat, du Tribunal de cassation. Les fonctionnaires qui avaient à l'entretenir, devaient s'adresser aux ministres dont ils dé-

ADMINISTRATION INTÉRIEURE.

pendaient, pour lui être présentés. Le 2 ventôse (21 février), deux jours après son installation aux Tuileries, il donna audience au corps diplomatique. Entouré d'un nombreux état-major, et ayant les deux Consuls à ses côtés, il reçut les envoyés des États qui n'étaient pas en guerre avec la Republique. Introduits par M. Bénezech, présentés par le ministre des relations extérieures, ils remirent leurs lettres de créance au Premier Consul, qui les transmit au ministre, à peu près comme font les souverains dans les gouvernements monarchiques. Les agents étrangers qui figurèrent à cette audience étaient M. de Musquiz, ambassadeur d'Espagne; M. de Sandoz-Rollin, ministre de Prusse; M. de Schimmelpenninck, ambassadeur de Hollande; M. de Serbelloni, envoyé de la République Cisalpine; enfin les chargés d'affaires de Danemark, de Suède, de Suisse, de Bade, de Hesse-Cassel, de Rome, de Gênes, etc. (*Moniteur* du 4 ventôse an VIII).

Mars 1800.

La présentation terminée, ces divers ministres furent introduits auprès de madame Bonaparte.

Tous les cinq jours, le Premier Consul passait en revue les régiments qui traversaient Paris pour se rendre aux frontières. C'était là qu'il se laissait voir aux troupes et à la multitude, toujours pressée d'accourir sur ses pas. Maigre, pâle, penché sur son cheval, il intéressait et frappait à la fois, par une beauté grave et triste, par une apparence de mauvaise santé dont on commençait à s'inquiéter beaucoup, car jamais la conservation d'un homme n'avait été autant désirée que la sienne.

Revues de troupes au Carrousel.

TOM. I.

Après ces revues, les officiers des troupes étaient admis à sa table. Les ministres étrangers, les membres des assemblées, les magistrats, les fonctionnaires, étaient appelés à des repas où régnait un luxe décent. Il n'y avait encore à cette cour naissante ni dames d'honneur, ni chambellans; la tenue y était sévère, mais déjà un peu recherchée. On s'y gardait volontiers des usages du Directoire, sous lequel une imitation ridicule des costumes antiques, jointe à la dissolution des mœurs, avait ôté toute dignité à la représentation extérieure du gouvernement. On était silencieux, on s'observait, on suivait des yeux le personnage extraordinaire qui avait déjà exécuté de si grandes choses, et qui en faisait espérer de plus grandes encore. On attendait ses questions, on y répondait avec déférence.

Le lendemain du jour où il s'était établi aux Tuileries, le général Bonaparte, les parcourant avec son secrétaire, M. de Bourrienne, lui dit : « Eh bien, Bourrienne, nous voilà donc aux Tuileries !... Maintenant il faut y rester. »

FIN DU LIVRE DEUXIÈME.

LIVRE TROISIÈME.

ULM ET GÊNES.

Préparatifs de guerre. — Forces de la coalition en 1800. — Armées du baron de Mélas en Ligurie, du maréchal de Kray en Souabe. — Plan de campagne des Autrichiens. — Importance de la Suisse dans cette guerre. — Plan du général Bonaparte. — Il forme la résolution de se servir de la Suisse pour déboucher dans le flanc de M. de Kray, et sur les derrières de M. de Mélas. — Rôle qu'il destine à Moreau, et qu'il se destine à lui-même. — Création de l'armée de réserve. — Instructions à Masséna. — Commencement des hostilités. — Le baron de Mélas attaque l'armée de Ligurie sur l'Apennin, et la sépare en deux moitiés, dont l'une est rejetée sur le Var, l'autre sur Gênes. — Masséna, renfermé dans Gênes, s'y prépare à une résistance opiniâtre. — Description de Gênes. — Combats héroïques de Masséna. — Instances du Premier Consul auprès de Moreau, pour l'engager à commencer les opérations en Allemagne, afin de pouvoir secourir Masséna plus tôt. — Passage du Rhin sur quatre points. — Moreau réussit à réunir trois corps d'armée sur quatre, et tombe à Engen et Stokach sur les Autrichiens. — Batailles d'Engen et de Mœsskirch. — Retraite des Autrichiens sur le Danube. — Affaire de Saint-Cyr à Biberach. — M. de Kray s'établit dans le camp retranché d'Ulm. — Moreau manœuvre pour l'en déloger. — Plusieurs faux mouvements de Moreau, qui ne sont heureusement suivis d'aucun résultat fâcheux. — Moreau enferme définitivement M. de Kray dans Ulm, et prend une forte position en avant d'Augsbourg, afin d'attendre le résultat des événements d'Italie. — Résumé des opérations de Moreau. — Caractère de ce général.

Après avoir adressé à l'Europe de vives instances pour obtenir la paix, instances qui n'étaient convenables que de la part d'un général couvert de gloire, il ne restait au Premier Consul qu'à faire la guerre, préparée du reste avec une grande activité pendant tout l'hiver de 1799 à 1800 (an VIII). Cette guerre fut à la fois la plus légitime, et l'une des plus glorieuses de ces temps héroïques.

Mars 1800.

Faute de l'Autriche d'avoir voulu continuer la guerre.

L'Autriche, tout en observant, dans les formes, plus de mesure que l'Angleterre, avait cependant abouti aux mêmes conclusions, et refusé la paix. Le vain espoir de conserver en Italie la situation avantageuse qu'elle devait aux victoires de Suwarow, les subsides anglais, l'opinion erronée que la France, épuisée d'hommes et d'argent, ne pouvait pas fournir une campagne de plus, mais surtout l'obstination fatale de M. de Thugut, qui représentait le parti de la guerre à Vienne avec autant d'entêtement que M. Pitt à Londres, et qui apportait dans cette question beaucoup plus de passion personnelle que de véritable patriotisme, toutes ces causes réunies avaient amené le cabinet autrichien à commettre une faute politique des plus graves, celle de ne pas profiter d'une bonne situation pour négocier. Il fallait un bien grand aveuglement pour croire que les succès qu'on avait dus à l'incapacité du Directoire, on les obtiendrait encore en face d'un gouvernement nouveau, déjà complétement réorganisé, actif jusqu'au prodige, et dirigé par le premier capitaine du siècle.

L'archiduc Charles improuve la guerre. — Il est remplacé à la tête des armées impériales par M. de Kray.

L'archiduc Charles, qui joignait à de véritables talents militaires beaucoup de modération et de modestie, avait signalé tous les dangers attachés à la continuation de la guerre, et la difficulté de tenir tête au célèbre adversaire qui allait rentrer dans la lice. Pour unique réponse, on lui avait retiré le commandement des armées autrichiennes, et on s'était ainsi privé du seul général qui pût les diriger avec quelque chance de succès. Sa disgrâce avait été dissimulée sous le titre de gouverneur de la Bohême. L'armée impériale regrettait ce prince amèrement, bien qu'on lui eût donné pour successeur le baron de Kray, lequel s'était fort distingué dans la dernière campagne d'Italie. M. de Kray était un officier brave, capable, expérimenté, qui ne se montra pas indigne du commandement qu'on venait de lui confier.

Pour remplir le vide laissé par les Russes dans les rangs de la coalition, l'Autriche, secondée par les subsides de l'Angleterre, obtint des États de l'Empire un supplément de forces assez considérable. Un traité particulier, signé le 16 mars par M. de Wickham, ministre britannique auprès de l'électeur de Bavière, obligea ce prince à fournir, outre son contingent légal comme membre de l'Empire, un corps supplémentaire de 12 mille Bavarois. Un traité du même genre, signé le 20 avril avec le duc de Wurtemberg, procura un autre corps de 6 mille Wurtembergeois à l'armée coalisée. Enfin, le 30 avril, le même négociateur obtint de l'électeur de Mayence un corps de 4 à 6 mille Mayençais, aux mêmes conditions financières. Outre les frais de recrutement, d'équipement, d'entretien de leurs troupes, l'Angleterre garantissait aux princes allemands coalisés, qu'on ne traiterait pas sans eux avec la France, et s'engageait à leur faire restituer leurs États, quel que fût le sort de la guerre; elle leur faisait promettre en retour de n'écouter aucune proposition de paix séparée.

De ces troupes allemandes, les bavaroises étaient les meilleures; venaient après celles du Wurtemberg; mais les troupes mayençaises étaient des milices sans discipline et sans valeur. Indépendamment de ces contingents réguliers, on avait excité les paysans de la Forêt-Noire à prendre les armes, en les effrayant des ravages des Français, qui, à cette époque, dévastaient beaucoup moins que les Impériaux les champs cultivés de la malheureuse Allemagne.

Armée impériale de Souabe.

L'armée impériale de Souabe, tous ces auxiliaires compris, s'élevait à peu près à 150 mille hommes, dont 30 mille enfermés dans les places, et 120 mille présents à l'armée active. Elle était pourvue d'une artillerie nombreuse, bonne quoique inférieure à l'artillerie française, et surtout d'une superbe cavalerie, comme il est d'usage d'en avoir dans les armées autrichiennes. L'Empereur avait en outre 120 mille hommes en Lombardie, sous le baron de Mélas. Les flottes anglaises, réunies en nombre considérable dans la Méditerranée, et croisant sans cesse dans le golfe de Gênes, appuyaient toutes les opérations des Autrichiens en Italie. Elles devaient leur apporter un corps auxiliaire d'Anglais et d'émigrés, réuni alors à Mahon, et qui s'élevait, disait-on, à 20 mille hommes. Il était convenu que ce corps serait déposé à Toulon même, dans le cas où l'armée impériale chargée d'opérer contre l'Apennin, aurait réussi à franchir la ligne du Var.

Armée impériale de Lombardie.

On avait espéré joindre quelques troupes russes à quelques troupes anglaises, et les déposer sur les côtes de France, pour exciter des soulèvements en

Belgique, en Bretagne, en Vendée. L'inaction très-volontaire des Russes, et la pacification de la Vendée, avaient fait manquer cette opération, sur laquelle les alliés comptaient beaucoup.

_{Mars 1800.}

C'était donc une masse de 300 mille hommes à peu près, 150 mille en Souabe, 120 mille en Italie, 20 mille à Mahon, secondés par toute la marine anglaise, qui devait poursuivre la guerre contre la France. Cette force, il faut le dire, eût été bien insuffisante contre la France réorganisée et en possession de tous ses moyens; mais contre la France à peine sortie du chaos où l'avait jetée la faiblesse du Directoire, c'était une force considérable, et avec laquelle on aurait pu obtenir de grands résultats, si on avait su l'employer. Il faut ajouter que c'était une force réelle, exposée à subir peu de déchet, parce que les 300 mille hommes dont elle se composait étaient rompus aux fatigues, et transportés sur la frontière même qu'ils devaient attaquer: circonstance importante, car toute armée qui débute résiste difficilement aux premières épreuves de la guerre, et, si elle a de plus un long trajet à faire pour aller combattre, diminue en proportion des distances à parcourir.

_{Total des troupes coalisées.}

Il faut faire connaître la distribution des troupes coalisées, et le plan d'après lequel elles devaient agir.

M. de Kray, à la tête des 150 mille hommes qu'il commandait, occupait la Souabe, placé au milieu de l'angle que le Rhin forme en cette contrée, lorsque, après avoir coulé de l'est à l'ouest, depuis Constance

_{Plan de la coalition.}

Mars 1800.

jusqu'à Bâle, il se détourne brusquement pour couler au nord, de Bâle à Strasbourg. (Voir la carte n° 1.) Dans cette situation, M. de Kray, ayant sur son flanc gauche la Suisse, sur son flanc droit l'Alsace, observait tous les débouchés du Rhin par lesquels les armées françaises pouvaient pénétrer en Allemagne. Il n'avait pas la prétention de franchir ce fleuve pour envahir le sol de la République ; son rôle, pour le début de la campagne, devait être moins actif. L'initiative des opérations était réservée à l'armée d'Italie, forte de 120 mille hommes, et transportée, par suite des avantages qu'elle avait obtenus en 1799, jusqu'au pied de l'Apennin. Elle devait bloquer Gênes, l'enlever s'il était possible, franchir ensuite l'Apennin et le Var, et se présenter devant Toulon, où les Anglais, les émigrés du Midi, dirigés par le général Willot, l'un des proscrits de fructidor, avaient rendez-vous avec les Autrichiens. Une nouvelle invasion dans la province de France qui contenait notre plus grand établissement maritime, était fort du goût des Anglais ; et c'est à eux que doit être attribué, en grande partie, ce plan si fort critiqué depuis. Quand l'armée autrichienne d'Italie, laquelle, grâce au climat de la Ligurie, pouvait commencer la campagne avant celle de Souabe, aurait pénétré en Provence, on supposait que le Premier Consul dégarnirait le Rhin pour couvrir le Var, et que le maréchal de Kray aurait alors le moyen d'entrer en action. La Suisse, se trouvant ainsi débordée et comme étranglée entre deux armées victorieuses, devait tomber naturellement, sans qu'on eût besoin de renouveler contre elle les efforts impuissants de la campagne précédente. Les exploits de Lecourbe et de Masséna dans les Alpes avaient fort dégoûté les Autrichiens de toute grande opération spécialement dirigée contre la Suisse. On voulait, à l'égard de cette contrée, se borner à la simple observation. L'extrême gauche du maréchal de Kray devait se charger de ce soin en Souabe; la cavalerie du baron de Mélas, inutile dans l'Apennin, devait se charger du même soin en Lombardie. Le plan des Autrichiens consistait donc à temporiser en Souabe, à opérer de bonne heure en Italie, à s'avancer de ce côté jusqu'au Var, puis, quand les Français attirés sur le Var dégarniraient le Rhin, à franchir ce fleuve, à s'avancer alors en deux masses, l'une à l'est par Bâle, l'autre au midi par Nice, et à faire tomber ainsi, sans l'attaquer, la formidable barrière de la Suisse.

Les juges en fait d'opérations militaires ont beaucoup blâmé l'Autriche d'avoir négligé la Suisse; ce qui permit au général Bonaparte d'en déboucher pour se jeter sur le flanc du maréchal de Kray et sur les derrières du baron de Mélas. Nous croyons, comme on pourra en juger bientôt par l'exposé des faits, qu'aucun plan, tout à fait sûr, n'était possible, en présence du général Bonaparte, et avec l'inconvénient irréparable de la Suisse restée aux mains des Français.

Pour bien saisir cette mémorable campagne, et juger sainement les déterminations des parties belligérantes, il faut se figurer exactement la position de la Suisse, et l'influence qu'elle devait avoir sur les opérations militaires, au point surtout où ces opérations en étaient arrivées.

C'est vers les frontières orientales de la France que les Alpes commencent à surgir du milieu du continent européen. Elles se prolongent ensuite vers l'est, séparant l'Allemagne de l'Italie, jetant d'un côté le Danube et ses affluents, de l'autre le Pô et toutes les rivières dont ce grand fleuve se compose. La partie de ces Alpes la plus voisine de la France est celle qui forme la Suisse. Leur prolongement constitue le Tyrol, appartenant depuis des siècles à l'Autriche. (Voir la carte n° 1.)

Quand les armées autrichiennes s'avancent vers la France, elles sont obligées de remonter la vallée du Danube d'un côté, la vallée du Pô de l'autre, séparées en deux masses agissantes par la longue chaîne des Alpes. Tant qu'elles sont en Bavière et en Lombardie, ces deux masses peuvent communiquer à travers les Alpes par le Tyrol, qui est à l'Empereur ; mais quand elles arrivent en Souabe sur le haut Danube, en Piémont sur le Pô supérieur, elles se trouvent séparées l'une de l'autre ; sans communication possible à travers les Alpes, parce que la Suisse, indépendante et neutre, leur est ordinairement interdite.

Cette neutralité de la Suisse est un obstacle, que la politique de l'Europe a sagement placé entre la France et l'Autriche, pour diminuer les points d'attaque entre ces deux redoutables puissances. Si, en effet, la Suisse est ouverte à l'Autriche, celle-ci peut s'avancer avec ses armées, en communiquant librement de la vallée du Danube à la vallée du Pô, et en menaçant les frontières de la France depuis Bâle jusqu'à Nice. C'est pour la France un immense danger, car elle est obligée d'être en mesure partout, depuis les bouches du Rhin jusqu'aux bouches du Rhône; tandis que, si les Alpes Suisses sont fermées, elle peut concentrer toutes ses forces sur le Rhin, négligeant l'attaque qui vient par le midi, vu que jamais une opération sur le Var n'a réussi aux Impériaux, à cause de la longueur du détour. L'avantage de la neutralité suisse est donc grand pour la France.

Mais il n'est pas moins grand pour l'Autriche; il l'est peut-être davantage. Si, en effet, la Suisse devient le théâtre des hostilités, l'armée française peut l'envahir la première, et, comme ses fantassins sont intelligents, agiles, braves, et aussi propres à la guerre de montagnes qu'à celle de plaine, elle a beaucoup de chances de s'y maintenir. La preuve en est dans la campagne même de 1799. Si, en effet, les Alpes sont attaquées par la grande chaîne, du côté de l'Italie, elle oppose la résistance que Lecourbe opposa à Suwarow dans les gorges du Saint-Gothard; si elles sont attaquées du côté de l'Allemagne, par la partie basse, elle oppose derrière les lacs et les fleuves la résistance que Masséna opposa derrière le lac de Zurich, et qui se termina par la mémorable bataille de ce nom. Or, quand l'armée française est restée maîtresse de la Suisse, elle a une position des plus menaçantes, et de laquelle on peut profiter pour amener des résultats extraordinaires, comme on va le voir bientôt, par le récit des opérations du général Bonaparte.

En effet, les deux armées autrichiennes, qui sont, l'une en Souabe, l'autre en Piémont, séparées par le massif de la Suisse, n'ont aucun moyen de communiquer entre elles, et les Français, débouchant par le lac de Constance d'un côté, par les grandes Alpes de l'autre, peuvent se jeter, ou sur les flancs de l'armée de Souabe, ou sur les derrières de l'armée d'Italie. Ce danger est impossible à éviter, quelque plan qu'on adopte, à moins de revenir à cinquante lieues en arrière, de rétrograder jusqu'en Bavière d'un côté, jusqu'en Lombardie de l'autre.

Il aurait donc fallu que les Autrichiens fissent l'une des choses que voici : ou que, perdant les avantages de la dernière campagne, ils nous abandonnassent à la fois la Souabe et le Piémont; ou que, se refusant à un tel sacrifice, ils essayassent d'enlever la Suisse par une attaque principale, ce qui ne pouvait pas leur réussir, car c'était attaquer de front un obstacle à peu près insurmontable, contre lequel on avait déjà échoué; ou enfin qu'ils se divisassent en deux grandes armées, comme ils firent, restant séparés par la Suisse, qui se trouvait ainsi placée sur leurs flancs et sur leurs derrières. Ils auraient pu, il est vrai, en suivant ce dernier parti, diminuer beaucoup l'une des deux armées pour grossir l'autre, et par exemple ne laisser au baron de Mélas que peu de moyens, assez seulement pour contenir Masséna, et porter à 200 mille hommes l'armée de Souabe; ou faire le contraire, en réunissant leurs principales forces en Piémont. Mais, dans un cas, c'était livrer l'Italie, l'Italie, but unique et prix ardemment désiré de la guerre; dans l'autre, c'était abandonner sans combat le Rhin, la Forêt-Noire, les sources du Danube, et abréger d'autant pour les Français la route de Vienne; c'était enfin, dans les deux cas, faire la chose du monde la plus avantageuse pour nous, car en portant l'une des deux armées à 200 mille hommes, on donnait la victoire à celle des deux puissances qui avait le général Bonaparte pour elle. Il était en effet le seul général qui pût alors commander 200 mille hommes à la fois.

Il n'y avait donc aucun plan parfaitement sûr pour l'Autriche, quand les Français étaient maîtres de la Suisse, ce qui, pour le dire en passant, prouve que la neutralité suisse est très-bien inventée, dans l'intérêt des deux puissances. Elle ajoute, en effet, à leurs moyens défensifs en diminuant leurs moyens offensifs; c'est-à-dire qu'elle donne à leur sûreté tout ce qu'elle enlève à leur puissance agressive. On ne saurait mieux faire dans l'intérêt de la paix générale.

Les Autrichiens n'avaient donc pas beaucoup de partis à prendre, et, quoi qu'on ait dit, ils prirent peut-être le seul possible, en se décidant à temporiser en Souabe, à opérer vivement en Italie, restant séparés par l'obstacle de la Suisse, qu'il leur était impossible de faire disparaître. Mais dans cette position il y avait plus d'une manière de se conduire, et il faut reconnaître qu'ils n'adoptèrent pas la meilleure, qu'ils ne surent même prévoir aucun des dangers qui les menaçaient. S'obstinant à croire les armées françaises épuisées; ne supposant pas que celle d'Allemagne fût capable de prendre l'offensive et de passer le Rhin devant 150 mille Autrichiens postés dans la Forêt-Noire; supposant encore moins qu'on pût franchir les Alpes, sans route, et dans la saison des neiges; ne voyant pas d'ailleurs la troisième armée qui pourrait être tentée de les franchir, ils s'abandonnèrent à une confiance qui leur devint fatale. Il faut reconnaître encore, pour être juste, que bien des gens y auraient été trompés comme eux, car leur sécurité reposait sur des obstacles en apparence invincibles. Mais l'expérience leur apprit bientôt que, devant un adversaire tel que le général Bonaparte, toute sécurité, même fondée sur des barrières insurmontables, fleuves ou montagnes de glaces, était trompeuse, et pouvait devenir mortelle.

La France avait deux armées : celle d'Allemagne, portée, par la réunion des armées du Rhin et d'Helvétie, à 130 mille hommes; celle de Ligurie, réduite à 40 mille au plus. Il y avait dans les troupes de Hollande, de Vendée et de l'intérieur, les éléments épars, éloignés, d'une troisième armée; mais une habileté administrative supérieure pouvait seule la réunir à temps, et surtout à l'improviste, sur le point où sa présence était nécessaire. Le général Bonaparte imagina d'employer ces divers moyens comme il suit.

Masséna, avec l'armée de Ligurie, point augmentée, secourue seulement en vivres et en munitions, avait ordre de tenir sur l'Apennin entre Gênes et Nice, et d'y tenir comme aux Thermopyles. L'armée d'Allemagne, sous Moreau, accrue le plus possible, devait faire sur tous les bords du Rhin, de Strasbourg à Bâle, de Bâle à Constance, des démonstrations trompeuses de passage, puis marcher rapidement derrière le rideau que forme ce fleuve, le remonter jusqu'à Schaffouse, jeter là quatre ponts à la fois, déboucher en masse sur le flanc du maréchal de Kray, le surprendre, le pousser en désordre sur le haut Danube, le gagner de vitesse s'il était possible, le couper de la route de Vienne, l'envelopper peut-être, et lui faire subir l'un de ces désastres mémorables, dont il y a eu dans ce siècle plus d'un exemple. Si l'armée de Moreau n'avait pas ce bonheur, elle pouvait toutefois pousser M. de Kray sur Ulm et Ratisbonne, l'obliger ainsi à descendre le Danube, et l'éloigner des Alpes, de manière à ce qu'il ne pût jamais y envoyer aucun secours. Cela fait, elle avait ordre de détacher son aile droite vers la Suisse, pour y seconder la périlleuse opération dont le général Bonaparte se réservait l'exécution. La troisième armée, dite de réserve, dont les éléments existaient à peine, devait se former entre Genève et Dijon, et attendre là l'issue des premiers événements, prête à secourir Moreau, s'il en avait besoin. Mais si Moreau avait réussi, dans une partie au moins de son plan, cette armée de réserve, se portant, sous le général Bonaparte, à Genève, de Genève dans le Valais, donnant la main au détachement tiré de l'armée d'Allemagne, passant ensuite le Saint-Bernard sur les glaces et les neiges, devait, par un prodige

Mars 1800.

plus grand que celui d'Annibal, tomber en Piémont, prendre par derrière le baron de Mélas, occupé devant Gênes, l'envelopper, lui livrer une bataille décisive, et, si elle la gagnait, l'obliger à mettre bas les armes.

Assurément, si l'exécution répondait à un tel plan, jamais plus belle conception n'aurait honoré le génie d'aucun homme de guerre, ancien ou moderne. Mais c'est l'exécution seule qui donne aux grandes combinaisons militaires leur valeur, car privées de ce mérite, elles ne sont que de vaines chimères.

L'exécution, ici, consistait dans une infinité de difficultés à vaincre : dans la réorganisation des armées du Rhin et de Ligurie, dans la création de l'armée de réserve, dans le secret à garder sur la création et la destination de celle-ci ; enfin, dans le double passage du Rhin et des Alpes, le second égal à tout ce que l'art de la guerre a jamais tenté de plus extraordinaire.

Le premier soin du général Bonaparte avait été d'abord de recruter l'armée. Les désertions à l'intérieur, les maladies, le feu, l'avaient réduite à 250 mille hommes, ce que l'on croirait à peine, dans un moment où l'on tenait tête à une coalition générale, si des documents certains ne l'attestaient. Heureusement c'étaient 250 mille hommes parfaitement aguerris, tous capables de lutter contre un ennemi double en nombre. Le Premier Consul avait demandé 100 mille conscrits au Corps Législatif, qui lui avaient été accordés avec un véritable empressement patriotique. La guerre était si légitime, si évidemment nécessaire, après les offres de paix refusées, qu'une simple hésitation eût été criminelle. Il n'y avait du reste pas à la craindre, et l'empressement du Corps Législatif et du Tribunat alla jusqu'à l'enthousiasme. Ces 100 mille jeunes conscrits, combinés avec 250 mille vieux soldats, devaient former une composition d'armée excellente. Les préfets nouvellement institués, et déjà rendus à leur poste, imprimaient au recrutement une activité qu'il n'avait jamais eue. Mais ces conscrits ne pouvaient être présents à leurs corps, instruits, propres à servir avant cinq ou six mois. Le Premier Consul prit le parti de retenir dans l'intérieur les corps épuisés par la guerre, et de les employer comme des cadres, dans lesquels il placerait la nouvelle levée. Il achemina au contraire vers la frontière, les corps capables d'entrer en campagne, en ayant soin de verser, des rangs de ceux qui devaient rester à l'intérieur, dans les rangs de ceux qui allaient combattre, tous les soldats en état de servir. C'est à peine, si, en agissant ainsi, il pouvait trouver 200 mille hommes à porter immédiatement en ligne. Mais cela suffisait sous sa main puissante et habile.

Il fit appel en même temps aux sentiments patriotiques de la France. S'adressant aux soldats des premières requisitions, que le découragement général, suite de nos revers, avait ramenés dans leurs foyers, il fit rejoindre forcément ceux qui étaient partis sans congés, et s'efforça de réveiller le zèle de ceux qui avaient des congés réguliers. Il tâcha d'exciter les goûts militaires chez tous les jeunes gens, dont l'imagination était enflammée par le nom du général Bonaparte. Bien que l'enthousiasme des premiers jours de la Révolution fût refroidi, la vue de l'ennemi sur nos frontières ranimait les cœurs; et ce n'était pas un secours à dédaigner que celui qu'on pouvait tirer encore du dévouement des volontaires.

A ces soins donnés au recrutement, le Premier Consul ajouta quelques réformes utiles sous le rapport de l'administration et de la composition de l'armée. D'abord il créa des inspecteurs aux revues, chargés de constater le nombre des hommes présents sous les armes, et d'empêcher que le trésor ne payât des soldats qui n'étaient présents que sur le papier. Il fit dans l'artillerie un changement de la plus grande importance. Les voitures d'artillerie étaient traînées alors par des charretiers appartenant à des compagnies de transports, lesquels, n'étant pas retenus par le sentiment de l'honneur, comme les autres soldats, coupaient, au premier danger, les traits de leurs chevaux, et s'enfuyaient, laissant leurs canons aux mains de l'ennemi. Le Premier Consul pensa que le conducteur chargé d'amener la pièce au lieu du combat, rend un service aussi grand que le canonnier chargé d'en faire usage, qu'il court le même danger, et a besoin du même mobile moral, c'est-à-dire l'honneur. Il convertit donc les charretiers d'artillerie en soldats revêtus de l'uniforme, et faisant partie des régiments de cette arme. C'étaient dix ou douze mille cavaliers, qui devaient apporter autant de zèle à conduire leurs pièces devant l'ennemi, ou à les enlever rapidement, que les servants en mettaient à les charger, à les pointer, à les tirer. Cette réforme n'était que commencée, et ne pouvait donner que plus tard toutes ses conséquences utiles.

Mars 1800.

L'artillerie et la cavalerie avaient aussi besoin de chevaux. Le Premier Consul, n'ayant ni le temps ni les moyens d'exécuter des achats, ordonna une levée forcée et extraordinaire du trentième cheval. C'était une dure mais inévitable nécessité. Les armées devaient se pourvoir d'abord autour d'elles, et puis, de proche en proche, dans les provinces environnantes.

Levée forcée de chevaux.

Le Premier Consul avait envoyé à Masséna les fonds dont on pouvait disposer pour venir au secours de la malheureuse armée de Ligurie. De 60 mille hommes dont elle se composait par la réunion de l'armée de Lombardie et de celle de Naples, après la sanglante bataille de la Trebbia, elle était, par la misère, réduite à 40 mille hommes au plus, ne présentant que 30 et quelques mille combattants. Les blés, ne pouvant venir ni du Piémont, occupé par les Autrichiens, ni de la mer, gardée par les Anglais, étaient fort rares. Ces malheureux soldats n'avaient, pour se nourrir, que les récoltes de l'Apennin, à peu près nulles, comme tout le monde le sait. Ils ne voulaient pas entrer dans les hôpitaux, où l'on manquait des premiers aliments; et on les voyait, sur la route de Nice à Gênes, dévorés par la faim et la fièvre, présentant le plus douloureux des spectacles, celui de braves gens que la patrie qu'ils défendent laisse mourir de misère.

Malheureux état de l'armée de Ligurie.

Masséna, muni des fonds envoyés par le gouvernement, avait passé quelques marchés à Marseille,

16.

Mars 1800.

acquis tous les blés que contenait cette ville, et les avait dirigés sur Gênes. Malheureusement, pendant cet hiver, les vents aussi rigoureux que l'ennemi, ne cessaient de contrarier les arrivages de Marseille à Gênes, et remplaçaient en quelque sorte le blocus, que les Anglais ne pouvaient continuer dans la mauvaise saison. Cependant, quelques cargaisons ayant réussi à passer, le pain venait d'être rendu aux troupes de la Ligurie. On leur avait envoyé des armes, des souliers, quelques vêtements, et des espérances. Quant à l'énergie militaire, rien n'était à faire pour la leur inspirer; car jamais la France n'avait vu des soldats endurer de tels revers avec une telle fermeté. Ces vainqueurs de Castiglione, d'Arcole, de Rivoli, avaient supporté sans s'ébranler les défaites de Cassano, de Novi, de la Trebbia; la trempe qu'ils avaient acquise n'avait pu s'altérer sous les coups de la fortune. Au surplus, la présence du général Bonaparte à la tête du gouvernement et du général Masséna à la tête de l'armée, leur aurait remonté le cœur s'ils en avaient eu besoin. Il ne fallait que les nourrir, les vêtir, les armer, pour en tirer les plus grands services. On fit à cet égard le mieux qu'on put. Masséna, par quelques actes de sévérité, rétablit la discipline, ébranlée parmi eux, et réunit 30 et quelques mille hommes, impatients de retrouver sous ses ordres la route de la fertile Italie.

Conduite prescrite à Masséna.

Le Premier Consul lui prescrivit une conduite habilement conçue. Trois passages étroits conduisaient à travers l'Apennin, du versant continental sur le versant maritime : c'était le passage de la Bocchetta, débouchant sur Gênes; celui de Cadibona, sur Savone ; celui de Tende, sur Nice. (Voir la carte n° 3.) Le Premier Consul enjoignit à Masséna de ne laisser que de faibles détachements au col de Tende et au col de Cadibona, tout juste assez pour les observer, et de se concentrer, avec 25 ou 30 mille hommes, sur Gênes. Cette ville étant fortement occupée, l'invasion du midi de la France était peu présumable, et, en tout cas, peu à craindre ; car les Autrichiens ne seraient pas assez téméraires pour s'avancer, au delà du Var, sur Toulon et les Bouches-du-Rhône, en laissant Masséna sur leurs derrières. Masséna pouvait d'ailleurs tomber avec ses 30 mille hommes réunis sur les corps qui auraient franchi les défilés de l'Apennin. Il était difficile, vu la nature des lieux étroits et escarpés, qu'il rencontrât plus de 30 mille hommes à la fois. Il avait donc le moyen de faire partout face à l'ennemi. Ce plan excellent n'était malheureusement exécutable que par un général qui aurait eu la prodigieuse dextérité du vainqueur de Montenotte. Le Premier Consul était, du reste, assuré d'avoir dans Masséna un défenseur opiniâtre des hauteurs de l'Apennin, et de préparer au baron de Mélas des occupations qui le retiendraient en Ligurie, pendant tout le temps nécessaire aux savantes combinaisons du plan de campagne.

Néanmoins, il faut le dire, l'armée de Ligurie fut un peu traitée en armée sacrifiée ; on ne lui envoya pas un homme de plus, on ne lui donna que du matériel, et même, sous ce rapport, le nécessaire seulement. C'est ailleurs que se dirigeaient les principaux efforts du gouvernement, parce que c'est ailleurs que devaient se porter les grands coups. L'armée de Ligurie était exposée à périr, pour donner à d'autres le temps d'être victorieuses. Telle est cette dure fatalité de la guerre, qui passe de la tête des uns sur la tête des autres, obligeant ceux-ci à mourir pour que ceux-là vivent et triomphent.

L'armée traitée avec un soin tout particulier fut celle qui, sous les ordres de Moreau, était destinée à opérer en Souabe. On lui envoya tout ce qu'on put en hommes et en matériel. On fit les plus grands efforts pour lui assurer une artillerie complète et de grands moyens de passage, afin qu'elle se trouvât en mesure de franchir le Rhin à l'improviste, et, s'il était possible, sur un seul point. Le général Moreau, dont on a dit le Premier Consul si jaloux, allait donc avoir sous ses ordres la plus belle, la plus nombreuse armée de la République, cent trente mille hommes environ, tandis que Masséna n'en devait avoir que trente-six, et le Premier Consul tout au plus quarante. Ce n'était point, au surplus, une vaine caresse adressée à l'orgueil de Moreau. Des motifs plus sérieux avaient déterminé cette distribution des forces. L'opération destinée à jeter M. de Kray sur Ulm et Ratisbonne, était de la plus haute importance pour le succès général de la campagne; car en présence de ces deux puissantes armées autrichiennes qui s'avançaient vers nos frontières, il fallait d'abord avoir éloigné l'une, pour pouvoir franchir les Alpes sur les derrières de l'autre. Cette première opération devait donc être tentée par des moyens décisifs, qui en rendissent la réussite infaillible. Le Premier Consul, tout en estimant Moreau, s'estimait lui-même beaucoup plus ; et, s'il fallait que l'un des deux se passât de grands moyens, il croyait pouvoir s'en passer plus que Moreau. Le sentiment qui le dirigeait dans cette occasion était un sentiment meilleur, dans les grandes affaires de l'État, que la générosité elle-même, c'était l'amour de la chose publique ; il la mettait au-dessus de tout intérêt particulier, que ce fût celui des autres ou le sien.

Cette armée du Rhin, quoique portant, comme les autres armées de la République, les haillons de la misère, était superbe. Quelques conscrits lui avaient été envoyés, mais en petit nombre, tout juste assez pour la rajeunir. Elle se composait en immense majorité de ces vieux soldats, qui, sous les ordres de Pichegru, Kléber, Hoche et Moreau, avaient conquis la Hollande, les rives du Rhin, franchi plusieurs fois ce fleuve et paru même sur le Danube. On n'aurait pas pu dire, sans injustice, qu'ils étaient plus braves que ceux de l'armée d'Italie ; mais ils présentaient toutes les qualités de troupes accomplies : ils étaient sages, sobres, disciplinés, instruits et intrépides. Les chefs étaient dignes des soldats. La formation de cette armée en divisions détachées, complètes en toutes armes, et agissant en corps séparés, y avait développé au plus haut point le talent des généraux divisionnaires. Ces divisionnaires avaient des mérites égaux, mais divers. C'était Lecourbe, le plus habile des officiers de son temps dans la guerre des montagnes, Lecourbe, dont les échos des Alpes répétaient le nom glorieux : c'était Riche-

Mars 1800.

Lecourbe.

Richepanse.

panse, qui joignait à une bravoure audacieuse une intelligence rare, et qui rendit bientôt à Moreau, dans les champs de Hohenlinden, le plus grand service qu'un lieutenant ait jamais rendu à son général : c'était Saint-Cyr, esprit froid, profond, caractère peu sociable, mais doué de toutes les qualités du général en chef : c'était enfin ce jeune Ney, qu'un courage héroïque, dirigé par un instinct heureux de la guerre, avait déjà rendu populaire dans toutes les armées de la République. A la tête de ces lieutenants était Moreau, esprit lent, quelquefois indécis, mais solide, et dont les indécisions se terminaient en résolutions sages et fermes, quand il était face à face avec le danger. La pratique avait singulièrement formé et étendu son coup d'œil militaire. Mais, tandis que son génie guerrier grandissait chaque jour au milieu des épreuves de la guerre, son caractère civil, faible, livré à toutes les influences, avait succombé déjà, et devait succomber encore aux épreuves de la politique, que les âmes fortes et les esprits vraiment élevés peuvent seuls surmonter. Du reste, la malheureuse passion de la jalousie n'avait point encore altéré la pureté de son cœur et corrompu son patriotisme. Par son expérience, son habitude du commandement, sa haute renommée, il était, après le général Bonaparte, le seul homme capable alors de commander à cent mille hommes.

Le plan de détail que lui avait prescrit le Premier Consul, consistait à déboucher en Souabe par le point qui lui permettrait le mieux d'agir sur l'extrême gauche du maréchal de Kray, de manière à déborder celui-ci, à le couper de la Bavière, à l'enfermer entre le haut Danube et le Rhin; auquel cas l'armée autrichienne de Souabe était perdue. Pour y réussir, il fallait passer le Rhin, non pas sur deux ou trois points, mais sur un seul, le plus près possible de Constance; opération singulièrement hardie et difficile, car il s'agissait de mettre au delà d'un fleuve, et en présence de l'ennemi, cent mille hommes à la fois, avec tout leur matériel : et on doit avouer qu'avant Wagram, aucun général n'avait passé un fleuve avec cet ensemble et cette résolution. Aussi fallait-il beaucoup d'adresse pour tromper les Autrichiens sur le lieu qu'on choisirait ; avec beaucoup d'adresse, beaucoup d'audace dans l'exécution du passage, et enfin, ce qu'il faut toujours, du bonheur. Le Premier Consul avait ordonné de réunir dans les affluents du Rhin, dans l'Aar particulièrement, une masse considérable de bateaux, pour jeter trois ou quatre ponts à la fois, à la distance de quelques cents toises les uns des autres. Restait à faire entrer de telles combinaisons dans l'esprit froid et peu audacieux de Moreau.

<small>Mars 1800.</small>

Après ces soins, donnés avec un zèle de tous les moments aux troupes de Ligurie et d'Allemagne, le Premier Consul s'était appliqué à tirer du néant une armée, qui bientôt accomplit les plus grandes choses, sous le titre d'armée de réserve.

Pour qu'elle remplît son objet, il fallait non-seulement la créer, mais la créer sans que personne voulût y croire. On va voir de quelle manière il s'y prit, pour obtenir ce double résultat.

<small>Création de l'armée de réserve.</small>

Mars 1800.

Le Premier Consul avait su trouver en Hollande, et dans les forces accumulées à Paris par le Directoire, les moyens de pacifier la Vendée en temps utile : il sut trouver dans la Vendée pacifiée les ressources nécessaires pour créer une armée, qui, jetée à l'improviste sur le théâtre des opérations militaires, y devait changer les destinées de la campagne. En écrivant au général Brune, commandant supérieur dans l'Ouest, il lui adressait ces belles paroles, qui exprimaient si bien sa manière d'opérer, et celle des grands maîtres en fait d'administration et de guerre : « Faites-moi connaître si, indépendamment des cinq » demi-brigades que je vous ai demandées par mon » dernier courrier, vous pouvez encore disposer » d'une ou deux demi-brigades, sauf à les faire re- » venir dans trois mois. *Il faut nous résoudre à ar-* » *penter la France comme autrefois la vallée de* » *l'Adige; ce n'est jamais que le rapport des décades* » *aux jours.* » (14 ventôse an VIII. — 5 mars 1800. Dépôt de la Secrétairerie d'État.)

Quoique les Anglais dussent être dégoûtés de nouvelles descentes sur le continent depuis leur aventure du Texel, et surtout depuis la séparation des Russes de la coalition, on ne pouvait leur livrer la vaste étendue de nos côtes, du Zuiderzée jusqu'au golfe de Gascogne, sans aucun moyen de défense, la pacification de la Vendée étant d'ailleurs si récente. Le Premier Consul laissa donc en Hollande une force moitié française, moitié hollandaise, pour garder ce pays si précieux; il en donna le commandement à Augereau. Elle était formée en divisions actives, complètes en toutes armes, et prêtes à marcher. Lorsqu'on serait bien assuré, par la suite des opérations, qu'on n'avait pas de descente à craindre, ce corps d'Augereau devait remonter le Rhin, et couvrir les derrières de Moreau, en Allemagne. Dans les soixante mille hommes réunis depuis les côtes de la Normandie jusqu'à celles de la Bretagne et du Poitou, le Premier Consul choisit les demi-brigades les plus épuisées, et les chargea de veiller sur le pays insurgé. Il eut soin d'en réduire encore l'effectif, en faisant passer à l'armée active les soldats capables de servir, et les rendit ainsi propres à recevoir un plus grand nombre de conscrits, qu'elles devaient instruire tout en gardant les côtes. Il les forma en cinq petits camps, réunissant artillerie, cavalerie, infanterie, pouvant marcher au premier signal, et commandés par de bons officiers. Il y avait deux de ces camps en Belgique, un à Liége, un autre à Maëstricht, tous deux destinés à contenir cette contrée travaillée par les prêtres, et à concourir, s'il était besoin, à la défense de la Hollande. Il y en avait un à Lille, prêt à se jeter sur la Somme et la Normandie, un à Saint-Lô, un, enfin, à Rennes. Ce dernier était le plus nombreux : il comptait de 7 à 8 mille soldats. Les autres étaient de 4 à 5 mille. Ces camps employaient environ 30 mille hommes. Ils allaient être portés au double au moins, par l'arrivée de la conscription. Ils devaient faire, à la fois, la police dans les pays récemment conquis, tels que la Belgique, et dans les pays récemment pacifiés, tels que la Normandie, la Bretagne, le Poitou. Le

Mars 1800.

Premier Consul avait ordonné de fouiller les bois pour y chercher les armes cachées. Il avait commencé à former, par l'appât d'un traitement avantageux, trois ou quatre bataillons, composés de tous les individus qui avaient contracté dans la guerre civile des habitudes aventureuses, et il voulait, sans le dire, les envoyer en Égypte. Quant aux chefs, il leur avait assigné à tous des résidences éloignées du théâtre de la guerre civile, et avait adouci l'amertume de cet exil, par des pensions très-suffisantes pour leur procurer un véritable bien-être.

Ces dispositions faites, il restait, sur les soixante mille hommes réunis pour la pacification de l'intérieur, environ 30 mille soldats excellents, encadrés dans les demi-brigades qui avaient le moins souffert. Les uns étaient revenus à Paris après l'opération exécutée en Normandie contre M. de Frotté. Les autres étaient en Bretagne et en Vendée. Le Premier Consul en forma trois belles divisions de guerre, deux en Bretagne, à Rennes et à Nantes, la troisième à Paris. Ces divisions devaient se compléter en toute hâte, se pourvoir du matériel qu'elles auraient sous la main, et se procurer le reste en route, par les moyens que nous allons faire connaître. Elles avaient ordre de se rendre à la frontière de l'est, arpentant la France, suivant le langage du Premier Consul, comme autrefois l'armée d'Italie arpentait la vallée de l'Adige. Leur arrivée en Suisse était certaine pour le mois d'avril.

Il existait une autre ressource, c'étaient les dépôts de l'armée d'Égypte, stationnés dans le midi de la France, et n'ayant jamais pu envoyer des recrues à leurs corps par l'impossibilité de traverser la mer, toujours gardée par les Anglais. On pouvait, en versant dans ces dépôts quelques conscrits, en tirer quatorze bataillons très-beaux, très-propres à faire la guerre. L'ordre fut donné de les acheminer vers Lyon, dès qu'ils seraient complétés. C'était une quatrième division excellente, et capable de rendre de bons services.

Mars 1800.

Ce qu'il y a de plus difficile, de plus long dans la composition d'une armée, c'est l'organisation de l'artillerie : le Premier Consul, voulant former cette armée de réserve à l'est, avait, dans les dépôts d'Auxonne, de Besançon, de Briançon, les moyens de réunir, en personnel et en matériel, une force de soixante bouches à feu. Deux officiers d'artillerie très-habiles, et qui lui étaient dévoués, les généraux Marmont et Gassendi, furent dépêchés de Paris, avec ordre de préparer ces soixante bouches à feu dans ces divers dépôts, sans dire où elles seraient concentrées et réunies.

Restait à indiquer un lieu de rendez-vous à toutes ces forces éparses. Si on avait cherché à cacher par le silence de tels préparatifs, on aurait, au contraire, donné l'éveil. Le Premier Consul voulut tromper l'ennemi par le bruit même qu'il allait faire. Il inséra au *Moniteur* un arrêté des Consuls, portant création d'une armée de réserve, qui devait être formée à Dijon, et se composer de soixante mille hommes. Berthier partit en poste pour Dijon, afin d'en commencer l'organisation. On doit se souvenir, en effet, que

Moyens employés pour dissimuler la formation de l'armée de réserve.

Mars 1800.

Berthier était devenu libre par l'entrée de Carnot au ministère de la guerre. Un appel chaleureux fut fait aux anciens volontaires de la Révolution, qui, après une ou deux campagnes, étaient revenus dans leurs foyers. On les engageait à se rendre à Dijon. On y envoya avec beaucoup d'ostentation un peu de matériel et quelques conscrits. De vieux officiers, dirigés sur ce point, présentèrent une apparence de cadres pour commencer l'instruction de ces conscrits. Les journalistes, à qui la mention des affaires militaires n'était permise qu'avec beaucoup de sobriété, eurent carrière sur l'armée qui s'organisait à Dijon, et purent remplir leurs feuilles des détails qui la concernaient. C'en était assez pour attirer là les espions de toute l'Europe, qui ne manquèrent pas, en effet, d'y accourir en grand nombre.

Si les divisions formées à Nantes, Rennes et Paris avec les troupes tirées de la Vendée ; si la division formée à Toulon, Marseille, Avignon, avec les dépôts de l'armée d'Égypte ; si l'artillerie préparée à Besançon, Auxonne, Briançon, avec les ressources de ces arsenaux, eussent été réunies à Dijon, c'en était fait du secret du Premier Consul ; tout le monde croyait à l'existence de l'armée de réserve. Mais il se garda bien d'en agir ainsi. Ces divisions furent acheminées sur Genève et Lausanne par des routes différentes, de telle manière que l'attention publique ne fut particulièrement attirée sur aucun point. Elles passaient pour des renforts destinés à l'armée du Rhin, laquelle, étant répandue depuis Strasbourg jusqu'à Constance, pouvait bien paraître le but vers lequel marchaient ces renforts. Ces préparatifs en matériel, ordonnés dans les arsenaux d'Auxonne et de Besançon, passaient pour un supplément d'artillerie, destiné à la même armée. Ceux qui se faisaient à Briançon étaient censés appartenir aux troupes de Ligurie. Le Premier Consul fit envoyer des eaux-de-vie à Genève ; envoi qui n'indiquait pas mieux son but, puisque notre armée d'Allemagne avait sa base d'opérations en Suisse. Il fit fabriquer dans les départements riverains du Rhône deux millions de rations en biscuit, destinées à nourrir l'armée de réserve au milieu de la stérilité des Alpes. 1,800 mille rations remontèrent secrètement le Rhône vers Genève ; 200 mille furent envoyées avec ostentation à Toulon, pour faire supposer que ces fabrications inusitées avaient été faites pour le compte de la marine. Enfin, les divisions en marche, conduites lentement, et sans les fatiguer, vers Genève et Lausanne (elles avaient en effet la moitié de mars et tout avril pour faire le trajet), recevaient pendant la route même ce qui leur manquait, en souliers, vêtements, fusils, chevaux. Le Premier Consul ayant arrêté dans son esprit la route qu'elles devaient suivre, et constaté soigneusement la nature de leurs besoins, faisait trouver sur chaque lieu qu'elles avaient à traverser, tantôt une espèce de secours, tantôt une autre, en se gardant bien d'éveiller l'attention par une grande réunion de matières sur un seul point. La correspondance relative à ces préparatifs avait été soustraite aux bureaux de la guerre. Elle était renfermée entre lui et les chefs de corps, et portée

Mars 1800.

par des aides-de-camp sûrs, qui allaient, venaient en poste, voyaient tout de leurs yeux, faisaient tout directement, armés des ordres irrésistibles du Premier Consul, et ignorant d'ailleurs le plan général auquel ils concouraient.

Le secret, renfermé entre le Premier Consul, Berthier, et deux ou trois généraux du génie et de l'artillerie, qu'on avait été forcé d'initier au plan de campagne, était profondément gardé. Aucun d'eux ne l'aurait compromis, parce que le secret est un acte d'obéissance qu'obtiennent les gouvernements, en proportion de l'ascendant qu'ils exercent. A ce titre, celui du Premier Consul n'avait aucune indiscrétion à craindre. Les espions étrangers accourus à Dijon, n'y voyant que quelques conscrits, quelques volontaires, quelques vieux officiers, se crurent bien fins, en découvrant qu'il n'y avait là rien de sérieux, que le Premier Consul évidemment ne faisait tout ce bruit que pour effrayer le baron de Mélas, pour l'empêcher de pénétrer par les bouches du Rhône, et lui persuader qu'il trouverait dans le midi de la France une armée de réserve capable de l'arrêter. La chose fut ainsi comprise de tous les gens qui se croyaient bons juges en cette matière, et les journaux anglais se remplirent bientôt de mille et mille railleries. Les dessinateurs de caricatures en firent une sur l'armée de réserve : elle représentait un enfant donnant la main à un invalide à jambe de bois.

Il n'en fallait pas davantage au Premier Consul : être raillé était, dans le moment, son unique désir.

En attendant, ses divisions marchaient, son matériel se préparait vers les frontières de l'est, et, dans les premiers jours de mai, une armée improvisée était prête, ou à seconder Moreau, ou à se jeter au delà des Alpes, pour y changer la face des événements.

Mars 1800.

Le Premier Consul n'avait pas négligé la marine. Depuis la course que l'amiral Bruix avait faite l'année précédente dans la Méditerranée, avec les forces combinées de France et d'Espagne, la grande flotte qu'il avait dirigée était rentrée dans Brest. Elle se composait de quinze vaisseaux espagnols et d'une vingtaine de vaisseaux français, en tout pas loin de quarante. Vingt vaisseaux anglais la bloquaient dans le moment. Le Premier Consul profita des premières ressources financières qu'il avait réussi à créer, pour envoyer quelques vivres, et une partie de la solde arriérée, à cette flotte. Il lui enjoignit de ne pas se laisser bloquer, quand on serait trente contre vingt; de sortir à la première occasion, fallût-il livrer bataille; et, si on pouvait tenir la mer, de passer le détroit, de paraître devant Toulon, d'y rallier quelques bâtiments chargés de secours pour l'Égypte, d'aller ensuite débloquer Malte et Alexandrie. Les routes ouvertes, il suffisait du commerce seul pour ravitailler les garnisons françaises répandues sur les bords de la Méditerranée.

Quelques secours accordés à la marine.

Tels furent les soins consacrés aux affaires militaires par le Premier Consul, tandis qu'il était, avec MM. Sieyès, Cambacérès, Talleyrand, Gaudin, et autres collaborateurs de ses travaux, occupé à réorganiser le gouvernement, à rétablir les finances, à créer une administration civile et judiciaire, à négocier enfin avec l'Europe. Mais ce n'était pas tout que de concevoir des plans, d'en préparer l'exécution ; il lui fallait faire entrer ses idées dans la tête de ses lieutenants, qui, quoique soumis à son autorité consulaire, n'étaient pas toutefois aussi complétement subordonnés alors qu'ils le furent plus tard, lorsque, sous le titre de maréchaux d'Empire, ils obéissaient à un Empereur. Le plan prescrit à Moreau, surtout, avait bouleversé cette tête froide et timide. Ce général était effrayé de la hardiesse de l'opération qui lui était ordonnée. Nous avons déjà parlé du pays sur lequel il devait opérer. (Voir la carte n° 2.) Le Rhin, avons-nous dit, coule de l'est à l'ouest, de Constance à Bâle, se redresse à Bâle pour couler au nord, passant par Brisach, Strasbourg et Mayence. Dans l'angle qu'il décrit ainsi se trouve ce qu'on appelle la Forêt-Noire, pays boisé et montagneux, coupé de défilés qui conduisent de la vallée du Rhin à celle du Danube. L'armée française et l'armée autrichienne occupaient en quelque sorte les trois côtés d'un triangle : l'armée française en occupait deux, de Strasbourg à Bâle, de Bâle à Schaffouse ; l'armée autrichienne un seul, de Strasbourg à Constance. Celle-ci avait donc l'avantage d'une concentration plus facile. M. de Kray, ayant sa gauche sous le prince de Reuss, aux environs de Constance, sa droite dans les défilés de la Forêt-Noire jusque vers Strasbourg, son centre à Donau-Eschingen, au point d'intersection de toutes les routes, pouvait se concentrer rapidement devant l'endroit même que Moreau choisirait pour passer le Rhin, que ce fût de Strasbourg à Bâle ou de Bâle à Constance. C'était là le sujet des inquiétudes du général français. Il craignait que M. de Kray, se présentant en masse au point du passage, ne rendît ce passage impossible, peut-être même désastreux.

Le Premier Consul n'appréhendait rien de pareil. Il croyait, au contraire, que l'armée française pouvait très-facilement se concentrer sur le flanc gauche de M. de Kray, et l'enfoncer. Pour cela il désirait, comme nous l'avons déjà dit, que, profitant du rideau qui la couvrait, c'est-à-dire du Rhin, elle remontât ce fleuve à l'improviste, qu'elle se réunît entre Bâle et Schaffouse, qu'avec des bateaux secrètement disposés dans les affluents, elle jetât quatre ponts en une matinée, et qu'elle débouchât, au nombre de 80 ou 100 mille hommes, entre Stokach et Donau-Eschingen, donnant dans le flanc de M. de Kray, le coupant de ses réserves et de la gauche, précipitant ses débris sur le haut Danube. Il pensait que, cette opération exécutée avec promptitude et vigueur, l'armée autrichienne d'Allemagne pouvait être écrasée. Ce qu'il a fait plus tard en partant d'un point différent, mais dans les mêmes lieux, autour d'Ulm, ce qu'il fit cette année même par le Saint-Bernard, prouve que ce plan n'avait rien que de très-praticable. Il croyait que l'armée française, n'opérant pas sur le sol ennemi, puisqu'elle remontait par la rive gauche, n'ayant qu'à marcher sans combattre, pourrait, avec certaines précautions, dérober deux ou trois marches à M. de Kray, et qu'elle serait au lieu du passage avant que ce général eût réuni assez de moyens pour l'empêcher.

C'est là le plan qui avait troublé l'esprit de Moreau, peu habitué à ces hardies combinaisons. Il craignait que M. de Kray, averti à temps, ne se portât avec la masse de ses forces à la rencontre de l'armée française, et ne la jetât dans le fleuve. Moreau aimait mieux profiter des ponts existants à Strasbourg, Brisach et Bâle, pour déboucher en plusieurs colonnes sur la rive droite, il voulait ainsi diviser l'attention des Autrichiens, les attirer principalement vers les défilés de la Forêt-Noire correspondants aux ponts de Strasbourg et de Brisach, puis, après les avoir amenés dans ces défilés, se dérober tout à coup, longer le Rhin avec les colonnes qui auraient traversé ce fleuve, et venir se placer devant Schaffouse pour y couvrir le débouché du reste de l'armée.

Le plan de Moreau n'était pas sans mérite, mais il n'était pas non plus sans de graves inconvénients, car, s'il tendait à éviter le danger d'un seul passage exécuté en masse, il avait, en divisant cette opération, l'inconvénient de diviser les forces, de jeter sur le sol ennemi deux ou trois colonnes détachées, de leur faire exécuter une marche de flanc dangereuse jusqu'à Schaffouse, où elles devaient couvrir le dernier et le plus grand passage du fleuve. Enfin ce plan avait le désavantage de donner peu ou point de résultats, car il ne jetait pas l'armée française tout entière et toute à la fois, sur le flanc gauche du maréchal de Kray ; ce qui eût été le seul moyen de déborder le général autrichien, et de le couper de la Bavière.

C'est un spectacle digne des regards de l'histoire que celui de ces deux hommes, opposés l'un à l'autre dans une circonstance intéressante, laquelle faisait si bien ressortir les diversités de leur esprit et de leur caractère. Le plan de Moreau, comme il arrive souvent aux plans des hommes de second ordre, n'avait que les apparences de la prudence ; mais il pouvait réussir par l'exécution, car, il faut le redire sans cesse, l'exécution rachète tout : elle fait quelquefois échouer les meilleures combinaisons, et réussir les plus mauvaises. Moreau persistait donc dans ses idées. Le Premier Consul, voulant le persuader par le moyen d'un intermédiaire bien choisi, fit venir à Paris le général Dessoles, chef d'état-major de l'armée d'Allemagne, esprit fin, pénétrant, digne de servir de lien entre deux hommes puissants et susceptibles ; car il avait le goût de concilier ses supérieurs, que n'ont pas toujours les subordonnés. Le Premier Consul l'appela donc à Paris vers le milieu de mars (fin de ventôse) et l'y retint plusieurs jours. Après lui avoir expliqué ses idées, il les lui fit parfaitement comprendre, et même préférer à celles de Moreau. Mais le général Dessoles n'en persista pas moins à conseiller au Premier Consul d'adopter le plan de Moreau, parce qu'il fallait, suivant lui, laisser le général qui opère agir selon ses idées et son caractère, lorsque c'était d'ailleurs un homme digne du commandement qu'on lui avait confié. — Votre plan, dit-il au Premier Consul, est plus grand, plus décisif, probablement même plus sûr; mais il n'est pas adapté au génie de celui qui doit l'exécuter. Vous avez une manière de faire la guerre qui est supérieure à toutes; Moreau a la sienne, qui est inférieure sans doute à la vôtre, mais excellente néanmoins. Laissez-le agir; il agira bien, lentement peut-être, mais sûrement; et il vous procurera autant de résultats qu'il vous en faut pour le succès de vos combinaisons générales. Si, au contraire, vous lui imposez vos idées, vous le troublerez, vous le blesserez même, et vous n'obtiendrez rien de lui, pour avoir voulu trop obtenir. — Le Premier Consul, aussi versé dans la connaissance des hommes que dans celle de son art, apprécia la sagesse des avis du général Dessoles, et se rendit. — Vous avez raison, lui dit-il; Moreau n'est pas capable de saisir e d'exécuter le plan que j'ai conçu. Qu'il fasse comme il voudra, pourvu qu'il jette le maréchal de Kray sur Ulm et Ratisbonne, et qu'ensuite il renvoie à temps son aile droite sur la Suisse. Le plan qu'il ne comprend pas, qu'il n'ose pas exécuter, je vais l'exécuter, moi, sur une autre partie du théâtre de la guerre. Ce qu'il n'ose pas faire sur le Rhin, je vais le faire sur les Alpes. Il pourra regretter dans quelque temps la gloire qu'il m'abandonne. — Parole superbe et profonde, qui contenait toute une prophétie militaire, comme on pourra en juger bientôt[1].

La manière de franchir le Rhin laissée ainsi à Moreau, il restait un autre point à régler. Le Premier Consul aurait fort souhaité que l'aile droite, commandée par Lecourbe, restât en réserve sur le territoire suisse, toute prête à seconder Moreau si celui-ci en avait besoin, mais ne pénétrât pas en Allemagne si sa présence n'y était pas indispensable, afin de n'avoir pas à revenir en arrière pour se reporter vers les Alpes. Il savait d'ailleurs combien c'est chose difficile d'arracher à un général en chef un détachement de son armée, lorsque les opérations sont une fois commencées. Moreau insista pour avoir Lecourbe, s'engageant à le rendre au général Bonaparte dès qu'il aurait réussi à pousser le maréchal de Kray sur Ulm. Le Premier Consul se rendit à ce désir, résolu à tout concéder pour maintenir la bonne harmonie; mais il voulut que Moreau signât une convention, par laquelle il promettait, après avoir jeté les Autrichiens sur Ulm, de détacher Lecourbe avec 20 ou 25 mille hommes vers les Alpes. Cette convention fut signée à Bâle entre Moreau et Berthier, ce dernier considéré officiellement comme général en chef de l'armée de réserve.

Le général Dessoles était parti de Paris après avoir complétement réglé avec le Premier Consul les points en discussion. On était d'accord; tout était prêt pour l'entrée en campagne, et il importait de

Avril 1800.

Convention avec Moreau.

Vives instances du Premier Consul auprès de Moreau pour le décider à ouvrir la campagne.

[1] J'ai eu l'honneur, dans ma jeunesse, de recueillir ce récit de la bouche même du général Dessoles.

commencer immédiatement les opérations, pour que, Moreau ayant exécuté de bonne heure la partie du plan qui le concernait, le Premier Consul pût se jeter au delà des Alpes, et dégager Masséna avant que celui-ci fût écrasé, car il luttait avec 36 mille hommes contre 120 mille. Le Premier Consul voulait que Moreau agît à la mi-avril, ou, au plus tard, à la fin de ce mois. Mais ses instances étaient vaines; Moreau n'était pas prêt, et n'avait ni l'activité, ni l'esprit de ressources qui suppléent à l'insuffisance des moyens. Tandis qu'il différait, les Autrichiens, fidèles à leur plan de prendre l'initiative en Italie, se jetaient sur Masséna, et commençaient avec ce général une lutte, que la disproportion des forces a rendue digne d'une mémoire immortelle.

L'armée de Ligurie présentait tout au plus 36 mille hommes en état de servir activement, et distribués de la manière suivante. (Voir la carte n° 3.)

Treize ou 14 mille hommes, sous le général Suchet, formant la gauche de l'armée, occupaient le col de Tende, Nice et la ligne du Var. Un corps détaché de cette aile, fort de 4 mille hommes environ, sous les ordres du général Thureau, était posté sur le mont Cenis. C'étaient par conséquent 18 mille hommes consacrés à garder la frontière de France du mont Cenis au col de Tende.

Dix ou 12 mille hommes, sous le général Soult, formant le centre de l'armée, défendaient les deux principaux débouchés de l'Apennin, celui qui, par la haute Bormida, tombe sur Savone et Finale, celui de la Bocchetta, qui tombe sur Gênes.

Sept ou 8 mille hommes à peu près, sous l'intrépide Miollis, gardaient Gênes, et un col qui débouche près de cette ville, sur le côté opposé à celui de la Bocchetta. Ainsi, la seconde moitié de cette armée, 18 mille hommes à peu près, sous les généraux Soult et Miollis, défendaient l'Apennin et la Ligurie. Le danger d'une séparation entre ces deux portions de l'armée, celle qui occupait Nice et celle qui occupait Gênes, était évident.

Ces 36 mille Français avaient en présence les 120 mille Autrichiens du baron de Mélas, parfaitement reposés, nourris, ravitaillés, grâce à l'abondance de toutes choses en Italie, grâce aux subsides que l'Angleterre fournissait à l'Autriche. Le général Kaim, avec la grosse artillerie, la cavalerie et un corps d'infanterie, en tout 50 mille hommes, avait été laissé en Piémont, pour y servir d'arrière-garde, et observer les débouchés de la Suisse. Le baron de Mélas avec 70 mille hommes, la plus grande partie en infanterie, s'était avancé sur les débouchés de l'Apennin. Il avait, outre la supériorité du nombre, l'avantage de la position concentrique ; car Masséna était obligé, avec 30 mille hommes (le surplus occupant le mont Cenis), de garder le demi-cercle que forment les Alpes maritimes et l'Apennin, de Nice à Gênes, demi-cercle qui n'a pas moins de quarante lieues de circonférence. Le général de Mélas, au contraire, placé de l'autre côté des monts, au centre de ce demi-cercle, entre Coni, Ceva, Gavi, n'avait que peu de chemin à parcourir pour se porter à l'un ou l'autre des points qu'il voulait attaquer. Il pouvait facilement faire de fausses démonstrations sur l'un de ces points, pour se reporter rapidement sur l'autre, et y agir en masse. Masséna, menacé de la sorte, avait quarante lieues à faire pour aller de Nice au secours de Gênes, ou de Gênes au secours de Nice.

C'est sur l'ensemble de ces circonstances qu'étaient fondés les conseils donnés par le Premier Consul à Masséna, conseils déjà rapportés plus haut d'une manière générale, mais qu'il faut faire connaître ici avec un peu plus de détail. Trois routes propres à l'artillerie conduisaient d'un revers des monts à l'autre : celle qui, par Turin, Coni et Tende, débouche sur Nice et le Var; celle qui, remontant la vallée de la Bormida, donne par le col de Cadibona sur Savone ; enfin celle de la Bocchetta, qui, par Tortone et Gavi, descend sur la gauche de Gênes, dans la vallée de la Polcevera. Le danger était de voir le baron de Mélas se porter en masse sur le débouché du milieu, couper l'armée française en deux, et la jeter moitié sur Nice, moitié sur Gênes. Apercevant ce danger, le Premier Consul adressait à Masséna, dans des lettres pleines d'une admirable prévoyance (5 et 12 mars), des instructions dont voici la substance : — Gardez-vous, lui disait-il, d'avoir une ligne trop étendue. Ayez peu de monde sur les Alpes, et au col de Tende, où les neiges vous défendent. Laissez quelques détachements sur Nice et les forts environnants; ayez les quatre cinquièmes de vos forces à Gênes et aux environs. L'ennemi débouchera sur votre droite vers

Gênes, sur votre centre vers Savone, probablement sur ces deux points à la fois. Refusez une des deux attaques, et jetez-vous avec toutes vos forces réunies sur l'une des colonnes de l'ennemi. Le terrain ne lui permettra pas d'user de sa supériorité en artillerie et en cavalerie, il ne pourra vous attaquer qu'avec de l'infanterie; la vôtre est infiniment supérieure à la sienne, et, favorisée par la nature des lieux, elle pourra suppléer au nombre. Dans ce pays accidenté, si vous manœuvrez bien, vous pouvez avec 30 mille hommes en battre 60 mille; et pour porter 60 mille fantassins en Ligurie, il faut que M. de Mélas en possède 90 mille, ce qui suppose une armée totale de 120 mille hommes au moins. M. de Mélas n'a ni votre activité ni vos talents; vous n'avez aucune raison de le craindre. S'il paraît vers Nice, vous étant à Gênes, laissez-le marcher, ne vous ébranlez pas : il n'osera pas cheminer bien loin quand vous resterez en Ligurie, prêt à vous jeter ou sur ses derrières, ou sur les troupes laissées en Piémont. —

Diverses causes empêchèrent Masséna de suivre ces sages conseils. D'abord il fut surpris par la brusque irruption des Autrichiens, avant qu'il eût pu rectifier l'emplacement de ses troupes, et arrêter ses dispositions définitives; secondement il n'avait pas assez d'approvisionnements dans la ville de Gênes pour y concentrer toute son armée. Craignant d'y dévorer les vivres dont la place avait grand besoin en cas de siége, il voulait se servir des ressources de Nice, qui étaient beaucoup plus abondantes. Enfin, nous devons le dire, Masséna ne comprenait pas assez toute la profondeur des instructions de son chef, pour passer par-dessus les inconvénients, d'ailleurs très-réels, d'une concentration générale sur Gênes. Masséna était peut-être le premier des généraux contemporains sur le champ de bataille; il était, sous le rapport du caractère, l'égal des plus fermes généraux de tous les temps; mais, quoiqu'il eût beaucoup d'esprit naturel, l'étendue des vues n'égalait pas chez lui la promptitude du coup d'œil et l'énergie de l'âme.

Ainsi, faute de temps, faute de vivres, faute aussi d'en sentir assez l'importance, il ne se concentra pas assez tôt sur Gênes, et fut surpris par les Autrichiens. Ceux-ci entrèrent en action le 5 avril (15 germinal), c'est-à-dire bien avant l'époque qu'on aurait cru pouvoir assigner à la reprise des hostilités. Le baron de Mélas s'avança avec 70 ou 75 mille hommes environ, pour forcer la chaîne de l'Apennin. Ses lieutenants Ott et Hohenzollern furent dirigés avec 25 mille hommes sur Gênes. Le général Ott, avec 15 mille, remontant la Trebbia, se présenta par les cols de Scoffera et de Monte-Creto, qui débouchent sur la droite de Gênes; le général Hohenzollern, avec 10 mille hommes, menaça la Bocchetta, qui débouche sur la gauche de cette place. Le baron de Mélas, avec 50 mille hommes, remonta la Bormida, et attaqua simultanément toutes les positions de la route que nous avons appelée route du milieu, laquelle, par Cadibona, aboutit à Savone. Son intention, comme l'avait prévu le Premier Consul, était de forcer notre centre, et de séparer le général Suchet du général Soult, qui se donnaient la main vers ce point. Une lutte violente s'engagea donc, depuis les sources du Tanaro et de la Bormida, jusqu'aux sommets escarpés qui dominent Gênes. Les généraux Elsnitz et Mélas soutinrent des combats acharnés contre le général Suchet, à Rocca-Barbena, à Sette-Pani, à Melogno, à Saint-Jacques; contre le général Soult, à Montelegino, à Stella, à Cadibona, à Savone. Les soldats de la République, profitant de ce pays montagneux, se couvrant de tous les accidents du terrain, se défendirent avec une bravoure incomparable, firent perdre à l'ennemi trois fois plus de monde qu'ils n'en perdirent eux-mêmes, car leur feu plongeait sur des masses épaisses et profondes; mais, obligés de combattre sans cesse contre des troupes toujours renouvelées, ils se virent forcés de céder le terrain, vaincus par l'épuisement et la fatigue plus que par les Autrichiens. Les généraux Suchet et Soult furent contraints de se séparer, et de se retirer, l'un sur Borghetto, l'autre sur Savone. La ligne française se trouva donc coupée, comme il était facile de le prévoir; moitié de l'armée de Ligurie fut jetée sur Nice, moitié fut condamnée à s'enfermer dans Gênes.

Du côté de Gênes même les succès avaient été balancés. L'attaque de la Bocchetta, tentée par le comte d'Hohenzollern avec trop peu de forces pour vaincre les Français, c'est-à-dire avec 10 mille hommes à peu près contre 5 mille, fut repoussée par la division Gazan. Mais, à la droite de Gênes,

---

Avril 1800.

Combats sur la haute Bormida. La ligne française est coupée en deux.

c'est-à-dire vers les positions du Monte-Creto et de Scoffera, qui donnent accès dans la vallée du Bisagno, le général Ott, vainqueur de la division Miollis, qui n'avait pas 4 mille hommes à opposer à 15 mille, descendit sur les revers de l'Apennin, et, enveloppant tous les forts qui couvrent la ville, montra les couleurs autrichiennes aux Génois épouvantés. L'escadre anglaise, se déployant au même instant, leur fit voir le pavillon britannique. Si les habitants de la ville étaient patriotes et partisans des Français, les paysans des vallées voisines, attachés au parti aristocratique, comme les Calabrais, dans le royaume de Naples, l'étaient à la reine Caroline, comme les Vendéens, en France, l'étaient aux Bourbons, se soulevèrent à la vue des soldats de la coalition. Ils sonnaient le tocsin dans tous les villages. Un certain baron d'Aspres, attaché au service impérial, et jouissant de quelque influence dans la contrée, les excitait à la révolte. Le 6 avril au soir, les malheureux bourgeois de Gênes, voyant sur les montagnes environnantes les feux des Autrichiens, sur la mer le pavillon déployé des Anglais, en étaient à craindre que l'oligarchie, déjà folle de joie, ne rétablît, sous peu de jours, son empire abhorré.

Mais l'intrépide Masséna était au milieu d'eux. Bien que séparé du général Suchet par l'attaque dirigée sur son centre, il comptait encore 15 à 18 mille hommes; et, appuyé sur une telle garnison, il pouvait défier quelque ennemi que ce fût, d'enfoncer sous ses yeux les portes de Gênes.

Pour faire comprendre les opérations que le général français exécuta pendant ce siége mémorable, il faut décrire le théâtre sur lequel il était placé. (Voir la carte n° 4.) Gênes est située au fond même du beau golfe qui porte son nom, au pied d'un contrefort de l'Apennin. Ce contrefort, en s'avançant du nord au sud, au milieu des eaux, se partage, avant d'y plonger, en deux arêtes, l'une dirigée au levant, l'autre au couchant, et forme ainsi un triangle incliné, dont le sommet est lié à l'Apennin, dont la base s'appuie à la mer. C'est vers la base de ce triangle, et, bien entendu, avec l'irrégularité ordinaire à la nature, que Gênes se déploie en rues allongées, bordées de palais magnifiques. La nature et l'art avaient beaucoup fait pour sa défense. Du côté de la mer deux môles, se dirigeant l'un vers l'autre presque jusqu'à se croiser, formaient le port, et le défendaient contre les escadres ennemies. Du côté de la terre, une première enceinte bastionnée enveloppait, en la serrant de près, la partie bâtie et peuplée de la ville. Une seconde enceinte plus vaste, et bastionnée comme la précédente, était tracée sur ces hauteurs, qui décrivent, ainsi que nous venons de le dire, une figure triangulaire autour de Gênes. Deux forts, disposés en étage l'un au-dessus de l'autre, les forts de l'Éperon et du Diamant, étaient placés au sommet de cette figure triangulaire, et couvraient de leur feu dominateur tout l'ensemble de la fortification.

Avril 1800.

Description de Gênes.

Mais ce n'était pas tout ce qu'on avait fait pour tenir l'ennemi à une grande distance. Si on tourne le dos à la mer, et si on regarde Gênes, on a le levant à droite, le couchant à gauche. Deux petites rivières, celle du Bisagno au levant ou à droite, celle de la Polcevera au couchant ou à gauche, baignent les deux côtés de l'enceinte extérieure. Le Bisagno descend de ces hauteurs mêmes du Monte-Creto et de Scoffera, qu'il faut franchir quand on vient du revers de l'Apennin en remontant la Trebbia. Le côté de la vallée du Bisagno, qui est opposé à la ville, s'appelle le Monte-Ratti, et présente diverses positions, du sommet desquelles on aurait pu causer de grands dommages à Gênes, si elles n'avaient été occupées. Aussi avait-on eu grand soin de les couronner par trois forts, ceux de Quezzi, de Richelieu, de Sainte-Tècle. La vallée de la Polcevera, au contraire, qui est placée à gauche de Gênes, et descend des hauteurs de la Bocchetta, n'offre aucune position dominante que l'art eût à occuper pour protéger la ville. Mais un long faubourg, placé au bord de la mer, celui de Saint-Pierre-d'Arena, composait un amas de maisons, utile et facile à défendre.

Ainsi la fortification de Gênes présentait un triangle, incliné de 15 degrés à l'horizon, ayant neuf mille toises de développement, se rattachant par son sommet à l'Apennin, baigné à sa base par la mer, et bordé sur ses deux côtés par le Bisagno au levant, par la Polcevera au couchant. Le fort de l'Éperon, et au-dessus de l'Éperon celui du Diamant, couvraient son sommet. Les forts de Richelieu, de Sainte-Tècle, de Quezzi empêchaient que, des flancs du Monte-Ratti, des feux destructeurs ne fussent dirigés sur la cité aux palais de marbre.

Telle était Gênes alors; telles étaient ses défenses, que l'art, le temps, les contributions imposées à la France, ont beaucoup perfectionnées depuis.

Masséna pouvait réunir encore 18 mille hommes. Si, avec une pareille garnison, dans une si forte place, il avait eu des vivres en suffisante quantité, il eût été invincible. On va voir ce que le caractère peut faire à la guerre, pour réparer une faute de combinaison ou de prévoyance.

Masséna, resolu à opposer à l'ennemi une résistance énergique, voulut sur-le-champ faire deux choses fort importantes : la première consistait à rejeter au delà de l'Apennin les Autrichiens, qui serraient Gênes de trop près; la seconde consistait à se relier au général Suchet, par un mouvement combiné avec ce général, le long de la route de la Corniche.

Pour exécuter son premier dessein, il fallait qu'il ramenât les Autrichiens le long du Bisagno d'un côté, de la Polcevera de l'autre, et qu'il les renvoyât, par le Monte-Creto, par la Bocchetta, sur le revers des monts d'où ils étaient venus. Sans perdre un jour, le lendemain même de leur première apparition, c'est-à-dire le 7 avril (17 germinal), il sortit de Gênes par le côté du levant, et traversa la vallée du Bisagno, suivi de la brave division Miollis, celle qui avait été obligée l'avant-veille de se retirer devant les forces trop supérieures du général Ott. Il la renforça d'une partie de la réserve, et se mettant à sa tête marcha sur deux colonnes : celle de droite, sous le général d'Arnaud, longeait la mer et se dirigeait vers Quinto; celle de gauche, sous Miollis, se dirigeait sur les escarpements du Monte-Ratti. Une troisième colonne, sous le général Petitot, suivait, en la remontant, le fond de la vallée du Bisagno, qui circule au pied du Monte-Ratti. La précision de mouvement de ces trois colonnes fut telle, que leur feu se fit entendre au même instant sur tous les points à la fois. Le général d'Arnaud par un revers, le général Miollis par l'autre, abordèrent les hauteurs du Monte-Ratti, avec la plus grande vigueur. La présence de Masséna lui-même, le désir de se venger de la surprise de la veille, animaient les soldats. Les Autrichiens furent culbutés dans les torrents, et perdirent toutes leurs positions. Le général d'Arnaud passa outre, et, en suivant la crête des hauteurs, se porta au sommet même de l'Apennin, au col de Scoffera. Masséna, suivi de quelques compagnies de réserve, descendit dans la vallée du Bisagno pour joindre la colonne Petitot. Cette dernière colonne, ainsi renforcée, repoussa partout l'ennemi, et, remontant la rivière, vint seconder le mouvement du général d'Arnaud sur Scoffera. Précipités dans ces vallées tortueuses, les Autrichiens laissèrent à Masséna 1,500 prisonniers, et à leur tête ce baron d'Aspres, l'instigateur de la révolte des paysans de la Fonte-Buona.

Quand, le soir du même jour, Masséna rentra dans Gênes après avoir délivré les Génois de la vue des ennemis, et amenant prisonnier l'officier dont on annonçait la prochaine arrivée triomphale, la joie de la population patriote, qui était la plus nombreuse, fut extrême. On le reçut avec des acclamations. Les habitants avaient préparé des brancards pour porter les blessés, du vin et des bouillons pour les nourrir. Partout on se disputait l'honneur de les recevoir.

Après cet acte de vigueur du côté du levant, le plus important à dégager, parce que de ce côté seulement les Autrichiens serraient la ville de près, Masséna voulut profiter du répit que lui assurait le dernier avantage obtenu, pour faire un effort au couchant, c'est-à-dire vers Savone, et rétablir par ce moyen ses communications avec le général Suchet. Afin de garantir Gênes de toute attaque pendant son absence, il divisa les troupes qui lui restaient en deux corps : l'un de droite, sous le général Miollis, l'autre de gauche, sous le général Soult. Le corps du général Miollis était destiné à garder Gênes avec deux divisions. La division d'Arnaud devait défendre le côté du levant, faisant face au Bisagno; la division Spital, celui du couchant, faisant face à la Polcevera. Le corps de gauche, sous le général Soult, était chargé de tenir la campagne avec les deux divisions Gardanne et Gazan. C'est avec cette force, d'environ 10 mille hommes, que Masséna projeta de se rapprocher de Savone, en ordonnant à Suchet, par un avis secret, de tenter un mouvement simultané sur le même point. La division Gardanne fut dirigée le long de la mer, et la division Gazan sur les crêtes de l'Apennin, dans l'intention d'amener l'ennemi, par la vue de deux colonnes séparées, à se diviser lui-même. Manœuvrant ensuite avec rapidité sur ce terrain, dont il avait une grande connaissance, Masséna voulait, selon les circonstances, réunir ses deux divisions en une seule, de manière à écraser, ou sur les hauteurs de l'Apennin ou le long de la mer, le corps ennemi qui serait le plus exposé à ses coups. Il commandait en personne la division Gardanne. Il avait confié au général Soult la division Gazan. Son projet était de suivre le littoral par Voltri, Varaggio, Savone; son lieutenant, le général Soult, avait ordre de s'élever, par Aqua-Bianca et San-Pietro-del-Alba, sur Sassello. (Voir la carte n° 4.)

Le 9 avril au matin, nos troupes commencèrent leur mouvement. Le baron de Mélas, après avoir coupé en deux l'armée française, voulait renfermer Masséna dans Gênes, et resserrer en même temps sa propre ligne, qui était trop étendue; car elle embrassait, depuis la vallée du Tanaro jusqu'à celle de la Trebbia, un espace de quinze lieues au moins. Les deux armées se rencontrèrent dans leur mouvement, et il en résulta sur ce terrain si accidenté la lutte à la fois la plus vive et la plus confuse. Tandis que Masséna marchait sur deux colonnes, le baron de Mélas marchait sur trois, et le comte de Hohenzollern, en formant une quatrième, essayait une nouvelle attaque sur la Bocchetta. 10 mille Français allaient rencontrer plus de 40 mille ennemis.

Le général Soult, filant par Voltri, aperçut sur sa droite les Autrichiens, qui avaient dépassé la Bocchetta, et couronnaient les hauteurs environnantes. Arrivés à un lieu nommé Aqua-Santa, ils pouvaient menacer les derrières des colonnes françaises, et leur interdire le retour sur Gênes. Le général Soult crut prudent de les repousser; il leur livra, en conséquence, un combat brillant, dans lequel le colonel Mouton, depuis maréchal et comte Lobau, commandant la 3ᵉ demi-brigade, se conduisit avec la plus grande valeur. Le général Soult prit du canon, fit des prisonniers, et parvint, à travers une nuée d'ennemis, à gagner la route montagneuse de Sassello. Cependant, le temps employé à ce combat, qui, du reste, n'empêcha point les progrès ultérieurs des Autrichiens sur les derrières de nos colonnes, fut cause que le général Soult ne put arriver à Sassello, de l'autre côté de l'Apennin, au moment où le général Masséna l'y attendait. Celui-ci avait marché le long de la mer, et le lendemain, 10 avril, il était aux environs de Varaggio, formé sur deux colonnes, et cherchant à entrer en communication par les hauteurs avec le corps du général Soult, qu'il supposait à Sassello. L'ennemi dont les forces étaient décuples des nôtres, essaya d'envelopper les deux petites colonnes de Masséna, et notamment celle de gauche, qu'il commandait en personne. Masséna, comptant sur sa colonne de droite et sur le mouvement du général Soult vers Sassello, résista long-temps avec

1,200 hommes à un corps de 8 à 10 mille, et déploya en cette occasion une fermeté extraordinaire. Obligé de battre en retraite, et ayant perdu de vue sa colonne de droite, qui était restée en arrière par suite d'une distribution tardive de vivres, il se jeta pour la chercher à travers des précipices affreux et des bandes de paysans révoltés. Ayant réussi à la rejoindre, il la ramena vers le reste de la division Gardanne, qui n'avait cessé de suivre la mer par Varaggio et Cogoletto. La difficulté de concerter ses mouvements au milieu de cette foule d'ennemis, et dans un pays aussi accidenté, ayant empêché la rencontre en temps utile du corps du général Soult avec le corps du général Masséna, celui-ci résolut de rallier ses troupes, de gravir par sa droite la crête de l'Apennin, de se réunir à son lieutenant, et de tomber ainsi sur les corps autrichiens dispersés dans ces vallées. Mais nos troupes harassées s'étaient répandues sur les routes, et ne pouvaient pas être ralliées à temps. Masséna prit alors le parti d'envoyer au général Soult tout ce qui était en état de marcher, pour lui servir de renfort; et avec le reste, qui était composé de blessés et de soldats épuisés, il regagna, toujours en suivant le bord de la mer, les approches de Gênes, afin de couvrir la retraite du corps d'armée, et d'en assurer la rentrée dans la place. Réduit à une poignée d'hommes, il eut à soutenir plusieurs fois les combats les plus disproportionnés; et dans une de ces rencontres, un bataillon français surpris, ayant cédé devant une charge des hussards de Seckler, il chargea lui-même ces hussards avec 30 cavaliers, et les ramena. Il vint enfin se placer à Voltri pour y attendre le retour du général Soult. Celui-ci, jeté dans les montagnes, au milieu de détachements ennemis cinq ou six fois supérieurs en nombre, y courut de grands dangers, et, après les efforts les plus glorieux, aurait fini par succomber, sans le secours que Masséna lui avait envoyé si à propos. Renforcé à temps, il put regagner la route de Gênes, après avoir soutenu avec avantage la lutte la plus difficile et la plus inégale. Il rejoignit enfin son général en chef, et tous deux rentrèrent dans Gênes, en se faisant jour, et en ramenant devant eux 4 mille prisonniers. Le général Suchet avait essayé de son côté de rejoindre son général en chef ; mais il n'avait pu percer la masse énorme de l'armée autrichienne.

Les Génois furent transportés d'admiration à la vue du général français, rentrant pour la seconde fois dans leur ville, précédé par des colonnes de prisonniers. Son ascendant était devenu tout-puissant. L'armée et la population lui obéissaient avec la plus parfaite soumission.

Masséna devait, dès ce moment, se considérer comme définitivement renfermé dans Gênes. Mais il n'entendait pas s'y laisser serrer de trop près. Son projet était de tenir l'ennemi toujours éloigné des murs, de l'épuiser dans des combats continuels, de l'occuper tellement qu'il ne pût ni forcer le Var, ni retourner en Lombardie, ni s'opposer à la marche projetée du Premier Consul à travers les Alpes.

A peine rentré, le 18 avril (28 germinal), il s'occupa de la police intérieure, et de l'approvisionnement de la place. Craignant les trahisons que pouvaient pratiquer les nobles génois, il prit ses précautions contre toute surprise de leur part. La garde nationale, composée des patriotes liguriens, soutenue par une force française, qui campait sur la principale place de la ville, ayant la mèche de ses canons allumée, la garde nationale devait se réunir dès que la générale serait battue. A ce signal, les habitants qui n'en faisaient point partie avaient ordre de se retirer dans leurs maisons. La troupe armée était seule autorisée à circuler dans les rues. En temps ordinaire, les habitants devaient être rentrés dans leurs demeures à dix heures du soir, et ne pouvaient jamais se permettre aucun rassemblement.

Masséna avait fait recueillir les blés existants dans Gênes, offrant de les payer, et les payant en effet, quand on les apportait de bonne volonté; s'en emparant, au moyen de visites domiciliaires, quand on refusait de les livrer. Après s'être saisi de tous les grains, il avait mis l'armée et le peuple à la ration, et s'était ainsi procuré de quoi soutenir ses soldats et les habitants pauvres, pendant les quinze premiers jours du siége. Ces quinze jours étaient déjà presque écoulés; mais il restait encore des vivres, que l'or des riches faisait sortir à grand prix de certains dépôts cachés, et pour leur seul usage. Sur l'ordre de Masséna, de nouvelles recherches furent faites, et on trouva, en menus grains de toute espèce, seigle, avoine et autres, de quoi nourrir le peuple et l'armée avec de mauvais pain, pendant quinze autres jours. On se flattait de quelque heureux coup de vent, qui, éloignant les Anglais, amènerait des chargements de vivres. On comptait pour cela sur les corsaires corses et liguriens, auxquels avaient été délivrées des lettres de marque, pour courir sur les bâtiments chargés de grain. Enfin Masséna était résolu à recourir aux dernières extrémités, et il était décidé, plutôt que de se rendre, à nourrir ses troupes avec le cacao, dont les magasins de Gênes étaient abondamment pourvus. Muni de quelque argent envoyé par le Premier Consul, il en faisait la ressource des cas extrêmes, et s'en servait aussi pour consoler de temps à autre ses infortunés soldats de leurs cruelles souffrances. Déjà, dans cette suite de rencontres, plusieurs mille hommes avaient été mis hors de combat, et un bon nombre étaient aux hôpitaux. Il restait, dans les forts, sur les deux enceintes de la place, et en réserve, une force active de 12 mille combattants environ.

Au milieu de ces horribles conjonctures, Masséna, montrant tous les jours un front calme et serein, finissait par inspirer aux autres le courage dont il était animé. Son aide-de-camp Franceschi se jeta dans une nacelle pour aller rejoindre la côte de Nice, et se rendre auprès du Premier Consul, afin de lui faire connaître les douleurs, les exploits et les dangers pressants de l'armée de Ligurie.

Le 30 avril au matin (10 floréal), une canonnade générale, retentissant sur tous les points à la fois, au levant, du côté du Bisagno, au couchant, du

Avril 1800.

Grande attaque du 30 avril, repoussée par Masséna.

côté de la Polcevera, enfin le long de la mer elle-même, par la présence d'une division de chaloupes canonnières, annonça un grand projet de l'ennemi. En effet, les Autrichiens déployèrent dans la journée de grandes forces. Le comte de Hohenzollern attaqua le plateau des Deux-Frères, sur lequel était établi le fort du Diamant. Après de vifs efforts, il réussit à enlever ce plateau, et somma le fort du Diamant. Le brave officier qui le commandait répondit à la sommation, en déclarant qu'il ne rendrait le poste confié à son honneur qu'après avoir succombé sous une attaque de vive force. Ce fort avait la plus grande importance, puisqu'il dominait celui de l'Éperon, et, par suite, toute l'enceinte. Le camp autrichien de la Coronata, situé sur les rives de la Polcevera, vers le front du couchant, ouvrit un feu violent sur le faubourg de Saint-Pierre-d'Arena, et plusieurs attaques furent tentées en même temps pour resserrer le terrain que nous occupions en cet endroit. Du côté opposé, c'est-à-dire vers le Bisagno, l'ennemi enveloppa le fort de Richelieu, et enleva malheureusement le fort de Quezzi, qui n'était pas entièrement terminé quand le siége avait commencé. Enfin il s'empara du village de Saint-Martin-d'Albaro, placé sous le fort de Sainte-Tècle, et il était près d'occuper une position redoutable, celle de la Madona-del-Monte, de laquelle on pouvait foudroyer la ville de Gênes. Déjà les soldats du général d'Arnaud avaient abandonné les dernières maisons du village de Saint-Martin-d'Albaro ; ils ne gardaient presque plus leurs rangs ; beaucoup d'entre eux étaient dispersés en tirailleurs. Masséna, accouru sur les lieux, les rallia lui-même, rétablit le combat, et arrêta l'ennemi.

La moitié du jour était déjà écoulée ; il était temps de réparer le mal. Masséna rentra à l'instant dans Gênes, et fit les dispositions convenables. Il confia au général Soult la 73ᵉ et la 106ᵉ demi-brigades, et lui ordonna de reprendre le plateau des Deux-Frères. Mais voulant auparavant reconquérir le fort de Quezzi, et faire évacuer Saint-Martin-d'Albaro, il dirigea lui-même sur ce point la division Miollis, après l'avoir renforcée de bataillons empruntés à la 2ᵉ et à la 3ᵉ de ligne.

La division d'Arnaud, ramenée en avant, tourna Saint-Martin-d'Albaro, rejeta l'ennemi, qui l'avait occupé, dans le ravin de la Sturla, lui fit des prisonniers, et couvrit ainsi la droite des colonnes françaises, qui s'avançaient sur le fort de Quezzi. Pendant que le brave colonel Mouton, à la tête de deux bataillons de la 3ᵉ, attaquait de front ce fort de Quezzi, l'adjudant-général Hector était chargé de tourner le Monte-Ratti, par les hauteurs du fort de Richelieu. Malgré des efforts inouïs, le brave colonel Mouton fut repoussé ; mais il ne céda le terrain qu'après avoir été percé d'une balle qui lui traversa la poitrine, et le laissa presque mort sur le champ de bataille. Masséna, qui n'avait plus que deux bataillons, en poussa un sur le flanc droit de la position occupée par l'ennemi, et dirigea la moitié de l'autre sur le flanc gauche de cette même position. Un combat violent s'engagea autour de ce fort de Quezzi. Trop rapprochés les uns des autres pour faire feu, les combattants luttaient à coups de pierres et à coups de crosse de fusil. Nos soldats étaient prêts à céder sous le nombre. Masséna prit alors le demi-bataillon qui lui restait, s'élança à sa tête, et décida la victoire. Le fort de Quezzi fut reconquis. Les Autrichiens, rejetés de position en position, laissèrent en grand nombre des morts, des blessés et des prisonniers. En cet instant, Masséna, qui avait différé l'attaque sur le plateau des Deux-Frères, profita de l'effet produit par ces avantages, et fit porter au général Soult l'ordre de l'enlever. Le général de brigade Spital eut la mission d'attaquer ce plateau, qui fut long-temps disputé. Enfin nos soldats le reprirent, et ainsi, après une journée entière de combat, ils eurent recouvré tout à la fois le plateau des Deux-Frères, qui commandait le point extrême de la place, le fort de Quezzi, les postes de Saint-Martin-d'Albaro et de la Madona-del-Monte, toutes les positions décisives enfin, sans lesquelles le siége de Gênes était impossible pour les Autrichiens. Masséna rentra le soir dans Gênes, portant les échelles que l'ennemi avait préparées pour escalader les murs. Les Autrichiens avaient perdu dans cette journée 1,600 prisonniers, 2,400 morts ou blessés, environ 4 mille hommes. En comptant ces derniers, Masséna leur avait pris ou tué 12 ou 15 mille hommes, depuis l'ouverture des hostilités; et, ce qui était plus grave encore, il avait épuisé le moral de leur armée, par les efforts inouïs qu'il les avait obligés à faire.

On se hâta de réparer le fort de Quezzi. Cet ouvrage, qui ne semblait pas exécutable en un mois, fut achevé en trois jours, au moyen de cinq à six cents tonneaux de terre, qui furent transportés par les soldats, et servirent à élever des retranchements. Le 5 mai (15 floréal), un petit bâtiment chargé de grains apporta des vivres pour cinq jours. Ce fut un supplément précieux pour la masse fort réduite des approvisionnements. Mais il devenait urgent de secourir la place, sans quoi elle ne pouvait tenir longtemps. Le pain allait bientôt manquer.

Le général Suchet, de son côté, se voyant débordé par les crêtes de l'Apennin, avait été obligé de quitter la position de Borghetto, d'abandonner même la Roya, qui n'était plus tenable, l'ennemi marchant en pleine liberté par le col de Tende, et menaçant Nice et le Var. Nice fut même occupée par le baron de Mélas, qui entra triomphalement dans cette ville, joyeux de fouler un sol que la République avait déclaré territoire français. Mais le général Suchet se rallia derrière le Var, dans une position depuis long-temps étudiée par nos officiers du génie. Le pont de Saint-Laurent, sur le Var, couvert par une tête de pont, présentait un défilé de 400 toises à traverser, et pouvait passer pour un obstacle insurmontable. Toute la rive droite, gardée par les Français, était couverte de batteries depuis l'embouchure du fleuve jusqu'aux montagnes. Les forts de Montalban, de Vintimille, situés en avant du Var, avaient été occupés par des garnisons françaises, au moment de l'évacuation de Nice. Celui de Montalban, placé sur les derrières des Autrichiens, à une hauteur qui le rendait visible du camp des Français, était surmonté d'un télégraphe, au moyen duquel le général Suchet recevait avis de tous les mouvements de l'ennemi. On lui avait amené des départements environnants ce qu'il y avait de disponible en troupes de toutes armes; et il comptait encore 14 mille soldats, lesquels, abrités par de bons retranchements, étaient dans une position difficile à forcer.

En recevant ces nouvelles de la Ligurie, le Premier Consul adressa de vives instances à Moreau, pour le décider à commencer les hostilités. Il y avait un mois que tout était convenu entre eux, et qu'aucune difficulté, imputable au gouvernement, n'arrêtait plus l'armée du Rhin. Mais Moreau, de sa nature un peu lent, ne voulant se compromettre sur le territoire ennemi qu'avec toute certitude de succès, différait à tort le commencement des opérations. Tout retard apporté, en effet, à son entrée en campagne, était un retard apporté à l'entrée en campagne de l'armée de réserve, et une cruelle prolongation des extrémités que Masséna endurait avec ses braves soldats. — Hâtez-vous, écrivait-on de Paris à Moreau, hâtez-vous, par vos succès, d'avancer le moment où Masséna pourra être dégagé. Ce général manque de vivres; depuis quinze jours il soutient, avec des soldats exténués, une lutte désespérée. On s'adresse à votre patriotisme, à votre propre intérêt, car si Masséna finissait par capituler, il faudrait vous enlever une partie de vos forces pour courir sur le Rhône, au secours des départements méridionaux. — Enfin on lui donna l'ordre formel, par le télégraphe, de passer le Rhin.

Avril 1800.

Les raisons qui empêchaient Moreau d'entrer en action auraient été bonnes dans une circonstance moins urgente. L'Alsace était épuisée; la Suisse surtout, foulée depuis deux ans par les armées de toute l'Europe, se trouvait entièrement dénuée de ressources. On y était réduit à transporter des troupes d'enfants, des cantons pauvres dans les cantons riches, faute de pouvoir les nourrir. Les familles ruinées les confiaient ainsi à la bienfaisance des familles qui possédaient encore quelques moyens de subsistance. On ne pouvait rien demander à un tel pays, que d'ailleurs il ne fallait point exaspérer, car il était le point d'appui de nos deux principales armées. Moreau, comme nous l'avons dit, vivait sur les approvisionnements de siége de nos places du Rhin. Néanmoins ce n'était pas là le véritable motif de ses retards; c'eût été un motif, au contraire, d'aller au plus tôt se nourrir en pays ennemi; mais son artillerie et sa cavalerie étaient privées de chevaux. Il n'avait point d'effets de campement, point d'outils; c'est tout au plus s'il avait de quoi jeter un pont. Cependant, vu l'urgence des circonstances, il consentit à se passer de tout ce qui lui manquait encore, sauf à se le procurer en route. Son armée était si bien composée, qu'elle pouvait suppléer à ce qu'elle n'avait pas, s'en passer, ou le conquérir. A la fin d'avril (premiers jours de floréal) Moreau se décida donc à commencer cette campagne, la plus belle de sa vie, l'une des plus mémorables de nos annales.

Avril 1800.

Il disposait, comme on l'a vu, d'à peu près 130 mille hommes, plutôt plus que moins. 30 mille hommes environ occupaient les places de Strasbourg, Landau, Mayence, les têtes de pont de Bâle, Brisach, Kehl, Cassel. Sur ces 30 mille, six ou sept mille, sous le général Moncey, gardaient les vallées du Saint-Gothard et du Simplon, pour les fermer aux Autrichiens, en cas qu'ils voulussent y pénétrer. Il restait 100 mille hommes à l'armée active, prêts à entrer en campagne. L'infanterie surtout était superbe; elle comptait 82 mille hommes; l'artillerie 5 mille, servant 116 bouches à feu; la cavalerie, 13 mille. Comme on le voit, les deux armes de l'artillerie et de la cavalerie se trouvaient fort au-dessous des proportions ordinaires; mais elles étaient parfaitement composées, et la qualité de l'infanterie permettait d'ailleurs de se passer de toutes les armes auxiliaires.

Distribution de l'armée de Moreau.

Moreau divisa son armée en quatre corps : Lecourbe commandait la droite, forte de 25 mille hommes, et stationnée depuis le lac de Constance jusqu'à Schaffouse. (Voir la carte n° 2.) Un second corps, qualifié du titre de réserve, s'élevant à 30 mille hommes à peu près, et placé directement sous les ordres de Moreau, occupait le territoire de Bâle. Un troisième, de 25 mille hommes, formant le centre sous les ordres de Saint-Cyr, était répandu autour du Vieux et du Nouveau Brisach. Enfin le général Sainte-Suzanne, à la tête de 20 mille hommes environ, après être remonté de Mayence jusqu'à Strasbourg, occupait Strasbourg et Kehl, et formait la gauche de l'armée.

Moreau avait depuis long-temps adopté cette division en corps séparés, complets en infanterie, artillerie et cavalerie, pouvant se suffire à eux-mêmes partout où ils se trouvaient, mais ayant l'inconvénient, comme l'expérience le démontra bientôt, de s'isoler volontiers, et d'agir pour leur propre compte, surtout quand le général en chef n'exerçait pas son autorité avec assez de vigueur pour les rattacher sans cesse à une action commune. Cet inconvénient s'aggrava encore par une disposition particulière que Moreau adopta dans cette campagne : ce fut de s'attribuer le commandement direct de l'un de ces corps d'armée, sous le nom de réserve. Saint-Cyr, qui avait long-temps servi avec Moreau, et qui jouissait auprès de lui d'un assez grand crédit, s'opposa fortement à cette combinaison[1], à laquelle il reprochait d'absorber le général en chef, de le faire descendre à un rôle qui n'était pas le sien, et surtout de nuire aux autres parties de l'armée, rarement aussi bien traitées que les troupes placées directement sous l'état-major général. Mais ces critiques, dont la justesse fut plus d'une fois vérifiée dans cette campagne, ne prévalurent point. Moreau persista dans sa résolution, par complaisance pour des intérêts de coterie. Ayant déjà confié la direction de son état-major au général Dessoles, et voulant néanmoins faire une place au général Lahorie, l'un des amis dangereux qui contribuèrent à le perdre plus tard, il lui donna le commandement en second de la réserve. Cette circon-

Avril 1800.

Inconvénient des corps séparés, complets en toutes armes

---

[1] Voir à cet egard les Mémoires du maréchal Saint-Cyr, campagne de 1800.

stance fit naître entre Moreau et Saint-Cyr une froideur qui se changea bientôt en brouille ouverte.

M. de Kray, opposé à Moreau, avait, comme nous l'avons dit, 150 mille hommes, dont 40 mille dans les places du Rhin et du Danube, et 110 mille à l'armée active. L'infanterie, mêlée de Bavarois, de Wurtembergeois, de Mayençais, était médiocre. La cavalerie était superbe; elle comptait 26 mille chevaux. L'artillerie, nombreuse et bien servie, comptait 300 bouches à feu. La droite des Autrichiens observait le cours du Rhin, sous les ordres de M. de Sztarray, entre Mayence et Rastadt, se liant à des levées de paysans mayençais, commandées par le baron d'Albini. (Voir la carte n° 2.) Le général de Kienmayer couvrait le débouché de Strasbourg, en avant de la Kinzig. Le major Giulay avec une brigade tenait le Val-d'Enfer, et observait le Vieux-Brisach. Le gros de l'armée autrichienne était campé en arrière des défilés de la Forêt-Noire, à Donaü-Eschingen et Villingen, au point de jonction des routes qui du Rhin aboutissent au Danube. Quarante mille hommes étaient réunis sur ce point. M. de Kray avait placé dans les villes forestières une forte avant-garde sous l'archiduc Ferdinand, avec mission d'observer la route de Bâle; il avait laissé une nombreuse arrière-garde sous le prince Joseph de Lorraine à Stokach, pour couvrir ses magasins, établis dans cette ville, garder les routes d'Ulm et de Munich, et se lier au lac de Constance, où l'Anglais William commandait une flottille. Enfin le prince de Reuss, à la tête de 30 mille hommes, tant régiments autrichiens que milices tyroliennes, occupait le Rheinthal, depuis les Grisons jusqu'au lac de Constance. Celui-ci était considéré comme la gauche de l'armée impériale. M. de Kray, au milieu de ce réseau tendu autour de lui, se flattait d'être instruit du moindre mouvement des Français.

Avril 1800.

Le plan de Moreau exposé ci-dessus, et consistant à déboucher par les trois ponts de Strasbourg, Brisach, Bâle, pour se dérober ensuite, et remonter le Rhin jusqu'à Schaffouse, avait été adopté sans modification[1]. Le 25 avril, Moreau mit ses troupes en mouvement. Il s'était porté de sa personne à Strasbourg, au milieu du corps de Sainte-Suzanne, pour faire croire, par sa présence sur ce point, que son intention était d'agir par la route directe de Strasbourg, à travers la Forêt-Noire. Il avait pris une autre précaution pour mieux cacher ses mouvements, c'était de ne pas faire ses rassemblements à l'avance. Les demi-brigades partaient de leurs cantonnements mêmes, pour se rendre à l'endroit où elles devaient passer le Rhin, et se ralliaient ainsi en route au corps dont elles faisaient partie. Tout étant ainsi calculé, trois imposantes têtes de colonne, agissant simultanément dans un espace de trente lieues, franchirent au même instant les ponts de Strasbourg, de Vieux-Brisach et de Bâle. C'était le 25 avril. (Voir la carte n° 2.)

Premiers mouvements de Moreau.

Passage du Rhin sur trois points.

Le général Sainte-Suzanne, qui commandait l'ex-

---

[1] Le maréchal Saint-Cyr dans ses Mémoires paraît dans l'erreur à cet égard. Le Premier Consul avait adopté le plan en entier. Cette circonstance est constatée par une lettre du général Dessoles, contenue au Mémorial de la Guerre, et par la correspondance manuscrite.

trême gauche et partait de Strasbourg, balaya tout ce qui se trouvait devant lui. Il rencontra çà et là quelques corps détachés, dont la résistance ne fut pas grande. Cependant, ne voulant pas s'engager dans des combats sérieux, il s'arrêta entre Renchen et Offenbourg, menaçant à la fois les deux vallées de la Renchen et de la Kinzig, mais cherchant surtout à persuader aux Autrichiens que son intention était de gagner le Danube par la Forêt-Noire, en suivant la vallée de la Kinzig. Au même instant, Saint-Cyr déboucha de Vieux-Brisach, et s'avança jusqu'à Fribourg, poussant brusquement les détachements ennemis devant lui, mais observant, comme Sainte-Suzanne, la précaution de ne pas s'engager trop avant. Il trouva quelque difficulté devant Fribourg. Les Autrichiens avaient retranché les hauteurs qui environnent cette ville, et avaient placé derrière les retranchements des troupes de paysans, levés dans les montagnes de la Souabe, sous prétexte de défendre leurs chaumières contre les ravages des Français. Tout cela ne pouvait tenir. Fribourg fut occupé en un clin d'œil. Quelques-uns de ces malheureux paysans furent sabrés, et on ne revit plus les autres du reste de la campagne. Saint-Cyr se plaça de manière à faire supposer qu'il voulait s'engager dans le Val-d'Enfer.

La réserve déboucha ce même jour par le pont de Bâle, sans trouver d'obstacle, et porta une division, celle de Richepanse, vers Schliengen et Kandern, pour tendre la main au corps de Saint-Cyr, qui allait remonter le Rhin sous deux jours.

Pendant toute la journée du 26 avril (6 floréal) Sainte-Suzanne resta en position en avant de Strasbourg, Saint-Cyr en avant de Brisach. La réserve, qui avait débouché de Bâle, acheva de se déployer, attendant le mouvement des deux corps destinés à remonter le Rhin jusqu'à sa hauteur. Moreau quitta Strasbourg de sa personne, pour se rendre à son quartier-général, qui était placé au milieu de la réserve.

La journée du 27 fut encore employée à tromper l'ennemi sur la direction de nos colonnes. Les Autrichiens devaient croire à un mouvement décidé par la Kinzig et le Val-d'Enfer. Ces deux défilés sont, en effet, la route la plus directe pour une armée qui du Rhin veut se porter sur le Danube, car ils s'ouvrent à quelque distance l'un de l'autre, courent dans la même direction, et viennent se réunir enfin entre Donau-Eschingen et Hufingen, pas loin de Schaffouse, point où se trouvait le corps du général Lecourbe. Il était naturel de supposer que les deux fortes colonnes de 20 à 25 mille hommes chacune, qui se présentaient à l'entrée de ces défilés, allaient véritablement s'y engager, pour venir donner la main à Lecourbe. Afin de les mieux garder, M. de Kray détacha de Villingen 12 escadrons et 9 bataillons, et les envoya comme renforts au général Kienmayer. Il fut obligé d'affaiblir Stokach, pour remplacer à Villingen les troupes qu'il en détachait.

Mais dans la nuit du 27, et dans la journée du 28, tandis que M. de Kray donnait dans le piége, la direction des colonnes françaises fut tout à coup

Avril 1800.

M. de Kray induit en erreur par les faux mouvements de Moreau.

changée. Sainte-Suzanne se replia sur Strasbourg, repassa le Rhin avec tout son corps, et remonta par la rive gauche, pour n'avoir pas à faire, sur le sol ennemi, un mouvement de flanc trop allongé. Arrivé à Neuf-Brisach, il passa de nouveau sur la rive droite, et remplaça Saint-Cyr devant Fribourg, comme s'il allait s'engager dans le Val-d'Enfer. Saint-Cyr, de son côté, faisant un à-droite, mais sans quitter la rive allemande, côtoya le Rhin avec son artillerie, sa cavalerie, ses bagages; et tandis que ses gros transports suivaient ainsi le plat pays, une grande partie de son infanterie marcha sur le flanc des montagnes, par Saint-Hubert, Neuhof, Todnau et Saint-Blaise. Moreau, par cette disposition, avait voulu ne pas encombrer les bords du Rhin, éclairer les hauteurs de la Forêt-Noire remplies de détachements autrichiens, et passer, plus près de leur source, les rivières qui de ces hauteurs descendent dans le Rhin, à travers le territoire des villes forestières. Ces rivières sont la Wiesen, l'Alb, la Wutach. Malheureusement on avait supposé des routes qui n'existaient pas; Saint-Cyr fut obligé de traverser des pays affreux, toujours près de l'ennemi, et sans artillerie. Cependant il ne fut pas trop retardé, ni réduit à l'impossibilité d'arriver à Saint-Blaise, sur l'Alb, au jour convenu.

En même temps Moreau remonta le Rhin avec la réserve, en restant comme Saint-Cyr sur la rive allemande. Richepanse, qui dirigeait l'avant-garde, après avoir vu déboucher l'artillerie et la cavalerie de Saint-Cyr, lesquelles suivaient, comme on vient de le voir, les bords du Rhin, se mit en route pour Saint-Blaise, afin de se lier, dans les montagnes, à l'infanterie du même corps. Les généraux Delmas et Leclerc, qui commandaient les deux autres divisions de la réserve, furent dirigés sur Soeckingen, et puis sur l'Alb, devant le pont d'Albruck. Ce pont était couvert de retranchements. L'adjudant-général Cohorn, marchant à la tête d'un bataillon de la 14ᵉ légère, de deux bataillons de la 50ᵉ, et du 4ᵉ de hussards, s'avança en colonnes sur les retranchements, et les emporta. Il sauta ensuite sur les épaules d'un grenadier, passa l'Alb de la sorte, et ne laissa pas à l'ennemi le temps de détruire le pont. Il prit du canon et fit des prisonniers.

Le 29 avril (9 floréal), le centre sous Saint-Cyr, la réserve sous Moreau, étaient en ligne sur l'Alb, depuis l'abbaye de Saint-Blaise jusqu'à la rencontre de l'Alb avec le Rhin; Sainte-Suzanne arrivait à Neuf-Brisach par la rive gauche; à notre extrême droite Lecourbe rassemblait son corps entre Diesenhofen et Schaffouse, prêt à exécuter son passage, quand Saint-Cyr et Moreau auraient remonté le Rhin jusqu'à sa hauteur. Le 30 avril, Sainte-Suzanne passa le Rhin, et se montra à l'entrée du Val-d'Enfer. Saint-Cyr resta dans les environs de Saint-Blaise, Moreau se porta en avant sur la Wutach. Enfin le 1ᵉʳ mai (11 floréal) l'armée fit le dernier pas, le plus décisif, et le fit heureusement. M. de Kray avait commencé à s'apercevoir de son erreur, et à rappeler à lui les corps trop engagés dans les défilés de la Forêt-Noire. Sainte-Suzanne, destiné à traverser le Val-

Mai 1800.

L'armée entière se trouve le 1ᵉʳ mai au delà du Rhin.

d'Enfer, lequel débouche sur les positions mêmes que l'armée française devait occuper, quand elle aurait achevé son mouvement, trouva les troupes de Kienmayer en retraite, et les suivit pas à pas. Saint-Cyr ne cessa de côtoyer le corps de l'archiduc Ferdinand, et le poussa de Bettmaringen à Stühlingen sur la Wutach, où il arriva dans la soirée. Les troupes de Moreau passèrent la Wutach sans essuyer beaucoup de résistance, rétablirent le pont, auquel il manquait à peine quelques madriers, et cherchèrent à se lier par leur droite avec Schaffouse, où se trouvait Lecourbe, et par leur gauche avec Stühlingen, où se trouvait Saint-Cyr. C'est le moment que Lecourbe, établi près de Schaffouse, devait choisir pour traverser le Rhin. Dès le matin du 1er mai, trente-quatre pièces d'artillerie furent placées sur les hauteurs de la rive gauche du fleuve, pour balayer de leur feu les environs du village de Reichlingen. Vingt-cinq bateaux transportèrent sur la rive droite le général Molitor avec deux bataillons, pour protéger l'établissement d'un pont, depuis long-temps préparé dans l'Aar. En une heure et demie ce pont fut jeté. Le général Vandamme y passa avec une grande partie des troupes du corps de Lecourbe, et occupa en un instant les routes qui conduisent à Engen et Stokach, points importants de la ligne ennemie. Il prit la petite ville de Stein et le fort de Hohentwiel, réputé imprenable, et fort bien approvisionné, tant en vivres qu'en artillerie. La brigade Goulu, passant en même temps vers Paradis, rencontra au village de Busingen une assez vive résistance, dont elle eut bientôt triomphé. Enfin la division Lorges entra le soir dans Schaffouse, et fit sa jonction avec les troupes de Moreau.

Ainsi le 1er mai au soir, l'armée entière se trouvait au delà du Rhin. Les trois corps principaux, ceux de Saint-Cyr, Moreau, Lecourbe, formant une masse de 75 à 80 mille hommes, occupaient une ligne qui passait par Bondorf, Stühlingen, Schaffouse, Radolfzell, jusqu'à la pointe du lac de Constance. Ils étaient prêts à marcher sur Engen et Stokach, menaçant à la fois la ligne de retraite et les magasins de l'ennemi. Sainte-Suzanne avec la gauche, forte de 20 mille hommes, suivait les Autrichiens dans le défilé du Val-d'Enfer, attendant pour déboucher sur le haut Danube et pour se réunir au gros de l'armée française, que celle-ci eût débloqué le défilé en se portant en avant.

Ce mouvement s'était donc opéré en six jours, et de la manière la plus heureuse. Moreau, présentant trois têtes de colonnes par les ponts de Strasbourg, Brisach, Bâle, avait attiré l'ennemi sur ces trois débouchés; puis, se dérobant tout à coup, et marchant par sa droite le long du Rhin, deux de ses corps sur la rive allemande, un sur la rive française, il était remonté jusqu'à la hauteur de Schaffouse, où il avait couvert le passage de Lecourbe. On avait fait 1,500 prisonniers, enlevé 6 pièces de campagne avec leurs attelages, 40 pièces de position dans le fort de Hohentwiel, et quelques magasins. Les troupes avaient montré partout un aplomb, une résolution, qu'on ne pouvait attendre que de

Mai 1800.

Résultat général de l'opération de Moreau.

vieilles bandes, pleines de confiance en elles-mêmes et dans leurs chefs.

Toutes les critiques adressées à ce plan tombent sans doute devant le succès. Il est impossible de voir des mouvements plus compliqués réussir avec plus de bonheur, l'ennemi s'y prêter avec plus de crédulité, les chefs de corps y concourir avec plus de précision. Cependant ce plan du sage Moreau présentait au moins autant de dangers que celui du Premier Consul, repoussé comme trop téméraire; car Saint-Cyr et Moreau avaient prêté le flanc plusieurs jours de suite, dans une marche le long du Rhin, serrés entre les montagnes et le fleuve; Saint-Cyr avait été un instant séparé de son artillerie, et maintenant Sainte-Suzanne marchait seul dans le Val-d'Enfer. Si le maréchal de Kray, soudainement inspiré, s'était jeté sur Saint-Cyr, Moreau ou Sainte-Suzanne, il avait la chance d'écraser un corps détaché, ce qui aurait pu amener un mouvement rétrograde de toute l'armée française. Mais Moreau avait pour lui deux avantages : premièrement il prenait l'offensive, ce qui déconcerte toujours l'ennemi; secondement il avait des troupes excellentes, qui étaient capables de réparer tout accident imprévu par leur fermeté, qui réparèrent même, comme on le verra bientôt, plus d'une faute du général en chef par leur vigueur dans les combats.

Le moment approchait où les deux armées, après avoir manœuvré, l'une pour passer le Rhin, l'autre pour empêcher ce passage, allaient enfin se rencontrer au delà du fleuve. Le 2 mai (12 floréal) Moreau se préparait à cette rencontre; mais, ne la supposant pas aussi prochaine qu'elle le fut en effet, il ne prit des mesures de concentration, ni assez promptes ni assez complètes. Il imagina de porter Lecourbe avec ses 25 mille hommes sur Stokach, où se trouvaient à la fois l'arrière-garde des Autrichiens, leurs magasins, leurs communications avec le Vorarlberg et le prince de Reuss. C'était l'exécution rigoureuse du plan convenu avec le Premier Consul; car M. de Kray, coupé de Stokach, était détaché du lac de Constance, et, par suite, des Alpes. Moreau ordonna donc à Lecourbe de partir le 3 mai (13 floréal) au matin pour enlever Stokach au prince de Lorraine-Vaudemont, qui, avec 12 mille hommes, gardait ce point important. Quant à Moreau, il s'achemina lui-même, avec toute la réserve, sur Engen, ayant l'œil sur Lecourbe, et prêt à venir à son secours si cela devenait nécessaire. Il enjoignit à Saint-Cyr de se porter en avant, en tenant une position allongée depuis Bettmaringen et Bondorf jusqu'à Engen, de manière à se lier avec lui d'une part, et à donner la main de l'autre à Sainte-Suzanne, lequel devait bientôt sortir du Val-d'Enfer.

Moreau marchait ainsi en bataille, ayant le dos au Rhin, la droite au lac de Constance, la gauche aux débouchés de la Forêt-Noire, présentant un front de quinze lieues, exactement parallèle à la ligne de retraite que devaient parcourir les Autrichiens, s'ils se retiraient de Donau-Eschingen à Stokach, où beaucoup d'intérêts les appelaient. C'était une position bien étendue, surtout si près de l'ennemi, et qui, devant un adversaire actif et résolu, aurait exposé l'armée française à de graves conséquences. Heureusement pour nous, l'armée de M. de Kray était encore moins concentrée que celle de Moreau. M. de Kray, dont la position se prêtait d'abord plus que la nôtre à une concentration rapide, puisqu'il occupait de Constance à Strasbourg la base d'un triangle dont nous occupions les deux côtés, M. de Kray surpris aujourd'hui par notre mouvement, ayant déjà sur son flanc gauche les Français réunis aux trois quarts et tout transportés au delà du fleuve, était dans une situation difficile. Il avait donné aux détachements de l'armée autrichienne, qui se trouvaient près du Rhin, des ordres précipités pour les ramener par la Forêt-Noire sur le Haut-Danube; mais une résolution prompte et bien concertée pouvait seule le tirer de péril. Il faut, pour bien saisir cette situation, jeter les yeux sur le théâtre de ces opérations compliquées. (Voir la carte n° 2.)

Cette contrée montagneuse et boisée qu'on appelle la Forêt-Noire, autour de laquelle le Rhin tourne sans la pénétrer, et de laquelle il s'éloigne pour couler au nord, cette contrée produit, sous la forme d'une simple source, un fleuve fort modeste à sa naissance, quoique destiné à devenir l'un des grands fleuves du monde, c'est le Danube. Elle le verse à l'est, où il se dirige, en inclinant toutefois un peu au nord, projeté dans cette dernière direction par le pied allongé des Alpes, qu'il parcourt jusqu'à Vienne. Il recueille dans son cours toutes les eaux qui descendent de cette longue chaîne de montagnes, ce qui est la cause de sa subite grandeur, après une si médiocre origine.

Mai 1800.

Deux manières de défendre la vallée du Danube.

Les généraux autrichiens qui défendent contre les Français la vallée du Danube, chemin ordinaire de leur patrie, ont deux plans à suivre. Ils peuvent, quand les Français ont réussi à y pénétrer par la Suisse et la Forêt-Noire, ils peuvent, ou longer le pied des Alpes, appuyant leur gauche aux montagnes, leur droite au Danube, et défendant successivement toutes les rivières qui s'y jettent, telles que l'Iller, le Lech, l'Isar, l'Inn; ou bien abandonner les Alpes, se placer à cheval sur le Danube, en descendre le cours, s'arrêtant sur les grandes positions qu'il présente, comme celles d'Ulm, de Ratisbonne, etc., prêts à se couvrir de son lit, devenu successivement plus large, ou à se jeter sur l'adversaire imprudent qui aura fait une fausse manœuvre. Cette dernière marche a été plus ordinairement préférée par eux.

Le maréchal de Kray pouvait adopter l'une ou l'autre, s'appuyer aux Alpes, ou manœuvrer sur le Danube. En s'appuyant aux Alpes, il contrarierait, à son insu, le plan du Premier Consul, qui, pour descendre en sûreté de ces hautes montagnes sur les derrières du baron de Mélas, désirait éloigner de la Suisse et du Tyrol l'armée impériale de Souabe; mais il sacrifiait son aile droite engagée fort avant sur les bords du Rhin, sans savoir ce qu'elle deviendrait. En adoptant, au contraire, le parti de manœuvrer sur les deux rives du Danube, il ralliait certainement son aile droite, mais se séparait de son aile gauche commandée par le prince de Reuss, toutefois sans la sacrifier, car elle avait dans le Tyrol un asile et un emploi de ses forces. Il se prêtait, à la vérité, toujours sans le savoir, aux vues du Premier Consul, en s'éloignant des Alpes; mais le mal n'était pas grand, car, même en s'y appuyant, il n'aurait probablement pas songé à se jeter en Lombardie au secours du baron de Mélas. Le plan qui présentait donc le moins d'inconvénient, qui s'accordait le mieux avec la marche ordinaire des armées impériales, était de se concentrer sur le Haut-Danube. Mais, pour réussir, ce parti devait être adopté promptement et résolument. Malheureusement pour lui, M. de Kray avait d'immenses magasins à Stokach, près du lac de Constance, avec une forte arrière-garde de 12 mille hommes, sous les ordres du prince de Lorraine-Vaudemont. Il fallait donc qu'il ramenât sur-le-champ son arrière-garde de Stokach sur le Haut-Danube, et qu'il s'y portât lui-même, sacrifiant ses magasins, qu'on ne pouvait avoir, dans aucun cas, le temps d'évacuer. Ce n'est pas ce qu'il fit ; et, avec l'intention cependant de manœuvrer plus tard sur le Danube, il porta M. de Nauendorff avec le centre de l'armée autrichienne sur Engen, afin de secourir Stokach. Il ordonna au prince Ferdinand, qui était dans la Forêt-Noire, de se rendre sur le même point, et à sa droite, sous MM. de Sztarray et de Kienmayer, de quitter le Rhin pour le rejoindre en toute hâte.

C'est un grave inconvénient attaché à ces vastes magasins de vivres, en usage chez les Allemands, que de leur subordonner ainsi les mouvements d'une armée. Les Français se passent de magasins, se répandent le soir dans la campagne pour y vivre, sans que la discipline en souffre trop sensiblement. Ils sont actifs, industrieux, savent être à la fois à la maraude et au drapeau. Les troupes allemandes sont rarement exposées à une telle épreuve sans se débander et se désorganiser. Il y a toutefois un avantage à posséder des magasins, c'est de peser moins lourdement sur le pays occupé, et de ne pas l'exaspérer contre l'armée envahissante.

Mai 1800.

des grands magasins.

Moreau, marchant avec sa droite sur Stokach, avec sa réserve sur Engen, tandis que le corps de Saint-Cyr s'allongeait pour donner la main à Sainte-Suzanne, allait donc rencontrer l'arrière-garde de M. de Kray à Stokach, son centre à Engen, et côtoyer les troupes du prince Ferdinand, qui étaient en route pour rejoindre le gros de l'armée autrichienne. Une bataille inattendue devait résulter de cette rencontre, ce qui arrive souvent à la guerre, quand les événements ne sont pas conduits par des esprits supérieurs, capables de les prévoir et de les diriger.

Dès le matin, Lecourbe marcha vers Stokach, jetant à gauche, pour se lier avec Moreau, la division Lorges, poussant directement devant lui, sur la grande route de Schaffouse à Stokach, la division Montrichard avec la réserve de cavalerie de Nansouty, portant enfin la division Vandamme à droite, entre Stokach et le lac de Constance. (Voir la carte n° 5.) Celle-ci fut partagée en deux brigades. L'une, sous le général Leval, manœuvrant de manière à couper Stokach du

Bataille d'Engen, livrée le 3 mai 1800.

Lecourbe enlève Stokach.

lac de Constance, par Bodmann et Sernadingen, ne trouva pas d'obstacle, car le prince de Reuss, qui aurait pu se montrer là, se donnait peu de peine pour communiquer avec son général en chef : l'autre, sous le général Molitor, dirigée par Vandamme en personne, s'achemina sur les derrières de Stokach, par un chemin de traverse, tandis que Nansouty et Montrichard y marchaient tout droit par la grande route de Schaffouse. On aperçut, dans l'épaisseur des bois, de l'infanterie qui se repliait, de la cavalerie qui éclairait la campagne en se repliant aussi. On arriva enfin aux positions que les Autrichiens semblaient vouloir défendre. Montrichard les trouva en bataille au delà du village de Steusslingen, couverts par un gros corps de cavalerie. L'infanterie française traversa ce village en deux colonnes, et se déploya à droite et à gauche, menaçant l'ennemi sur ses flancs. Au même instant, la cavalerie de la division Montrichard, appuyée par toute la réserve de Nansouty, déboucha de Steusslingen, chargea vigoureusement et culbuta les Impériaux, qui se retirèrent à Neuzingen. Cette position était la seconde, et la principale de celles qui couvraient Stokach. Elle s'appuyait à celle de Wahlwyes, que Vandamme menaçait dans le moment avec la brigade Molitor. On aperçut une nombreuse infanterie, barrant le fond du village de Neuzingen, appuyée de droite et de gauche à des bois, et couverte par du canon. Il fallut un assez grand effort pour la déposter. Montrichard la fit tourner, par une hauteur appelée le Hellemberg, tandis que Vandamme, ayant franchi Wahlwyes, débouchait sur les derrières de Neuzingen. La position fut emportée, et tout le corps de Lecourbe réuni déboucha en masse sur Stokach, dont il s'empara. Les Autrichiens voulurent s'arrêter encore une fois au delà de Stokach, pour nous tenir tête. Ils présentèrent 4 mille hommes d'infanterie en bataille, couverts par toute leur cavalerie. Les régiments de Nansouty chargèrent cette cavalerie et la jetèrent en désordre sur l'infanterie, qui cette fois ne songea plus qu'à se rendre. Lecourbe fit 4 mille prisonniers, enleva 8 pièces de canon, 500 chevaux et les immenses magasins de Stokach. Il n'en pouvait être autrement. Lecourbe, avec des troupes capables de se battre contre un ennemi qui leur aurait été fort supérieur en nombre, avait en outre deux fois plus de monde que le prince de Lorraine, bien qu'il eût détaché la division Lorges pour se lier à Moreau. Sa tâche était terminée de bonne heure, et si une direction vigoureuse avait présidé à l'ensemble des opérations, il aurait pu et dû être employé ailleurs, comme on le verra tout à l'heure.

La division Lorges, destinée à servir d'intermédiaire entre Lecourbe et Moreau, s'était partagée en deux brigades. La brigade Goulu avait marché sur Aach, pour éclairer l'intervalle compris entre Stokach et Engen, n'avait trouvé personne à combattre, et s'était rabattue sur Stokach, où elle devint inutile. Le général Lorges, avec le reste de sa division, s'étant joint aux troupes de Moreau, les accompagna vers Engen.

Mai 1800.

Moreau, avec tout ce qu'on appelait le corps de réserve, était en marche depuis le matin sur Engen. M. de Kray, au même instant, traversait ce bourg pour se rendre à Stokach, au secours de ses magasins. Il s'aperçut bientôt, au nombre des troupes qui se déployaient devant lui, qu'on allait avoir une bataille au lieu d'une reconnaissance, et il s'arrêta tout court pour combattre, se fiant à la masse de 40 mille hommes qu'il avait sous la main, et à la force des positions sur lesquelles le hasard venait de le conduire. (Voir la carte n° 5.) En quittant, vers Schaffouse, les bords du Rhin pour ceux du Danube, dans cette région confuse, tourmentée, dont les pentes sont indécises, on trouve une petite vallée, celle de l'Aach, qui porte au lac de Constance les eaux qui ne vont ni au Rhin ni au Danube. Le bourg d'Engen est dans cette vallée. Il faut, pour descendre sur Engen, franchir une suite de hauteurs boisées, d'un abord assez difficile. Les Autrichiens occupaient ces hauteurs avec leur infanterie. Ils avaient leur cavalerie dans la plaine d'Engen. Il fallait que Moreau leur enlevât d'abord ces hauteurs, puis qu'il descendît dans la plaine pour y culbuter la cavalerie impériale. Il marchait lui-même à la tête des divisions Delmas et Bastoul, et de la moitié de la division Lorges. Il avait dirigé sur sa gauche, par la route dite de Blumenfeld, la division Richepanse. Celle-ci, en s'engageant dans une suite de vallons, devait tourner les positions de l'ennemi par des accès moins défendus; et tous ensemble, s'ils réussissaient, devaient ensuite descendre en masse sur Engen.

Lorges, qui avait devancé un peu les troupes de la réserve, trouva un gros d'ennemis près de Wolterdingen, et avant d'attaquer il attendit la division Delmas, qui arriva bientôt. Ils chargèrent alors tous ensemble, et délogèrent les Autrichiens. Parvenus à ce point, ils avaient à gravir les hauteurs qui entourent Engen; et, pour cela, il fallait qu'ils franchissent des plateaux assez escarpés, dominés à droite par une position dite le Maulberg, à gauche par un pic très-élevé, connu sous le nom de pic de Hohenhewen. Lorges fut chargé d'attaquer le Maulberg. Après une légère canonnade, il marcha en avant. L'ennemi céda. Alors Delmas prenant à gauche se dirigea sur un bois qui entourait le pic de Hohenhewen, et qui était occupé par huit bataillons d'infanterie ennemie. Deux bataillons de la 46e s'avancèrent sur ce bois sans tirer, tandis que le général Grandjean et l'adjudant-général Cohorn le tournaient avec un détachement. Les deux bataillons de la 46e avaient à peine essuyé une décharge qu'ils fondirent sur l'ennemi la baïonnette baissée. Les huit bataillons autrichiens, se voyant si franchement attaqués de front, et tournés sur leur droite, abandonnèrent le bois. Nos troupes, ayant conquis les principales positions qui défendaient les abords de la vallée d'Engen, n'avaient plus qu'à descendre dans cette vallée, traversée par un gros ruisseau. L'ennemi s'était retiré sur le pic de Hohenhewen; il avait placé son artillerie et son infanterie sur les pentes, et rangé en bataille dans la plaine d'Engen 12 mille hommes de cavalerie. Moreau voulut d'abord enlever le pic de Hohenhewen, et il ordonna sur-le-champ à la division Delmas de l'assaillir. La division Delmas, au sortir du bois dont elle s'était emparée, fut exposée à un feu meurtrier. Elle le supporta bravement. Le général Jocopin, se mettant à la tête de l'infanterie, gravit les pentes du pic, et eut la cuisse percée d'un coup de feu. Mais le général Grandjean tourna la position; l'adjudant-général Cohorn, que nous avons vu passer l'Alb sur les épaules d'un grenadier, s'élança sur la cime avec un bataillon, et délogea les Autrichiens. Nos troupes furent alors en possession de toutes les hauteurs qui commandaient la plaine d'Engen, et purent s'y déployer sans difficulté. L'ennemi se retira de l'autre côté de cette plaine, au delà du ruisseau qui la traversait, et au pied d'une chaîne de coteaux qui en formaient le bord opposé. Il avait rangé en avant sa nombreuse cavalerie avec la plus grande partie de son artillerie, et en arrière, dans le creux d'un vallon, à l'entrée duquel se trouve le petit village d'Ehingen, une forte réserve de grenadiers. Telle était la masse de forces qu'il fallait culbuter, pour terminer la bataille à notre avantage.

Pendant ce temps, on entendait de l'autre côté du pic de Hohenhewen, et fort au delà, le long de cette ceinture de hauteurs boisées qui entourent Engen, un feu très-vif. C'était la division Richepanse aux prises avec les troupes dont M. de Kray avait couronné cette partie du champ de bataille. Le général Richepanse avait été obligé de partager sa division en deux brigades pour enlever deux positions, l'une dite de Leipferdingen, l'autre de Waterdingen, au fond même des vallons dans lesquels il s'était engagé. Il soutenait là un combat opiniâtre et mêlé de chances diverses, quand, très-heureusement pour lui, commencèrent à paraître les premières troupes du corps de Saint-Cyr. Ces troupes arrivaient fort tard, par suite d'un défaut d'ensemble dans les dispositions de Moreau. Saint-Cyr avait dû tendre la main à Sainte-Suzanne par une de ses divisions; il avait été contraint d'attendre Ney, retardé par le manque de vivres, d'attendre même son artillerie, toujours restée en arrière depuis le passage du Rhin; il avait en outre rencontré sans cesse le prince Ferdinand sur ses pas, et, n'ayant à lui opposer qu'une division sur trois, il s'était vu obligé de marcher avec mesure et précaution. Il arrivait enfin au secours de Richepanse, au moment où M. de Kray tentait sur celui-ci un dernier et vigoureux effort, pour l'empêcher de déboucher sur Engen.

Moreau, jugeant à la vivacité du feu le danger de Richepanse, voulut attirer les Autrichiens sur leur gauche, et, pour cela, crut devoir attaquer ce village d'Ehingen, qui formait l'appui de leur position de l'autre côté de la plaine. On vient de voir que l'ennemi avait placé là, au pied d'une chaîne de coteaux, son artillerie, sa cavalerie, plus une réserve de grenadiers, dans un vallon dont le village d'Ehingen formait l'entrée. Le général Bontemps s'y porta avec la 67ᵉ demi-brigade, deux bataillons de la 10ᵉ légère, et deux escadrons du 5ᵉ de hussards. Le général d'Hautpoul le suivait avec la réserve de cavalerie. Ces troupes, marchant en colonnes dans la plaine, sous le feu d'une batterie de 12 pièces de canon, arrivèrent bravement sur le village d'Ehingen, et l'emportèrent. Mais, tout à coup, les huit bataillons de grenadiers en réserve furent lancés sur elles. La cavalerie autrichienne appuya par une charge vigoureuse les huit bataillons de grenadiers, et, sous cet orage inattendu, nos soldats furent obligés de céder le village. La cavalerie du général d'Hautpoul fut ramenée par la grande masse de la cavalerie impériale. Le brave général Bontemps reçut une blessure grave au milieu de cette confusion. Dans ce moment, le feu redoublait à notre gauche par delà le pic de Hohenhewen, ce qui annonçait les dangers de Richepanse, s'obstinant, sans y avoir réussi encore, à forcer la ceinture des hauteurs.

Moreau, qui dans les moments difficiles avait la fermeté d'une âme vraiment guerrière, apprécie sur-le-champ la gravité de cette situation, et se décide à un coup de vigueur, pour demeurer maître du champ de bataille. Il fait avancer les restes de la division Bastoul, prend lui-même quelques compagnies de grenadiers qu'il avait sous la main, les anime, les porte en avant, refoule tout ce qu'il rencontre, et ramène nos troupes victorieuses dans Ehingen. Tandis qu'il fixe la fortune sur ce point, Richepanse fait de son côté des prodiges de bravoure. Saint-Cyr, rejoint par Ney, et définitivement délivré de l'archiduc Ferdinand, envoie en avant la brigade du général Roussel. Celle-ci rivalise de courage avec les troupes depuis long-temps engagées de Richepanse, et les aide à conquérir les hauteurs si vivement disputées. L'action se décide donc de tous les côtés en notre faveur, mais au prix de beaucoup d'efforts et de sang versé. La 4ᵉ demi-brigade venait de perdre à elle seule, dans ces combats, 5 à 600 hommes.

Mai 1800.

La nuit commençait à se faire; les Français redoublaient d'ardeur, tandis que les Autrichiens, apprenant la nouvelle de la ruine du prince de Lorraine-Vaudemont, à Stokach, commençaient à se décourager. M. de Kray, craignant d'être tourné par Stokach, ordonna la retraite. Il se hâta de regagner le Danube par Tuttlingen et Liptingen.

Les pertes de l'armée française dans cette suite de combats acharnés étaient assez considérables. Elle avait eu 2 mille hommes hors de combat, tant tués que blessés; mais l'armée autrichienne en avait eu 3 mille, plus 4 à 5 mille prisonniers restés entre nos mains. Les troupes françaises, par leur rare bravoure, avaient corrigé les défectuosités du plan général. Ce plan, en effet, laissait beaucoup à désirer, et on peut maintenant en apprécier les côtés faibles. D'abord il est facile de juger, par les résultats eux-mêmes, l'inconvénient d'avoir passé le Rhin sur plusieurs points. Par suite de cette manière d'opérer, on n'avait eu que trois corps prêts à marcher ensemble, et encore le troisième, celui de Saint-Cyr, avait-il été paralysé par la nécessité de donner la main au quatrième, demeuré en arrière. On devait en outre, à ce système de passage sur plusieurs points, le retard de l'artillerie de Saint-

Résultats de la bataille d'Engen.

Fautes de Moreau dans cette journée.

Cyr, ce qui n'avait pas peu contribué à différer le secours donné à Richepanse. Quant à la bataille même, Moreau, avec 25 mille hommes, avait été obligé d'en combattre 40 mille à Engen, tandis que Lecourbe, avec 20 mille, n'en avait que 12 mille à combattre à Stokach, et que Saint-Cyr était presque inoccupé, ou réduit à un rôle de simple observation. Celui-ci, accusé d'être arrivé trop tard, affirmait n'avoir pas reçu, dans la journée, un seul aide-de-camp du quartier-général. On ne verra jamais, ou bien rarement, de telles choses sur les champs de bataille où commandait le Premier Consul. Toutefois, pour agir comme agissait Moreau, il fallait encore être un général d'un haut mérite. Une fois en présence du danger, il s'était comporté avec le calme, la vigueur, qui ne l'abandonnaient jamais; et, secondé par la valeur des troupes, il avait, après tout, remporté la victoire, et acquis sur l'ennemi une supériorité décidée.

Il fit camper son armée sur le champ de bataille. Si le lendemain il eût poussé vivement M. de Kray par la route de Stokach au Danube, il l'y aurait probablement jeté en désordre. Mais Moreau n'avait pas assez d'ardeur dans le caractère, et ménageait trop ses troupes, pour exécuter de ces mouvements rapides, qui sans doute fatiguent un moment les hommes, mais qui en réalité économisent leur sang et leurs forces, en précipitant les résultats. La journée du 4 mai (14 floréal) fut employée à rectifier la position de l'armée, et à marcher lentement vers le Danube. Saint-Cyr y marcha par Tuttlingen, Moreau et Lecourbe par Mœsskirch, veillant toujours sur leur droite et sur les débouchés du Vorarlberg, d'où le prince de Reuss aurait pu venir.

M. de Kray n'était pas encore résigné à céder le terrain sans combattre. Son armée était déjà fort troublée, et affaiblie d'ailleurs de près de dix mille hommes. Il eut le tort de vouloir l'exposer à une nouvelle rencontre avec les Français, avant d'avoir passé le Danube, et rallié les généraux Kienmayer et Sztarray, lesquels revenaient des bords du Rhin à travers la Forêt-Noire, en même temps que le corps français de Sainte-Suzanne. Il aurait fallu l'abri d'un grand fleuve, quelques jours de répit, et des renforts, pour que le moral de l'armée autrichienne pût se remettre. La position de Mœsskirch, sur laquelle Moreau lui laissa le temps de se rasseoir, inspira à M. de Kray la résolution imprudente, mais courageuse, de combattre encore une fois.

Cette position de Mœsskirch est en effet très-forte. (Voir la carte n° 6.) La grande route qui, par Engen et Stokach, va joindre le Danube, passe, un peu avant d'être à Mœsskirch, sous le feu d'un plateau large et élevé, qu'on appelle le plateau de Krumbach. Elle le laisse à gauche, puis s'enfonce dans un terrain couvert de bois, et y forme un long défilé. Elle débouche ensuite sur un terrain découvert, au fond duquel on aperçoit la petite ville de Mœsskirch à droite, et le village de Heudorf à gauche. Derrière Mœsskirch règne une ligne de hauteurs, qui se continuent de Mœsskirch à Heudorf, puis de Heudorf viennent se rejoindre en arrière et à gauche au plateau de Krumbach : de façon que la route, passant d'abord sous le plateau de Krumbach, puis s'engouffrant dans un bois, débouche enfin à découvert, sous le feu des hauteurs qui s'étendent de Mœsskirch à Heudorf.

M. de Kray avait couronné cette position d'une artillerie formidable. Le prince de Lorraine, formant la gauche des Autrichiens, occupait Mœsskirch et les hauteurs environnantes. M. de Nauendorf, formant leur centre, était déployé au-dessus de Heudorf, ayant une réserve de grenadiers en arrière. M. de Wrède, avec les Bavarois, l'archiduc Ferdinand et le général Giulay réunis, composait la droite de l'armée impériale, sur le plateau de Krumbach.

Moreau ne comptait pas beaucoup plus sur une bataille à Mœsskirch, qu'il n'y avait compté à Engen. Se doutant cependant qu'il pourrait rencontrer quelque résistance à Mœsskirch, il en avait prévenu Lecourbe, et lui avait mandé qu'un effort serait peut-être nécessaire sur ce point, sans lui donner néanmoins les ordres précis de concentration, que comporte l'imminence d'une grande bataille. Lecourbe tenant la tête de l'armée, et marchant avec trois divisions, avait jeté un peu au loin sur sa droite la division Vandamme, toujours pour observer les mouvements du prince de Reuss vers le Vorarlberg. Une partie de cette division sous le général Molitor devait se diriger, par la route de Pfullendorff et Klosterwald, sur le flanc de Mœsskirch. Lecourbe, avec les divisions Montrichard et Lorges, avec la réserve de cavalerie, devait s'avancer par la grande route que nous venons de décrire, et qui après avoir passé sous Krumbach, débouche à travers les bois, en face de Mœsskirch. Moreau suivait la même route, se tenant à quelque distance en arrière. Saint-Cyr flanquait au loin la gauche de Moreau, se trouvant à cheval sur le Danube, vers Tuttlingen. Ce n'étaient certainement pas là des dispositions pour une grande bataille. Vandamme n'aurait pas dû être jeté seul, avec une demi-division, sur le flanc de la position de Mœsskirch. Il aurait fallu diriger de ce côté Lecourbe avec tout son corps. Moreau n'aurait pas dû partir si tard, ni s'entasser avec Lecourbe sur une même route, et dans le défilé d'un bois. Saint-Cyr enfin n'aurait pas dû être laissé si loin.

Quoi qu'il en soit, Lecourbe s'ébranla dès le matin, conformément aux dispositions adoptées. Arrivé à la hauteur de Krumbach, il laissa ce plateau sur sa gauche, et s'engagea dans le défilé du bois. Quelques avant-gardes rencontrées dans ce long défilé furent promptement repliées, et on arriva au débouché. Alors on aperçut le terrain découvert au fond duquel se trouve Mœsskirch, bordé de tous côtés de hauteurs que couronnait l'artillerie des Autrichiens. Dès que les têtes de colonnes parurent, cinq pièces d'artillerie tirant de face du côté de Mœsskirch, vingt autres tirant de flanc du côté de Heudorf, vomirent une grêle de boulets et de mitraille. Deux bataillons d'infanterie légère se placèrent à la lisière du bois, et trois régiments de cavalerie, le 9ᵉ de hussards, le 12ᵉ de chasseurs, le 11ᵉ de dragons, se portèrent rapidement en avant pour protéger l'établissement de notre artillerie. Sous le feu de ces vingt-cinq pièces, qui les foudroyaient en tous sens, nos escadrons furent obligés de se replier. Quinze pièces de canon, que le général Montrichard avait voulu opposer à l'artillerie autrichienne, furent en partie démontées. L'infanterie légère fut elle-même obligée de se couvrir par les bois. La cavalerie autrichienne essaya de nous charger à son tour, mais on la ramena vivement. Cependant chaque fois que le général Montrichard voulait déboucher des bois, un feu violent arrêtait ses colonnes. Il devint bientôt évident que ce n'était pas là le vrai point d'attaque pour forcer Mœsskirch, que c'était, au contraire, par la droite, en suivant la route transversale de Klosterwald, par laquelle s'avançait Vandamme. Mais celui-ci n'était pas près d'arriver encore, à cause de la distance à parcourir. En attendant, Lecourbe se décida à faire une tentative sur Heudorf, en filant par sa gauche le long de la lisière des bois. La 10ᵉ légère, malgré un feu violent d'artillerie et de mousqueterie, entra dans le village de Heudorf; mais elle fut repoussée par des forces supérieures; et, tandis que la cavalerie accourait à son soutien, l'artillerie autrichienne, placée sur l'escarpement en arrière de Heudorf, la réduisit à faire un mouvement rétrograde. Cette seconde tentative pour déboucher sur la gauche, ne fut donc pas plus heureuse que celle qu'on avait faite pour déboucher directement sur Mœsskirch.

Encouragés par notre échec, les Autrichiens veulent alors prendre l'offensive, et essaient de déboucher du village de Heudorf sur la division Lorges. Mais c'était trop tenter contre de si braves troupes. La 38ᵉ se forme en colonne et marche en avant. Huit pièces d'artillerie la couvrent de mitraille. Elle s'avance avec un sang-froid admirable, et pénètre, baïonnette baissée, dans Heudorf. Sur le terrain escarpé qui s'élevait derrière ce village se trouvaient des bois, et dans ces bois les masses serrées de l'infanterie autrichienne. Des forces supérieures se précipitent sur cette brave demi-brigade : elle est accablée par le nombre, elle cède. Mais la 67ᵉ arrive à son secours, et la rallie aussitôt. Toutes deux chargent de nouveau. La division entière accourt, déborde le village, franchit ces redoutables hauteurs, et s'empare de cet asile boisé, d'où l'ennemi vomissait sur nous mille feux. Tandis que ce terrible combat s'engage à notre gauche, autour du village de Heudorf, Vandamme, à notre droite, débouche enfin sur Mœsskirch, à la tête de la brigade Molitor. Il la dispose habilement pour l'attaque, malgré l'infanterie autrichienne, qui fait du faubourg de Mœsskirch un feu meurtrier. Cette brave troupe charge avec fureur, pénètre dans Mœsskirch, pendant que deux bataillons tournent la position par les hauteurs. Montrichard, toujours enfermé dans les bois, choisit ce moment pour déboucher sur le terrain découvert, qui avait commencé par nous être si fatal. Il se précipite sur quatre colonnes, et en face de l'artillerie des Autrichiens, déjà un peu ébranlés par le spectacle de ces attaques simultanées. Les quatre colonnes de Montrichard arrivent, passent

Mai 1800.

un ravin qui règne au pied des hauteurs, et gravissent le plateau de Mœsskirch, à l'instant où les troupes de Vandamme, entrées dans Mœsskirch, commençaient à en déboucher. Les Autrichiens sont partout mis en fuite. Leur réserve, placée un peu en arrière, à Rohrdorf, veut alors agir à son tour ; mais elle est contenue par les divisions Vandamme et Montrichard réunies.

Nous étions maîtres à cette heure de toute la ligne de Mœsskirch à Heudorf. Mais M. de Kray, jugeant alors avec une grande justesse de coup d'œil le point vulnérable de notre position, dérobe une partie de ses forces, et les porte à notre gauche sur le plateau de Krumbach, d'où il menace notre flanc et nos derrières. La division Lorges, qui occupait Heudorf, courait la chance d'être accablée. La réserve des grenadiers autrichiens s'était jetée tout entière sur cette malheureuse division, qui, après avoir pris et repris Heudorf plusieurs fois, était épuisée de fatigue. Elle se trouvait écrasée à la fois sous le feu de l'artillerie, et sous la masse de l'infanterie autrichienne. Heureusement, Moreau, averti par la violence de la canonnade, avait hâté sa marche. Il arrive enfin à l'entrée du bois avec son corps, formé des divisions Delmas, Bastoul et Richepanse. Il se hâte de porter à gauche sur Heudorf la division Delmas au secours de la division Lorges. Cette brave troupe change la face des choses, culbute les grenadiers autrichiens, et reprend Heudorf ainsi que les bois au-dessus. Mais s'il nous vient des secours, il en arrive aussi à M. de Kray. Sa droite, composée de l'archiduc Ferdinand et du général Giulay, que Saint-Cyr suivait pied à pied depuis le commencement des opérations, mais suivait de trop loin, cette droite, rapidement amenée sur le champ de bataille, est dirigée entre Heudorf et Krumbach, sur le flanc même de la division Delmas, et la met en danger d'être enveloppée. Une partie de celle-ci fait aussitôt face à gauche. La 57ᵉ, qui avait en Italie mérité le surnom de la Terrible, se forme en bataille, lutte durant plus d'une heure contre les masses autrichiennes, foudroyée par seize pièces d'artillerie, auxquelles le général Delmas ne peut en opposer que cinq, bientôt démontées. Cette héroïque troupe reste inébranlable sous ce feu épouvantable, et réussit à arrêter l'ennemi. Moreau, courant d'un corps à l'autre pour les placer ou les soutenir, amène la division Bastoul au secours de la division Delmas. Il arrive au moment même où les Autrichiens, ne pouvant culbuter la division Delmas, cherchaient à la priver du secours de la division Bastoul, en se déployant sur le plateau de Krumbach, pour intercepter nos communications. Déjà même ils descendent de ce plateau sur la route, et viennent se mêler à la colonne de nos équipages. Ainsi, la bataille, après avoir commencé à Mœsskirch, s'est étendue à Heudorf, de Heudorf à Krumbach, embrassant l'angle entier de cette vaste position, le couvrant de feu, de sang et de débris. Dans cette circonstance critique, la division Bastoul soutient dignement les efforts de la division Delmas; mais elle va être enveloppée, si l'ennemi réussit à descendre du plateau de Krumbach, et à s'emparer de la grande route, par laquelle nos troupes arrivent. Heureusement la division Richepanse, amenée à temps au point décisif, se forme en colonnes d'attaque, gravit sous un feu plongeant le plateau de Krumbach, et déborde l'archiduc Ferdinand, qui voulait nous déborder. Après cet effort, il ne restait plus personne à M. de Kray pour agir contre Richepanse, et il est obligé de donner le signal de la retraite. De Krumbach à Heudorf, de Heudorf à Mœsskirch, nous sommes partout victorieux.

Mai 1800.

Inaction de Saint-Cyr dans cette journée.

Dans ce moment le corps de Saint-Cyr était à quelques lieues, à Neuhausen-ob-Eke. S'il avait débouché, l'armée autrichienne était écrasée, et, au lieu d'une victoire ordinaire, nous remportions une de ces victoires éclatantes qui terminent une campagne. Quelle fatale inaction le retenait donc inutile, si près du lieu où il pouvait décider du destin de la guerre? C'est là ce qui est difficile à expliquer. Saint-Cyr prétendit le lendemain qu'on ne lui avait point envoyé d'ordre. Moreau répondit qu'il lui en avait envoyé par plusieurs aides-de-camp. Saint-Cyr répliqua qu'il était si près du lieu où l'on combattait, que, si on lui avait dépêché un seul officier, cet officier serait infailliblement arrivé. La coterie de Moreau répondit que Saint-Cyr, mauvais frère d'armes, avait voulu laisser écraser ses voisins, à Mœsskirch comme à Engen.

Ainsi dans la vie militaire comme dans la vie civile, on se jalouse, on s'accuse, on se calomnie! Les passions humaines sont partout les mêmes, et la guerre n'est pas capable assurément de les refroidir, de les modérer, de les rendre justes. Ce qui est vrai, c'est que Saint-Cyr, mécontent de la coterie qui s'était emparée de Moreau, affectait de se renfermer dans le commandement de son corps, à la tête duquel il opérait avec une rare perfection, mais ne suppléait jamais au commandement en chef, et attendait pour agir, des ordres qu'un lieutenant doit savoir prévenir, surtout quand il entend le canon. Saint-Cyr, qui alléguait la proximité pour prouver que, si on lui avait envoyé des ordres, il les aurait reçus, s'accusait lui-même; car la proximité le rendait inexcusable de ne pas arriver avec une division au moins, là où une effroyable canonnade signalait une lutte violente, et probablement de graves dangers. Il allait, du reste, racheter bientôt par de grands services, les torts qu'il s'était donnés en cette circonstance.

Français et Autrichiens étaient épuisés à la fin de cette journée. On ne sait jamais exactement, au milieu de la confusion des batailles, le nombre des morts et des blessés. Ce nombre devait être grand à Mœsskirch. Trois mille hommes avaient dû succomber dans l'armée française, et près du double dans l'armée autrichienne. Mais l'armée française était pleine de confiance; elle avait conquis le champ de bataille, et elle voulait en partir le lendemain pour continuer cette suite de combats, qui, sans lui procurer jusqu'ici des résultats décisifs, lui assuraient cependant sur l'ennemi une supériorité soutenue. L'armée autrichienne, au contraire, profondément ébranlée, n'était pas capable de poursuivre long-temps une pareille lutte.

Tout le monde devine, après le récit que nous venons de faire, les critiques élevées contre les opérations de Moreau[1]. Il avait marché sur un champ de bataille sans le reconnaître d'avance ; il avait dirigé trop peu de forces sur le vrai point d'attaque, qui était la route de Klosterwald à Mœsskirch, donnant sur le flanc de cette petite ville ; il avait marché tard, engagé toutes ses divisions à la suite les unes des autres dans un bois, d'où l'on ne pouvait déboucher sans perdre beaucoup d'hommes ; enfin il n'avait pas amené Saint-Cyr sur le terrain où la présence de celui-ci eût tout décidé. M. de Kray, de son côté, après avoir bien dirigé son effort sur le point vulnérable, sur notre gauche, avait eu le tort de laisser prendre Mœsskirch ; mais, il faut dire, pour sa justification, que ses troupes étaient loin d'égaler les troupes françaises sous le rapport de l'intelligence et de la fermeté. D'ailleurs elles commençaient à perdre confiance, et il n'était plus facile de leur faire supporter la vue et le choc des Français.

Le lendemain 6 mai (16 floréal), M. de Kray se hâta de se porter derrière le Danube, pour s'attacher enfin à cette grande ligne d'opérations. C'était le cas de s'y jeter à sa suite, pour lui rendre le passage du fleuve impossible, ou difficile au moins. Moreau marcha en ligne, la gauche au Danube, tout près du point où passaient les Autrichiens, pouvant les écraser, s'il s'était soudainement rabattu sur sa gauche. Saint-Cyr formait dans le moment l'aile appuyée au

---

[1] Voir les Mémoires de Saint-Cyr, p. 215 et suiv., t. VI, campagne de 1800.

Danube. N'ayant pas donné la veille, il était en mesure d'agir, et en avait le désir. Il vit de ses yeux les troupes impériales s'amasser avec une sorte de précipitation sur le point de Sigmaringen. (Voir la carte n° 2.) Le Danube, formant là un contour, présente un renfoncement, dans lequel l'armée autrichienne s'était accumulée, pressée qu'elle était de passer sur l'autre rive. Saint-Cyr l'apercevait distinctement, à petite portée de canon, dans un espace qui aurait pu suffire à peine à une division, et tellement surprise à la vue des Français que, devant une simple brigade de Ney, elle suspendit son passage, se mit en bataille, et se couvrit du feu de soixante pièces de canon. Saint-Cyr, en la voyant ainsi accumulée et troublée, avait la certitude de la culbuter dans le Danube, par une seule charge de tout son corps. Il fit avancer quelques pièces d'artillerie dont chaque coup emportait des files entières, mais qui ne pouvaient avoir la prétention de rester en batterie devant les soixante bouches à feu de M. de Kray. Il espérait attirer l'attention de Moreau par le bruit de cette canonnade, et l'amener, du corps de réserve, au corps de gauche. Ne le voyant pas arriver, il lui envoya un officier pour l'avertir, et obtenir l'ordre d'attaquer. Mais l'union n'existait plus. On crut à l'état-major, ou l'on feignit de croire, que Saint-Cyr voulait encore appuyer à gauche pour s'isoler davantage et agir seul. On lui répondit par l'ordre d'appuyer à droite, pour se lier, plus étroitement qu'il n'avait coutume de le faire, au corps de réserve, qui formait le centre de

Mai 1800.

Fausse position des Autrichiens à Sigmaringen, dont on ne sait pas profiter.

l'armée. — Cette mesure est indispensable, lui disait-on, afin que le général en chef puisse disposer de votre troupe au besoin[1]. — Le sens de cet ordre indiquait assez clairement l'humeur du général en chef et de son entourage. Il est évident que Moreau se laissait absorber par le commandement d'un seul corps, et que sa faiblesse de caractère donnait naissance aux divisions intestines, funestes en tout lieu, mais plus funestes encore aux armées que partout ailleurs.

M. de Kray put donc s'enfuir sans danger, et rallier son armée au delà du Danube. M. de Kienmayer venait de le rejoindre avec les troupes arrivant des bords du Rhin; M. de Sztarray suivait de près.

L'armée de Moreau avait trouvé à Stokach, à Donau-Eschingen, de vastes magasins; rien ne lui manquait; elle était animée par le succès, et par l'offensive continuelle qu'elle avait prise. Le 7 et le 8 mai (17 et 18 floréal), Moreau continua de marcher, la gauche au Danube, présentant une ligne de bataille toujours trop étendue, et faisant de petites étapes, pour donner à Sainte-Suzanne le temps de rejoindre.

Le 9 (19 floréal), Moreau, sachant que Sainte-Suzanne, venu par la rive gauche du Danube, se trouvait enfin à la hauteur de l'armée, quitta pour un jour le quartier-général, et passa le Danube afin d'aller inspecter les troupes nouvellement arrivées.

---

[1] Saint-Cyr, p. 201, volume indiqué.

Ces troupes formaient dorénavant son aile gauche, tandis que Saint-Cyr devenait le centre, et que le corps de réserve allait jouer véritablement le rôle d'une réserve, conformément à son titre. D'après toutes les probabilités, M. de Kray, occupé à faire reposer son armée, devait se tenir au delà du Danube, et nous pouvions continuer à faire le 9 une marche en avant, sans rencontrer l'ennemi. Moreau prescrivit à la droite, c'est-à-dire à Lecourbe, de se porter le 9 entre Wurzach et Ochsenhausen; à la réserve, de se rendre à Ochsenhausen même; enfin au centre, c'est-à-dire à Saint-Cyr, de dépasser Biberach, la gauche en observation vers le Danube. L'armée s'avançait ainsi assez près de l'Iller, décrivant une ligne parallèle à cet affluent du Danube. Moreau partit le 9 au matin, croyant pouvoir consacrer une journée entière au corps de Sainte-Suzanne.

Mais M. de Kray avait été amené à prendre une résolution nouvelle et inattendue, par l'avis d'un conseil de guerre, qui avait jugé convenable de sauver les immenses magasins de Biberach, pour ne pas les livrer comme ceux d'Engen et de Stokach aux Français. Il repassa donc avec toute son armée sur la rive droite du Danube, par Riedlingen, et vint se placer en avant et en arrière de Biberach. Ce lieu avait déjà été le théâtre d'une bataille gagnée en 1796 par Moreau, grâce surtout à Saint-Cyr. Ce théâtre fut encore heureux pour l'armée, et pour Saint-Cyr lui-même.

Biberach est placé dans le vallon inondé de la Riess. Ce vallon est tellement marécageux qu'un

Mai 1800.

Affaire de Biberach.

homme à cheval ne peut pas s'y engager sans péril, et qu'on est obligé de passer par Biberach même, et par le pont qui tient à cette petite ville. On pénètre dans ce vallon, en franchissant une espèce de défilé pratiqué entre des hauteurs, celles du Galgenberg d'un côté, celles de Mittelbiberach de l'autre. Ce défilé franchi, Biberach s'offre tout à coup. On passe le marécage de la Riess sur le pont qui tient à la ville, et au delà de ce marécage se présente une superbe position, dite du Mettenberg, sur laquelle une armée bien pourvue en artillerie peut prendre une forte assiette. M. de Kray n'entendait pas se mettre en avant du défilé, ayant une issue aussi étroite pour retraite; il ne pouvait se placer qu'en arrière de Biberach, au delà de la Riess, sur le Mettenberg même. Mais il ne pouvait pas non plus laisser Biberach à découvert. En conséquence, après avoir établi le gros de son armée sur la position du Mettenberg, il plaça un corps de 8 à 10 bataillons et d'une douzaine d'escadrons, en avant du défilé de Mittelbiberach, pour retarder la marche des Français, et avoir le temps d'évacuer ou de détruire la plus grande partie de ses magasins.

Ce projet était périlleux, surtout avec une armée démoralisée. Saint-Cyr, ayant eu ordre d'aller coucher un peu au delà de Biberach, découvrit bientôt la position que les Autrichiens avaient prise. Il était désolé de n'avoir pas auprès de lui le général en chef, ou du moins son chef d'état-major, pour faire donner les ordres convenables, et tirer parti de cette rencontre. Moreau était absent; le général Dessoles n'était pas là. Si Saint-Cyr avait eu ses forces réunies, il n'eût pas hésité à risquer une attaque avec son corps tout seul; malheureusement elles étaient en partie dispersées. Obligé d'observer le Danube par sa gauche, il avait consacré à cet objet la meilleure de ses divisions, celle de Ney. Il envoya plusieurs officiers à la recherche du général Ney; mais celui-ci, engagé le long des sinuosités du fleuve, à travers des routes épouvantables, n'était pas facile à joindre et à ramener. Saint-Cyr n'avait pour aborder une masse de 60 mille hommes au moins, que les deux divisions Tharreau et Baraguay-d'Hilliers, avec la réserve de cavalerie du général Sahuc, attachée à son corps. La démoralisation de l'ennemi le tentait fort, mais la disproportion des forces le faisait hésiter, quand on entendit tout à coup les feux du général Richepanse, qui, ayant ordre de se maintenir en communication avec Saint-Cyr, et de passer au delà de la Riess sur le pont de Biberach, arrivait au même point par une route transversale, celle de Reichenbach. Saint-Cyr, ayant à sa disposition la belle division Richepanse, et pouvant remplir le vide laissé dans son corps par l'absence de Ney, n'hésita plus. Il pensa que si le détachement laissé en avant du défilé qui précédait Biberach, était culbuté, la défaite de ce corps de huit à dix mille hommes, serait quelque chose de plus grave que la défaite d'une simple avant-garde, et que le moral de l'ennemi en pourrait être profondément ébranlé. Aussi, ne se donnant pas même le temps de disposer ses troupes pour une attaque, il fit prendre le pas accéléré aux 18 bataillons et aux

24 escadrons qui étaient sous sa main, et les poussa sur les dix mille Autrichiens qui barraient le passage du défilé. Renversés par ce choc si brusque, les Autrichiens se précipitèrent pêle-mêle dans Biberach et dans le vallon de la Riess. Il était facile de les prendre presque tous; mais Saint-Cyr ne le voulut pas, craignant, s'il permettait à ses soldats de les poursuivre, de ne pouvoir plus rallier ses divisions pour les faire concourir à l'opération principale. Il se contenta d'entrer dans Biberach, de s'y établir et d'assurer la conservation des magasins. Après avoir bien occupé ce point, et s'être ménagé une retraite à tout événement, il passa la Riess. Richepanse venait d'arriver sur sa droite par la route de Reichenbach. Renforcé de cette nouvelle division, Saint-Cyr passa la Riess, par le pont de Biberach, et se porta en avant, de sa personne, pour observer la position de l'ennemi. Dans ce moment, les quelques mille hommes si brusquement jetés dans la Riess, remontaient à travers les rangs de l'armée autrichienne, qui s'ouvrait pour les laisser passer, et, à son aspect, on pouvait facilement reconnaître combien cette armée était troublée. Saint-Cyr envoya un certain nombre de tirailleurs, qui allèrent insulter l'ennemi sans que d'autres tirailleurs parussent pour les jeter dans le ravin. On répondait à ces soldats détachés par des décharges générales, comme fait une troupe effrayée, qui cherche à se rassurer avec du bruit. Saint-Cyr était, sur le terrain, l'un des tacticiens les plus habiles qui aient paru parmi nous. En voyant cet état de l'armée autrichienne, son parti fut pris sur-le-champ. Il fit

ranger les divisions Tharreau et Baraguay sur deux colonnes, en forma une troisième de la division Richepanse, et plaça la cavalerie en échelons sur les ailes. Quand ce déploiement fut fait, il ébranla toutes ses colonnes à la fois. Elles franchirent les pentes du Mettenberg avec un aplomb sans pareil. Les Autrichiens, à la vue de ces soldats gravissant avec tant de calme une position formidable, et d'où une armée trois fois supérieure en nombre pouvait les précipiter dans les marécages de la Riess, furent saisis d'étonnement et d'épouvante. M. de Kray ordonna un mouvement rétrograde; ses soldats ne l'exécutèrent pas comme il l'aurait voulu, car, après quelques feux, ils cédèrent le terrain du Mettenberg, et finirent par fuir en désordre, laissant au corps de Saint-Cyr plusieurs mille prisonniers, et des magasins immenses qui servirent à nourrir long-temps l'armée française. La nuit empêcha la poursuite. Moreau survint sur ces entrefaites, et, quoique en froideur avec Saint-Cyr, lui rendit le lendemain, en présence de Carnot, ministre de la guerre, un éclatant témoignage de satisfaction. Moreau, débarrassé en ce moment des fâcheux amis dont il était obsédé au quartier-général, sut être juste pour un lieutenant qui avait vaincu, sans sa présence et sans ses ordres.

Mai 1800.

L'armée française était pleinement victorieuse; les Autrichiens n'étaient plus capables de l'arrêter, et elle n'avait qu'à marcher en avant. M. de Kray avait fait, on ne comprend pas pourquoi, un détachement pour défendre les magasins de Memmingen. Memmingen était sur la route de Lecourbe. Cette place fut occupée, le détachement écrasé, et les magasins pris. C'était le 10 mai (20 floréal). Le 11, le 12 M. de Kray se retira définitivement sur Ulm, et Moreau marcha toujours sur une longue ligne à peu près perpendiculaire au Danube. Le 13 mai il était au delà de l'Iller, sans avoir rencontré de résistance sérieuse au passage de cette rivière. La droite et la réserve étaient à Ungerhausen, Kellmüntz, Iller-Aicheim, Illertissen. Saint-Cyr fut placé au confluent de l'Iller et du Danube, à cheval sur l'Iller, occupant le pont d'Unterkirchberg, et se liant avec Sainte-Suzanne, qui s'avançait par la rive gauche du Danube. De l'abbaye de Wiblingen, où se trouvait la division Ney, et où Saint-Cyr avait son quartier-général, on pouvait voir distinctement les troupes autrichiennes dans le vaste camp retranché d'Ulm.

Les deux armées venaient d'être rejointes par tous leurs corps détachés. Le maréchal de Kray avait rallié à lui M. de Kienmayer les jours précédents, et, depuis, M. Sztarray. Moreau, ayant sous sa main le corps de Sainte-Suzanne, se trouvait maintenant au grand complet. Les deux armées avaient fait des pertes; mais celles des Autrichiens étaient de beaucoup plus considérables que les nôtres. On les estimait à 30 mille hommes en prisonniers, morts ou blessés. L'histoire est réduite à cet égard aux conjectures, car le jour des batailles les généraux atténuent toujours les pertes, et quand il faut réclamer des secours de leur gouvernement, exagèrent constamment le nombre des morts, des blessés et des malades. On ne sait donc jamais avec une entière exactitude le total des soldats véritablement présents sous les armes. M. de Kray, entré en campagne avec 110 ou 115 mille hommes à l'armée active, et 35 ou 40 mille dans les places, devait en avoir, tout au plus, 80 mille aujourd'hui, mais exténués de fatigues et complétement démoralisés.

On estimait la perte de l'armée française à 4 mille morts, 6 ou 7 mille blessés, quelques fiévreux, quelques prisonniers, en tout 12 ou 13 mille hommes, actuellement hors de service, sur lesquels l'armée devait en recouvrer 4 à 5 mille après un peu de repos. Ce calcul réduisait pour le moment à 90 mille soldats, ou un peu moins, l'armée active de Moreau. Mais il allait être obligé de faire un grand détachement, conformément à la convention signée avec le général Berthier à l'ouverture de la campagne. On avait stipulé dans cette convention que, M. de Kray une fois poussé à huit ou dix marches du lac de Constance, Lecourbe se replierait sur les Alpes, pour se joindre à l'armée de réserve. Les dangers de Masséna rendaient urgente l'exécution de cet engagement, et ce n'était pas le vain motif d'arrêter Moreau au milieu de ses succès qui faisait redemander le corps de Lecourbe, c'était la plus légitime des raisons, celle de sauver Gênes et la Ligurie. L'armée de réserve, réunie avec tant d'efforts, ne contenait pas plus de 40 mille hommes de troupes aguerries ; il lui fallait bien un renfort pour la mettre en mesure de tenter l'opération extraordinaire qu'elle devait essayer au delà des Alpes.

Le Premier Consul, qui était pressé d'agir du

côté de l'Italie, voulant tout à la fois ménager Moreau et assurer cependant l'exécution de ses ordres, fit choix du ministre de la guerre lui-même, de Carnot, pour porter au quartier-général de l'armée du Rhin l'injonction formelle de détacher Lecourbe vers le Saint-Gothard. Les lettres qui accompagnaient cet ordre étaient pleines de cordialité et irrésistibles de raison. Le Premier Consul savait bien que ce ne serait pas Lecourbe et 25 mille hommes qu'on lui enverrait ; mais si on lui en envoyait 15 ou 16 mille seulement, il se tenait pour satisfait.

Moreau reçut Carnot avec chagrin ; il exécuta néanmoins avec fidélité les ordres que ce ministre lui apportait. Carnot, en bon citoyen, dissipa les nuages qui auraient pu s'élever dans cet esprit faible et facile à tromper, et fit renaître en lui la confiance envers le Premier Consul, que de détestables brouillons cherchaient à détruire.

Quelques historiens flatteurs de Moreau, mais flatteurs depuis 1815, ont élevé à 25 mille hommes le détachement enlevé à l'armée d'Allemagne. Moreau lui-même, répondant au Premier Consul, ne l'évaluait pas au delà de 17,800 ; et ce nombre était exagéré. Il ne passa pas en Suisse pour franchir le Saint-Gothard plus de 15 à 16 mille soldats. Il resta donc à Moreau 72 mille combattants environ, et bientôt 75 par le mouvement des hôpitaux[1].

---

[1] C'est d'après la correspondance même de Moreau que j'établis ces nombres. Tous les calculs de cette correspondance sont exagérés au profit de Moreau. Il estime pour lui-même les bataillons à 650 hommes, et à 790 pour le détachement envoyé en Italie. Le calcul ne saurait être

C'était plus qu'il n'en fallait pour battre 80 mille Autrichiens. M. de Kray n'en avait pas davantage, en effet, et ils étaient entièrement abattus, incapables de supporter la moindre rencontre sérieuse avec les Français.

Mai 1800.

Moreau, pour ne pas amoindrir son armée aux yeux de l'ennemi, en laissa subsister la composition actuelle, et prit les 16 mille hommes qu'il destinait au Premier Consul sur tous les corps existants. Chacun de ces corps fournit son contingent, et on dissimula ainsi le mieux qu'on put cette diminution de forces. Moreau voulut garder Lecourbe, qui, à lui seul, valait bien des mille hommes. Lecourbe lui fut laissé, et le brave général Lorges dut commander le détachement. Carnot repartit immédiatement pour Paris, après avoir vu s'acheminer les troupes destinées à passer le Saint-Gothard.

Cette opération se fit pendant les 11, 12 et 13 mai (21, 22 et 23 floréal). L'armée française resta forte de 72 mille combattants environ, sans compter les garnisons des places, la division d'Helvétie, et ce que les hôpitaux devaient lui rendre. Elle se retrouvait, du reste, au même effectif qu'avant l'arrivée du corps de Sainte-Suzanne, effectif qui lui avait suffi pour être toujours victorieuse.

M. de Kray s'était établi à Ulm, où, depuis longtemps, était préparé un camp retranché destiné à servir d'asile aux troupes impériales. Des deux sys-

---

vrai, car, envoyant les corps tels qu'ils étaient, si les bataillons se trouvaient réduits à 650 dans son armée, ils ne pouvaient pas être à 700 dans le corps qu'on en détachait.

tèmes de défense dont nous avons parlé, celui de longer le pied des Alpes en se couvrant de tous les affluents du Danube, ou de se tenir à cheval sur ce fleuve pour manœuvrer sur ses deux rives, le second avait été préféré par le conseil aulique, et fut parfaitement suivi par M. de Kray. Le premier serait bon dans le cas où l'on voudrait tenir en communication permanente les deux armées d'Italie et d'Allemagne. Il présente peu de force dans ses premiers échelons, car l'Iller, le Lech, l'Isar, l'Inn, ne deviennent que successivement des obstacles de quelque valeur, et le dernier seul est un obstacle considérable, point invincible toutefois, car il n'y en a pas de ce genre à la guerre. Mais une armée qui, renonçant aux communications avec l'Italie, se place sur le Danube même, ayant tous les ponts à sa disposition, les détruisant successivement à mesure qu'elle se retire, pouvant passer sur l'une ou l'autre rive, tandis que l'ennemi est fixé sur une seule; pouvant, si cet ennemi veut percer directement sur Vienne, le suivre à l'abri du Danube, et se jeter sur ses derrières pour le punir de la première faute qu'il aura commise, une armée ainsi placée est dans la position généralement jugée la meilleure pour couvrir l'Autriche.

M. de Kray s'était donc placé à Ulm, où de grands travaux avaient été faits pour le recevoir. (Voir la carte n° 7.) On sait que, sur ce point, la rive gauche du Danube, formée des premiers escarpements des montagnes de Souabe, domine toujours la rive droite. Ulm est au pied des hauteurs de la rive gauche, sur le Danube même. L'enceinte en avait été réparée. Une tête de pont avait été construite sur la rive opposée. Toutes les hauteurs en arrière d'Ulm, notamment le Michelsberg, étaient couvertes d'artillerie. Si les Français se présentaient par la rive droite, l'armée autrichienne appuyant l'une de ses ailes à Ulm, l'autre au couvent élevé d'Elchingen, couverte par le fleuve, et labourant de ses boulets le terrain plat de la rive droite, était inattaquable. Si les Français se présentaient par la rive gauche, alors l'armée autrichienne avait une position tout aussi assurée. Il faut, pour le comprendre, savoir que la position d'Ulm est couverte sur la rive gauche par la rivière de la Blau, qui descend des montagnes de Souabe, pour se jeter dans le Danube, tout près d'Ulm, en formant un ravin profond. Si donc les Français passaient le Danube au-dessus d'Ulm, pour attaquer par la rive gauche, l'armée autrichienne changeait de position. Au lieu de faire face au cours du Danube, elle lui tournait le dos, et se couvrait par le cours de la Blau. Elle avait son aile gauche à Ulm, son centre au Michelsberg, son aile droite à Lahr et Jungingen. Il fallait faire plusieurs marches sur la rive gauche pour tourner cette nouvelle position, et abandonner alors entièrement la rive droite, ce qui pouvait renverser toutes les combinaisons de la campagne, car on découvrait la route des Alpes. Tel fut le camp où les soldats épuisés de M. de Kray trouvèrent asile pour quelque temps.

Saint-Cyr était au couvent de Wiblingen. Des fe-

Mai 1800.

Proposition d'enlever Ulm

nêtres de ce couvent il voyait distinctement, même sans le secours des lunettes d'approche, la position des Autrichiens. Plein de confiance dans l'audace des Français, il offrait, et plusieurs généraux offraient avec lui, d'enlever le camp ennemi de vive force. Ils en répondaient sur leur tête, et il faut convenir que si on pouvait se défier de l'audace de quelques-uns d'entre eux, comme Ney ou Richepanse, le tacticien Saint-Cyr, esprit froid, méthodique et sûr, méritait toute confiance. Mais Moreau était trop prudent pour hasarder un assaut de cette nature, et pour fournir à M. de Kray l'occasion de gagner une bataille défensive. Il est vrai que si Moreau était vainqueur, l'armée autrichienne, jetée dans le Danube, devait être à moitié détruite, et la campagne terminée. Mais Moreau échouant dans son attaque, il fallait rétrograder; la campagne d'Allemagne était compromise; et, plus que tout cela, la campagne décisive d'Italie était peut-être rendue impossible. Moreau agissait, à la guerre, sans grandeur, mais avec sûreté. Il laissa dire les braves gens qui répondaient de culbuter les Autrichiens, et refusa de tenter une attaque de vive force. Restait la guerre de manœuvres. On pouvait passer sur la rive gauche au-dessus d'Ulm, mouvement que nous venons de décrire; mais il fallait alors, pour tourner les Autrichiens dans cette position, s'engager tellement sur la rive gauche, que la Suisse cessait d'être couverte, et que le détachement envoyé vers les Alpes était compromis. On pouvait, en restant sur la rive droite, descendre le Danube fort au-dessous d'Ulm, le passer loin des Autrichiens, et faire tomber leur position en les coupant du bas Danube. Mais en descendant le fleuve on livrait les derrières de l'armée, on laissait encore découverte la route de la Suisse. Moreau renonça donc à déloger M. de Kray par aucun de ces moyens; et, bien qu'avec la qualité de ses troupes il pût tout hasarder, on ne saurait le blâmer de tant de mesure, surtout de tant de scrupule à suivre le plan qui couvrait le mieux les opérations du Premier Consul, son chef, mais son émule.

Mai 1800.

Il résolut alors de faire une manœuvre qui était la véritable, c'était de se diriger sur Augsbourg, c'est-à-dire de négliger le cours du Danube, pour traverser ses affluents, et faire tomber toutes les lignes de défense des Autrichiens par une marche directe sur le cœur de l'empire. Cette manœuvre, sérieusement exécutée, aurait infailliblement détaché M. de Kray du Danube et de son camp d'Ulm pour l'attirer à la suite de l'armée française. Elle était très-hardie, sans toutefois découvrir les Alpes, puisqu'elle plaçait Moreau toujours à leur pied. Mais il n'y avait pas de demi-parti à prendre : il fallait ou rester immobile devant Ulm, ou se porter résolument sur Augsbourg et sur Munich; car une simple démonstration n'était pas capable de tromper M. de Kray, et pouvait seulement exposer les corps laissés en observation près d'Ulm. Moreau commit ici une faute qui faillit avoir de graves conséquences.

Les 13, 14 et 15 mai, il dépassa le cours de l'Iller. Laissant Sainte-Suzanne seul sur la gauche du Danube, et Saint-Cyr au confluent de l'Iller et du Danube,

Mouvement de Moreau sur Augsbourg.

Mai 1800.

il porta le corps de la réserve sur la Guntz, à Babenhausen, Lecourbe au delà de la Guntz, à Erkheim, un corps de flanqueurs à Kempten, route du Tyrol. (Voir la carte n° 2.) Dans cette position singulière, étendue de vingt lieues, touchant à Ulm d'un côté, menaçant Augsbourg de l'autre, il ne pouvait pas tromper M. de Kray sur le danger d'une marche sur Munich, et devait lui inspirer tout au plus la tentation de se jeter en masse sur le corps de Sainte-Suzanne, resté seul à la gauche du Danube. Si M. de Kray eût cédé à cette dernière tentation, en y employant toutes ses forces, Sainte-Suzanne était perdu.

Danger de Sainte-Suzanne, laissé seul à la gauche du Danube.

Les ordres donnés le 15 (25 floréal) à Saint-Cyr s'exécutaient le 16 au matin, quand Sainte-Suzanne fut assailli à Erbach par une masse énorme de cavalerie. Sa division de droite, commandée par le général Legrand, était à Erbach et Papelau, le long du Danube; sa division de gauche, commandée par Souham, était à Blaubeuren, à cheval sur la Blau; la réserve, sous le général Colaud, un peu en arrière des deux divisions. Le combat commença par une nuée de cavaliers, qui de tous côtés enveloppèrent nos colonnes. Tandis que nos soldats étaient chargés par de nombreux escadrons, des masses d'infanterie, sorties d'Ulm et remontant le Danube, préparaient une attaque plus sérieuse. Deux colonnes d'infanterie et de cavalerie se dirigèrent l'une sur Erbach, pour assaillir et envelopper les deux brigades dont se composait la division Legrand, l'autre sur Papelau, pour couper la division Legrand de la division Souham.

Le général Legrand fit alors opérer un mouvement rétrograde à ses troupes. Elles se retirèrent lentement à travers des bois, puis eurent à déboucher sur des plateaux entre Donaurieden et Ringingen. Les troupes exécutèrent ce mouvement de retraite avec un aplomb remarquable. Elles mirent plusieurs heures à céder un terrain peu étendu, s'arrêtant à chaque instant, se formant en carré, et renversant sous un feu terrible la cavalerie qui les poursuivait. La division Souham, assaillie sur ses deux flancs, fut obligée d'exécuter un mouvement semblable, et de se concentrer sur Blaubeuren, derrière la Blau, jetant dans le profond ravin que forme cette rivière les Autrichiens qui la serraient de trop près.

C'est la division Legrand qui se trouvait le plus en danger, parce qu'elle était placée près du Danube, et que, pour ce motif, l'ennemi voulait l'accabler, afin d'intercepter tous les secours qui pouvaient arriver de l'autre rive du fleuve. Les deux brigades dont elle se composait se défendaient toujours vaillamment, lorsque, dans un moment où l'infanterie se retirait, et où l'artillerie légère remettait ses pièces sur l'avant-train pour se retirer aussi, la cavalerie ennemie, revenant à la charge, fondit tout à coup sur cette malheureuse division. Le brave adjudant-général Levasseur, qui avait été démonté dans une charge, se saisit d'un cheval, courut au 10° régiment de cavalerie, qui s'éloignait du champ de bataille, le ramena à l'ennemi, chargea les escadrons autrichiens, dix fois supérieurs en nombre, et arrêta leur marche. L'artillerie eut le temps d'enlever ses pièces, de prendre une position en arrière, et de protéger à son tour la cavalerie qui venait de la sauver.

Dans cet intervalle de temps, le général Sainte-Suzanne était arrivé, avec une partie de la division Colaud, au secours de la division Legrand. Le général Decaen, avec le reste, était allé au secours de la division Souham, à Blaubeuren. Le combat se rétablit donc; mais il pouvait, malgré ce renfort, finir d'une manière désastreuse, car on avait à craindre que l'armée autrichienne ne se jetât en masse sur le corps de Sainte-Suzanne. Heureusement Saint-Cyr, placé de l'autre côté du Danube, ne laissant pas cette fois écraser ses camarades, comme on l'en a souvent accusé, accourait en toute hâte. Entendant la canonnade sur la rive gauche, il avait fait partir aides-de-camp sur aides-de-camp pour ramener ses divisions des bords de l'Iller aux bords du Danube. Il avait ordonné de ne pas perdre de temps, de replier sur-le-champ les postes avancés, mais de faire partir immédiatement le gros des troupes sans attendre ces postes. Un corps laissé en arrière devait les recueillir. Quant à lui, placé sur le pont d'Unterkirchberg, qui se trouve sur l'Iller, dès qu'un corps arrivait, infanterie, cavalerie ou artillerie, il le lançait à la course sur le Danube, aimant mieux ce désordre d'un moment qu'une perte de temps. Il s'était ensuite rendu de sa personne sur le bord même du Danube. L'ennemi, se doutant que Sainte-Suzanne pourrait être secouru, avait rompu tous les ponts jusqu'à la hauteur de Dischingen. Voyant Saint-Cyr qui faisait effort pour trouver un gué ou rétablir un pont, il avait rangé une partie de ses troupes le long de la rive gauche, afin de faire face à celles de Saint-Cyr arrivant par la rive droite. Il avait de plus engagé une vive canonnade, à laquelle Saint-Cyr s'était mis à répondre en toute hâte. Ce combat à coups de canon, engagé d'une rive à l'autre, inspira aux Autrichiens sortis d'Ulm des craintes pour leur retraite, les ramena en arrière, dégagea un peu Sainte-Suzanne, et répandit dans les rangs de nos malheureux soldats, qui depuis douze heures soutenaient un combat désespéré, une joie des plus vives, une ardeur toute nouvelle. Ils demandèrent à Sainte-Suzanne de se reporter en avant, ce qui leur fut accordé. Alors toutes nos divisions s'ébranlèrent à la fois ; on ramena les Autrichiens sous le canon d'Ulm ; mais, en parcourant le champ de bataille, qu'on était si joyeux de reconquérir, on le trouva couvert de nos morts et de nos blessés. Du reste, la perte des Autrichiens n'était pas moindre que la nôtre. Quinze mille Français s'étaient battus toute une journée contre 36 mille hommes, dont 12 mille de cavalerie. M. de Kray n'avait cessé d'être présent sur le champ de bataille.

Sans la bravoure des troupes, l'énergie et les talents des généraux, la faute qu'avait commise Moreau eût été punie de la perte de notre aile gauche. Moreau se rendit immédiatement à cette aile, et, comme si sa pensée eût été attirée subitement de ce côté par un pur accident, il résolut de faire passer son armée tout entière sur la rive gauche du fleuve.

Le 17 (27 floréal), laissant Sainte-Suzanne se reposer dans les positions de la veille, il ramena le corps de Saint-Cyr entre l'Iller et le Danube. Il porta la réserve qui était sous ses ordres à Unterkirchberg, sur l'Iller même, et ordonna à Lecourbe de se rabattre entre la Guntz et Weissenhorn. Le 18 l'armée fit un second mouvement vers sa gauche : Sainte-Suzanne fut porté au delà de la Blau, Saint-Cyr au delà du Danube, la réserve à Gocklingen, sur le Danube même, prête à franchir le fleuve. Le 19 la manœuvre fut encore plus prononcée : Sainte-Suzanne avait complétement tourné Ulm, il avait son quartier-général à Urspring ; Saint-Cyr était sur les deux rives de la Blau, son quartier-général à Blaubeuren ; la réserve avait passé le Danube entre Erbach et la Blau ; Lecourbe était prêt à franchir ce fleuve.

Tout semblait annoncer une attaque de vive force sur le camp retranché d'Ulm. Dans cette position nouvelle, M. de Kray avait sa gauche à Ulm, son centre sur la Blau, sa droite à Elchingen. Il avait ainsi le dos au Danube, et défendait le revers de la position d'Ulm. Moreau, après avoir fait une reconnaissance attentive, trompa l'attente de ses lieutenants, qui croyaient voir dans ce mouvement sur la gauche un projet sérieux, et qui désiraient d'ailleurs une entreprise hardie sur le camp des Autrichiens, parce qu'ils en regardaient le succès comme infaillible. Saint-Cyr insista de nouveau, et ne fut point écouté, Moreau prit le parti de s'en aller, ne voulant pas hasarder une attaque de vive force le long de la Blau, ne voulant pas non plus tourner tout à fait la position par sa gauche, de crainte de trop découvrir la Suisse. Il prescrivit encore une fois à toute l'armée de repasser sur la rive droite. Le 20 mai et les jours suivants, l'armée décampa, au grand déplaisir des soldats et des généraux, qui comptaient sur un assaut, et au grand étonnement des Autrichiens, qui le redoutaient.

Ces faux mouvements eurent le grand inconvénient de relever un peu le moral de l'armée autrichienne, sans abattre toutefois celui de l'armée française, qu'il était difficile d'ébranler, tant elle avait le sentiment de sa supériorité. Moreau eût pu tenter un mouvement que nous avons indiqué plus haut, et qui, exécuté plus tard, lui valut un beau triomphe. C'était de descendre le Danube, de menacer M. de Kray d'un passage au-dessous d'Ulm, et de l'obliger à décamper, en lui donnant des inquiétudes sur sa ligne de communication. Mais Moreau craignait toujours de découvrir la route des Alpes. Il eut donc la pensée de faire une seconde démonstration sur Augsbourg, pour essayer encore une fois de tromper les Autrichiens, et de leur persuader que, laissant Ulm en arrière, il marchait définitivement sur la Bavière, peut-être même sur l'Autriche. Le 22 mai (2 prairial), toute l'armée française avait repassé le Danube ; Lecourbe, avec l'aile droite, menaçait Augsbourg par Landsberg, et Sainte-Suzanne, avec l'aile gauche, se tenait à quelque distance du Danube, entre Dellmensingen et Achstetten. Ce même jour, 22, le prince Ferdinand, à la tête de

12 mille hommes, dont moitié au moins de cavalerie, soit pour nous retenir près d'Ulm, soit pour reconnaître nos intentions, fit sur Sainte-Suzanne une attaque qui fut chaudement repoussée. Les troupes s'y comportèrent avec leur vigueur accoutumée, et le général Decaen s'y distingua. Les jours suivants, Moreau continua son mouvement. Le 27 mai (7 prairial), Lecourbe s'empara avec autant de hardiesse que d'intelligence du pont de Landsberg sur le Lech, et le 28 entra dans Augsbourg. M. de Kray ne se laissa point ébranler par cette démonstration, et resta obstinément dans Ulm. C'est, il faut le dire, la meilleure de ses déterminations, et celle qui fait le plus d'honneur à sa fermeté et à son jugement.

Position définitive de Moreau en avant d'Augsbourg, en attendant les événements d'Italie.

Dès ce moment, Moreau se renferma dans une inaction calculée. Il rectifia sa position et la rendit meilleure. Au lieu de former une longue ligne dont l'extrémité seule touchait au Danube, position qui exposait notre corps de gauche à des combats inégaux avec l'armée autrichienne tout entière, il exécuta un changement de front, et désormais faisant face au Danube, il se rangea parallèlement à ce fleuve, mais à une assez grande distance, sa gauche appuyée à l'Iller, sa droite à la Guntz, son arrière-garde occupant Augsbourg, et un corps de flanqueurs observant le Tyrol. L'armée française présentait ainsi une masse assez resserrée pour ne plus avoir à craindre de combat isolé sur l'une de ses ailes, et ne pouvait courir d'autre chance que celle d'une grande bataille, que tout le monde souhaitait dans nos rangs, car elle eût été la perte définitive de l'armée impériale.

Dans cette position, maintenant irréprochable, Moreau avait l'intention d'attendre les résultats de la campagne que le Premier Consul tentait en ce moment au delà des Alpes. Ses lieutenants le pressant vivement de sortir de son inaction, il s'obstinait à leur répondre que ce serait une imprudence d'en faire davantage, avant d'avoir des nouvelles d'Italie; que, si le général Bonaparte réussissait sur cette partie du théâtre de la guerre, on essayerait alors, contre M. de Kray, une manœuvre décisive; mais, que si l'armée française n'était pas heureuse au delà des Alpes, on serait bien embarrassé des progrès même qu'on aurait faits en Bavière. L'entreprise du général Bonaparte, dont le secret était connu de Moreau, avait quelque chose d'extraordinaire pour un esprit comme le sien; il n'est donc pas étonnant qu'il conçût des inquiétudes, et qu'il ne voulût pas se porter en avant sans connaître avec certitude le sort de l'armée de réserve.

Moreau, par suite de ces résolutions, eut de vives altercations avec certains de ses lieutenants, notamment avec Saint-Cyr. Celui-ci se plaignait de l'inaction dans laquelle on se renfermait, et surtout de la partialité qui régnait dans les distributions faites aux divers corps d'armée. Le sien, disait-il, manquait souvent de pain, tandis que celui du général en chef, à côté duquel il était placé, vivait dans l'abondance. Ce n'étaient pas les ressources qui manquaient depuis la prise des magasins de l'ennemi, mais les

Mai 1800.

moyens de transport. Saint-Cyr eut à ce sujet plus d'une contestation ; il était évidemment brouillé avec l'état-major qui entourait Moreau, et c'était là le motif principal de ces fâcheuses mésintelligences. Le général Grenier venait d'arriver. Saint-Cyr voulait que Moreau donnât à ce général le commandement de la réserve, pour qu'il pût s'affranchir des préoccupations et de la partialité, conséquences inévitables d'un commandement particulier. Moreau, malheureusement, n'en voulut rien faire ; Saint-Cyr alors se retira sous prétexte de santé, et priva l'armée du plus habile de ses officiers généraux. Du reste, Saint-Cyr était fait pour commander seul, et non pour obéir. Le général Sainte-Suzanne se retira aussi par suite des mêmes mésintelligences. Il fut envoyé sur le Rhin pour former un corps destiné à couvrir les derrières de l'armée d'Allemagne, et à contenir les forces du baron d'Albini. Le général Grenier prit la place de Saint-Cyr, et Richepanse celle de Sainte-Suzanne. Moreau, dont les soldats étaient assez bien pourvus de vivres, et qui était fortement établi dans sa nouvelle position, prit le parti d'attendre, et écrivit au Premier Consul les paroles suivantes, qui peignent parfaitement sa situation et ses intentions :

« Babenhausen, 7 prairial an VIII (27 mai 1800).

» Nous attendons avec impatience, citoyen Consul,
» l'annonce de vos succès. M. de Kray et moi nous
» tâtonnons ici, lui, pour tenir autour d'Ulm, moi,
» pour qu'il quitte le poste...

» Il eût été dangereux, pour vous surtout, que je
» portasse la guerre sur la rive gauche du Danube.
» Notre position actuelle a forcé M. le prince de
» Reuss à se porter aux débouchés du Tyrol, aux
» sources du Lech et de l'Iller; ainsi, il n'est pas
» dangereux pour vous.

» Donnez-moi, je vous prie, de vos nouvelles, et
» mandez-moi tout ce qu'il est possible de faire pour
» vous.....

» Si M. de Kray vient à moi, je recule encore jus-
» qu'à Memmingen; je m'y fais joindre par le général
» Lecourbe, et nous nous battrons. S'il marche sur
» Augsbourg, j'y marche également; il quittera son
» appui d'Ulm, et puis nous verrons ce qu'il y aura
» à faire pour vous couvrir.

» Nous aurions plus d'avantages à guerroyer sur
» la rive gauche du Danube, et à faire contribuer le
» Wurtemberg et la Franconie; mais cela ne vous
» arrangerait pas, puisque l'ennemi pourrait faire
» descendre des détachements en Italie, en nous
» laissant ravager les princes d'empire.

» Recevez l'assurance de mon attachement,

» Signé Moreau. »

Un mois et deux jours s'étaient écoulés, et si Moreau n'avait pas obtenu de ces résultats prompts et décisifs, qui terminent d'un coup toute une campagne, comme il l'aurait pu en passant le Rhin sur un seul point vers Schaffouse, en se jetant en masse sur la gauche de M. de Kray, et en livrant les batailles d'Engen et de Mœsskirch avec ses forces

Mai 1800.

Caractère des opérations que venait d'exécuter Moreau.

réunies; comme il l'aurait pu encore en culbutant l'armée autrichienne dans le Danube à Sigmaringen, en l'enlevant de vive force dans le camp d'Ulm, ou en l'obligeant à décamper par une manœuvre décidée sur Augsbourg; néanmoins il avait rempli la condition essentielle du plan de campagne, il avait passé le Rhin sans accident, en présence de l'armée autrichienne; il lui avait livré deux grandes batailles, et, bien que la concentration des forces eût été insuffisante, il avait gagné ces batailles par sa fermeté, son bon jugement sur le terrain; enfin, malgré ses tâtonnements devant Ulm, il avait cependant enfermé les Autrichiens autour de cette place, et les y tenait bloqués, leur coupant la route de la Bavière et du Tyrol, et pouvant lui-même attendre dans une bonne position le résultat des événements d'Italie. Si on ne trouve pas là cet esprit supérieur, décidé, qui constitue les grands capitaines, on y trouve un esprit sage, calme, réparant par son aplomb les fautes d'une intelligence trop peu étendue et d'un caractère trop peu résolu; on y trouve enfin un excellent général, comme il faut en souhaiter souvent aux nations, comme l'Europe n'en avait pas un pareil: car il avait été donné à la France à cette époque, à la France, qui avait déjà le général Bonaparte, de posséder encore Moreau, Kléber, Desaix, Masséna, Saint-Cyr, c'est-à-dire les meilleurs généraux du second ordre; et il faut ajouter qu'elle avait déjà produit Dumouriez et Pichegru! Temps de prodigieuse mémoire, qui doit nous inspirer quelque confiance en nous-mêmes, et prouver à l'Europe que toute notre gloire dans ce siècle n'est pas due à un seul homme, qu'elle n'est pas le produit de ce hasard si rare qui enfante des génies tels qu'Annibal, César ou Napoléon.

Ce qu'on pouvait surtout reprocher à Moreau, c'était le défaut de vigueur dans le commandement; c'était de se laisser entourer, dominer, par une coterie militaire; c'était de permettre aux mésintelligences de naître autour de lui, de se priver ainsi de ses meilleurs officiers, et de ne pas savoir corriger, par la force de sa volonté, une organisation d'armée vicieuse, qui portait ses lieutenants à l'isolement et à des actes de mauvaise confraternité militaire. Moreau, comme nous l'avons dit bien des fois, comme nous aurons trop souvent à le redire, péchait par le caractère. Que n'avons-nous devant les yeux un voile, qui nous cache à nous-même, qui puisse cacher aux autres, la triste suite des temps, et nous permette de jouir, sans mélange, des nobles et sages exploits de ce guerrier, dont la jalousie et l'exil n'avaient pas encore altéré le cœur!

Il faut nous transporter maintenant sur un théâtre différent, pour y être témoins d'un spectacle fort différent aussi : la Providence, si riche en contrastes, va nous montrer un autre esprit, un autre caractère, une autre fortune, et, pour l'honneur de notre pays, des soldats toujours les mêmes, c'est-à-dire toujours intelligents, dévoués et intrépides.

FIN DU LIVRE TROISIÈME.

LIVRE QUATRIÈME.

MARENGO.

Le Premier Consul attend avec impatience les nouvelles d'Allemagne. — Ces nouvelles arrivées, et annonçant des succès, il se décide à partir pour l'Italie. — Détresse de la garnison de Gênes portée au comble. — Constance de Masséna. — Le Premier Consul se hâte de venir à son secours, en exécutant le projet de passer les grandes Alpes. — Départ du Premier Consul, sa feinte apparition à Dijon, son arrivée à Martigny, dans le Valais. — Choix du Saint-Bernard pour franchir la grande chaîne. — Moyens imaginés pour transporter l'artillerie, les munitions, les vivres et tout le matériel. — Commencement du passage. — Difficultés inouïes surmontées par le dévouement des troupes. — Obstacle imprévu du fort de Bard. — Surprise et douleur de l'armée à la vue de ce fort, jugé d'abord imprenable. — L'infanterie et la cavalerie font un détour, et évitent l'obstacle. — L'artillerie, traînée à bras, passe sous le feu du fort. — Prise d'Ivrée, et déploiement de l'armée dans les plaines du Piémont, avant que les Autrichiens se soient doutés de son existence et de sa marche. — Passage simultané du Saint-Gothard par le détachement formé des troupes d'Allemagne. — Plan du général Bonaparte une fois descendu en Lombardie. — Il se décide à se rendre à Milan pour rallier les troupes venues d'Allemagne, et envelopper ensuite M. de Mélas. — Longues illusions de M. de Mélas détruites tout à coup. — Douleur de ce vieux général. — Ses ordres incertains d'abord, puis positifs, d'évacuer les bords du Var et les environs de Gênes. — Dernières extrémités de Masséna. — L'impuissance absolue de nourrir les soldats et le peuple de Gênes, l'a réduit à se rendre. — Belle capitulation. — Gênes prise, les Autrichiens se concentrent en Piémont. — Importance de la route d'Alexandrie à Plaisance. — Empressement des deux armées à occuper Plaisance. — Les Français y arrivent les premiers. — Position de la Stradella, choisie par le Premier Consul pour envelopper M. de Mélas. — Attente de quelques jours dans cette position. — Croyant que les Autrichiens lui ont échappé, le Premier Consul va les chercher, et les rencontre à l'improviste dans la plaine de Marengo. — Bataille de Marengo, perdue et regagnée. — Heureuse inspiration de Desaix et sa mort. — Regrets du Premier Consul. — Désespoir des Autrichiens, et convention d'Alexandrie, par laquelle ils livrent l'Italie et toutes ses places à l'armée française. — Quelques jours, employés à Milan, par le Premier Consul, à régler les affaires d'Italie. — Conclave à Venise, et promotion de Pie VII à la papauté. — Retour du Premier Consul à Paris. — Enthousiasme excité par sa présence. — Suite des opérations sur le Danube. — Passage de ce fleuve au-dessous d'Ulm. — Victoire d'Hochstedt. — Moreau conquiert toute la Bavière jusqu'à l'Inn. — Armistice en Allemagne comme en Italie. — Commencement des négociations de paix. — Arrivée à Paris de M. de Saint-Julien, envoyé par l'empereur d'Allemagne. — Fête du 14 juillet aux Invalides.

Mai 1800.

Le Premier Consul n'attendait que le succès de l'armée du Rhin pour descendre dans les plaines de l'Italie; car il ne pouvait, avant ces succès, demander à Moreau un détachement de ses troupes, et M. de Kray n'était pas assez complétement séparé de M. de Mélas, pour qu'on pût tout entreprendre sur les derrières de celui-ci. Le Premier Consul les attendait donc avec une vive impatience, résolu à quitter Paris et à prendre le commandement de l'armée de réserve, dès qu'il aurait des nouvelles certaines et tout à fait rassurantes des opérations de Moreau. Le temps pressait en effet, vu que Masséna était réduit, dans Gênes, aux plus cruelles extrémités. Nous l'y avons laissé luttant contre toutes les forces des Autrichiens avec une armée exténuée de fatigues, et, malgré sa prodigieuse infériorité, faisant essuyer tous les jours, à l'ennemi, des pertes considérables. Le 10 mai, le général Ott s'étant permis une bravade inconvenante, et ayant annoncé à Masséna qu'il tirait le canon pour une victoire remportée sur le général Suchet, nouvelle d'ailleurs fausse, l'illustre défenseur de Gênes prépara une réponse éclatante à cette bravade. Il sortit de Gênes sur deux colonnes. L'une de gauche, commandée par le général Soult, remonta le Bisagno et tourna le Monte-Ratti; l'autre, commandée par Miollis, attaqua le Monte-Ratti de front. Les Autri-

Le Premier Consul attend les nouvelles d'Allemagne avant de quitter Paris.

chiens, assaillis avec vigueur, furent précipités dans les ravins, perdirent cette position importante et 1,500 prisonniers. Masséna rentra le soir triomphant dans la ville de Gênes, et, le lendemain matin, écrivit au général Ott qu'il tirait le canon pour sa victoire de la veille : vengeance héroïque, et digne de ce grand cœur !

Mais c'était là le terme de ses succès, car ses soldats épuisés pouvaient à peine soutenir le poids de leurs armes. Le 13 mai (23 floréal), cet homme si énergique, cédant à un avis de ses généraux, consentit presque malgré lui à une opération dont le résultat fut des plus malheureux : cette opération avait pour but d'enlever le Monte-Creto, position importante, qu'il eût été sans doute fort désirable d'arracher aux Autrichiens, car ils auraient été alors rejetés bien loin de Gênes ; mais on avait malheureusement peu de chances d'y réussir. Masséna, qui certes ne se défiait pas de son armée, car chaque jour il en exigeait et en obtenait les plus grands efforts, ne la croyait plus capable d'emporter une position, que l'ennemi défendrait avec toutes ses forces. Il préférait faire une expédition sur Porto-Fino, le long de la mer, pour s'emparer d'un grand convoi de vivres qu'il savait exister de ce côté. Il céda cependant, contre son usage, à l'avis de ses lieutenants, et, le 13 au matin, marcha sur le Monte-Creto. Le combat fut d'abord très-brillant ; par malheur un orage épouvantable, qui dura quelques heures, brisa les forces de nos troupes. L'ennemi avait concentré sur ce point des corps nombreux, et il re-

MASSÉNA
(AU SIÈGE DE GÊNES)

poussa dans les vallées nos soldats mourants de faim et de fatigue. Le général Soult, tenant à honneur de faire réussir une expédition qu'il avait conseillée, rallia autour de lui la 3ᵉ demi-brigade, la ramena bravement à l'ennemi, et eût réussi peut-être si un coup de feu, lui fracassant la jambe, ne l'avait renversé sur le champ de bataille. Ses soldats voulurent l'enlever, mais ils n'en eurent pas le temps, et ce général, qui avait parfaitement secondé Masséna pendant tout le siége, resta aux mains de l'ennemi.

Mai 1800.

L'armée rentra fort attristée dans Gênes; mais cependant elle ramenait encore des prisonniers. Pendant qu'elle combattait, une émeute de femmes avait éclaté dans l'intérieur de la ville. Ces malheureuses, poussées par le besoin, parcouraient les rues avec des sonnettes, en demandant du pain. Elles furent dispersées, et le général français eut dès lors à s'occuper presque uniquement du soin de nourrir la population de Gênes, qui lui montrait d'ailleurs le plus noble dévouement. Il s'était successivement procuré, comme on a vu, des grains pour quinze jours d'abord, puis pour quinze jours encore. Enfin un bâtiment entré dans Gênes à l'improviste, en avait apporté pour cinq, ce qui lui avait fourni de quoi vivre pendant plus d'un mois. Bloqué depuis le 5 avril, ces ressources l'avaient conduit jusqu'au 10 mai. Voyant ses approvisionnements diminuer, il avait réduit la ration donnée quotidiennement au peuple et à l'armée. On y suppléait au moyen d'une soupe faite avec de l'herbe et un peu de viande restant dans la ville. Les habitants riches trouvaient

Famine dans Gênes. Émeutes de femmes.

bien encore à se nourrir, en achetant au poids de l'or quelques vivres cachés, que les investigations de la police n'avaient pu découvrir pour les consacrer à la nourriture commune. Aussi Masséna n'avait-il à s'inquiéter que des pauvres, auxquels la disette se faisait particulièrement sentir. Il avait imposé à leur profit une contribution sur la classe opulente, et les avait mis ainsi du parti des Français. Du reste, la majorité de la population, redoutant les Autrichiens et le régime politique dont ils étaient les défenseurs, était décidée à seconder Masséna par sa résignation! Frappée de l'énergie de son caractère, elle avait pour lui autant d'obéissance que d'admiration. Toutefois le parti oligarchique, se servant de quelques malheureux affamés, lui suscitait tous les embarras imaginables. Masséna, pour les contenir, faisait bivouaquer une partie de ses bataillons, avec la mèche de leurs canons allumée, sur les principales places de la ville. Mais le pain dont on vivait encore, et qui était fait avec de l'avoine, des fèves, et tous les grains qu'on avait pu se procurer, allait s'épuiser : on allait aussi manquer de viande. Au 20 mai il ne devait plus rester que des matières presque impossibles à employer comme aliments. Il était donc urgent de débloquer la place avant le 20 mai, si on ne voulait voir Masséna fait prisonnier avec toute son armée, et le baron de Mélas, pouvant dès lors disposer de trente mille hommes de plus, revenir en Piémont, pour fermer les débouchés des Alpes.

L'aide-de-camp Franceschi, chargé de porter des nouvelles au gouvernement, et ayant réussi, à force d'adresse et d'audace, à passer à travers les Autrichiens et les Anglais, avait fait connaître au Premier Consul l'état déplorable de la place de Gênes. Aussi le Premier Consul ne négligeait-il rien pour mettre l'armée de réserve en mesure de franchir les Alpes. C'est pour ce motif qu'il avait envoyé Carnot en Allemagne, avec un ordre formel des Consuls, de faire partir le détachement destiné à passer le Saint-Gothard. Lui-même, travaillant jour et nuit, correspondant avec Berthier, qui organisait les divisions d'infanterie et de cavalerie, avec Gassendi et Marmont, qui organisaient l'artillerie, avec Marescot, qui faisait des reconnaissances sur toute la ligne des Alpes, il pressait tout le monde avec cette ardeur entraînante, qui lui a servi à porter les Français des rives du Pô aux rives du Jourdain, des rives du Jourdain à celles du Danube et du Borysthène. Il ne devait quitter Paris, de sa personne, qu'au dernier moment, ne voulant abandonner le gouvernement politique de la France, et laisser la place libre aux intrigants et aux auteurs de complots, que le moins de temps possible. Cependant les divisions parties de la Vendée, de la Bretagne, de Paris, des bords du Rhône, traversaient la vaste étendue du territoire de la République, et leurs têtes de colonnes se montraient déjà en Suisse. Il y avait toujours à Dijon les dépôts des corps, plus quelques conscrits et quelques volontaires, envoyés dans cette ville pour accréditer en Europe l'opinion que l'armée de Dijon était une pure fable, destinée uniquement à effrayer M. de Mélas. Jusqu'à ce moment tout allait à souhait; l'illusion

Mai 1800.

Le Premier Consul accélère autant que possible les préparatifs de son entrée en campagne.

des Autrichiens était complète. Les mouvements de troupes qui se faisaient vers la Suisse, peu aperçus grâce à la dispersion des corps, passaient pour des renforts envoyés à l'armée d'Allemagne.

Enfin, tout étant prêt, le Premier Consul fit ses dernières dispositions. Il reçut un message du Sénat, du Tribunat et du Corps Législatif, lui apportant les vœux de la nation pour qu'il revînt bientôt *vainqueur et pacificateur*. Il répondit avec une solennité calculée. Sa réponse devait concourir, avec les articles du *Moniteur*, à prouver que son voyage, annoncé avec tant d'apparat, était, comme l'armée de réserve, une feinte, et pas davantage. Il chargea le consul Cambacérès de présider à sa place le Conseil d'État, qui alors était en quelque sorte le gouvernement tout entier. Le consul Lebrun eut mission de veiller à l'administration des finances. Il leur dit à chacun : Tenez-vous bien ; si un événement survient, ne vous troublez pas. Je reviendrais comme la foudre accabler les audacieux qui oseraient porter la main sur le gouvernement. — Il chargea particulièrement ses frères, qui lui étaient attachés par un intérêt plus personnel, de le tenir averti de toutes choses, et de lui donner le signal du retour, si sa présence devenait nécessaire. Tandis qu'il publiait son départ avec ostentation, les Consuls et les ministres devaient, au contraire, dire en confidence aux propagateurs de nouvelles, que le Premier Consul quittait Paris pour quelques jours, et uniquement pour aller passer la revue des troupes prêtes à entrer en campagne.

Au surplus, il partait plein d'espérance et de satisfaction. Son armée contenait beaucoup de conscrits, mais elle contenait aussi, et en bien plus grand nombre, des soldats aguerris, habitués à vaincre, commandés par des officiers formés à son école ; il avait en outre dans la profonde conception de son plan une confiance absolue. D'après les informations les plus récentes, M. de Mélas s'obstinait à s'enfoncer dans la Ligurie, moitié de ses forces contre Gênes, moitié contre le Var. Le Premier Consul, ne doutant plus à ces nouvelles de la réussite de son entreprise, voyait déjà, dans son ardente imagination, le point même où il rencontrerait et accablerait l'armée autrichienne. Un jour, avant de partir, couché sur ses cartes, y posant des signes de différentes couleurs, pour figurer la position des corps français et autrichiens, il disait devant son secrétaire qui l'écoutait avec surprise et curiosité : « Ce pauvre M. de Mélas » passera par Turin, se repliera vers Alexandrie... » Je passerai le Pô, je le joindrai sur la route de » Plaisance, dans les plaines de la Scrivia, et je le » battrai là, là... » et, en disant ces mots, il posait un de ses signes à San-Giuliano. On appréciera tout à l'heure combien était extraordinaire cette espèce de vision de l'avenir.

Mai 1800.

Il quitta Paris le 6 mai au matin, avant le jour, emmenant avec lui son aide-de-camp Duroc, et son secrétaire M. de Bourrienne. Arrivé à Dijon, il passa en revue les dépôts, les conscrits, qu'on y avait réunis, mais sans matériel, sans tous les accessoires obligés d'une armée prête à entrer en campagne. Après cette revue, qui dut persuader

Départ
du Premier
Consul
le 6 mai.

davantage encore aux espions que l'armée de Dijon n'était qu'une pure invention, il se rendit à Genève, et de Genève à Lausanne, où tout était sérieux, où tout ce qui se faisait devait commencer à détromper les incrédules, mais devait les détromper trop tard pour qu'ils pussent donner à Vienne des avis encore utiles.

Le 13 mai le général Bonaparte passa la revue d'une partie de ses troupes, et entra en conférence avec les officiers qui avaient reçu des rendez-vous, pour lui rendre compte de ce qu'ils avaient fait, et pour recevoir ses derniers ordres. Le général Marescot, chargé de la reconnaissance des Alpes, était celui qu'il était le plus impatient d'entendre. Tous les passages comparés, c'était pour le Saint-Bernard que se prononçait cet officier du génie, mais il regardait l'opération comme très-difficile. — Difficile, soit, répondit le Premier Consul; mais est-elle possible? — Je le crois, répliqua le général Marescot, mais avec des efforts extraordinaires. — Eh bien, partons, fut la seule réponse du Premier Consul.

C'est le moment de faire connaître les motifs qui le décidèrent à choisir le Saint-Bernard. Le Saint-Gothard était réservé aux troupes venant d'Allemagne, et conduites par le général Moncey. Ce passage était situé sur leur route, et pouvait tout au plus nourrir 15 mille hommes, car les vallées de la haute Suisse étaient entièrement ruinées par la présence des armées belligérantes. Restaient les passages du Simplon, du grand Saint-Bernard, du mont Cenis. Ils n'étaient pas comme aujourd'hui tra-

versés par de grandes routes. Il fallait démonter les
voitures au pied du col, les transporter sur des traîneaux, pour les remonter de l'autre côté des monts.
Ces passages offraient tous les trois à peu près les
mêmes difficultés. Cependant le mont Cenis, fréquenté plus souvent, était plus frayé que les autres,
et présentait peut-être à cause de cela moins d'obstacles matériels; mais il débouchait sur Turin,
c'est-à-dire au milieu des Autrichiens, trop près
d'eux, et ne se prêtait pas assez au projet de les
envelopper. Le Simplon, au contraire, le plus éloigné des trois, par rapport au point de départ, offrait
les inconvénients opposés. Il débouchait, il est vrai,
aux environs de Milan, dans un beau pays, assez
loin des Autrichiens, tout à fait sur leurs derrières;
mais il présentait une difficulté fort grande, c'était
celle des distances. Il fallait, en effet, pour y parvenir, remonter avec le matériel de l'armée toute
la longueur du Valais, ce qui eût exigé des moyens
de transports que nous n'avions pas à notre disposition. (Voir la carte n° 8.) Au milieu des vallées
arides et couvertes de glace qu'on allait traverser,
on était réduit à tout porter avec soi, et ce n'était
pas une chose indifférente que d'avoir une vingtaine
de lieues de plus à parcourir. Dans le cas, au contraire, du passage par le Saint-Bernard, on n'avait à
faire que le chemin de Villeneuve à Martigny, c'est-à-dire de l'extrémité du lac de Genève, point où
cessait le moyen de la navigation, jusqu'au pied
du col. C'était une très-petite distance à franchir. Le
Saint-Bernard débouchait ensuite dans la vallée

d'Aoste, sur Ivrée, entre les deux routes de Turin et de Milan, dans une très-bonne direction pour envelopper les Autrichiens. Bien que plus difficile, peut-être plus périlleux, il méritait la préférence, à cause de la brièveté du trajet.

Le Premier Consul se décida donc à conduire la masse principale de ses forces par le Saint-Bernard même. Il emmenait avec lui ce qu'il y avait de meilleur dans l'armée de réserve, environ 40 mille hommes, 35 mille d'infanterie et d'artillerie, 5 mille de cavalerie. Cependant, voulant diviser l'attention des Autrichiens, il imagina de faire descendre par d'autres passages quelques détachements qu'on n'avait pas pu réunir au gros de l'armée. Non loin du grand Saint-Bernard se trouve le petit Saint-Bernard, qui, des hauteurs de la Savoie, débouche aussi dans la vallée d'Aoste. Le Premier Consul dirigea sur ce passage le général Chabran avec la 70ᵉ demi-brigade, et quelques bataillons d'Orient remplis de conscrits. C'était une division de 5 à 6 mille hommes, qui devait rejoindre sur Ivrée la colonne principale. Enfin le général Thurreau, qui avec 4 mille hommes de troupes de Ligurie défendait le mont Cenis, avait ordre de se présenter à ce passage, et d'essayer de pénétrer sur Turin. Ainsi l'armée française devait descendre les Alpes par quatre passages à la fois, le Saint-Gothard, le grand et le petit Saint-Bernard, le mont Cenis. La masse principale, forte de 40 mille hommes, agissant au centre de ce demi-cercle, avait la certitude de rallier les 15 mille hommes venus d'Allemagne, ainsi que les troupes du général Chabran, peut-être celles du général Thurreau, ce qui devait composer une force totale d'environ 65 mille soldats, et troubler l'esprit de l'ennemi, ne sachant, à l'aspect de tous ces corps, vers quel point diriger sa résistance.

Le choix des points de passage arrêté, il fallait s'occuper de l'opération elle-même, consistant à jeter 60 mille hommes avec leur matériel, de l'autre côté des Alpes, sans routes frayées, à travers des rochers, des glaciers, et à l'époque la plus redoutable de l'année, celle de la fonte des neiges. C'est une chose déjà fort malaisée que de traîner avec soi un parc d'artillerie, car chaque pièce de canon exige après elle plusieurs voitures, et, pour 60 bouches à feu, il fallait en amener environ trois cents ; mais, dans ces hautes vallées, les unes frappées de stérilité par un hiver éternel, les autres à peine assez larges pour nourrir leurs rares habitants, on ne pouvait trouver aucun moyen de vivre. Il fallait porter le pain pour les hommes, et jusqu'au fourrage pour les chevaux. La difficulté était donc immense. De Genève jusqu'à Villeneuve tout était facile, grâce au lac Leman et à une navigation de dix-huit lieues, aussi commode que rapide. (Voir la carte n° 8.) Mais de Villeneuve, point extrême du lac, jusqu'à Ivrée, débouché par lequel on entre dans la riche plaine du Piémont, on avait quarante-cinq lieues à parcourir, dont dix sur les rochers et les glaciers de la grande chaîne. La route de Villeneuve à Martigny, et de Martigny à Saint-Pierre, était bonne pour les voitures. Là, on commençait à gravir des sentiers couverts de neiges, bordés de

Mai 1800.

Nature de la route à parcourir.

précipices, larges à peine de deux ou trois pieds, exposés, quand la chaleur du jour se faisait sentir, au choc d'affreuses avalanches. On avait à peu près dix lieues à faire dans ces sentiers, pour arriver de l'autre côté du Saint-Bernard, au village de Saint-Remy, dans la vallée d'Aoste. Là, on retrouvait une route praticable pour les voitures, qui conduisait par Aoste, Châtillon, Bard, Ivrée, à la plaine du Piémont. De tous ces points on en signalait un seul comme pouvant offrir quelque difficulté : c'était celui de Bard, où existait, disait-on, un fort, dont quelques officiers italiens avaient ouï parler, mais qui ne semblait pas devoir présenter un obstacle sérieux. C'étaient donc, comme nous venons de le dire, quarante-cinq lieues à franchir, en portant tout avec soi, du lac de Genève aux plaines du Piémont, et, dans ces quarante-cinq lieues, dix sans routes praticables aux voitures.

Voici les dispositions imaginées par le Premier Consul pour le transport du matériel, et exécutées sous la direction des généraux Marescot, Marmont et Gassendi. D'immenses approvisionnements en grain, biscuit, avoine, avaient été faits par le lac de Genève à Villeneuve. Le général Bonaparte, sachant qu'avec de l'argent on se procurerait facilement le concours des robustes montagnards des Alpes, avait envoyé sur les lieux des fonds considérables, sous forme de numéraire. On avait donc, mais dans les derniers jours seulement, attiré, à grand prix, sur ce point, tous les chars-à-bancs du pays, tous les mulets, tous les paysans. On avait fait transporter, par ce moyen, de Villeneuve à Martigny et de Martigny jusqu'à Saint-Pierre, au pied du col, du pain, du biscuit, des fourrages, du vin, de l'eau-de-vie. On y avait conduit une suffisante quantité de bestiaux vivants. L'artillerie avec ses caissons y avait été amenée. Une compagnie d'ouvriers, établie au pied du col, à Saint-Pierre, était chargée de démonter les pièces, de diviser les affûts en fragments numérotés, afin de pouvoir les transporter à dos de mulets. Les canons eux-mêmes, séparés des affûts, devaient être disposés sur des traîneaux à roulettes, préparés à Auxonne. Quant aux munitions de l'infanterie et de l'artillerie, on avait préparé une multitude de petites caisses, faciles à placer sur des mulets, pour les transporter, comme tout le reste, au moyen des bêtes de somme du pays. Une seconde compagnie d'ouvriers, pourvue de forges de campagne, devait passer la montagne avec la première division, s'établir au village de Saint-Remy, où la route frayée recommençait, pour y remonter les voitures de l'artillerie, et remettre les pièces sur leurs affûts. Telle était l'énorme tâche qu'on s'était imposée. On avait joint à l'armée une compagnie de pontonniers, dépourvue du matériel propre à jeter des ponts, mais destinée à employer celui qu'on ne manquerait pas de conquérir en Italie.

Le Premier Consul avait songé en outre à s'aider du secours des religieux établis à l'hospice du grand Saint-Bernard. Le monde entier sait que de pieux cénobites, établis là depuis des siècles, vivent dans

Mai 1800.

ces affreuses solitudes, au-dessus des régions habitées, pour y secourir les voyageurs que le mauvais temps a surpris, et quelquefois ensevelis sous les neiges. Le Premier Consul leur avait envoyé au dernier moment une somme d'argent, afin qu'ils pussent réunir une grande quantité de pain, de fromage et de vin. Un hôpital était préparé à Saint-Pierre, au pied du col; un autre au revers des monts, à Saint-Remy. Ces deux hôpitaux devaient évacuer les blessés et les malades, s'il y en avait, sur des hôpitaux plus vastes établis à Martigny et à Villeneuve.

Toutes ces dispositions étaient achevées; les troupes commençaient à paraître; le général Bonaparte, établi à Lausanne, les inspectait toutes, leur parlait, les animait du feu dont il était plein, et les préparait à l'immortelle entreprise, qui devait prendre place dans l'histoire à côté de la grande expédition d'Annibal. Il avait eu soin d'ordonner deux inspections, une première à Lausanne, une seconde à Villeneuve. Là, on passait en revue chaque fantassin, chaque cavalier; et, au moyen de magasins improvisés dans chacun de ces lieux, on fournissait aux hommes les souliers, les vêtements, les armes qui leur manquaient. La précaution était bonne, car, malgré toutes les peines qu'il s'était données, le Premier Consul voyait souvent arriver de vieux soldats, dont les vêtements étaient usés, dont les armes étaient hors de service. Il s'en plaignait vivement, et faisait réparer les omissions dont la précipitation ou la négligence des agents, toujours inévitable à un certain degré, était la cause. Il avait poussé la prévoyance jusqu'à faire placer au pied du col des ateliers de bourreliers pour réparer les harnais de l'artillerie. Il avait écrit lui-même plusieurs lettres sur ce sujet, en apparence si vulgaire; et nous citons cette circonstance pour l'instruction des généraux et des gouvernements, à qui la vie des hommes est confiée, et qui ont souvent la paresse ou la vanité de négliger de tels détails. Rien, en effet, de ce qui peut contribuer au succès des opérations, à la sûreté des soldats, n'est au-dessous du génie ou du rang des chefs qui commandent.

Mai 1800.

Les divisions étaient échelonnées depuis le Jura jusqu'au pied du Saint-Bernard, pour éviter l'encombrement. Le Premier Consul était à Martigny, dans un couvent de Bernardins. De là il ordonnait tout, et ne cessait de correspondre avec Paris et avec les autres armées de la République. Il avait des nouvelles de la Ligurie, qui lui apprenaient que M. de Mélas, toujours sous l'empire des plus grandes illusions, mettait tout son zèle à prendre Gênes et à forcer le pont du Var. Rassuré sur cet objet important, il fit donner enfin l'ordre du passage. Quant à lui, il resta de ce côté-ci du Saint-Bernard, pour correspondre le plus long-temps possible avec le gouvernement, et pour tout expédier lui-même au delà des monts. Berthier, au contraire, devait se transporter de l'autre côté du Saint-Bernard pour recevoir les divisions et le matériel que le Premier Consul allait lui envoyer.

Ordre de commencer le passage.

Lannes passa le premier, à la tête de l'avant-

Mai 1800.

Le général Lannes ouvre la marche à la tête de l'avant-garde.

garde, dans la nuit du 14 au 15 mai (24-25 floréal). Il commandait six régiments de troupes d'élite, parfaitement armés, et qui, sous ce chef bouillant, quelquefois insubordonné, mais toujours si habile et si vaillant, allaient tenter gaiement cette marche aventureuse. On se mit en route, entre minuit et deux heures du matin, pour devancer l'instant où la chaleur du soleil, faisant fondre les neiges, précipitait des montagnes de glace sur la tête des voyageurs téméraires qui s'engageaient dans ces gorges affreuses. Il fallait huit heures pour parvenir au sommet du col, à l'hospice même du Saint-Bernard, et deux heures seulement pour redescendre à Saint-Remy. On avait donc le temps de passer avant le moment du plus grand danger. Les soldats surmontèrent avec ardeur les difficultés de cette route. Ils étaient fort chargés, car on les avait obligés à prendre du biscuit pour plusieurs jours, et avec du biscuit une grande quantité de cartouches. Ils gravissaient ces sentiers escarpés, chantant au milieu des précipices, rêvant la conquête de cette Italie, où ils avaient goûté tant de fois les jouissances de la victoire, et ayant le noble pressentiment de la gloire immortelle qu'ils allaient acquérir. Pour les fantassins la peine était moins grande que pour les cavaliers. Ceux-ci faisaient la route à pied, conduisant leur monture par la bride. C'était sans danger à la montée, mais à la descente, le sentier fort étroit les obligeant à marcher devant le cheval, ils étaient exposés, si l'animal faisait un faux pas, à être entraînés avec lui dans les précipices. Il arriva, en effet, quelques accidents de ce genre, mais en petit nombre, et il périt quelques chevaux, mais presque point de cavaliers. Vers le matin, on parvint à l'hospice, et là, une surprise ménagée par le Premier Consul ranima les forces et la bonne humeur de ces braves troupes. Les religieux, munis d'avance des provisions nécessaires, avaient préparé des tables, et servirent à chaque soldat une ration de pain, de vin et de fromage. Après un moment de repos on se remit en route, et on descendit à Saint-Remy sans événement fâcheux. Lannes s'établit immédiatement sur le revers de la montagne, et fit toutes les dispositions nécessaires pour recevoir les autres divisions, et particulièrement le matériel.

Mai 1800.

Lannes arrivé sans accident de l'autre côté des monts.

Chaque jour il devait passer l'une des divisions de l'armée. L'opération devait donc durer plusieurs jours, surtout à cause du matériel qu'il fallait faire passer avec les divisions. On se mit à l'œuvre pendant que les troupes se succédaient. On fit d'abord voyager les vivres et les munitions. Pour cette partie du matériel, qu'on pouvait diviser, placer sur le dos des mulets, dans de petites caisses, la difficulté ne fut pas aussi grande que pour le reste. Elle ne consista que dans l'insuffisance des moyens de transport; car, malgré l'argent prodigué à pleines mains, on n'avait pas autant de mulets qu'il en aurait fallu pour l'énorme poids qu'on avait à transporter de l'autre côté du Saint-Bernard. Cependant les vivres et les munitions ayant passé à la suite des divisions de l'armée, et avec le secours des soldats, on s'occupa enfin de l'artillerie. Les affûts et les caissons

Passage des autres divisions et du matériel.

avaient été démontés, comme nous l'avons dit, et placés sur des mulets. Restaient les pièces de canon elles-mêmes, dont on ne pouvait pas réduire le poids par la division du fardeau. Pour les pièces de douze surtout, et pour les obusiers, la difficulté fut plus grande qu'on ne l'avait d'abord imaginé. Les traîneaux à roulettes construits dans les arsenaux ne purent servir. On imagina un moyen qui fut essayé sur-le-champ, et qui réussit : ce fut de partager par le milieu des troncs de sapin, de les creuser, d'envelopper avec deux de ces demi-troncs une pièce d'artillerie, et de la traîner ainsi enveloppée le long des ravins. Grâce à ces précautions, aucun choc ne pouvait l'endommager. Des mulets furent attelés à ce singulier fardeau, et servirent à élever quelques pièces jusqu'au sommet du col. Mais la descente était plus difficile : on ne pouvait l'opérer qu'à force de bras, et en courant des dangers infinis, parce qu'il fallait retenir la pièce, et l'empêcher en la retenant de rouler dans les précipices. Malheureusement les mulets commençaient à manquer. Les muletiers surtout, dont il fallait un grand nombre, étaient épuisés. On songea dès lors à recourir à d'autres moyens. On offrit aux paysans des environs jusqu'à mille francs par pièce de canon qu'ils consentiraient à traîner de Saint-Pierre à Saint-Remy. Il fallait cent hommes pour en traîner une seule, un jour pour la monter, un jour pour la descendre. Quelques centaines de paysans se présentèrent, et transportèrent en effet quelques pièces de canon, conduits par les artilleurs qui les dirigeaient. Mais l'appât même du gain ne put pas les décider à renouveler cet effort. Ils disparurent tous, et malgré les officiers envoyés à leur recherche, et prodiguant l'argent pour les ramener, il fallut y renoncer, et demander aux soldats des divisions de traîner eux-mêmes leur artillerie. On pouvait tout obtenir de ces soldats dévoués. Pour les encourager, on leur promit l'argent que les paysans épuisés ne voulaient plus gagner, mais ils le refusèrent, disant que c'était un devoir d'honneur pour une troupe de sauver ses canons; et ils se saisirent des pièces abandonnées. Des troupes de cent hommes, sorties successivement des rangs, les traînaient chacune à son tour. La musique jouait des airs animés dans les passages difficiles, et les encourageait à surmonter ces obstacles d'une nature si nouvelle. Arrivé au faîte des monts, on trouvait les rafraîchissements préparés par les religieux du Saint-Bernard, on prenait quelque repos, pour recommencer à la descente de plus grands et de plus périlleux efforts. On vit ainsi les divisions Chambarlhac et Monnier traîner elles-mêmes leur artillerie; et, l'heure avancée ne permettant pas de descendre dans la même journée, elles aimèrent mieux bivouaquer dans la neige que de se séparer de leurs canons. Heureusement le ciel était serein, et on n'eut pas à braver, outre les difficultés des lieux, les rigueurs du temps.

Pendant les journées des 16, 17, 18, 19, 20 mai, les divisions continuèrent à passer avec les vivres, les munitions et l'artillerie. Le Premier Consul, toujours placé à Martigny, pressait l'expédition du matériel; Berthier, de l'autre côté du Saint-Bernard, le recevait, et le faisait réparer par les ouvriers. Le Premier Consul, dont la prévoyance ne s'arrêtait jamais, songea tout de suite à pousser sur le débouché des montagnes pour s'en emparer, Lannes, qui avait déjà sa division réunie, et quelques pièces de quatre prêtes à rouler. Il lui ordonna de s'avancer jusqu'à Ivrée, et d'enlever cette ville, afin de s'assurer ainsi l'entrée de la plaine du Piémont. Lannes marcha le 16 et le 17 mai sur Aoste, où se trouvaient quelques Croates qui furent jetés dans le bas de la vallée; puis il s'achemina vers le bourg de Châtillon, où il arriva le 18. Un bataillon ennemi qui se trouvait là fut culbuté, et perdit bon nombre de prisonniers. Lannes s'engagea ensuite dans la vallée, qui, à mesure qu'on descendait, s'élargissait sensiblement, et montrait aux yeux charmés de nos soldats des habitations, des arbres, des champs cultivés, tous les avant-coureurs, en un mot, de la fertilité italienne. Ces braves gens marchaient tout joyeux, lorsque la vallée, se resserrant de nouveau, leur présenta une gorge étroite, fermée par un fort hérissé de canons. C'était le fort de Bard, déjà désigné comme un obstacle par plusieurs officiers italiens, mais comme un obstacle qu'on pouvait vaincre. Les officiers du génie attachés à l'avant-garde s'avancèrent, et, après une prompte reconnaissance, déclarèrent que le fort obstruait complétement le chemin de la vallée, et qu'on ne pouvait passer sans forcer cette barrière, qui, au premier aspect, semblait à peu près insurmontable.

Cette nouvelle, répandue dans la division, y causa la plus pénible surprise. Voici quelle était la nature de cet obstacle imprévu. (Voir la carte n° 8.)

La vallée d'Aoste est parcourue par une rivière qui reçoit toutes les eaux du Saint-Bernard, et qui, sous le nom de Dora-Baltea, va les jeter dans le Pô. En approchant de Bard, la vallée se resserre; la route, courant entre le pied des montagnes et le lit de la rivière, devient successivement plus étroite; et enfin un rocher qui semble tombé des hauteurs voisines, au milieu de la vallée, la ferme presque entièrement. La rivière coule alors d'un côté du rocher, la route passe de l'autre. Cette route, bordée de maisons, compose toute la ville de Bard. Sur le sommet du rocher, un fort, imprenable par sa position, quoique mal construit, embrasse de ses feux, à droite le cours de la Dora-Baltea, à gauche la rue allongée, qui forme la très-petite ville de Bard. Des ponts-levis fermaient l'entrée et la sortie de cette unique rue. Une garnison peu nombreuse, mais bien commandée, occupait le fort.

Lannes, qui n'était pas homme à s'arrêter, lança sur-le-champ quelques compagnies de grenadiers qui abattirent les ponts-levis, et entrèrent dans Bard, malgré un feu très-vif. Le commandant du fort fit vomir une multitude de boulets, et surtout d'obus, sur ce malheureux bourg; mais enfin il s'arrêta, par égard pour les habitants. La division Lannes stationna en dehors. Il était évident qu'on ne pouvait pas, sous le feu du fort, qui atteignait la route dans tous les sens, faire passer le matériel d'une armée. Lannes fit sur-le-champ son rapport à Berthier, qui se hâta d'arriver, et reconnut avec effroi combien était difficile à vaincre l'obstacle qui venait de se révéler tout à coup. Le général Marescot fut mandé. Il examina le fort et le déclara presque imprenable, non à cause de sa construction qui était médiocre, mais de sa position qui était entièrement isolée. L'escarpement du rocher ne permettait guère l'escalade; quant aux murs, bien qu'ils ne fussent pas couverts par un terrassement, ils ne pouvaient être battus en brèche, parce qu'il n'y avait pas moyen d'établir une batterie convenablement placée pour les atteindre. Cependant il était possible, à force de bras, de hisser sur les hauteurs voisines quelques pièces de faible calibre. Berthier donna des ordres en conséquence. Les soldats, qui étaient faits aux entreprises les plus difficiles, travaillèrent à monter deux pièces de quatre, et même deux pièces de huit. Ils réussirent en effet à les hisser sur la montagne d'Albaredo, qui domine le rocher et le fort de Bard, et un feu plongeant, ouvert tout à coup, causa quelque surprise à la garnison. Néanmoins elle ne se découragea pas; elle riposta, et démonta une de nos pièces qui était d'un calibre trop faible.

Marescot déclara qu'il n'y avait pas d'espoir de prendre le fort, et qu'il fallait songer à un autre moyen de franchir l'obstacle. On fit des reconnaissances sur la gauche, le long des sinuosités de la montagne d'Albaredo, et on trouva enfin un sentier qui, à travers beaucoup de dangers, beaucoup plus que n'en avait présenté le Saint-Bernard lui-même, venait rejoindre la grande route de la vallée au-dessous du fort, à Saint-Donaz. Ce sentier, quoique traversant une montagne du second ordre, était au moins aussi difficile à franchir que le Saint-Bernard, parce qu'il n'était fréquenté que par des pâtres et des troupeaux. S'il fallait tenter une seconde opération comme celle qu'on venait d'exécuter, passer ce nouveau col en démontant et remontant encore une fois l'artillerie, et en la traînant avec des efforts semblables, les bras de l'armée pouvaient bien n'y pas suffire, et ce matériel, tant de fois remanié, pouvait bien aussi n'être plus en état de servir. Berthier, effrayé, donna contre-ordre sur-le-champ aux colonnes qui arrivaient successivement, fit suspendre partout la marche des hommes et du matériel, pour ne pas laisser engager l'armée davantage, si elle devait finir par rétrograder. En un instant l'alarme se répandit sur les derrières, et on se crut arrêté dans cette glorieuse entreprise. Berthier envoya plusieurs courriers au Premier Consul, afin de l'avertir de ce contre-temps inattendu.

Celui-ci était encore à Martigny, ne voulant pas traverser le Saint-Bernard, qu'il n'eût assisté de ses propres yeux à l'expédition des dernières parties du matériel. Cette annonce d'un obstacle jugé insurmontable, lui causa d'abord une espèce de saisissement; mais il se remit bientôt, et se refusa obstinément à la supposition d'un mouvement rétrograde. Rien au monde ne pouvait lui faire subir une telle extrémité. Il pensait que, si l'une des plus hautes montagnes du globe ne l'avait pas arrêté, un rocher secondaire ne serait pas capable de vaincre son courage et son génie. On prendrait, se disait-il, le fort avec de l'audace; si on ne le prenait pas, on le tournerait. D'ailleurs, pourvu que l'infanterie et la cavalerie pussent passer avec quelques pièces de quatre, elles se porteraient à Ivrée, à l'entrée de la plaine, et attendraient là que la grosse artillerie pût les suivre. Si cette grosse artillerie ne pouvait franchir l'obstacle qui venait de se présenter, et si pour en avoir il fallait prendre celle de l'ennemi, l'infanterie française était assez nombreuse et assez brave pour se jeter sur les Autrichiens et leur enlever leurs canons. Au surplus, il étudia de nouveau ses cartes, interrogea une multitude d'officiers italiens, et, apprenant par eux que d'autres routes aboutissaient d'Aoste aux vallées environnantes, il écrivit lettres sur lettres à Berthier, lui défendit d'interrompre le mouvement de l'armée, et lui indiqua, avec une étonnante précision, les reconnaissances à faire autour du fort de Bard. Ne voulant voir de danger grave que dans l'arrivée d'un corps ennemi qui viendrait fermer le débouché d'Ivrée, il enjoignit à Berthier de porter Lannes à Ivrée, par le sentier d'Albaredo, et de lui faire prendre là une forte position qui fût à l'abri de l'artillerie et de la cavalerie autrichiennes. — Quand Lannes, ajoutait le Premier Consul, gardera la porte de la vallée, peu importe ce qui pourra survenir; ce ne sera qu'une perte de temps. Nous avons des vivres en suffisante quantité pour attendre, et nous viendrons toujours à bout, ou de tourner ou de vaincre l'obstacle qui nous arrête en ce moment. —

Karl Girardet del. Outhwaite sc.

BONAPARTE TRAVERSE LE SAINT-BERNARD.

Ces instructions données à Berthier, il adressa ses derniers ordres au général Moncey, qui devait déboucher du Saint-Gothard, au général Chabran, qui devait, par le petit Saint-Bernard, aboutir tout juste devant le fort de Bard, et il se décida enfin à passer les monts de sa personne. Avant de partir, il reçut des nouvelles du Var, qui lui apprenaient que le 14 mai (24 floréal) le baron de Mélas était encore à Nice. Comme on était en ce moment au 20 mai, on ne pouvait pas supposer que le général autrichien fût accouru, dans l'espace de six jours, de Nice à Ivrée. Il se mit donc en marche pour traverser le col le 20, avant le jour. L'aide-de-camp Duroc, et son secrétaire de Bourrienne l'accompagnaient. Les arts l'ont dépeint franchissant les neiges des Alpes sur un cheval fougueux ; voici la simple vérité. Il gravit le Saint-Bernard, monté sur un mulet, revêtu de cette enveloppe grise qu'il a toujours portée, conduit par un guide du pays, montrant dans les passages difficiles la distraction d'un esprit occupé ailleurs, entretenant les officiers répandus sur la route, et puis, par intervalles, interrogeant le conducteur qui l'accompagnait, se faisant conter sa vie, ses plaisirs, ses peines, comme un voyageur oisif qui n'a pas mieux à faire. Ce conducteur, qui était tout jeune, lui exposa naïvement les particularités de son obscure existence, et surtout le chagrin qu'il éprouvait de ne pouvoir, faute d'un peu d'aisance, épouser l'une des filles de cette vallée. Le Premier Consul, tantôt l'écoutant, tantôt questionnant les passants dont la montagne

Mai 1800.

Le Premier Consul se décide à passer le Saint-Bernard de sa personne.

était remplie, parvint à l'hospice, où les bons religieux le reçurent avec empressement. A peine descendu de sa monture, il écrivit un billet qu'il confia à son guide, en lui recommandant de le remettre exactement à l'administrateur de l'armée, resté de l'autre côté du Saint-Bernard. Le soir, le jeune homme, retourné à Saint-Pierre, apprit avec surprise quel puissant voyageur il avait conduit le matin, et sut que le général Bonaparte lui faisait donner un champ, une maison, les moyens de se marier enfin, et de réaliser tous les rêves de sa modeste ambition. Ce montagnard vient de mourir de nos jours, dans son pays, propriétaire du champ que le dominateur du monde lui avait donné. Cet acte singulier de bienfaisance, dans un moment de si grande préoccupation, est digne d'attention. Si ce n'est là qu'un pur caprice de conquérant, jetant au hasard le bien ou le mal, tour à tour renversant des empires ou édifiant une chaumière, de tels caprices sont bons à citer, ne serait-ce que pour tenter les maîtres de la terre ; mais un pareil acte révèle autre chose. L'âme humaine, dans ces moments où elle éprouve des désirs ardents, est portée à la bonté : elle fait le bien comme une manière de mériter celui qu'elle sollicite de la Providence.

Le Premier Consul s'arrêta quelques instants avec les religieux, les remercia de leurs soins envers l'armée, et leur fit un don magnifique pour le soulagement des pauvres et des voyageurs.

Il descendit rapidement, suivant la coutume du pays, en se laissant glisser sur la neige, et arriva le soir même à Étroubles. Le lendemain, après quelques soins donnés au parc d'artillerie et aux vivres, il partit pour Aoste et pour Bard. Reconnaissant que ce qu'on lui avait dit était vrai, il résolut de faire passer son infanterie, sa cavalerie et les pièces de quatre par le sentier d'Albaredo, ce qui était possible en réparant ce sentier. Toutes les troupes devaient aller prendre possession du débouché des montagnes en avant d'Ivrée, et le Premier Consul, en attendant, devait essayer quelque tentative sur le fort, ou bien trouver des moyens de tourner l'obstacle, en faisant passer son artillerie par un des cols voisins. Il chargea le général Lecchi, à la tête des Italiens, de s'élever sur la gauche, de pénétrer par la route de Grassoney dans la vallée de la Sesia, laquelle aboutit près du Simplon et du lac Majeur. Ce mouvement avait pour but de dégager le chemin du Simplon, de donner la main à un détachement qui en descendait, et de reconnaître enfin toutes les voies praticables aux voitures. Le Premier Consul s'occupa en même temps du fort de Bard. On était en possession de la seule rue composant le bourg, mais à la condition de la traverser sous une telle pluie de feux, qu'il n'y avait guère moyen de passer avec un matériel d'artillerie, le trajet ne fût-il que de deux ou trois cents toises. On somma le commandant ; mais celui-ci répondit avec fermeté, en homme qui appréciait l'importance du poste confié à son courage. La force donc pouvait seule nous rendre maîtres du passage. L'artillerie qu'on avait braquée sur la montagne d'Albaredo ne produisait

Mai 1800.

et donne de nouveaux ordres.

L'armée, moins l'artillerie, tourne le fort de Bard

pas grand effet, on tenta une escalade sur la première enceinte du fort; mais quelques braves grenadiers et un excellent officier, Dufour, y furent inutilement blessés ou tués. Dans ce moment, les troupes cheminaient par le sentier d'Albaredo. Quinze cents travailleurs avaient fait à ce sentier les ouvrages les plus urgents. On avait élargi les endroits trop resserrés au moyen de quelques levées de terre, diminué les pentes trop rapides en creusant des marches pour retenir les pieds, jeté ailleurs des troncs d'arbres pour former des ponts sur quelques ravins trop difficiles à franchir. L'armée s'avançait successivement homme à homme, les cavaliers menant leurs chevaux par la bride. L'officier autrichien qui commandait le fort de Bard, voyait ainsi défiler nos colonnes désespéré de ne pouvoir arrêter leur marche; et il mandait à M. de Mélas qu'il était témoin du passage de toute une armée, infanterie et cavalerie, sans avoir le moyen d'y mettre obstacle, mais il répondait sur sa tête qu'elle arriverait sans une seule pièce de canon.

Pendant ce temps notre artillerie faisait une tentative des plus hardies : c'était de faire passer une pièce sous le feu même du fort, à la faveur de la nuit. Malheureusement l'ennemi, averti par le bruit, jeta des pots à feu qui éclairèrent la route comme en plein jour, et lui permirent de la couvrir d'une grêle de projectiles. Sur treize canonniers qui s'étaient aventurés à traîner cette pièce de canon, sept furent ou tués ou blessés. Il y avait là de quoi décourager les plus braves gens, lorsqu'on s'avisa d'un moyen ingénieux, mais fort périlleux encore. On couvrit la rue de paille et de fumier; on disposa des étoupes autour des pièces, de manière à empêcher le moindre retentissement de ces masses de métal sur leurs affûts; on les détela, et de courageux artilleurs, les traînant à bras, se hasardèrent à les passer sous les batteries du fort, le long de la rue de Bard. Ce moyen leur réussit parfaitement. L'ennemi, qui de temps en temps tirait par précaution, atteignit un certain nombre de nos canonniers; mais bientôt, malgré ce feu, toute la grosse artillerie se trouva transportée au delà du défilé, et ce redoutable obstacle, qui avait donné au Premier Consul plus de soucis que le Saint-Bernard lui-même, se trouva vaincu. Les chevaux de l'artillerie avaient pris le sentier d'Albaredo.

Mai 1800.

Tandis que s'exécutait cette opération si hardie, Lannes, marchant en avant à la tête de son infanterie, enleva, le 22 mai, la ville d'Ivrée, qui n'avait pas été réparée depuis les guerres de Louis XIV, et que, par un pressentiment singulier, mais tardif, l'état-major autrichien faisait armer dans le moment. Les défenses d'Ivrée consistaient dans une citadelle détachée du corps de la place, et dans une enceinte bastionnée. Le brave général Watrin, à la tête de sa division, assaillit la citadelle, Lannes se porta lui-même sur le corps de la place, et les soldats les enlevèrent l'une et l'autre à l'escalade. Il y avait là cinq à six mille Autrichiens, dont moitié de cavalerie, qui se retirèrent en toute hâte. Lannes leur fit des prisonniers, les poussa hors de la vallée, et vint prendre position à l'entrée de la plaine du Piémont, aux points désignés par le Premier Con-

Prise d'Ivrée à l'escalade.

sul. Quelques jours plus tard, la ville d'Ivrée, défendue par les Autrichiens, devenait, non pas un obstacle insurmontable, mais un grave embarras. On y trouva du canon et des vivres ; on acheva de l'armer, de l'approvisionner, de manière à en faire, en cas d'échec, l'un des appuis de notre ligne de retraite.

Sur ces entrefaites, le général Chabran descendait avec sa division par le petit Saint-Bernard, et, comme cette division comptait beaucoup de conscrits récemment incorporés, on lui confia le blocus du fort de Bard, qui ne devait pas tarder à se rendre quand il se verrait sans ressource, et dépassé d'ailleurs par l'artillerie dont il ne pouvait plus arrêter la marche. Le général Thurreau, à la tête d'un corps de 4 mille hommes, emportait le débouché de Suze, faisait 1,500 prisonniers, prenait du canon. Il était obligé de s'arrêter à l'entrée de la vallée, entre Suze et Bussolino. Le général Lecchi, avec les Italiens, tournait la vallée de la Sesia, repoussait la division de Rohan, lui enlevait quelques centaines d'hommes, venait dégager le débouché du Simplon, et donner la main à un détachement de la division laissée en Suisse au début de la campagne. Enfin le corps du général Moncey, longuement échelonné dans la vallée du Saint-Gothard, en gravissait les hauteurs.

Ainsi le mouvement général de l'armée s'opérait sur tous les points avec un succès complet. Il fallait enfin sortir de la vallée d'Aoste. Lannes, toujours à l'avant-garde, quitta cette vallée le 26 mai

(6 prairial), et n'hésita plus à se montrer en plaine. Le général autrichien Haddick était chargé de fermer, avec quelques mille hommes d'infanterie et sa nombreuse cavalerie, ce débouché des Alpes. Il était couvert par une petite rivière, la Chiusella, qui se jette dans la Dora-Baltea. Un pont servait à traverser cette rivière. Lannes y marcha vivement avec son infanterie. Un feu d'artillerie, soudain et bien dirigé, accueillit nos bataillons, mais ne les empêcha pas d'avancer. Le brave colonel Macon entra dans le lit de la rivière avec sa demi-brigade, le franchit au-dessus et au dessous du pont, et s'éleva sur la rive opposée. La cavalerie autrichienne, commandée par le général Palfy, voulut alors charger cette demi-brigade. Ce général tomba mort, et ses cavaliers furent dispersés. Les Français, rejoints par le reste de la division Lannes, s'avancèrent en poursuivant l'ennemi avec leur vivacité accoutumée. Le général Haddick, profitant du désordre de cette poursuite, lança ses escadrons avec beaucoup d'à-propos. La 6ᵉ légère fut obligée de s'arrêter; mais la 22ᵉ, formée en colonne serrée, repoussa, uniquement par son feu, cette nouvelle charge de la cavalerie autrichienne. Quelques mille chevaux s'ébranlèrent alors à la fois pour tenter un dernier effort sur notre infanterie. Les 40ᵉ et 22ᵉ demi-brigades, formées en carré, soutinrent avec une rare fermeté ce redoutable choc. Trois fois elles furent chargées, et trois fois les escadrons ennemis vinrent échouer devant leurs baïonnettes. Le général Haddick, se voyant hors d'état de résister à l'avant-garde de l'armée française, donna l'ordre de la retraite,

Mai 1800.

Combat de la Chiusella, livré le 26 mai.

et, après avoir perdu beaucoup d'hommes, morts ou blessés, et quelques prisonniers, céda la plaine du Piémont à Lannes, et se retira derrière l'Orco. Lannes continua sa marche, et le 28 mai (8 prairial) se porta sur Chivasso, au bord du Pô. (Voir la carte n° 3.) Les Autrichiens, frappés de cette invasion subite, se hâtaient de faire évacuer Turin. Des barques descendaient le Pô, chargées de blé, de riz, de munitions et de blessés. Lannes s'empara de tous ces convois. L'abondance préparée par les Autrichiens pour leur armée allait faire les délices de la nôtre.

Treize jours s'étaient écoulés, et la prodigieuse entreprise du Premier Consul avait complétement réussi. Une armée de 40 mille hommes, infanterie, cavalerie, artillerie, avait passé, sans routes frayées, les plus grandes montagnes de l'Europe, traînant à force de bras son matériel sur la neige, ou le poussant sous le feu meurtrier d'un fort qui tirait à bout portant. Une division de 5 mille hommes avait descendu le petit Saint-Bernard; une autre de 4 mille avait débouché par le mont Cenis; un détachement occupait le Simplon; enfin, un corps de 15 mille Français, sous le général Moncey, était au sommet du Saint-Gothard. C'étaient 60 et quelques mille soldats qui allaient entrer en Italie, séparés encore, il est vrai, les uns des autres, par d'assez grandes distances, mais certains de se rallier bientôt autour d'une masse principale de 40 mille hommes, qui débouchait par Ivrée, au centre du demi-cercle des Alpes. Et cette marche extraordinaire n'était pas une folie d'un général qui, pour tourner son adversaire, s'exposait à être tourné lui-même! Maître de la vallée d'Aoste, du Simplon et du Saint-Gothard, le général Bonaparte avait la certitude, s'il perdait une bataille, de pouvoir retourner au point d'où il était venu : tout au plus sacrifierait-il quelque artillerie, s'il était pressé dans sa marche. N'ayant désormais plus rien à cacher, il vint à Chivasso de sa personne, harangua les troupes, les félicita de leur fermeté devant la cavalerie autrichienne, leur annonça les grands résultats qu'il prévoyait, se montra, non-seulement à ses soldats, mais aux Italiens, aux Autrichiens, pour effrayer maintenant, par sa redoutable présence, l'ennemi que naguère il voulait laisser endormir dans une profonde sécurité.

Mai 1800.

Que faisait pendant ce temps le baron de Mélas? Toujours rassuré par le cabinet de Vienne, et par ses propres agents, au sujet de cette fabuleuse armée de réserve, ce général continuait le siége de Gênes et l'attaque du pont du Var. Il avait essuyé des pertes considérables sur ces deux points, mais du reste il persistait à croire que les réunions faites à Dijon n'étaient qu'un ramassis de conscrits, destinés à remplir des vides dans les cadres des deux armées du Rhin et de Ligurie. Un avis, qui lui arriva vers le milieu de mai, lui inspira quelques inquiétudes pour ses derrières; néanmoins il se rassura bientôt, et revint à croire que ce qui était réuni à Dijon devait directement descendre la Saône et le Rhône, pour joindre le corps du général Suchet sur le Var. Au lieu de renvoyer des troupes par le col de Tende en Piémont, il garda toutes ses forces, sous le général Elsnitz, devant le pont du Var.

Longue illusion du baron de Mélas, détruite par un premier avis.

Mai 1800.

Le baron de Mélas repasse le col de Tende avec un détachement de 10 mille hommes.

Cependant, les colonnes françaises qui débouchaient à la fois par toutes les vallées des Alpes, vues et signalées avec la plus complète certitude par le général Wukassowich, l'arrachèrent enfin à ses illusions, sans toutefois le détromper entièrement. Il laissa le général Ott avec 30 mille hommes devant Gênes, le général Elsnitz avec 20 mille devant le pont du Var, ces dernières devant être renforcées par les troupes du général Saint-Julien, devenues disponibles depuis la prise de Savone, et il rebroussa chemin avec un détachement de 10 mille hommes à travers le col de Tende, pour se rendre à Coni. Le 22 mai il était rendu dans cette dernière place. Jusque-là, le général autrichien croyait que les troupes françaises qui s'étaient montrées, n'étaient que des rassemblements de conscrits, employés à faire une démonstration sur ses derrières, pour le détourner du siége de Gênes; et il ne pensait pas encore que ce pût être le général Bonaparte lui-même à la tête d'une grande armée. Mais bientôt cette dernière illusion s'évanouit. Un de ses officiers, qui connaissait parfaitement le général Bonaparte, fut envoyé à Chivasso, sur le bord du Pô. Cet officier vit de ses propres yeux le vainqueur de Castiglione et de Rivoli, et en instruisit son général en chef, qui alors seulement put mesurer toute l'étendue de ses dangers, car ce n'était pas un rassemblement de conscrits dont le Premier Consul aurait daigné prendre le commandement. Ce n'est pas tout : on avait douté que les Français eussent du canon, mais on venait d'entendre à la Chiusella le bruit de leur artillerie. Ce vieillard respectable, qui avait déployé d'incontestables qualités dans la campagne précédente, fut livré alors à de cruelles angoisses. Chaque jour vint ajouter à son trouble, car bientôt il apprit que les têtes de colonnes du général Moncey descendaient du Saint-Gothard.

Il était en effet dans une situation extraordinairement grave. Sur 120 mille hommes, il en avait perdu au moins 25 mille devant Gênes et le Var. Ceux qui lui restaient se trouvaient dispersés : le général Ott avec 30 mille hommes était devant Gênes; le général Elsnitz, avec 25 mille, devant le pont du Var; le général Kaim, chargé de garder les débouchés de Suze et Pignerol, avec une douzaine de mille hommes, avait perdu Suze, et se retirait sur Turin. Le général Haddick, qui, avec 9 mille hommes à peu près, devait garder les vallées d'Aoste et de la Sesia, venait de se retirer devant Lannes; le général Wukassowich, qui, avec 10 mille hommes, observait les vallées du Simplon et du Saint-Gothard, qu'allait-il devenir devant Moncey? Le baron de Mélas lui-même était à Turin avec un corps de 10 mille hommes, ramené de Nice. Le général Bonaparte n'allait-il pas fondre au milieu de tous ces corps dispersés, les battre les uns après les autres, et les détruire? Peut-être il était temps encore de prendre des déterminations salutaires, à condition qu'elles fussent conçues et exécutées sur-le-champ; mais le général autrichien perdit quelques jours à se remettre, à se fixer sur les projets de son adversaire, à former les siens propres, à se résigner enfin aux sacrifices que devait entraîner une concen-

Mai 1800.

Cruelles angoisses du baron de Mélas quand il apprend la vérité tout entière.

État de dispersion de l'armée autrichienne.

Hésitations du baron de Mélas.

tration de forces, car il fallait abandonner à la fois le Var, peut-être Gênes, et certainement une grande partie du Piémont.

Pendant qu'il délibérait, le général Bonaparte arrêtait, lui, ses déterminations avec sa promptitude et sa résolution accoutumées. Les déterminations qu'il avait à prendre n'étaient pas moins graves que celles de son adversaire. Si les Autrichiens étaient dispersés, les Français l'étaient aussi, car ils descendaient du mont Cenis, du grand et du petit Saint-Bernard, du Simplon, du Saint-Gothard. Il fallait les réunir, fermer ensuite toute retraite au baron de Mélas, et enfin débloquer Masséna, qui, dans le moment, devait être réduit à la dernière extrémité.

Descendu du Saint-Bernard, le général Bonaparte avait à sa droite le mont Cenis et Turin, à sa gauche le Saint-Gothard et Milan, et à cinquante lieues devant lui Gênes et Masséna. (Voir la carte n° 3.) Quel parti prendre? appuyer à droite, au mont Cenis, pour rallier les 4 mille hommes du général Thurreau, était un bien faible résultat. On s'exposait ainsi à rencontrer tout de suite M. de Mélas, ce qui n'était pas fort dangereux sans doute dans l'état de dispersion de ses forces; mais, en appuyant à droite, on lui livrait à gauche les routes de Milan ou de Plaisance pour se retirer. Ce n'était pas la peine, en vérité, d'avoir fait de si grands efforts, pour se porter à travers les Alpes sur les communications de l'ennemi, si après les avoir occupées on les laissait libres. Aller droit devant soi, passer le Pô, voler à Gênes à travers les corps dispersés de l'armée autrichienne, en négligeant le général Thurreau à droite, le général Moncey à gauche, et compromettant toutes ses communications, n'était pas sage, pas digne de la prudence profonde qui avait combiné toutes les parties de ce plan, avec autant de réflexion que d'audace. On ignorait quelle réunion de forces pouvait se rencontrer sur cette route; on sacrifiait sa ligne de retraite vers les Alpes, on abandonnait à eux-mêmes les généraux Thurreau et Moncey, réduits probablement à se replier vers le mont Cenis et le Saint-Gothard, Dieu sait après quelles aventures. Mieux eût valu secourir Masséna directement, par Toulon, Nice et Gênes. D'après toutes ces considérations, il ne restait évidemment qu'un parti à prendre, c'était d'appuyer à gauche, vers le Saint-Gothard et Milan, et de donner la main aux 15 mille hommes du général Moncey. De la sorte on ralliait à soi le principal détachement de l'armée, ce qui la portait au chiffre de 60 mille combattants; on occupait la capitale de la haute Italie; on soulevait les peuples sur les derrières des Autrichiens; on prenait tous leurs magasins; on s'emparait de la ligne du Pô, et de tous les ponts sur ce grand fleuve; enfin, en se mettant en mesure d'agir sur l'une et l'autre rive, on arrêtait M. de Mélas, quelque route qu'il voulût tenir pour s'échapper. Il est vrai que dans ce plan les secours à porter à Masséna étaient différés de huit ou dix jours, ce qui était fâcheux. Mais le général Bonaparte pensait que sa présence en Italie suffirait pour dégager l'armée de Ligurie; car il croyait que M. de Mélas se hâterait d'attirer à lui les corps qui attaquaient Gênes et le pont du Var. En tout cas, les généraux Masséna et Suchet avaient rempli l'objet qui leur était assigné, en retenant M. de Mélas sur l'Apennin, en le fatiguant, en l'épuisant, surtout en l'empêchant de fermer les débouchés des Alpes. Le défenseur de Gênes, dût-il succomber, ne faisait que consommer la longue suite de sacrifices imposés à la noble et malheureuse armée de Ligurie, pour le succès d'une vaste combinaison.

Son parti arrêté, le général Bonaparte fit ses dispositions avec la plus grande promptitude, et dirigea toute son armée sur la rive gauche du Pô. Il rallia son parc d'artillerie, qui venait d'être remis en état; il enjoignit à Lannes de réunir tous les bateaux pris à Chivasso, de les disposer comme si on allait jeter un pont, et passer en Piémont. Son intention était de tromper une seconde fois M. de Mélas sur ses projets, et il y réussit aussi bien que la première fois. A la vue des mouvements ordonnés par le général Bonaparte, M. de Mélas, cherchant à se flatter jusqu'au dernier moment, se plut à espérer que les Français n'avaient pu descendre des Alpes qu'en très-petit nombre. Il crut que si le général Bonaparte, comme tout portait à le penser, voulait seulement traverser le Pô pour entrer dans Turin, et donner la main, vers le mont Cenis, au général Thurreau, il crut qu'on pourrait lui tenir tête, en coupant tous les ponts, et en disputant le passage du Pô avec une trentaine de mille hommes. Il conçut donc l'espérance de pouvoir se défendre sur cette ligne, sans faire le double sacrifice des positions occupées sur le Var, et des progrès faits devant Gênes. En conséquence, M. de Mélas réunit le général Haddick, revenu de la vallée d'Aoste, le général Kaim, placé au débouché de Suze, les 10 mille hommes amenés avec lui de Nice, plus un nouveau détachement tiré du Var : formant ainsi un rassemblement de 30 mille hommes, et ne nous en supposant pas davantage, il espéra disputer, avec ces forces, le fleuve qui séparait les deux armées.

Le Premier Consul ne chercha pas à détruire cette nouvelle illusion de son adversaire, et, le laissant occupé vers Turin à cette demi-concentration de forces, se replia tout à coup vers Milan. Lannes, qui avait semblé devoir remonter le Pô pour marcher de Chivasso sur Turin, le descendit subitement au contraire : il s'avança par Crescentino et Trino sur Pavie, où se trouvaient les immenses magasins des Impériaux, en vivres, munitions, artillerie, et la plus importante des communications, puisqu'elle commande à la fois le passage du Pô et du Tessin. Murat marcha par Verceil sur le point de Buffalora. L'armée suivit tout entière ce mouvement général sur Milan. On arriva le 31 mai devant le Tessin. Ce fleuve est large et profond. On n'avait point de barques pour le passer, et au delà se montrait une nombreuse cavalerie appartenant au corps de Wukassowich, lequel gardait le Simplon et cette partie des débouchés des Alpes. Derrière le Tessin coule le Naviglio-Grande, large canal qui traverse la contrée jusqu'à Milan. Ce canal est, pendant une certaine distance, parallèle au cours du fleuve dont il forme une dérivation ; il en est de plus très-rapproché. La cavalerie ennemie, pressée sur une langue de terre fort étroite, entre le Tessin et le canal, était extrêmement gênée dans ses mouvements, et ne pouvait guère user de ses forces. L'adjudant-général Girard prit quelques embarcations que les paysans des environs avaient cachées près de Galiate, et qu'ils s'empressèrent de fournir à l'armée. Il passa suivi d'une petite troupe de soldats, et se jeta sur l'avant-garde autrichienne. Successivement renforcé par les allées et venues de ces barques, et appuyé par le feu de l'artillerie, il repoussa la cavalerie, qui n'osait trop s'engager sur ce terrain fort ingrat pour elle, et l'obligea de repasser le Naviglio-Grande, sur un point qu'on appelle le pont de Turbigo. Du même coup il franchit ainsi le Naviglio et le Tessin. Mais le général Wukassowich survint avec la brigade d'infanterie Laudon, et tâcha de pénétrer dans le village de Turbigo. L'adjudant-général Girard eut alors sur les bras quatre ou cinq mille hommes d'infanterie, et ne put leur opposer que quelques centaines de soldats. Il se défendit plusieurs heures de suite avec beaucoup de présence d'esprit et de courage, et parvint à sauver le pont de Turbigo, dont la perte eût rejeté les Français en deçà du Naviglio-Grande, et peut-être du Tessin même. Pendant qu'il se défendait aussi bravement, le général Monnier, qui était parvenu à passer un peu au-dessous, vint à son secours, fondit sur les troupes de Laudon, et les chassa de Turbigo. Cette ligne, qui devait arrêter l'armée française, fut donc franchie au moyen d'un simple combat d'avant-garde. Le lendemain, 1ᵉʳ juin (12 prairial), la division Boudet passa vers Buffalora, et l'armée entière s'avança sur Milan. Wukassowich, craignant d'être pris entre la grande armée qui s'avançait en Lombardie, et le corps de Moncey qui descendait du Saint-Gothard, se retira en toute hâte, et ordonna à la brigade Dedovich, qui était au pied des montagnes, de se replier derrière l'Adda, par Cassano. Lui-même alla chercher un refuge derrière l'Adda, par Milan et Lodi, après avoir laissé une garnison de 2,800 hommes dans le château de Milan.

Aucun obstacle n'arrêtait désormais l'armée française. Elle pouvait entrer dans la capitale de la Lombardie, qui gémissait depuis plus d'une année sous le joug des Autrichiens. Jusqu'alors on n'avait entretenu ces malheureux Italiens que des succès de M. de Mélas et de la détresse des Français. Les caricatures sur l'armée de réserve avaient circulé à Milan aussi bien qu'à Vienne et à Londres. On la représentait comme un ramassis de vieillards et d'enfants, armés de bâtons, montés sur des ânes, et ayant deux espingoles pour artillerie. Tandis qu'on déversait la dérision sur la République française, ce qui n'était pas bien fâcheux, on faisait peser la plus dure oppression sur les malheureux Italiens. Tout ce que la Lombardie offrait d'hommes distingués par la fortune et les lumières, étaient en prison ou dans l'exil, surtout s'ils avaient pris part aux affaires de la République Cisalpine. La persécution, chose remarquable, s'était moins appesantie sur les patriotes exagérés, sur ceux qui correspondaient aux jacobins français, que sur les hommes modérés, dont l'exemple pouvait être plus contagieux pour les peuples. Excepté quelques créatures fort rares du gouvernement autrichien, et quelques nobles attachés au parti oligarchique, tout le monde soupirait après le retour des Français. Mais on n'osait guère espérer ce retour, surtout en voyant le baron de Mélas si avancé en Ligurie, si près de prendre Gênes, de passer le Var, et le Premier Consul si occupé, en apparence du moins, des dangers d'invasion qui menaçaient la France du côté du Rhin. On répandait même, dans le peuple, que ce général Bonaparte, si connu en Italie, était mort en Égypte; que, nouveau Pharaon, il s'était noyé dans la mer Rouge, et que celui dont le nom figurait actuellement à Paris était l'un de ses frères.

On devine aisément la surprise des Italiens quand tout à coup on leur annonça qu'une armée française se montrait à Ivrée, qu'elle débouchait même au delà, qu'elle marchait sur le Tessin, enfin qu'elle avait passé ce fleuve. On se figure l'agitation qui régna dans Milan, les affirmations, les dénégations qui se croisèrent pendant quarante-huit heures, la joie enfin qui éclata quand la nouvelle fut confirmée par la vue du général Bonaparte lui-même, marchant avec son état-major à la tête de l'avant-garde. Le 2 juin (13 prairial), le peuple entier, accouru au-devant de l'armée française, reconnut l'illustre général, qu'il avait vu tant de fois dans ses murs, l'accueillit avec des transports d'enthousiasme, et le reçut comme un sauveur descendu du ciel. Les sentiments des Italiens, toujours si vifs, si démonstratifs, n'avaient jamais éclaté avec tant de force, parce que jamais autant de circonstances ne s'étaient réunies pour rendre la joie d'un peuple soudaine et profonde. Le général français, entré dans Milan, se hâta d'ouvrir les prisons, et de rendre le gouvernement du pays aux amis de la France. Il donna une administration provisoire à la République Cisalpine, et composa cette administration des hommes les plus respectables. Cependant, fidèle en Italie au système qu'il suivait en France, il ne permit ni violence ni réaction; et, en restituant le pouvoir aux Italiens de son parti, il ne leur permit pas de l'exercer contre les Italiens du parti contraire.

Après ces premiers soins donnés aux affaires du Milanais, il se hâta de pousser ses colonnes dans toutes les directions, jusqu'aux lacs, jusqu'à l'Adda, jusqu'au Pô, de manière à propager l'insurrection au profit des Français, à saisir les magasins de l'ennemi, à s'emparer de ses communications, et à lui fermer toute retraite. Jusqu'ici les choses allaient au mieux, car Lannes, dirigé sur Pavie, venait d'y entrer le 1ᵉʳ juin, et d'enlever des magasins immenses. Ce général avait trouvé à Pavie les hôpitaux autrichiens, des amas considérables de grains, fourrages, munitions, armes, notamment trois cents bouches à feu, dont moitié de campagne. Il s'était procuré là plusieurs équipages de ponts, que les compagnies de pontonniers français, amenées sans matériel, allaient employer sur le Pô. La division Chabran, qu'on avait laissée devant le fort de Bard, s'en était emparée le 1ᵉʳ juin, et y avait trouvé 18 pièces de canon. Le général Chabran, après y avoir mis garnison, ainsi qu'à Ivrée, vint occuper le cours du Pô, depuis la Dora-Baltea jusqu'à la Sesia. Lannes l'occupait depuis ce point jusqu'à Pavie. Le corps du général de Béthencourt, venu du Simplon, fut placé devant Arona, vers la pointe du lac Majeur. La légion italienne fut par Brescia portée à la suite des Autrichiens qui se retiraient en toute hâte. En même temps les divisions Duhesme et Loison passaient l'Adda, et se rendaient à Lodi, à Creme, à Pizzighittone. Le général Wukassowich, n'ayant plus même la prétention de garder l'Adda, se retirait derrière le Mincio, sous le canon de Mantoue.

Rien n'arrêtait maintenant la marche du général Moncey, sauf toutefois la difficulté de vivre dans les arides vallées de la haute Suisse. Ses premières colonnes venaient de paraître ; mais il fallait attendre les autres encore quelques jours, et c'était là le plus grand inconvénient de la situation, car il importait de se presser, si on ne voulait pas voir Gênes tomber dans les mains des Autrichiens. Le général Bonaparte était certain aujourd'hui de réunir toutes ses colonnes, excepté une seule, celle du général Thurreau, qui était retranchée au débouché du mont Cenis, sans pouvoir le franchir. Notre armée était du reste fortement assise au milieu du Milanais, ayant sa retraite assurée par le mont Cenis, le Saint-Bernard, le Simplon, le Saint-Gothard, tenant l'Adda, le Tessin, le Pô, vivant des magasins des Autrichiens, leur coupant toutes les routes, et en mesure de leur livrer une bataille décisive, après laquelle ils n'avaient plus d'autre ressource, s'ils étaient vaincus, que de mettre bas les armes. La reddition de Gênes, si elle avait lieu, était une circonstance fâcheuse ; fâcheuse d'abord pour la brave armée qui la défendait, fâcheuse aussi parce que le corps autrichien de siége ne manquerait pas de renforcer le général Mélas, et rendrait ainsi plus difficile la grande bataille qui devait terminer la campagne. Mais si le général Bonaparte remportait la victoire, Gênes et l'Italie étaient reconquises du même coup. Néanmoins il mettait un grand prix à sauver Gênes ; mais on ne devait guère espérer la réunion du corps de Moncey avant le 5 ou 6 juin, et on ne pouvait pas se flatter que Gênes tînt jusqu'à cette époque.

Juin 1800.

Le baron de Mélas, que les dernières nouvelles avaient éclairé tout à fait, et qui voyait son adversaire, entré à Milan, donner la main à toutes les colonnes successivement descendues des Alpes, comprenait maintenant le vaste plan ourdi contre lui. Pour surcroît de malheur, il venait d'apprendre les infortunes de M. de Kray, et la retraite de ce dernier sur Ulm. Il sortit enfin du système des demi-mesures, et donna l'ordre impératif au général Elsnitz d'abandonner le pont du Var, et au général Ott de renoncer au siége de Gênes, pour se réunir tous les deux à Alexandrie. C'était là ce que le général Bonaparte avait espéré pour le salut de Gênes. Mais il était décidé que la noble et malheureuse armée de Ligurie payerait jusqu'au bout, de son sang, de ses souffrances, et enfin d'une reddition douloureuse, les triomphes de l'armée de réserve.

M. de Mélas, tout à fait détrompé, renonce aux demi-mesures.

Ordres de concentration envoyés à l'armée autrichienne.

Juin 1800.

Dernières extrémités de Masséna dans Gênes.

Le grand caractère de Masséna s'était soutenu jusqu'à la fin. *Avant de se rendre*, disaient les soldats, *il nous fera manger jusqu'à ses bottes*. La viande de bétail étant consommée, on mangeait celle de cheval; n'ayant même plus de celle-ci, on se nourrissait des animaux les plus immondes. Le triste pain fait avec de l'avoine et des fèves avait été dévoré aussi. Depuis le 23 mai (3 prairial), Masséna recueillant l'amidon, la graine de lin, le cacao existant dans les magasins de Gênes, en avait fait composer un pain, que les soldats pouvaient à peine avaler, et que bien peu d'entre eux parvenaient à digérer. Presque tous allaient encombrer les hôpitaux. Le peuple, réduit à une soupe d'herbe pour unique aliment, éprouvait toutes les angoisses de la faim. Les rues étaient jonchées de malheureux expirant d'inanition, de femmes exténuées qui exposaient à la charité publique les enfants qu'elles ne pouvaient plus nourrir. Un autre spectacle épouvantait la ville et l'armée : c'était celui des nombreux prisonniers que Masséna avait faits, et auxquels il n'avait aucune nourriture à donner. Il ne voulait plus les rendre sur parole, depuis qu'on avait vu ceux qui avaient été rendus de la sorte, reparaître dans les rangs ennemis. Il avait donc proposé au général Ott, puis à l'amiral Keith, de fournir les vivres nécessaires à leur consommation journalière, en donnant sa parole d'honneur qu'il n'en serait rien distrait pour la garnison. La parole d'un tel homme valait bien qu'on la tînt pour sûre. Mais l'acharnement était si grand, qu'on résolut d'imposer à Masséna la charge d'alimenter les prisonniers, dussent-ils souffrir de cruelles privations. Les généraux ennemis eurent donc la barbarie de condamner leurs soldats aux horribles souffrances de la faim, pour augmenter la disette de Gênes, en y laissant quelques mille bouches de plus à nourrir. Masséna fournit à ces prisonniers la soupe d'herbe qu'il donnait aux habitants. Ce n'était pas assez pour des hommes robustes, habitués à l'abondance dans les riches campagnes d'Italie : ils étaient toujours à la veille de se révolter ; et, pour leur en ôter la pensée, Masséna les fit enfermer dans de vieilles carcasses de vaisseaux, qu'on plaça au milieu du port, et sur lesquelles une forte artillerie constamment braquée était prête à vomir la mort. Ces malheureux poussaient des hurlements affreux, qui remuaient profondément cette population elle-même, déjà si affectée de ses propres souffrances.

Chaque jour le nombre de nos soldats diminuait ; on les voyait expirer dans les rues, et on avait été obligé de leur permettre, tant ils étaient affaiblis, de s'asseoir en montant la garde. Les Génois découragés ne faisaient plus le service de la garde nationale, craignant d'être compromis lorsque bientôt les Autrichiens ramèneraient le parti oligarchique. De temps en temps de sourdes rumeurs annonçaient que le désespoir des habitants allait éclater, et, pour en prévenir l'explosion, des bataillons avec des canons chargés occupaient les principales places.

Masséna imposait au peuple et à l'armée par son attitude impassible. Le respect qu'inspirait ce héros, mangeant le pain affreux des soldats, vivant avec eux sous le feu de l'ennemi, et supportant, outre leurs souffrances physiques, les soucis du commandement avec une inébranlable fermeté, le respect qu'il inspirait contenait tout le monde : il exerçait au milieu de Gênes désolée l'ascendant d'une grande âme.

Cependant un sentiment d'espérance soutenait encore les assiégés. Plusieurs aides-de-camp du général, après de courageux efforts, avaient traversé le blocus, et apporté quelques nouvelles. Le chef d'état-major général Oudinot, qui pendant le siége avait donné les plus grandes preuves de dévouement; les colonels Reille, Franceschi, Ortigoni avaient passé, et avaient appris, tantôt que le Premier Consul se mettait en route, tantôt qu'il passait les Alpes. L'un d'eux, Franceschi, l'avait laissé descendant le Saint-Bernard. Mais depuis le 20 mai on n'avait plus de ses nouvelles. Dix et douze jours écoulés dans cette situation paraissaient des siècles, et on se demandait avec désespoir comment il se pouvait qu'en dix jours le général Bonaparte n'eût pas franchi l'espace qui sépare les Alpes de l'Apennin. Tel qu'on le connaît, disait-on, il est déjà vainqueur ou vaincu ; s'il n'arrive pas, c'est qu'il a succombé dans cette entreprise téméraire. S'il avait pu déboucher en Italie, il aurait déjà saisi le général autrichien, et l'aurait arraché des murs de Gênes. D'autres prétendaient que le général Bonaparte avait considéré l'armée de Ligurie comme un corps sacrifié à une grande opération ; qu'il avait voulu une seule chose, c'était de retenir le baron de Mélas sur l'Apennin ; mais que, ce but atteint, il ne songeait plus à la débloquer, et marchait à un but plus vaste. — Eh bien! ajoutaient les Génois et nos soldats eux-mêmes, on nous a sacrifiés à la gloire de la France : soit; mais aujourd'hui le but est atteint; veut-on que nous expirions jusqu'au dernier? Si c'était au feu, les armes à la main, à la bonne heure; mais de faim, de maladie, c'est impossible! Le temps est venu de se rendre. — Plusieurs soldats désespérés allèrent jusqu'à briser leurs armes. On annonça en même temps un complot de quelques hommes égarés par la souffrance. Masséna leur adressa une belle proclamation, dans laquelle il leur rappelait les devoirs du soldat, qui consistent autant à supporter les privations et les souffrances qu'à braver les dangers; leur montra l'exemple de leurs officiers, mangeant les mêmes aliments, et se faisant chaque jour tuer ou blesser à leur tête. Il leur disait que le Premier Consul s'avançait avec une armée pour les délivrer; que capitulant aujourd'hui c'était perdre en un instant le résultat de deux mois d'efforts et de dévouement. Encore quelques jours, quelques heures peut-être, disait-il, et vous serez délivrés, après avoir rendu d'éminents services à la patrie! —

Aussi à chaque bruit, à chaque retentissement vers l'horizon, on croyait entendre le canon du général Bonaparte, et on accourait avec empressement. Un jour on se persuada que le canon retentissait à la Bocchetta; une joie folle éclata de toutes parts : Masséna lui-même se transporta sur les remparts. Vaine illusion! c'était le bruit d'un orage dans les gorges de l'Apen-

Juin 1800.

nin. On retomba dans le plus morne abattement.

Enfin, le 4 juin, il ne devait plus rester que deux onces par homme de ce pain affreux, composé avec de l'amidon et du cacao. Il fallait bien livrer la place, car on ne pouvait pas réduire nos malheureux soldats à se dévorer entre eux, et il y avait un terme inévitable à la résistance, dans l'impossibilité matérielle d'exister. D'ailleurs l'armée avait le sentiment d'avoir fait tout ce qu'on pouvait attendre de son courage. Dans son intime conviction, elle ne couvrait plus les Thermopyles de la France, mais elle servait à favoriser une manœuvre, qui dans le moment devait avoir réussi ou échoué. Elle commençait à croire surtout que le Premier Consul songeait plutôt à étendre ses combinaisons qu'à la secourir. Masséna partageait ce sentiment sans l'avouer; mais il ne regardait ses devoirs comme entièrement accomplis, que lorsqu'il aurait atteint le dernier terme possible de la résistance. Ces deux misérables onces de pain qui restaient à donner à chaque homme, étant consommées, force était de se rendre. Il s'y résigna enfin avec une amère douleur.

Le général Ott lui avait envoyé un parlementaire, car les Autrichiens n'étaient pas moins pressés d'en finir que les Français. Ce général avait, en effet, les ordres les plus positifs de lever le siége de Gênes, pour se replier sur Alexandrie. Ces offres de l'ennemi, ont dit quelques historiens, devaient éclairer Masséna. Sans doute, il savait qu'en attendant un jour ou deux de plus, il serait peut-être secouru; mais ces deux jours il ne les avait pas. — Donnez-moi, disait-il aux Génois, deux jours de vivres, un seulement, et je vous sauve du joug autrichien; je sauve mon armée de la douleur de se rendre. —

Juin 1800.

Le 3 juin enfin, Masséna fut obligé de négocier. On parlait de capitulation, il en rejeta l'idée de manière à ne pas permettre d'y revenir. Il voulait que l'armée pût se retirer librement, avec armes et bagages, enseignes déployées, ayant la faculté de servir et de combattre, lorsqu'elle aurait dépassé les lignes des assiégeants. —Sinon, disait-il aux parlementaires autrichiens, je sortirai de Gênes les armes à la main. Avec huit mille hommes affamés, je me présenterai à votre camp, et je combattrai jusqu'à ce que je me sois fait jour. —On consentait à laisser partir la garnison, mais on voulait qu'il restât prisonnier de sa personne, parce qu'on craignait qu'avec un chef tel que lui, cette garnison s'en allant de Gênes à Savone, se réunissant aux troupes de Suchet, ne tentât encore quelque entreprise redoutable sur les derrières du baron de Mélas. Pour calmer l'indignation de Masséna, on lui avoua le motif, si honorable pour lui, de cette condition. Il n'en voulut pas entendre parler. Alors on demanda que la garnison se retirât par mer, afin qu'elle n'eût pas le temps de se joindre au corps de Suchet. A toutes ces propositions il opposa sa réponse accoutumée, c'est qu'il se ferait jour. Enfin, on consentit à laisser passer 8 mille hommes par terre, c'est-à-dire tous ceux qui pouvaient encore soutenir le poids de leurs armes. Les convalescents devaient être successivement embarqués, et transportés au quartier-général de Suchet. Il restait 4 mille malades que les

Pourparlers relatifs à la reddition de Gênes.

Autrichiens prenaient l'engagement de nourrir, de soigner, et de rendre ensuite à l'armée française. Le général Miollis leur était laissé pour les commander. Masséna stipula les intérêts des Génois, et exigea, comme condition expresse, qu'aucun d'eux ne fût recherché pour les opinions émises pendant notre occupation ; que les biens et les personnes fussent fidèlement respectés. M. de Corvetto, célèbre Génois, depuis ministre en France, avait été admis à ces conférences, et put être témoin des efforts faits en faveur des Génois. Masséna voulut de plus qu'on leur laissât leur gouvernement actuel, celui qu'ils devaient à la Révolution française. Sur ce point, les généraux autrichiens refusèrent de s'engager. — Eh bien ! leur dit Masséna, faites ce que vous voudrez ; mais avant quinze jours je vous déclare que je serai de retour dans Gênes ! — Parole prophétique, à laquelle un officier autrichien, M. de Saint-Julien, fit cette réponse noble et délicate : Vous trouverez dans cette place, monsieur le général, des hommes à qui vous avez appris à la défendre. —

La conférence définitive eut lieu le 4 juin au matin, dans une chapelle, au pont de Cornigliano. L'article qui avait pour but de conduire par terre une partie de l'armée, donna lieu à une dernière difficulté. Mais Masséna laissant l'alternative ou de consentir à ce qu'il désirait, ou de soutenir le lendemain un combat désespéré, les généraux autrichiens se rendirent. Il fut stipulé que cette convention d'évacuation, de laquelle le mot de capitulation avait été soigneusement écarté, serait conclue le soir même. Du reste, les officiers ennemis, saisis d'admiration pour le général français, le comblèrent d'égards et de marques de respect.

Juin 1800.

Reddition de Gênes.

Le soir venu, il hésitait encore à signer, espérant toujours qu'il pourrait être délivré. Enfin, quand on ne put plus différer sans manquer à la parole donnée, il accorda sa signature. Le lendemain, nos troupes sortirent avec le général Gazan à leur tête, et trouvèrent des rations aux avant-postes. Masséna s'embarqua de sa personne, pour être plus promptement rendu au quartier-général de Suchet. Il sortit du port dans une embarcation portant le drapeau tricolore, et sous les boulets de l'escadre anglaise.

Ainsi finit ce siége mémorable, pendant lequel une armée française venait de se signaler par de si grandes vertus et de si grands services. Elle avait fait plus de prisonniers, et tué plus d'ennemis qu'elle ne comptait de soldats. Avec 15 mille hommes, elle avait pris ou mis hors de combat plus de 18 mille Autrichiens. Elle avait surtout ruiné le moral de l'armée impériale, en la contraignant à des efforts continuels et extraordinaires. Mais veut-on savoir à quel prix cette brave garnison de Gênes avait fait de telles choses? Sur 15 mille combattants, elle en avait perdu 3 mille par le feu; 4 mille autres étaient frappés plus ou moins grièvement; 8 mille seulement allaient rejoindre l'armée active. Le général en second, Soult, était resté aux mains de l'ennemi, après avoir eu la jambe fracassée. Sur trois généraux de division, un mourut d'épidémie, Marbot; un autre fut gravement blessé, Gazan. Sur six généraux de brigade,

A quel prix l'armée de Ligurie avait retenu les Autrichiens devant Gênes.

quatre furent blessés, Gardanne, Petitot, Fressinet, d'Arnaud. Sur douze adjudants-généraux, six furent blessés, un pris, un autre tué. Deux officiers d'état-major furent tués, sept pris, quatorze blessés. Onze colonels sur dix-sept furent mis hors de combat, ou faits prisonniers. Les trois quarts des officiers eurent le même sort. On voit que c'est en donnant l'exemple du dévouement, que les chefs de cette brave armée la soutinrent au milieu de si cruelles épreuves. Du reste, elle se montra digne de ceux qui la conduisaient, et jamais le soldat français ne déploya plus de constance et d'héroïsme. Honneur donc à la bravoure malheureuse, qui, par son dévouement sans bornes, avait contribué aux triomphes de la bravoure heureuse, dont nous allons maintenant raconter les exploits!

Tandis que, pressé de lever le siége de Gênes, le général Ott accordait à Masséna les belles conditions que nous venons de rapporter, le général Elsnitz, rappelé par les ordres du baron de Mélas, abandonnait le pont du Var. Les attaques des Autrichiens sur ce point avaient été tardives, parce que leur grosse artillerie, transportée par mer, s'était fait long-temps attendre. Diverses tentatives eurent lieu successivement le 22 et le 27 mai; la dernière surtout fut un vrai coup de désespoir du général Elsnitz, qui voulait, avant de se retirer, n'avoir négligé aucun effort. Ces attaques furent vaillamment repoussées. Le général Elsnitz, reconnaissant qu'il n'y avait aucune chance de succès, songea donc à repasser les monts. Suchet, jugeant avec un coup d'œil prompt et juste les intentions du général autrichien, fit ses dispositions pour ne pas lui laisser opérer sa retraite en sécurité. Il vit très-bien qu'en manœuvrant toujours par sa gauche, le long des montagnes, il placerait les Autrichiens dans une situation périlleuse, et parviendrait probablement à leur enlever quelque corps détaché. En effet, en dehors de la ligne du Var, qui avait arrêté l'invasion, s'étend parallèlement la ligne de la Roya, dont la source est placée au col de Tende même. Si les Français, se portant au delà du Var, prévenaient les Autrichiens sur les sources de la Roya, ils s'emparaient du col de Tende, et réduisaient leurs adversaires à courir le long des crêtes de l'Apennin pour y trouver un passage. (Voir la carte n° 4.) Cette idée juste, exécutée avec vigueur, procura au général Suchet les plus heureux résultats. Il commença par déposter de Ronciglione le général Gorupp, continua de marcher vivement, par sa gauche, sur la droite ébranlée des Autrichiens, enleva successivement le col de Rauss, qui donne passage de la vallée du Var dans celle de la Roya, prit le fameux camp des Mille-Fourches, et, maître du col de Tende, se trouva, le 1er juin, placé sur la ligne de retraite du général Elsnitz. Le général Gorupp, rejeté en désordre sur la haute Roya, eut encore le temps de gagner le col de Tende, mais en laissant sur la route beaucoup de morts et de prisonniers. Le général Elsnitz, avec le reste de son armée, n'eut d'autre ressource que de suivre le versant maritime

Juin 1800.

Brillante poursuite des Autrichiens par le général Suchet.

de l'Apennin jusqu'à Oneille, et de revenir par Pieve et Saint-Jacques dans la vallée du Tanaro. Il avait à traverser des montagnes affreuses, avec des soldats déjà démoralisés par cette espèce de fuite, et ayant à ses trousses un ennemi qui passait avec joie de la défensive à l'offensive. Pendant cinq jours entiers les Autrichiens furent poursuivis sans relâche, éprouvant des échecs continuels; et le 6 juin, enfin, le général Elsnitz, arrivé à Orméa, n'y comptait pas 10 mille hommes. Il était le 7 à Ceva. Le général Gorupp s'était retiré sur Coni avec une faible division. On évalue à 10 mille la perte en hommes qu'avait faite le corps autrichien du Var.

Le général Suchet, si long-temps séparé de Masséna, le retrouva le long du rivage, aux environs de Savone. Les 12 mille Français qui venaient du Var, se rejoignirent aux 8 mille qui sortaient de Gênes, et formèrent ainsi un corps de 20 mille hommes, très-bien placé pour tomber sur les derrières de M. de Mélas. Mais Masséna s'était fait une blessure assez grave en débarquant, il ne pouvait monter à cheval; les 8 mille hommes qu'il amenait étaient exténués de fatigue, et, il faut le dire, il y avait dans le cœur de tous les défenseurs de Gênes une secrète irritation contre le Premier Consul, qu'on savait triomphant à Milan, tandis que l'armée de Ligurie se trouvait réduite à capituler. Masséna ne voulut pas que le général Suchet courût les chances d'une descente en Italie, dans l'ignorance des mouvements qu'allaient faire au delà des Alpes les deux généraux opposés l'un à l'autre. Le baron de Mélas, ayant réuni tous ses lieutenants, Haddick, Kaim, Elsnitz, Ott, pouvait se trouver à la tête de forces redoutables, se jeter sur le général Suchet, et l'écraser avant de se porter à la rencontre du général Bonaparte. Masséna permit à son lieutenant Suchet de passer l'Apennin, de se placer en avant d'Acqui, et lui ordonna de rester dans cette position, observant, inquiétant l'armée autrichienne, demeurant suspendu sur sa tête, comme l'épée de Damoclès. On verra tout à l'heure quels services rendit encore l'armée de Ligurie, par sa seule présence sur le sommet de l'Apennin.

Masséna pensait que cette brave armée, en terminant par un mouvement menaçant la mémorable défense de Gênes, en avait fait assez pour le triomphe du Premier Consul, et qu'elle n'en pouvait faire davantage sans imprudence : ce grand homme de guerre avait raison ! Il livrait les Autrichiens épuisés, réduits de plus d'un tiers, au général Bonaparte. Des 70 mille hommes qui avaient passé l'Apennin, il n'en revenait pas plus de 40 mille, en comptant le détachement ramené par M. de Mélas à Turin. Les 50 mille demeurés en Lombardie étaient aussi fort réduits, et surtout très-dispersés. Les généraux Haddick et Kaim, qui gardaient, l'un la vallée d'Aoste, l'autre la vallée de Suze, avaient fait des pertes assez notables. Le général Wukassowich, rejeté au delà du Mincio, et séparé de son général en chef par l'armée française descendue du Saint-Bernard, était paralysé pour le reste de la campagne. Un corps de quelques mille hommes était

Juin 1800.

Position prise par l'armée de Ligurie sur les derrières de l'armée autrichienne.

État dans lequel Masséna livre les Autrichiens au général Bonaparte.

aventuré en Toscane. En réunissant sur-le-champ les généraux Elsnitz et Ott, qui revenaient des bords du Var et de Gênes, aux généraux Haddick et Kaim, qui revenaient des vallées d'Aoste et de Suze, M. de Mélas pouvait former encore une masse de 75 mille hommes environ. Mais il lui fallait laisser des garnisons dans les places du Piémont et de la Ligurie, telles que Gênes, Savone, Gavi, Acqui, Coni, Turin, Alexandrie, Tortone; et il ne devait pas lui rester plus de 50 et quelques mille soldats à mettre en ligne un jour de bataille, en supposant qu'il ne sacrifiât pas trop de monde à la garde des places, et que la réunion de ses généraux s'exécutât sans accident.

Grave situation de M. de Mélas.

La situation du généralissime autrichien était donc fort critique, même après la prise de Gênes. Elle l'était non-seulement sous le rapport de la dispersion et de la diminution de ses forces, mais sous le rapport encore de la marche à suivre, pour sortir de l'étroite enceinte du Piémont, dans laquelle le général Bonaparte venait de l'enfermer. Il fallait en effet repasser le Pô devant les Français, et regagner, à travers la Lombardie qu'ils occupaient, la grande route du Tyrol ou du Frioul. La difficulté était immense devant un adversaire qui excellait surtout à la guerre, dans l'art des grands mouvements.

Diverses issues pour s'enfuir.

M. de Mélas avait conservé le cours supérieur du Pô, depuis sa source jusqu'à Valence. (Voir la carte n° 3.) Il lui était facile de passer ce fleuve à Turin, Chivasso, Casale ou Valence, n'importe; mais, en le passant sur l'un de ces points, il allait tomber sur le Tessin, que le général Bonaparte occupait, et sur Milan, centre de toutes les forces françaises. Il y avait donc peu de chance de s'enfuir de ce côté. Restait le parti d'appuyer à droite, de se diriger vers le cours inférieur du Pô, c'est-à-dire de se porter à Plaisance ou Crémone, afin de gagner la grande route de Mantoue. Plaisance, d'après cela, devenait pour les deux adversaires le point capital à occuper. Pour M. de Mélas, c'était le moyen à peu près unique d'échapper aux fourches caudines; pour le général Bonaparte, c'était le moyen de recueillir le prix de sa marche audacieuse à travers les Alpes. Si ce dernier, en effet, laissait échapper les Autrichiens, bien qu'il eût délivré le Piémont, c'était peu qu'un tel résultat, en comparaison des périls qu'il avait bravés; il encourait même quelque ridicule aux yeux de l'Europe attentive à cette campagne, car sa manœuvre, dont l'intention était aujourd'hui manifeste, se trouvait déjouée. Plaisance était par conséquent la clef du Piémont : il la fallait, et à celui qui voulait en sortir, et à celui qui voulait y enfermer son adversaire.

Par ces motifs, M. de Mélas fixa deux points de concentration à ses troupes : Alexandrie, aux troupes qui étaient dans le haut Piémont; Plaisance, à celles qui étaient autour de Gênes. Il ordonna aux généraux Kaim et Haddick de marcher de Turin, par Asti, sur Alexandrie; au général Elsnitz, revenu des bords du Var, de s'y rendre par Ceva et Cherasco. Ces trois corps, une fois réunis, devaient se transporter d'Alexandrie à Plaisance. Il

Juin 1800.

enjoignit au général Ott, revenant de Gênes, de descendre directement, par la Bocchetta et Tortone, sur Plaisance. Un corps d'infanterie, débarrassé de tous les empêchements d'une armée, eut ordre de s'y porter plus directement encore par la route de Bobbio, qui longe la vallée de la Trebbia. Enfin le général Oreilly, qui était déjà autour d'Alexandrie avec un fort détachement de cavalerie, reçut l'instruction de ne pas attendre la concentration des troupes du haut Piémont, et de se porter à Plaisance de toute la vitesse de ses chevaux. Le petit corps aventuré en Toscane reçut aussi l'instruction de s'y rendre par le duché de Parme et la route de Fiorenzuola. Ainsi, tandis que la principale partie de l'armée autrichienne se concentrait sur Alexandrie pour marcher de là sur Plaisance, les corps les plus rapprochés de Plaisance même avaient ordre d'y marcher en droite ligne, et sur-le-champ.

Le général Bonaparte aspire, comme le général autrichien, à s'emparer de Plaisance.

Mais il était douteux qu'on pût prévenir le général Bonaparte dans un objet aussi important. Il avait perdu dans Milan cinq ou six jours à rallier le corps venu par le Saint-Gothard; temps précieux, puisque Gênes avait succombé dans cet intervalle. Mais maintenant que le général Moncey, avec les troupes tirées d'Allemagne, avait franchi le Saint-Gothard, il n'allait plus perdre une minute. Placé sur la route des courriers qui de Vienne étaient adressés à Turin à M. de Mélas, et de Turin étaient renvoyés par M. de Mélas à Vienne, il était aujourd'hui initié à toutes les pensées du gouvernement impérial. Il avait lu, par exemple, les singulières dépêches dans lesquelles M. de

Thugut, rassurant le général autrichien, lui recommandait d'être tranquille, de ne pas se laisser détourner de son objet par la fable de l'armée de réserve ; d'emporter bien vite Gênes et la ligne du Var, afin de pouvoir faire un détachement au profit de l'armée du maréchal de Kray, acculé sur Ulm. Il avait lu aussi les dépêches de M. de Mélas, pleines d'abord de confiance, et bientôt de trouble et d'inquiétude. Ces jouissances furent cependant troublées le 8 juin, car il apprit, par cette même correspondance, que Masséna venait d'être obligé de rendre Gênes le 4. Cette nouvelle, au reste, ne changeait en rien son plan de campagne; car ayant voulu se porter sur les derrières de l'ennemi pour l'envelopper et lui faire mettre bas les armes, l'Italie et la ville de Gênes, s'il réussissait, étaient reconquises du même coup. L'inconvénient véritablement grave résultant de la prise de Gênes, c'était d'avoir sur les bras les troupes disponibles du général Ott. Mais la dépêche interceptée portait sa consolation avec elle, car cette dépêche disait que l'armée de Masséna n'était point prisonnière de guerre. Dès lors, si, d'une part, des troupes autrichiennes plus considérables allaient descendre de l'Apennin, d'autre part, des troupes françaises, sur lesquelles on ne comptait pas d'abord, devaient descendre de l'Apennin à la suite des troupes autrichiennes.

Le Premier Consul, maintenant que Gênes avait ouvert ses portes, était moins pressé de rencontrer M. de Mélas. Mais il était extraordinairement pressé d'occuper la ligne du Pô, depuis Pavie jusqu'à Plai-

Juin 1800.

Le général Bonaparte intercepte tous les courriers autrichiens.

sance et Crémone; et il faisait, pour s'emparer de ces points importants, celui de Plaisance surtout, des dispositions tout aussi actives que celles de M. de Mélas lui-même. Tandis qu'il s'occupait à Milan de rallier les troupes venues des divers points des Alpes, il poussait sur le Pô les troupes venues avec lui par le Saint-Bernard. Lannes avait déjà pris possession de Pavie avec la division Watrin. Ce général fut chargé de passer le Pô, un peu au-dessous de sa réunion avec le Tessin, c'est-à-dire à Belgiojoso. Murat, avec les divisions Boudet et Monnier, eut ordre de le passer à Plaisance; Duhesme, avec la division Loison, de le passer à Crémone.

Le 6 juin, Lannes ayant réuni à Pavie, dans le Tessin, toutes les barques disponibles, les amena dans le Pô, et, arrivé entre Belgiojoso et San-Cipriano, fit commencer le passage. Le général Watrin, qui était placé sous ses ordres, franchit le fleuve avec un détachement. A peine transporté sur la rive droite, ce détachement eut affaire aux troupes qui étaient sorties de Valence et d'Alexandrie, pour voler à Plaisance. Il courut le danger d'être jeté dans le fleuve; mais le général Watrin tint ferme jusqu'à ce que les allées et venues des barques lui eussent amené du renfort, et il finit par demeurer maître du terrain. Le reste de la division Watrin, conduit par Lannes, passa ensuite le Pô, et vint prendre position un peu au delà, menaçant la grande route d'Alexandrie à Plaisance.

Le même jour Murat abordait Plaisance. Il y avait dans cette ville toutes les administrations autrichiennes, et quelques centaines d'hommes pour les garder. A l'approche du danger, l'officier autrichien fit armer de canons la tête du pont de Plaisance, placée sur la rive gauche du Pô, et tâcha de s'y défendre, en attendant que les corps, qui s'avançaient de tout côté, fussent arrivés à son secours. L'avant-garde de la division Monnier, qui croyait se présenter devant une position non défendue, fut accueillie par un horrible feu de mitraille, et ne put venir à bout de cette position en l'abordant de front. On remit au lendemain pour exécuter une attaque en règle.

Juin 1800.

Le lendemain 7, le général Oreilly, qui avait reçu de M. de Mélas l'ordre de courir d'Alexandrie à Plaisance, y parvint avec sa cavalerie. Les autres corps autrichiens, celui qui remontait de Parme par Fiorenzuola, celui qui descendait avec le général Gottesheim par Bobbio, celui qui venait avec le général Ott par Tortone, n'étaient pas arrivés. Le général Oreilly seul n'était guère en mesure, avec ses escadrons, de défendre Plaisance. Les quelques centaines d'hommes qui avaient voulu résister dans la tête du pont, avaient perdu un quart de leur monde. Dans cette situation, le commandant autrichien fit évacuer l'artillerie et couper le pont de Plaisance, qui était établi sur des bateaux; et, tandis que le général Boudet accourait pour réparer l'échec de la veille, il trouva la tête de pont évacuée, et le pont lui-même détruit. Mais il restait une partie des barques qui avaient servi à le construire; Murat s'en empara, et fit passer un peu au-dessous, à Nocetto, par des débarquements successifs, la brigade Musnier sur l'autre rive du Pô. Cette brigade se jeta sur Plaisance, et y pénétra à la suite d'un combat assez vif. Le général Oreilly se hâta de rétrograder pour être à temps de sauver le parc d'artillerie qu'on envoyait d'Alexandrie, et qui était exposé à tomber dans les mains des Français, en se présentant devant Plaisance. Il revint en effet assez vite pour empêcher que ce parc ne tombât ni dans les mains de Murat, ni dans celles de Lannes. Il eut plus d'une charge de cavalerie à fournir contre les troupes avancées de Lannes, qui avaient passé le Pô à Belgiojoso, mais il se dégagea, et vint donner contre-ordre au parc, qui s'enferma dans Tortone. Tandis que le général Oreilly rebroussait chemin vers Alexandrie, passant heureusement à travers nos avant-postes, l'avant-garde de l'infanterie du général Gottesheim, descendue le long de la Trebbia par Bobbio, se présentait devant Plaisance. C'était le régiment de Klébeck qui venait ainsi donner sur la division Boudet tout entière, et se faire écraser. Ce malheureux régiment, assailli par des forces supérieures, perdit un grand nombre de prisonniers, et se replia en désordre sur le corps principal de Gottesheim qu'il précédait. Le général Gottesheim, effrayé de cette échauffourée, remonta en toute hâte les pentes de l'Apennin, pour aller rejoindre, à travers les montagnes, Tortone et Alexandrie, ce qui l'exposa à errer plusieurs jours de suite. Enfin le régiment revenant de Toscane, par la route de Parme et de Fiorenzuola, arrivait le même jour sur les faubourgs de Plaisance. Ce fut une nouvelle déroute pour ce corps détaché, qui, tombant à l'improviste au milieu d'une armée ennemie, fut rejeté en désordre sur la route de Parme. Ainsi, des quatre corps qui marchaient sur Plaisance, trois, les moins importants il est vrai, avaient été culbutés, et s'enfuyaient en laissant des prisonniers. Le quatrième, et le plus considérable, celui du général Ott, ayant un plus long détour à parcourir, était encore en arrière, et allait rencontrer Lannes en avant de Belgiojoso. Dès ce moment, les Français étaient maîtres du Pô, et avaient en leur possession les deux principaux passages, celui de Belgiojoso, près Pavie, et celui de Plaisance même. Bientôt ils en occupèrent un troisième, car le lendemain le général Duhesme, à la tête de la division Loison, enleva Crémone à un détachement que le général Wukassowich y avait laissé en se retirant. Il y recueillit beaucoup de matériel, et fit deux mille prisonniers.

Le général Bonaparte dirigeait de Milan toutes ces opérations. Il avait envoyé Berthier sur le bord du Pô, et, jour par jour, souvent heure par heure, lui prescrivait, dans une correspondance incessante, les mouvements à exécuter.

Bien qu'en s'emparant du Pô, de Pavie à Plaisance, il fût maître de la ligne de retraite que M. de Mélas devait être tenté de suivre, tout n'était pas dit cependant; car, ce qui faisait de cette route de Plaisance la véritable ligne de retraite pour les Autrichiens, c'était la présence des Français

Juin 1800.

Tous les corps autrichiens repoussés de Plaisance.

Les Français maîtres de tous les passages du Pô.

derrière le Tessin et autour de Milan. (Voir la carte n° 3.) Les Français, en effet, dans cette position, fermaient le passage que les Autrichiens auraient pu s'ouvrir en traversant le Pô entre Turin et Valence; mais si maintenant, pour se porter à la rencontre de M. de Mélas, les Français venaient passer le Pô entre Pavie et Plaisance, abandonnaient ainsi Milan, et affaiblissaient le Tessin, ils pouvaient faire renaître chez M. de Mélas la tentation de passer ou par Turin, ou par Casale, ou par Valence, de traverser nos derrières abandonnés, la ville de Milan elle-même, et de nous rendre à peu près ce que nous leur avions fait en descendant des Alpes.

Il n'était pas impossible aussi que M. de Mélas, se décidant au sacrifice d'une partie de ses bagages et de sa grosse artillerie, qu'il pouvait d'ailleurs laisser dans les places du Piémont, ne rebroussât chemin vers Gênes, et, remontant par Tortone, Novi, jusqu'à la Bocchetta, de là se jetant dans la vallée de la Trebbia, ne vînt tomber sur le Pô, au-dessous de Plaisance, aux environs de Crémone ou de Parme, et ne réussît à gagner, par cette voie détournée, Mantoue et les États autrichiens. Cette marche à travers la Ligurie et les contreforts de l'Apennin, la même qu'on venait de prescrire au général Gottesheim, était la moins probable, car elle présentait de grandes difficultés, et entraînait le sacrifice d'une partie du matériel; mais elle était possible à la rigueur, et il fallait la prévoir comme les autres. C'est à se prémunir contre ces chances diverses que le général Bonaparte employa tous ses soins; et il n'y a peut-être pas un exemple, dans l'histoire, de dispositions aussi habiles, aussi profondément conçues, que celles qu'il imagina dans cette occasion décisive.

Juin 1800.

Il fallait résoudre ce triple problème, de fermer par une barrière de fer la route principale, celle qui va directement d'Alexandrie à Plaisance; d'occuper, de manière à pouvoir y courir au besoin, celle qui par le Pô supérieur tombait sur le Tessin; enfin, de se tenir en mesure de descendre à temps sur le Pô inférieur, si les Autrichiens, cherchant à s'enfuir par le revers de l'Apennin, voulaient passer le fleuve au-dessous de Plaisance, vers Crémone ou Parme. Le général Bonaparte, méditant sans cesse sur la carte d'Italie, pour y trouver un poste qui remplît ces trois conditions, fit un choix digne d'être éternellement admiré.

Dernières dispositions du général Bonaparte pour envelopper les Autrichiens.

Si on examine le mouvement de la chaîne de l'Apennin, on verra que, par suite du contour qu'elle forme pour embrasser le golfe de Gênes, elle remonte au nord, et projette des contreforts qui viennent serrer le Pô de très-près, depuis la position de la Stradella jusqu'aux environs de Plaisance. (Voir la carte n° 3.) Dans toute cette partie du Piémont et du duché de Parme, le pied des hauteurs se rapproche du fleuve, au point de ne laisser qu'une place très-étroite à la grande route de Plaisance. Une armée, placée en avant de la Stradella, à l'entrée d'une espèce de défilé long de plusieurs lieues, la gauche sur les hauteurs, le centre sur la route, la droite le long du Pô, et des

Juin 1800.

Position de la Stradella occupée par le général Bonaparte.

terrains marécageux qui le bordent, est difficile à déloger. Il faut ajouter que la route est semée de bourgs et de villages, bâtis en grosse maçonnerie, et très-capables de résister au canon. Contre l'armée impériale qui avait beaucoup de cavalerie et d'artillerie, la position présentait donc, indépendamment de ses avantages naturels, la propriété d'annuler ces deux armes.

Elle avait encore d'autres avantages tout particuliers. C'est fort près de cette position que les affluents de l'autre rive du Pô, les plus importants à occuper, tels que le Tessin et l'Adda, viennent faire leur jonction. Ainsi le Tessin se réunit au Pô, un peu au-dessous de Pavie, et au-dessus de Belgiojoso, presque vis-à-vis la Stradella, à deux lieues au plus. L'Adda, coulant au delà et plus long-temps, avant de se réunir au Pô, vient s'y jeter entre Plaisance et Crémone. On comprend tout de suite que, placé à la Stradella, et maître des ponts de Belgiojoso, de Plaisance, de Crémone, le général Bonaparte était en possession des points les plus décisifs, car il barrait la route principale, celle d'Alexandrie à Plaisance, et il pouvait en même temps, par une forte marche, ou courir sur le Tessin, ou redescendre le Pô jusqu'à Crémone, et voler vers l'Adda, qui couvrait ses derrières contre le corps de Wukassowich.

C'est dans cette espèce de réseau, formé par l'Apennin, le Pô, le Tessin, l'Adda, qu'il distribua ses forces. Il résolut d'abord de se porter à la Stradella même, avec les 30 mille meilleurs soldats de son armée, les divisions Watrin, Chambarlhac, Gardanne,

Boudet, Monnier, placées sous Murat, Victor et Lannes, dans la position que nous avons décrite, la gauche aux montagnes, le centre sur la grande route, la droite le long du Pô. La division Chabran, venue par le petit Saint-Bernard, et chargée d'abord d'occuper Ivrée, fut ensuite portée à Verceil, avec ordre de se replier sur le Tessin, en cas d'approche de l'ennemi. La division Lapoype, descendue du Saint-Gothard, fut postée sur le Tessin même, aux environs de Pavie. C'étaient 9 à 10 mille hommes qui devaient se replier les uns sur les autres, disputer le passage du Tessin à outrance, et donner le temps au général Bonaparte d'accourir en une journée à leur secours. Le détachement du Simplon gardait, sous le général Béthencourt, vers Arona, la route du Saint-Gothard, retraite de l'armée française en cas de malheur. La division Gilly devait garder Milan ; ce que rendait nécessaire la présence d'une garnison autrichienne dans le château de cette ville. C'étaient encore trois ou quatre mille hommes consacrés à ce double objet. Enfin la division Lorges, venue d'Allemagne, avait ordre de s'établir à Lodi sur l'Adda. La division Loison, qui faisait partie de l'armée de réserve, avait mission, sous les ordres du général Duhesme, de défendre Plaisance et Crémone. C'était une autre force de 10 à 11 mille hommes, employée sur ces deux derniers points.

Telle était la distribution des cinquante et quelques mille soldats, dont le général Bonaparte pouvait disposer dans le moment : 32 mille étaient au point central de la Stradella, 9 à 10 mille sur le

Tessin, 3 ou 4 mille à Milan et Arona, enfin 10 à 11 mille sur le cours inférieur du Pô et de l'Adda, tous placés de manière à se soutenir réciproquement avec une extrême promptitude. En effet, sur un avis venu du Tessin, le général Bonaparte pouvait en un jour voler au secours des 10 mille Français qui le gardaient. Sur un avis du bas Pô, il pouvait, dans le même espace de temps, descendre sur Plaisance et Crémone, pendant que le général Loison, défendant le passage du fleuve, lui donnerait le temps d'accourir. Les uns et les autres, de leur côté, pouvaient se rabattre sur la Stradella, et renforcer le général Bonaparte en aussi peu de temps qu'il en mettrait à venir à eux.

Le général Bonaparte semblait abandonner ici son principe ordinaire, celui de concentrer ses forces, la veille d'une grande bataille. Si une telle concentration passe pour un chef-d'œuvre de l'art, quand elle s'opère à propos, au moment d'une action décisive, et dans le cas de deux adversaires qui marchent l'un vers l'autre, il en est tout autrement lorsque l'un des deux veut fuir, et que l'art consiste à le saisir avant de le combattre. C'était le cas ici. Il fallait, en effet, que le général Bonaparte tendît autour de l'armée autrichienne un réseau, et que ce réseau fût assez fort pour la retenir, car s'il n'y avait eu sur le Tessin ou sur le Pô inférieur que des avant-gardes, propres tout au plus à donner un avis, mais non à barrer le chemin à l'ennemi, le but était manqué totalement. Il fallait sur tous les points, des postes capables à la fois de signaler et d'arrêter les Autrichiens, en conservant au centre une masse principale, prête à courir partout avec des moyens décisifs. On ne pouvait donc combiner avec un art plus profond l'emploi de ses forces, et modifier plus habilement l'application de ses propres principes, que ne le fit le général Bonaparte en cette occasion. C'est à leur manière d'appliquer, suivant les circonstances, un principe vrai, mais général, qu'on reconnaît les hommes d'action supérieurs.

Juin 1800.

Ce plan arrêté, le général Bonaparte donna ses ordres en conséquence. Lannes, avec la division Watrin, avait été transporté à la Stradella par Pavie et Belgiojoso. Il importait que les divisions Chambarlhac, Gardanne, Monnier et Boudet, rendues à Plaisance, lui apportassent le secours de leurs forces, avant que les corps autrichiens qui, repoussés de Plaisance, allaient se rallier au général Ott vers Tortone, eussent le temps de l'accabler. C'est ce que le général Bonaparte avait prévu, avec sa prodigieuse sagacité. Ne pouvant quitter Milan que le 8, pour se transporter le 9 à la Stradella, il fit parvenir à Berthier, Lannes, Murat les instructions qui suivent.—Concentrez-vous, leur disait-il, à la Stradella. Le 8, le 9, au plus tard, vous aurez sur les bras 15 ou 18 mille Autrichiens venant de Gênes. Portez-vous à leur rencontre, écrasez-les. Ce sera autant d'ennemis de moins à combattre le jour de la bataille décisive, qui nous attend avec l'armée entière de M. de Mélas.—Ces ordres donnés, il partit le 8 de Milan pour passer le Pô de sa personne, et être le lendemain à la Stradella.

Prévoyance du général Bonaparte.

Il était impossible de deviner avec plus de justesse

les mouvements de l'ennemi. Nous avons dit tout à l'heure que trois détachements autrichiens s'étaient inutilement présentés devant Plaisance; que le détachement arrivé de Toscane par Fiorenzuola, y avait été rejeté; que celui du général Gottesheim, descendu avec de l'infanterie par la vallée de la Trebbia, venait d'être refoulé dans cette vallée; enfin, que le général Oreilly, accouru d'Alexandrie avec de la cavalerie, s'était vu contraint de retourner vers Tortone. Mais le général Ott, de son côté, marchant avec le corps principal par la route de Gênes à Tortone, arrivait à la Stradella le 9 juin, au matin, ainsi que l'avait prévu le général Bonaparte. Il ramenait en avant les généraux Gottesheim et Oreilly, qu'il avait rencontrés en retraite, et voulait faire un effort vigoureux sur Plaisance, n'imaginant pas que l'armée française pût être échelonnée presque tout entière dans le défilé de la Stradella. Il avait, en comptant les troupes qui venaient de le rejoindre, 17 ou 18 mille hommes. Lannes n'en pouvait réunir, dans la matinée du 9, que 7 ou 8 mille; mais, grâce aux avis réitérés du général en chef, 5 à 6 mille allaient le rejoindre dans la journée. Le champ de bataille était celui que nous avons décrit. Lannes se présentait, la gauche sur les hauteurs de l'Apennin, le centre sur la chaussée, vers le bourg de Casteggio, la droite dans la plaine du Pô. Il avait eu le tort de se porter un peu trop en avant de la Stradella, vers Casteggio et Montebello, là où la route cesse de former un défilé, grâce à l'étendue de la plaine. Mais les Français, pleins de confiance, quoique inférieurs en nombre, étaient capables des plus grands efforts de dévouement, surtout sous un chef comme Lannes, qui possédait au plus haut point l'art de les entraîner.

Lannes, portant avec vigueur la division Watrin sur Casteggio, replia les avant-postes d'Oreilly. Son plan consistait à s'emparer du bourg de Casteggio, situé devant lui sur la route, soit en l'attaquant de front, soit en le tournant par la plaine du Pô d'un côté, par les escarpements de l'Apennin de l'autre. La nombreuse artillerie des Autrichiens, établie sur la route, battait le terrain en tous sens. Deux bataillons de la 6ᵉ légère s'efforcèrent d'enlever en la tournant par la droite cette artillerie meurtrière, tandis que le troisième bataillon de la 6ᵉ, et la 40ᵉ tout entière, s'efforçaient de gagner les monticules voisins, placés à gauche, et que le reste de la division Watrin marchait sur Casteggio même, où se trouvait le centre de l'ennemi. Un combat acharné s'engagea sur tous les points. Les Français étaient près d'emporter les positions attaquées, mais le général Gottesheim, accouru avec son infanterie pour appuyer Oreilly, culbuta les bataillons qui avaient gravi les hauteurs. Lannes, sous un feu épouvantable, soutint ses troupes, et les empêcha de céder au nombre. Cependant elles allaient succomber, lorsqu'arriva la division Chambarlhac, faisant partie du corps du général Victor. Le général Rivaud, à la tête de la 43ᵉ, gravit de nouveau les hauteurs, rallia les bataillons français qui venaient d'en être repoussés, et réussit à s'y maintenir après des efforts inouïs. Au centre, c'est-à-dire sur la grande route, la 96ᵉ vint aider le général Watrin dans son attaque contre le bourg de Casteggio ; et la 24ᵉ, s'étendant à droite dans la plaine, essaya de tourner la gauche de l'ennemi, afin de faire tomber le feu de son artillerie. Pendant cet effort combiné sur les ailes, le brave Watrin eut à soutenir un combat acharné dans Casteggio ; il perdit et reprit ce bourg plusieurs fois. Mais Lannes, présent partout, donna l'impulsion décisive. Par ses ordres, le général Rivaud à gauche, resté maître des hauteurs, et les ayant franchies, descendit sur les derrières de Casteggio ; les troupes portées dans la plaine à droite, parvinrent à tourner le bourg tant disputé ; les uns et les autres marchèrent sur Montebello, tandis que le général Watrin, faisant sur le centre ennemi un dernier effort, l'enfonçait, et dépassait enfin Casteggio. Les Autrichiens, se trouvant dans ce moment repoussés de toutes parts, s'enfuirent à Montebello, laissant dans nos mains une masse considérable de prisonniers.

L'action avait duré depuis onze heures du matin jusqu'à huit heures du soir. C'étaient les Autrichiens du blocus de Gênes, formés par Masséna aux combats les plus rudes, qui étaient ici dans les plaines du Piémont, luttant avec désespoir pour se faire jour. Ils étaient secondés par une nombreuse artillerie, et ils avaient déployé une bravoure plus qu'ordinaire. Le Premier Consul arriva dans le moment même où finissait cette bataille, dont il avait si bien prévu le lieu et le jour. Il trouva Lannes couvert de sang, mais ivre de joie, et les troupes enchantées de leur succès. Elles avaient, comme il l'a dit depuis, le sentiment de s'être bien comportées. Les conscrits s'étaient montrés dignes de rivaliser avec les vieux soldats; nous avions fait 4 mille prisonniers, blessé ou tué près de 3 mille hommes. La victoire avait été pour nous difficile à remporter, puisque 12 mille combattants au plus en avaient rencontré 18 mille.

Telle est cette bataille de Montebello, qui a donné à Lannes et à sa famille le titre qui la distingue parmi les familles françaises de ce temps : titre glorieux, que des fils doivent être fiers de porter!

C'était un beau début que cette première rencontre, et qui annonçait à M. de Mélas que la route ne se rouvrirait pas facilement devant lui. Le général Ott, affaibli de 7 mille hommes, se retira consterné sur Alexandrie. Le moral de l'armée française fut porté au plus haut degré d'exaltation.

Le Premier Consul se hâta de réunir ses divisions, et d'occuper fortement cette route d'Alexandrie à Plaisance, que M. de Mélas devait suivre, d'après toutes les probabilités. Lannes s'étant trop avancé, le Premier Consul rétrograda un peu, jusqu'au point même qui s'appelle la Stradella, parce que le défilé, plus resserré en cet endroit, par le rapprochement des hauteurs et du fleuve, rend la position plus sûre.

Le 10 et le 11 juin se passèrent à observer les mouvements des Autrichiens, à concentrer l'armée, à la faire reposer un peu de ses marches rapides, à organiser le mieux possible l'artillerie; car jusqu'ici on n'avait pas pu réunir sur ce point plus de 40 pièces de campagne.

Le 11, on vit arriver, au quartier-général, l'un des

Le Premier Consul attend à la Stradella les mouvements des Autrichiens.

Arrivée de Desaix

généraux les plus distingués de cette époque, Desaix, qui égalait peut-être Moreau, Masséna, Kléber, Lannes, en talents militaires, mais qui, par les rares perfections de son caractère, les effaçait tous. Il quittait l'Égypte, où Kléber venait de commettre des fautes politiques, que nous aurons bientôt le chagrin de raconter, que Desaix avait voulu en vain prévenir, et dont il avait fui en Europe le pénible spectacle. Ces fautes, au surplus, avaient été glorieusement réparées depuis. Desaix, arrêté près des côtes de France, s'était vu traité par les Anglais d'une manière odieuse. Il arrivait indigné, et demandait à se venger les armes à la main. Il aimait le Premier Consul avec une sorte de passion; et le Premier Consul, touché de l'affection d'un si noble cœur, lui rendait la plus vive amitié qu'il ait ressentie de sa vie. Ils passèrent toute une nuit ensemble, à se raconter les événements d'Égypte et de France, et le Premier Consul lui donna sur-le-champ le commandement des divisions Monnier et Boudet réunies.

Le lendemain, 12 juin, le général Bonaparte, surpris de ne pas voir paraître les Autrichiens, ne put s'empêcher de concevoir quelques craintes. Étonné que, dans une situation pareille, M. de Mélas hésitât, perdît du temps, et laissât toutes les issues se fermer autour de lui, jugeant un peu trop son adversaire d'après lui-même, il se dit que M. de Mélas n'avait pas pu perdre des heures si précieuses, et qu'il avait dû s'échapper, soit en remontant vers Gênes, soit en passant le Pô supérieur pour forcer le Tessin. Fatigué d'attendre, il quitta, le 12 dans l'après-midi, sa position de la Stradella, et s'avança, suivi de toute l'armée, jusqu'à la hauteur de Tortone. Il ordonna le blocus de cette place, et établit son quartier-général à Voghera. Le 13 au matin, il passa la Scrivia, et déboucha dans l'immense plaine qui s'étend entre la Scrivia et la Bormida, laquelle ne s'appelle plus aujourd'hui que la plaine de Marengo. C'est la même dans laquelle, plusieurs mois auparavant, sa prévoyante imagination lui représentait une grande bataille avec M. de Mélas. En cet endroit, le Pô s'est éloigné de l'Apennin, et a laissé de vastes espaces, à travers lesquels la Bormida et le Tanaro roulent leurs eaux devenues moins rapides, les confondent près d'Alexandrie, et vont les jeter ensuite dans le lit du Pô. La route, longeant le pied de l'Apennin jusqu'à Tortone, s'en sépare à la hauteur de cette place, se détourne à droite, passe la Scrivia, et débouche dans une vaste plaine. (Voir la carte n° 9.) Elle la traverse à un premier village, appelé San-Giuliano, passe à un second, appelé Marengo; enfin elle franchit la Bormida, et aboutit à la célèbre forteresse d'Alexandrie. Si l'ennemi voulait suivre la grande route de Plaisance à Mantoue, c'est ici qu'il m'attendrait, se dit le général Bonaparte; ici sa nombreuse artillerie, sa belle cavalerie, auraient de grands avantages, et il combattrait avec tous ses moyens réunis. — Cette réflexion faite, le général Bonaparte, pour se confirmer davantage dans ses conjectures, fit battre la campagne par la cavalerie légère, qui ne trouva pas un

Juin 1800.

Plaine de Marengo.

seul parti autrichien. Vers la chute du jour, il porta le corps du général Victor, composé des divisions Gardanne et Chambarlhac, en avant, jusqu'à Marengo. On trouva sur ce point un détachement, c'était celui d'Oreilly, qui défendit un instant le village de Marengo, l'abandonna ensuite, et repassa la Bormida. Une reconnaissance mal faite donna même lieu de croire que l'ennemi n'avait pas de pont sur la Bormida.

A tous ces signes, le général Bonaparte n'eut plus de doute. M. de Mélas, suivant lui, s'était échappé. Il n'aurait pas abandonné la plaine, et surtout le village de Marengo, qui en forme l'entrée, s'il avait voulu la traverser pour livrer bataille, et conquérir la route d'Alexandrie à Plaisance. Trompé par cette réflexion si juste, le général Bonaparte laissa le général Victor avec ses deux divisions à Marengo; il plaça Lannes en échelon dans la plaine avec la division Watrin, et il courut à son quartier-général de Voghera, pour avoir des nouvelles du général Moncey établi sur le Tessin, du général Duhesme établi sur le Pô inférieur, et savoir ainsi ce que devenait M. de Mélas. Des officiers d'état-major, partis de tous ces points, avaient rendez-vous auprès de lui, à son quartier-général. Mais la Scrivia était débordée, et, très-heureusement, il fut forcé de s'arrêter à Torre-di-Garofolo. Les nouvelles du Tessin et du Pô, nouvelles de la journée même, annonçaient un parfait repos. M. de Mélas n'avait rien tenté de ce côté. Qu'avait-il pu devenir?... Le général Bonaparte pensa qu'il était remonté sur Gênes par Novi, afin de passer dans la vallée de la Trebbia, et de retomber sur Crémone. Il semblait, en effet, que, n'étant pas à Alexandrie, n'étant pas en marche sur le Tessin, il n'avait pas pu prendre un autre parti. On pouvait supposer aussi que, suivant l'exemple de Wurmser à Mantoue, il irait s'enfermer dans Gênes, où, nourri par les Anglais, ayant une garnison de 50 mille hommes, il aurait le moyen de traîner la guerre en longueur. Ces idées s'étant emparées vivement de l'esprit du Premier Consul, il enjoignit à Desaix de marcher sur Rivalta et Novi, avec la seule division Boudet. C'était, effectivement, par Novi que M. de Mélas devait passer pour se rendre d'Alexandrie à Gênes.

Juin 1800.

Toutefois, par un heureux pressentiment, il garda la division Monnier, la seconde de Desaix, en réserve au quartier-général, et il pourvut à tout, autant que possible, en laissant Victor à Marengo avec deux divisions, Lannes avec une dans la plaine, Murat à ses côtés avec toute la cavalerie. Si on songe à la distribution générale des forces françaises dans ce moment, répandues, partie sur le Tessin, partie sur le Pô inférieur et l'Adda, partie sur la route de Gênes, on sera frappé de leur dispersion. C'était la conséquence forcée de la situation générale, et des circonstances du jour.

Le 13 au soir, veille de l'une des grandes journées de l'histoire, le général Bonaparte coucha au village de Torre-di-Garofolo, et il s'endormit, attendant les nouvelles du lendemain.

Pendant ce temps la confusion régnait dans Alexandrie. L'armée autrichienne était au désespoir. Un conseil de guerre venait d'être assemblé, et aucune des résolutions que redoutait le général français n'a-

Délibérations dans le quartier-général autrichien.

vait été adoptée. On avait bien pensé à se retirer par le Pô supérieur et le Tessin, ou à s'enfermer dans Gênes; mais les généraux autrichiens, en braves gens qu'ils étaient, avaient préféré suivre les conseils de l'honneur. Après tout, avaient-ils dit, nous combattions depuis dix-huit mois comme de bons soldats; nous avions reconquis l'Italie, nous marchions sur les frontières de la France ; notre gouvernement nous y poussait; hier encore il nous en donnait l'ordre : c'était à lui à nous avertir du danger qui menaçait nos derrières. S'il y a un tort dans notre situation, c'est à lui que ce tort appartient. Tous les moyens proposés pour éviter la rencontre de l'armée française, sont compliqués, difficiles, chanceux ; il n'y a qu'un parti simple et honorable, c'est celui de nous faire jour. Demain, il faut nous ouvrir la route au prix de notre sang. Si nous réussissons, nous regagnerons, après une victoire, le chemin de Plaisance et de Mantoue; sinon, après avoir fait notre devoir, la responsabilité de notre désastre pèsera sur d'autres que sur nous. —

Le Premier Consul n'avait pas imaginé qu'on pût perdre autant de temps à délibérer dans de pareilles conjonctures. Mais personne n'égalait la promptitude de ses déterminations, et M. de Mélas était dans une position assez malheureuse pour lui pardonner les cruelles perplexités qui retardaient sa résolution définitive. En prenant le parti de livrer bataille, le général autrichien se conduisit en soldat plein d'honneur ; mais on pouvait lui reprocher d'avoir laissé 25 mille hommes dans les places de Coni, Turin, Tortone, Gênes, Acqui, Gavi, Alexandrie, surtout après les pertes que venait de faire le général Ott à Montebello. Avec 25 mille hommes dans les places, 3 mille en Toscane, 12 mille entre Mantoue et Venise, il lui restait 40 mille hommes au plus à présenter sur le champ de bataille, où allait se décider le sort de la guerre. Voilà ce qu'était devenue cette belle armée de 120 mille hommes, qui devait, au début de la campagne, forcer les frontières méridionales de la France! quarante mille avaient péri, quarante mille étaient disséminés, quarante mille allaient combattre pour échapper aux fourches-caudines ; mais, parmi ces derniers, se trouvaient une puissante cavalerie, et 200 bouches à feu.

Juin 1800.

Il fut arrêté que le lendemain l'armée tout entière déboucherait par les ponts de la Bormida, car il y en avait deux couverts par une même tête de pont, malgré les faux avis donnés au général Bonaparte ; que le général Ott, à la tête de 10 mille hommes, moitié cavalerie, moitié infanterie, déboucherait de la Bormida, et, prenant sur la gauche, se dirigerait vers un village appelé Castel-Ceriolo ; que les généraux Haddick et Kaim, à la tête du gros de l'armée, 20 mille hommes environ, emporteraient le village de Marengo, qui donne entrée dans la plaine, et que le général Oreilly, avec 5 ou 6 mille soldats, prendrait à droite, en remontant la Bormida. Une puissante artillerie devait soutenir ce mouvement. Un détachement assez considérable, surtout en cavalerie, fut laissé en arrière d'Alexandrie, sur la

M. de Mélas se décide à livrer bataille.

route d'Acqui, pour observer les troupes de Suchet, de l'arrivée desquelles on avait de vagues nouvelles.

Nous avons décrit cette vaste plaine de Marengo, que la grande route d'Alexandrie à Plaisance traverse dans toute son étendue, et qui se trouve enfermée entre la Scrivia et la Bormida. (Voir la carte n° 9.) Les Français, venant de Plaisance et de la Scrivia, rencontraient d'abord San-Giuliano, puis, à trois quarts de lieue plus loin, Marengo, qui touchait presque à la Bormida, et formait le principal débouché que l'armée autrichienne avait à conquérir pour sortir d'Alexandrie. Entre San-Giuliano et Marengo s'allongeait en ligne droite la route qu'on allait se disputer, et des deux côtés s'étendait une plaine couverte de champs de blé et de vignes. Au-dessous de Marengo, et à droite pour les Français, à gauche pour les Autrichiens, se trouvait Castel-Ceriolo, gros bourg, par lequel le général Ott devait passer, afin de tourner le corps du général Victor établi dans Marengo. C'est donc sur Marengo qu'allait se diriger la principale attaque des Autrichiens, puisque ce village donnait entrée dans la plaine.

A la pointe du jour, l'armée autrichienne franchit les deux ponts de la Bormida. Mais son mouvement fut lent, parce qu'elle n'avait qu'une seule tête de pont pour déboucher. Oreilly passa le premier, et rencontra la division Gardanne, que le général Victor, après avoir occupé Marengo, avait portée en avant. Cette division n'était formée que de la 101ᵉ et de la 44ᵉ demi-brigade. Oreilly, appuyé par une nombreuse artillerie, et ayant une force double, la con-

MARENGO.

traignit à se replier et à se renfermer dans Marengo. Heureusement, il ne s'y jeta pas à sa suite, et attendit que le centre, sous le général Haddick, pût le soutenir. La lenteur de la marche à travers le défilé formé par les ponts, fit perdre deux ou trois heures aux Autrichiens. Enfin les généraux Haddick et Kaim se déployèrent derrière Oreilly, et le général Ott passa ces mêmes ponts pour se rendre à Castel-Ceriolo.

Sur-le-champ le général Victor réunit ses deux divisions pour défendre Marengo, et envoya dire au Premier Consul que l'armée autrichienne s'avançait tout entière, avec l'intention évidente de livrer bataille.

Un obstacle de terrain vint seconder très-à-propos la bravoure de nos soldats. En avant de Marengo, entre les Autrichiens et les Français, se trouvait un ruisseau profond et fangeux, appelé le Fontanone. Il coulait entre Marengo et la Bormida, pour aller, un peu au-dessous, se jeter dans le Tanaro. Victor plaça vers sa droite, c'est-à-dire dans le village de Marengo, les 101ᵉ et 44ᵉ demi-brigades, sous le général Gardanne ; à gauche du village, la 24ᵉ, la 43ᵉ, la 96ᵉ, sous le général Chambarlhac ; un peu en arrière, le général Kellermann avec les 20ᵉ, 2ᵉ, 8ᵉ de cavalerie, et un escadron du 12ᵉ. Le reste du 12ᵉ fut envoyé sur la haute Bormida pour observer les mouvements éloignés de l'ennemi.

Le général Haddick s'avança sur le ruisseau, protégé par 25 pièces d'artillerie qui foudroyaient les Français. Il se jeta bravement dans le lit du Fontanone, à la tête de la division Bellegarde. Le gé-

Juin 1800.

Les deux armées se disputent le village de Marengo.

néral Rivaud[1], sortant aussitôt de l'abri du village avec la 44ᵉ et la 101ᵉ, se mit à fusiller à bout portant les Autrichiens qui essayaient de déboucher. Un combat des plus violents s'engagea le long du Fontanone. Haddick y revint à plusieurs fois; mais Rivaud[1], tenant ferme sous les batteries des Autrichiens, arrêta, par un feu de mousqueterie exécuté de très-près, le corps de Haddick, et le rejeta en désordre de l'autre côté du ruisseau. L'infortuné général Haddick reçut une blessure mortelle, et ses soldats se retirèrent. M. de Mélas fit avancer alors les troupes du général Kaim, et prescrivit à Oreilly de longer la Bormida, de la remonter jusqu'à un lieu nommé la Stortigliona, pour faire exécuter sur notre gauche une charge par la cavalerie de Pilati. Mais, en cet instant, le général Kellermann était à cheval, à la tête de sa division de cavalerie, observant le mouvement des escadrons ennemis, et Lannes, qui avait couché à droite de Victor, dans la plaine, venait se mettre en ligne entre Marengo et Castel-Ceriolo. Les Autrichiens firent donc un second effort. Les divisions Gardanne et Chambarlhac, rangées en demi-cercle, autour du lit demi-circulaire du Fontanone, étaient placées de manière à faire un feu convergent sur le point d'attaque. Elles écrasèrent de leur mousqueterie les troupes du général Kaim. Pendant ce temps, le général Pilati, remontant au-dessus, était parvenu à passer le Fontanone à la tête de 2 mille chevaux. Le brave Kellermann, qui dans cette journée ajouta beaucoup à la gloire de

---

[1] Olivier Rivaud.

Valmy, attachée à son nom, fondit sur les escadrons de Pilati dès qu'ils essayèrent de déboucher, les sabra, les précipita dans le lit fangeux de ce petit cours d'eau, que l'art n'eût pas mieux tracé pour couvrir la position des Français.

Dans ce moment, bien que notre armée surprise n'eût en ligne que les deux corps de Victor et Lannes, c'est-à-dire 15 ou 16 mille hommes, pour résister à 36 mille environ, cependant, grâce à la faute commise la veille par les Autrichiens de n'avoir pas occupé Marengo, faute qui d'ailleurs avait eu pour eux ses avantages, puisqu'elle avait induit le général Bonaparte en erreur, notre armée avait le temps d'attendre son chef, et les réserves restées en arrière, ou envoyées sur la route de Novi.

Les choses en étaient là, lorsque M. de Mélas, décidé à tenter les derniers efforts pour sauver l'honneur et la liberté de son armée, et parfaitement secondé par ses soldats, tous vétérans dont les victoires de la précédente campagne avaient élevé le cœur, M. de Mélas fit aborder encore une fois la ligne française. Le général Ott, qui avait mis beaucoup de temps à défiler, commençait à pouvoir agir vers la gauche des Autrichiens. Il manœuvra pour nous tourner, traversa Castel-Ceriolo, et déborda Lannes qui, placé à côté de Victor entre Marengo et Castel-Ceriolo, formait la droite de notre ligne. Pendant que la colonne du général Ott occupait l'attention de Lannes, les corps d'O-reilly, Haddick et Kaim ralliés, furent dirigés de nouveau sur le Fontanone, en face de Marengo.

Une artillerie formidable appuyait tous leurs mouvements. Les grenadiers de Lattermann entrèrent dans le ruisseau, le franchirent, et gravirent l'autre bord. La division Chambarlhac, placée sur la gauche de Marengo, et sur les flancs des grenadiers autrichiens, fit sur eux un feu meurtrier. Cependant un bataillon de ces grenadiers parvint à se maintenir au delà du Fontanone. M. de Mélas redoubla la canonnade sur la division Chambarlhac, qui n'était pas couverte par les maisons du village, comme celle qui défendait Marengo même. Pendant ce temps, des pionniers autrichiens construisirent à la hâte un pont de chevalets. Alors le brave Rivaud, à la tête de la 44°, sortit du village de Marengo, et marchant sur les assaillants, malgré la mitraille, allait les précipiter dans le Fontanone; mais d'affreuses décharges d'artillerie arrêtèrent la 44°, épuisée par cette lutte obstinée, et Rivaud lui-même fut blessé. Saisissant le moment, les grenadiers de Lattermann s'avancèrent en masse, et pénétrèrent dans Marengo. Rivaud, tout couvert de sang, se remit encore une fois à la tête de la 44°, fit une charge vigoureuse sur ces grenadiers, les rejeta hors de Marengo; mais, accueilli dès qu'il sortait de l'abri des maisons par un feu épouvantable d'artillerie, il ne put leur faire repasser le ruisseau qui avait jusqu'ici protégé si bien notre armée. Affaibli par le sang qu'il perdait, se soutenant à peine, ce vaillant officier fut obligé de se laisser emporter loin du champ de bataille. Les grenadiers autrichiens se maintinrent donc dans la position qu'ils venaient de conquérir. Au même instant, la division Chambarlhac, qui n'était, comme nous venons de le dire, protégée par aucun abri, et recevait la mitraille à découvert, fut presque écrasée. Le général Oreilly repoussa la 96ᵉ, placée à notre extrême gauche, et commença dès lors à la déborder. Vers la droite, Lannes, qui, n'ayant d'abord affaire qu'au seul corps du général Kaim, allait le culbuter dans le lit du Fontanone, se vit tourné tout à coup par le général Ott, débouchant de Castel-Ceriolo avec une nombreuse cavalerie. La brigade de cavalerie Champeaux, rangée en arrière du corps de Lannes, comme Kellermann en arrière du corps de Victor, exécuta vainement des charges brillantes. L'infortuné Champeaux reçut une blessure mortelle. Notre armée, débordée sur les deux ailes, détachée de ce point de Marengo auquel elle s'était si fortement attachée d'abord, notre armée n'avait plus rien pour la soutenir. Elle courait le danger d'être jetée dans la plaine en arrière, où aucun appui ne pouvait la protéger contre 200 bouches à feu et une immense cavalerie.

Juin 1800.

L'armée française per le village de Marengo.

Il était dix heures du matin. Le carnage avait été horrible. Une masse considérable de blessés encombrait la route, entre Marengo et San-Giuliano. Déjà une partie des troupes de Victor, accablées par le nombre, se retiraient en désordre, criant que tout était perdu. Tout était perdu en effet sans un renfort de troupes nouvelles, qui ne fussent point épuisées, et surtout sans un grand capitaine, capable de ressaisir la victoire.

Le général Bonaparte, averti que l'armée autri-

Le général Bonaparte

chienne, qu'il craignait de voir échapper, le surprenait, au contraire, dans cette plaine de Marengo, si déserte la veille, accourut de Torre-di-Garofolo, bénissant l'heureux débordement de la Scrivia, qui l'avait empêché d'aller coucher à Voghera. Il amenait avec lui la garde consulaire, troupe peu nombreuse, mais d'une valeur incomparable, et qui devint plus tard la garde impériale; il amenait la division Monnier, composée de trois demi-brigades excellentes; il se faisait suivre à peu de distance par une réserve de deux régiments de cavalerie; il envoyait enfin à Desaix l'ordre de marcher en toute hâte sur San-Giuliano.

Le Premier Consul, à la tête de ces réserves, se transporte au galop sur le champ de bataille. Il trouve Lannes débordé à droite par l'infanterie et la cavalerie du général Ott, essayant néanmoins à gauche de se soutenir autour de Marengo, Gardanne se défendant encore dans les haies de ce village, objet d'une lutte si acharnée, et de l'autre côté la division Chambarlhac, foudroyée, se dispersant sous le feu des Autrichiens.

A cette vue, il juge avec son coup d'œil supérieur ce qu'il convient de faire pour rétablir les affaires. Sa gauche mutilée est dans une vraie déroute; mais sa droite n'est que menacée, elle se maintient encore; c'est à celle-là qu'il faut porter secours. En la fixant solidement à Castel-Ceriolo, il aura un point d'appui au milieu de cette vaste plaine; il pourra pivoter autour de son aile raffermie, ramener son aile battue en arrière, pour la dérober aux coups de l'ennemi. Perdrait-il, par ce mouvement, la grande route de Marengo à San-Giuliano, le mal serait fort réparable; car derrière sa nouvelle position passe un autre chemin qui conduit à Salé, et de Salé aux rives du Pô. Sa ligne de retraite vers Pavie reste donc assurée. Placé d'ailleurs à la droite de la plaine, il est dans le flanc des Autrichiens, qui vont s'engager sur la grande route de Marengo à San-Giuliano, s'ils veulent mettre la victoire à profit.

Ces réflexions faites avec la rapidité de l'éclair, le général Bonaparte exécute aussitôt la résolution qu'il vient de concevoir. Il porte en avant dans la plaine, à la droite de Lannes, les 800 grenadiers de la garde consulaire, et leur ordonne d'arrêter la cavalerie autrichienne, en attendant l'arrivée des trois demi-brigades de Monnier. Ces braves gens, formés en carré, reçoivent avec un admirable sang-froid les charges des dragons de Lobkowitz, et restent inébranlables sous les assauts répétés d'une multitude de cavaliers. Un peu à leur droite, le général Bonaparte ordonne à deux demi-brigades de Monnier, arrivées dans le moment, de se diriger sur Castel-Ceriolo. Ces deux demi-brigades, la 70° et la 19°, conduites par le général Carra-Saint-Cyr, marchent en avant, et, tantôt disposées en carré pour arrêter la cavalerie, tantôt en colonnes d'attaque pour aborder l'infanterie, parviennent à regagner le terrain perdu, et à se loger dans les haies et les jardins de Castel-Ceriolo. Au même instant, le général Bonaparte, à la tête de la 72°, vient soutenir la gauche de Lannes, pendant que Dupont, le chef d'état-major, va rallier en arrière les débris du corps de Victor, poursuivis par les chevaux d'Oreilly, mais protégés par Murat avec la réserve de cavalerie. La présence du Premier Consul, la vue des bonnets à poil de sa garde à cheval, ont ranimé les troupes. Le combat recommence avec une nouvelle fureur. Le brave Watrin, du corps de Lannes, avec la 6° de ligne et la 22°, rejette à la baïonnette les soldats de Kaim dans le Fontanone. Lannes, remplissant la 40° et la 28° du feu de son âme héroïque, les pousse l'une et l'autre sur les Autrichiens. Partout on combat avec acharnement dans cette immense plaine. Gardanne essaie de reconquérir Marengo; Lannes tâche de s'emparer du ruisseau qui a d'abord si utilement couvert nos troupes; les grenadiers de la garde consulaire, toujours en carré comme une citadelle vivante au milieu de ce champ de bataille, remplissent le vide entre Lannes et les colonnes de Carra-Saint-Cyr, entrées dans les premières maisons de Castel-Ceriolo. Mais le baron de Mélas, avec le courage du désespoir, ramenant ses masses réunies sur Marengo, débouche enfin du village, repousse les soldats exténués de Gardanne, qui s'attachent en vain à tous les obstacles. Oreilly achève d'accabler de mitraille la division Chambarlhac, toujours restée à découvert sous les coups d'une immense artillerie.

Il n'y a plus moyen de tenir; il faut céder le terrain. Le général Bonaparte ordonne de le céder peu à peu, en faisant une ferme contenance. Mais tandis que sa gauche, privée de Marengo et désormais sans appui, recule rapidement jusqu'à San-Giuliano, où elle va chercher un abri, lui continue à tenir la droite de la plaine, et s'y défend lentement, grâce au point de Castel-Ceriolo, grâce à l'énergie de la garde consulaire, grâce à Lannes surtout, qui fait des efforts inouïs. Tant qu'il se maintient à droite, le Premier Consul conserve une ligne de retraite assurée par Salé vers les bords du Pô; et si même Desaix, dirigé la veille sur Novi, en revient à temps, il peut reconquérir le champ de bataille, et ramener la victoire de son côté.

Juin 1800.

C'est dans ce moment que Lannes et ses quatre demi-brigades font des efforts dignes des hommages de la postérité. L'ennemi, qui a débouché en masse de Marengo dans la plaine, vomit, par quatre-vingts bouches à feu, une grêle de boulets et de mitraille. Lannes, à la tête de ces quatre demi-brigades, met deux heures à parcourir trois quarts de lieue. Lorsque l'ennemi s'approche et devient trop pressant, il s'arrête, et le charge à la baïonnette. Quoique son artillerie soit démontée, quelques pièces légères, attelées des meilleurs chevaux et manœuvrées avec autant d'habileté que d'audace, viennent aider de leur feu les demi-brigades qui sont serrées de trop près, et osent se mettre en batterie en face de la formidable artillerie autrichienne. La garde consulaire, qu'on n'a pu ébranler à force de charges de cavalerie, est maintenant attaquée à coups de canon. On cherche à la battre en brèche comme une muraille, puis on lance sur elle les chevaux Frimont. Elle fait des pertes sensibles, et recule, mais sans se rompre. Carra-Saint-Cyr se replie aussi, et abandonne Castel-

Résistance héroïque de Lannes.

Ceriolo, en conservant toutefois un dernier appui dans les vignes en arrière de ce village. Nous restons cependant en possession de la route de Castel-Ceriolo à Salé. Partout la plaine présente un vaste champ de carnage, où le feu des explosions s'ajoute à celui de l'artillerie, car Lannes fait sauter les caissons qu'il ne peut plus ramener.

La moitié du jour est écoulée. M. de Mélas croit enfin tenir la victoire qu'il a si chèrement achetée. Ce vieillard, qui, par le courage au moins, se montre digne de son adversaire dans cette journée mémorable, rentre dans Alexandrie exténué de fatigue. Il laisse le commandement à son chef d'état-major, M. de Zach, et expédie à toute l'Europe des courriers pour annoncer sa victoire et la défaite du général Bonaparte à Marengo. Ce chef d'état-major, chargé du commandement, forme alors le gros de l'armée autrichienne en colonne de marche, sur la grande route de Marengo à San-Giuliano. Il place en tête deux régiments d'infanterie, la colonne des grenadiers de Lattermann ensuite, et après les bagages. Il range à gauche le corps du général Oreilly, à droite les corps des généraux Kaim et Haddick, et il s'efforce de gagner, dans cet ordre, cette grande route de Plaisance, objet de tant d'efforts, et salut de l'armée autrichienne.

Il est trois heures : si aucune circonstance nouvelle ne survient, la bataille peut être considérée comme perdue pour les Français, sauf à réparer le lendemain, avec les troupes qui se rabattront du Tessin et de l'Adda sur le Pô, le malheur de la journée. Desaix cependant reste encore avec la division Boudet tout entière : arrivera-t-il à temps?... Telle est la circonstance de laquelle dépend le sort de la bataille. Les aides-de-camp du Premier Consul avaient couru après lui dès le matin. Mais, long-temps avant d'être rejoint par eux, Desaix, au premier coup de canon tiré dans la plaine de Marengo, s'était arrêté sur place. Entendant ce canon lointain, il en avait conclu que l'ennemi, qu'on l'envoyait chercher à Novi sur la route de Gênes, était à Marengo même. Il avait aussitôt dépêché Savary avec quelques centaines de chevaux sur Novi, pour voir ce qui s'y passait, et avec sa division s'était mis à attendre, écoutant toujours le canon des Autrichiens et des Français, qui ne cessait de retentir dans la direction de la Bormida. Savary n'ayant rencontré personne dans les environs de Novi, Desaix s'était confirmé dans son heureuse conjecture, et, sans plus différer, avait marché sur Marengo, se faisant précéder par plusieurs aides-de-camp pour annoncer son arrivée au Premier Consul. Il avait cheminé toute la journée, et, à trois heures, en effet, ses têtes de colonne commençaient à se montrer à l'entrée de la plaine, aux environs de San-Giuliano. Lui-même, les devançant au galop, accourait auprès de la personne du Premier Consul. Heureuse inspiration d'un lieutenant, aussi intelligent que dévoué! Heureuse fortune de la jeunesse! Si, quinze ans plus tard, le Premier Consul, aujourd'hui si bien secondé par ses généraux, avait trouvé un Desaix sur le champ de bataille de Waterloo, il eût conservé l'empire, et la France sa position dominatrice parmi les puissances de l'Europe!

Juin 1800.

La présence de Desaix va changer la face des choses. On l'entoure, on lui raconte la journée. Les généraux se forment en cercle autour de lui et du Premier Consul, et discutent vivement sur cette grave situation. La plupart sont d'avis de la retraite. Le Premier Consul n'est pas de cette opinion, et il presse vivement Desaix de dire la sienne. Desaix, promenant ses regards sur ce champ de bataille dévasté, puis tirant sa montre et regardant l'heure, répond au général Bonaparte ces simples et nobles paroles : Oui, la bataille est perdue ; mais il n'est que trois heures, il reste encore le temps d'en gagner une. — Le général Bonaparte, charmé de l'avis de Desaix, se dispose à profiter des ressources que ce général lui amène, et des avantages que lui assure la situation prise dès le matin. Il est, en effet, dans la plaine à droite, tandis que l'ennemi est à gauche, en colonne de marche, sur la grande route, s'avançant sur San-Giuliano. Desaix arrivant par San-Giuliano avec 6 mille hommes de troupes fraîches, et donnant de front sur les Autrichiens, peut les arrêter court, pendant que le gros de l'armée ralliée se jettera dans leur flanc. Les dispositions sont faites en conséquence, et sur-le-champ.

Les trois demi-brigades de Desaix sont formées en avant de San-Giuliano, un peu à droite de la grande route : la 30° déployée en ligne, la 9° et la 59° en colonnes serrées sur les ailes de la première. Une légère ondulation du terrain les cache à l'ennemi. A leur gauche se trouvent les débris ralliés et un peu remis de Chambarlhac et Gardanne, sous

DESAIX
(À MARENGO.)

le général Victor ; à leur droite dans la plaine, Lannes, dont le mouvement de retraite s'est arrêté ; puis la garde consulaire, puis Carra-Saint-Cyr, qui s'est maintenu le plus près possible de Castel-Ceriolo. L'armée forme ainsi une longue ligne oblique de San-Giuliano à Castel-Ceriolo. Entre Desaix et Lannes, et un peu en arrière, on a placé la cavalerie de Kellermann dans un intervalle. Une batterie de 12 pièces, seul reste de toute l'artillerie de l'armée, est répandue sur le front du corps de Desaix.

Juin 1800.

Ces dispositions faites, le Premier Consul parcourt à cheval les rangs de ses soldats, et parle aux divers corps. Mes amis, leur dit-il, c'est assez reculer ; souvenez-vous que j'ai l'habitude de coucher sur le champ de bataille. — Après avoir ranimé ses troupes, qui, rassurées par l'arrivée des réserves, brûlent de vaincre, il donne le signal. La charge est battue sur toute la ligne.

Les Autrichiens, en ordre de marche plutôt qu'en ordre de bataille, cheminaient sur la grande route. La colonne dirigée par M. de Zach s'avançait la première. Un peu en arrière, venait le centre à demi déployé dans la plaine, et faisant face à Lannes.

Le général Marmont démasque à l'improviste douze pièces de canon. Une épaisse mitraille tombe sur la tête de la colonne autrichienne surprise, et ne s'attendant pas à une nouvelle résistance, car on croyait les Français décidément en retraite. Elle avait peine à se remettre de cette subite émotion, quand Desaix ébranle la 9ᵉ légère. Allez avertir le Premier Consul, dit-il à son aide-de-camp Savary, que je

La bataille recommence une troisième fois.

charge, et que j'ai besoin d'être appuyé par la cavalerie. — Desaix, à cheval, marche lui-même en tête de cette demi-brigade. Il franchit avec elle le léger pli de terrain qui la dérobait à la vue des Autrichiens, et se révèle brusquement à eux par une décharge de mousqueterie exécutée à bout portant. Les Autrichiens répondent, et Desaix tombe aussitôt percé d'une balle dans la poitrine.—Cachez ma mort, dit-il au général Boudet qui était son chef de division, car cela pourrait ébranler les troupes. — Inutile précaution de ce héros! On l'a vu tomber, et ses soldats, comme ceux de Turenne, demandent à grands cris à venger leur chef. La 9ᵉ légère qui, ce jour-là, mérita le titre d'*incomparable*, qu'elle a porté jusqu'à la fin de nos guerres, la 9ᵉ légère, après avoir vomi ses feux, se range en colonne, et tombe sur la masse profonde des Autrichiens. A sa vue les deux premiers régiments qui ouvraient la marche, surpris, se rejettent en désordre sur la seconde ligne, et disparaissent dans ses rangs. La colonne des grenadiers de Lattermann se trouve alors seule en tête, et reçoit ce choc en troupe d'élite. Elle tient ferme. La lutte s'étend sur les deux côtés de la grande route. La 9ᵉ légère est appuyée, à droite, par les troupes de Victor ralliées, à gauche, par les 30ᵉ et 59ᵉ demi-brigades de la division Boudet, qui ont suivi le mouvement. Les grenadiers de Lattermann se défendent avec peine, quand tout à coup un orage imprévu vient fondre sur leur tête. Le général Kellermann, qui, à la demande de Desaix, avait reçu l'ordre de charger, part au galop, et passant entre Lannes et

Desaix, place une partie de ses escadrons en potence pour faire face à la cavalerie autrichienne qu'il voyait devant lui, puis, avec le reste, se jette dans le flanc de la colonne des grenadiers, assaillis déjà de front par l'infanterie de Boudet. Cette charge, exécutée avec une vigueur extraordinaire, coupe la colonne en deux. Les dragons de Kellermann sabrent à droite et à gauche, jusqu'à ce que, pressés de tous côtés, les malheureux grenadiers déposent les armes. Deux mille d'entre eux se rendent prisonniers. A leur tête, le général Zach lui-même est obligé de remettre son épée. Les Autrichiens sont ainsi privés de direction pour la fin de la bataille; car M. de Mélas, comme on l'a vu, croyant la victoire assurée, était rentré dans Alexandrie. Kellermann ne s'en tient pas là; il s'élance sur les dragons de Lichtenstein et les met en fuite. Ceux-ci se replient sur le centre des Autrichiens, qui se déployait dans la plaine, en face de Lannes, et y causent quelque désordre. Lannes avance alors, pousse avec vigueur ce centre ébranlé des Autrichiens, tandis que les grenadiers de la garde consulaire et Carra-Saint-Cyr se portent de nouveau sur Castel-Ceriolo, dont ils n'étaient pas fort éloignés. Sur toute la ligne de San-Giuliano à Castel-Ceriolo, les Français ont repris l'offensive; ils marchent en avant, ivres de joie et d'enthousiasme, en voyant la victoire revenir à eux. La surprise, le découragement ont passé du côté des Autrichiens.

Juin 1800

Lannes presse vivement les Autrichiens.

Admirable puissance de la volonté qui s'obstine, et parvient en s'obstinant à ramener la fortune! De San-

Giuliano à Castel-Ceriolo, cette ligne oblique des Français avance au pas de charge, refoulant les Autrichiens, tout étonnés d'avoir une nouvelle bataille à livrer. Carra-Saint-Cyr a bientôt reconquis le village de Castel-Ceriolo, et le général Ott, qui s'était d'abord avancé au delà de ce village, craignant d'être débordé, songe à rétrograder avant d'avoir perdu ses communications. Un mouvement de panique se communique à sa cavalerie; elle s'enfuit au galop, en criant : Aux ponts. Alors c'est à qui arrivera le premier à ces ponts de la Bormida. Le général Ott repassant par Castel-Ceriolo, avec les troupes de Vogelsang, est obligé de se faire jour à travers les Français. Il y réussit, et regagne en hâte les bords de la Bormida, où tout se précipite avec furie.

Les corps des généraux Kaim, Haddick veulent en vain tenir au centre; Lannes ne leur en laisse pas le moyen, les jette dans Marengo, et va les pousser dans le Fontanone, et du Fontanone dans la Bormida. Mais les grenadiers de Weidenfeld tiennent tête un instant, pour donner à Oreilly, qui s'était avancé jusqu'à Cassina-Grossa, le temps de rebrousser chemin. De son côté, la cavalerie autrichienne essaie quelques charges, pour arrêter la marche des Français. Mais elle est ramenée par les grenadiers à cheval de la garde consulaire, que conduisent Bessières et le jeune Beauharnais. Lannes et Victor, avec leurs corps réunis, se jettent enfin sur Marengo, et culbutent Oreilly, ainsi que les grenadiers de Weidenfeld. La confusion, sur les ponts de la Bormida, s'accroît à chaque instant. Fantassins, cavaliers, artilleurs s'y pressent en désordre. Les ponts ne pouvant pas contenir tout le monde, on se jette dans la Bormida pour passer à gué. Un conducteur d'artillerie essaie de la traverser avec la pièce de canon qu'il conduisait ; il y réussit. L'artillerie tout entière veut alors suivre son exemple, mais une partie des voitures reste engagée dans le lit de la rivière. Les Français, ardents à la poursuite, prennent hommes, chevaux, canons, bagages. L'infortuné baron de Mélas, qui, deux heures auparavant, avait laissé son armée victorieuse, était accouru au bruit de ce désastre, et n'en pouvait croire ses yeux. Il était au désespoir.

<small>Juin 1800.

L'armée autrichienne est jetée en désordre dans la Bormida.</small>

Telle fut cette sanglante bataille de Marengo, qui exerça, comme on le verra bientôt, une immense influence sur les destinées de la France et du monde ; elle donna en effet dans le moment la paix à la République, et, un peu plus tard, l'Empire au Premier Consul. Elle fut cruellement disputée, et elle en valait la peine ; car jamais résultat ne fut plus grave pour l'un et pour l'autre des deux adversaires. M. de Mélas se battait afin d'éviter une affreuse capitulation ; le général Bonaparte jouait en ce jour toute sa fortune. Les pertes, vu le nombre des combattants, furent immenses, et hors de toutes les proportions habituelles. Les Autrichiens perdirent environ 8 mille hommes en morts ou blessés, et plus de 4 mille prisonniers. Leur état-major fut cruellement décimé ; le général Haddick fut tué ; les généraux Vogelsang, Lattermann, Bellegarde, Lamarsaille, Gottesheim furent blessés ; et, avec eux, un grand nombre d'officiers. Ils per-

<small>Immenses résultats de la bataille de Marengo.</small>

dirent donc, en hommes hors de combat ou pris, le tiers de leur armée, si elle était de 36 à 40 mille hommes, comme on l'a dit généralement. Quant aux Français, ils eurent 6 mille tués ou blessés; on leur enleva un millier de prisonniers, ce qui présente encore une perte du quart, sur 28 mille soldats présents à la bataille. Leur état-major était aussi maltraité que l'état-major autrichien. Les généraux Mainony, Rivaud, Malher, Champeaux, étaient blessés, le dernier mortellement. La plus grande perte était celle de Desaix. La France n'en avait pas fait une plus regrettable, depuis dix ans de guerre. Aux yeux du Premier Consul, cette perte fut assez grande pour diminuer chez lui la joie de la victoire. Son secrétaire, M. de Bourrienne, accourant pour le féliciter de ce miraculeux triomphe, lui dit : Quelle belle journée! — Oui, bien belle, répondit le Premier Consul, si ce soir j'avais pu embrasser Desaix sur le champ de bataille. J'allais le faire, ajouta-t-il, ministre de la guerre; je l'aurais fait prince, si j'avais pu. — Le vainqueur de Marengo ne se doutait pas encore qu'il pourrait bientôt donner des couronnes à ceux qui le servaient. L'infortuné Desaix était gisant auprès de San-Giuliano, au milieu de ce vaste champ de carnage. Son aide-de-camp Savary, qui lui était depuis longtemps attaché, le cherchant au milieu des morts, le reconnut à son abondante chevelure, le recueillit avec un soin pieux, l'enveloppa dans le manteau d'un hussard, et, le plaçant sur son cheval, le transporta au quartier-général de Torre-di-Garofolo.

Bien que la plaine de Marengo fût inondée de

sang français, la joie régnait dans l'armée. Soldats et généraux sentaient le mérite de leur conduite, et appréciaient l'immense importance d'une victoire remportée sur les derrières de l'ennemi. Les Autrichiens, au contraire, étaient consternés; ils se savaient enveloppés et réduits à subir la loi du vainqueur. Le baron de Mélas qui, dans cette journée, avait eu deux chevaux tués sous lui, et s'était conduit, malgré son grand âge, comme aurait pu le faire le plus jeune, le plus vaillant soldat de son armée, le baron de Mélas était plongé dans la plus profonde douleur. Il était rentré dans Alexandrie, pour prendre un peu de repos, et en se croyant vainqueur. Maintenant il voyait son armée à moitié détruite, fuyant par toutes les issues, abandonnant son artillerie aux Français, ou la laissant noyée dans les marécages de la Bormida. Pour comble de malheur, son chef d'état-major Zach, qui jouissait de toute sa confiance, était en ce moment prisonnier des Français. Il promenait en vain ses regards sur ses généraux; aucun ne voulait donner un conseil; tous maudissaient le cabinet de Vienne, qui les avait entretenus dans de si funestes illusions, et les avait ainsi précipités dans un abîme. Cependant il fallait prendre un parti; mais lequel?... Se battre pour se faire jour? On venait de le tenter, et on n'y avait pas réussi. Se retirer sur Gênes, ou bien passer le Pô supérieur pour forcer le Tessin? Mais ces partis, difficiles avant la bataille, étaient impossibles depuis qu'elle avait été livrée et perdue. Le général Suchet était à quelques heures en arrière,

Juin 1800.

Désespoir de l'armée autrichienne.

avec l'armée de Ligurie, vers Acqui; le général Bonaparte était en avant d'Alexandrie, avec l'armée de réserve victorieuse. L'un et l'autre allaient faire leur jonction, et couper la route de Gênes. Le général Moncey, qui, avec les détachements venus d'Allemagne, gardait le Tessin, pouvait être secouru par le général Bonaparte, en aussi peu de temps qu'on en mettrait à marcher vers lui. Il n'y avait donc chance de salut d'aucun côté, et il fallait s'arrêter à la cruelle idée de capituler; bienheureux si, en abandonnant l'Italie, on sauvait la liberté de l'armée autrichienne, et si on obtenait de la générosité du vainqueur que cette malheureuse armée ne fût pas prisonnière de guerre! En conséquence, il fut résolu qu'on enverrait un parlementaire au général Bonaparte, pour entrer en négociation. Le prince de Lichtenstein fut choisi pour se rendre le lendemain matin, 15 juin (26 prairial), au quartier-général français.

De son côté, le Premier Consul avait beaucoup de raisons de traiter. Son but principal était atteint, car l'Italie se trouvait délivrée en une seule bataille. Après la victoire qu'il venait de remporter, et qui achevait l'investissement complet des Autrichiens, il était certain d'obtenir l'évacuation de l'Italie; il aurait même pu, à la rigueur, exiger que les vaincus déposassent les armes, et se constituassent prisonniers. Mais, en humiliant l'honneur de ces braves gens, on allait peut-être les pousser à un acte de désespoir. C'était verser un sang inutile, c'était surtout perdre du temps. Absent de Paris depuis plus d'un mois, il lui importait d'y retourner au plus tôt. Nous avions un prisonnier qui pouvait être un intermédiaire précieux, c'était M. de Zach. Le Premier Consul s'ouvrit à lui, exprima en sa présence son sincère désir de faire la paix, sa disposition à ménager l'armée impériale, et à lui accorder les plus honorables conditions. Le parlementaire autrichien étant arrivé sur ces entrefaites, il manifesta devant cet envoyé les mêmes dispositions qu'à M. de Zach, et les chargea tous deux de se rendre avec Berthier auprès de M. de Mélas, pour arrêter les bases d'une capitulation. Suivant sa coutume dans toutes les circonstances de ce genre, il déclara irrévocablement les conditions arrêtées déjà dans sa pensée, annonçant qu'aucun pourparler ne les lui ferait modifier. Ainsi, il consentait à ne point exiger que l'armée autrichienne fût déclarée prisonnière ; il voulait bien la laisser passer avec les honneurs de la guerre ; mais il exigeait qu'on rendît immédiatement à la France toutes les places de la Ligurie, du Piémont, de la Lombardie, des Légations, et que les Autrichiens évacuassent toute l'Italie jusqu'au Mincio. Les négociateurs partirent aussitôt pour le quartier-général autrichien.

Quoique rigoureuses, les conditions qu'ils apportaient étaient naturelles, on doit même dire généreuses. Une seule était pénible, presque humiliante, c'était la remise de Gênes, après tant de sang répandu, et après quelques jours seulement d'occupation ; mais évidemment le vainqueur ne pouvait pas s'en départir. M. de Mélas, cependant, envoya son

Juin 1800.

Berthier envoyé au quartier-général autrichien.

principal négociateur auprès du Premier Consul, pour élever quelques contestations sur l'armistice proposé. — Monsieur, lui dit avec vivacité le Premier Consul, mes conditions sont irrévocables. Ce n'est pas d'hier que je fais la guerre; votre position m'est aussi connue qu'à vous-mêmes. Vous êtes dans Alexandrie, encombrés de morts, de blessés, de malades, dépourvus de vivres, privés de l'élite de votre armée, enveloppés de toutes parts. Je pourrais tout exiger, mais je respecte les cheveux blancs de votre général, la vaillance de vos soldats, et je ne demande que ce qu'exige impérieusement la situation présente des affaires. Retournez à Alexandrie; quoi que vous fassiez, vous n'aurez pas d'autres conditions. —

La convention fut signée à Alexandrie dans la journée même du 15, d'après les bases proposées par le général Bonaparte. Il fut convenu d'abord qu'il y aurait suspension d'armes en Italie, jusqu'après la réception d'une réponse de Vienne. Si la convention était acceptée, les Autrichiens avaient la faculté de se retirer, avec les honneurs de la guerre, derrière la ligne du Mincio. Ils s'engageaient, en se retirant, à remettre aux Français toutes les places fortes qu'ils occupaient. Les châteaux de Tortone, d'Alexandrie, de Milan, d'Arona, de Plaisance, devaient être remis du 16 au 20 juin (27 prairial-1ᵉʳ messidor); les châteaux de Céva, de Savone, les places de Coni et de Gênes, du 16 au 24 juin; le fort d'Urbin, le 26. L'armée autrichienne devait être divisée en trois colonnes, qui se retireraient l'une après l'autre, au fur et à mesure de la livraison des places. Les immenses approvisionnements accumulés par M. de Mélas en Italie étaient partagés par moitié : l'artillerie des fonderies italiennes était concédée à l'armée française, l'artillerie des fonderies autrichiennes à l'armée impériale. Les Impériaux, après avoir évacué la Lombardie jusqu'au Mincio, devaient se renfermer derrière la ligne suivante : le Mincio, la Fossa-Maestra, la rive gauche du Pô, depuis Borgo-Forte jusqu'à l'embouchure de ce fleuve dans l'Adriatique. Peschiera et Mantoue restaient à l'armée autrichienne. Il était dit, sans explication, que le détachement de cette armée actuellement en Toscane continuerait à occuper cette province. Il ne pouvait être parlé des États du pape, et du roi de Naples, dans cette capitulation, puisque ces princes étaient étrangers aux événements de la haute Italie. Si cette convention n'était pas ratifiée par l'empereur, on avait dix jours pour s'avertir de la reprise des hostilités. En attendant, on ne pouvait faire de part ni d'autre de détachement sur l'Allemagne.

Ce fut là le sens de cette célèbre convention d'Alexandrie, qui, en une journée, valut à la France la restitution de la haute Italie, laquelle entraînait la restitution de l'Italie entière. On a beaucoup reproché depuis, et trop sévèrement, à M. de Mélas, cette campagne et cette convention. Il faut être juste pour le malheur, quand il est racheté surtout par une conduite pleine d'honneur. M. de Mélas fut trompé sur l'existence de l'armée de réserve par le cabinet de

Vienne, qui ne cessa de l'entretenir dans les plus funestes illusions. Une fois détrompé, on put lui reprocher de n'avoir réuni ses troupes, ni assez tôt, ni assez complétement, et d'avoir laissé trop de monde dans les places. Ce n'était pas, en effet, derrière les murs de ces places, mais sur le champ de bataille de Marengo, qu'il fallait les défendre. Cette faute admise, il faut reconnaître que M. de Mélas tint la conduite des gens de cœur lorsqu'ils sont enveloppés, c'est de se faire jour l'épée à la main. Il l'essaya bravement, et fut vaincu. Dès lors il n'y avait plus pour lui qu'une chose possible, c'était de sauver la liberté de son armée, car l'Italie était irrévocablement perdue pour lui. Il ne pouvait obtenir plus qu'il n'obtint; il aurait même pu, si le vainqueur eût voulu, subir plus d'humiliations encore. Et le vainqueur lui-même fit bien de ne pas exiger davantage, puisqu'en voulant humilier ces braves gens, il se serait exposé à les pousser à de sanglantes extrémités, et à perdre un temps précieux, sa présence à Paris étant dans le moment indispensable. Plaignons donc M. de Mélas, et admirons sans réserve la conduite du vainqueur, qui dut les prodigieux résultats de cette campagne, non pas au hasard, mais aux combinaisons les plus profondes, les plus merveilleusement exécutées.

Quel est le véritable vainqueur de Marengo?

Quelques détracteurs ont prétendu attribuer au général Kellermann le gain de la bataille de Marengo, et tous les résultats que cette bataille mémorable entraîna dans la suite. Pourquoi donc, s'il faut dépouiller de cette gloire le général Bonaparte, ne pas l'attribuer à cette noble victime de la plus heureuse inspiration, à ce Desaix qui, devinant, avant de les avoir reçus, les ordres de son chef, vint lui apporter la victoire, et sa vie? Pourquoi ne pas l'attribuer aussi à cet intrépide défenseur de Gênes, qui, en retenant les Autrichiens sur l'Apennin, donna au général Bonaparte le temps de descendre les Alpes, et les lui livra presque à moitié détruits? A ce dire, les généraux Kellermann, Desaix, Masséna, seraient tous les véritables vainqueurs de Marengo, tous, excepté le général Bonaparte! Mais en ce monde le cri des peuples a toujours décerné la gloire, et le cri des peuples a proclamé vainqueur de Marengo, celui qui, découvrant avec le coup d'œil du génie le parti qu'on pouvait tirer des Hautes-Alpes pour déboucher sur les derrières des Autrichiens, avait trompé, trois mois de suite, leur vigilance ; avait créé une armée qui n'existait pas, rendu cette création incroyable pour toute l'Europe, traversé le Saint-Bernard sans route frayée, paru à l'improviste au milieu de l'Italie confondue d'étonnement, enveloppé avec un art merveilleux son adversaire infortuné, et lui avait livré une bataille décisive, perdue le matin, regagnée le soir, et certainement regagnée le lendemain, si elle ne l'avait été le jour même : car, outre les six mille hommes de Desaix, dix mille hommes accourus du Tessin, dix mille postés sur le bas Pô, présentaient le moyen infaillible de détruire l'armée ennemie. Qu'on suppose, en effet, les Autrichiens, vainqueurs le 14 juin, s'engageant dans le défilé de la Stradella, trouvant à Plaisance les généraux Duhesme et Loison avec 10 mille hommes pour leur disputer le passage du Pô, et ayant en queue le général Bonaparte, renforcé des généraux Desaix et Moncey : qu'auraient fait les Autrichiens dans ce coupe-gorge, arrêtés par un fleuve bien défendu, et poursuivis par une armée supérieure en nombre? Ils auraient succombé plus désastreusement encore que dans les champs de la Bormida. Le vrai vainqueur de Marengo est donc celui qui maîtrisa la fortune par ces combinaisons, profondes, admirables, sans égales dans l'histoire des grands capitaines.

Du reste, il fut bien servi par ses lieutenants, et il n'est besoin de sacrifier aucune gloire pour édifier la sienne. Masséna, par une défense de Gênes héroïque, Desaix, par la plus heureuse détermination, Lannes, par une incomparable fermeté dans la plaine de Marengo, Kellermann, par une belle charge de cavalerie, concoururent à son triomphe. Il les récompensa tous de la manière la plus éclatante; et, quant à Desaix, il paya sa mort des plus nobles regrets. Le Premier Consul ordonna des honneurs magnifiques pour l'homme qui venait de rendre à la France un si grand service; il eut même le soin de recueillir sa famille militaire, et prit auprès de lui ses deux aides-de-camp, restés sans emploi par la mort de leur général : c'étaient les colonels Rapp et Savary.

Avant de quitter le champ de bataille de Marengo, le Premier Consul voulut écrire une nouvelle lettre à l'empereur d'Allemagne. Bien que la première ne lui eût valu qu'une réponse indirecte, adressée par

M. de Thugut à M. de Talleyrand, il croyait que la victoire lui permettait de renouveler des instances repoussées. Dans ce moment, il désirait la paix avec une ardeur extrême; il sentait que pacifier la France au dehors, après l'avoir pacifiée au dedans, était son véritable rôle, et que cette tâche accomplie légitimerait son autorité naissante beaucoup plus que ne pourraient le faire de nouvelles victoires. Susceptible d'ailleurs des impressions les plus vives, il avait été singulièrement touché de la vue de cette plaine de Marengo, sur laquelle gisait le quart des deux armées. Sous l'influence de ces sentiments il écrivit à l'empereur une lettre assez étrange. C'est sur le champ de bataille, lui disait-il, au milieu des souffrances d'une multitude de blessés, et environné de quinze mille cadavres, que je conjure Votre Majesté d'écouter la voix de l'humanité, et de ne pas permettre que deux braves nations s'entr'égorgent pour des intérêts qui leur sont étrangers. C'est à moi de presser Votre Majesté, puisque je suis plus près qu'elle du théâtre de la guerre. Son cœur ne peut pas être si vivement frappé que le mien... —

La lettre était longue. Le Premier Consul y discutait avec l'éloquence qui lui était propre, et un langage qui n'était pas celui de la diplomatie, les motifs que la France et l'Autriche pouvaient encore avoir de rester armées l'une contre l'autre. Est-ce pour la religion que vous combattez? lui disait-il. Mais faites alors la guerre aux Russes et aux Anglais, qui sont les ennemis de votre foi, et ne soyez pas leur allié! Est-ce pour vous garder des principes révolutionnaires? Mais la guerre les a propagés dans une moitié du continent, en étendant les conquêtes de la France, et ne pourra que les propager davantage. Est-ce pour l'équilibre de l'Europe? Mais les Anglais menacent plus que nous cet équilibre; car ils sont devenus les maîtres et les tyrans du commerce, et personne ne peut plus lutter contre eux, tandis que l'Europe pourra toujours contenir la France, si elle voulait sérieusement menacer l'indépendance des nations. (Raisonnement malheureusement bien juste, et que quinze ans de guerre n'ont que trop justifié.) Est-ce, ajoutait le diplomate guerrier, est-ce pour l'intégrité de l'Empire germanique? Mais Votre Majesté nous a livré elle-même Mayence et les États allemands de la rive gauche du Rhin. D'ailleurs l'Empire vous demande avec instance de lui donner la paix. Est-ce enfin pour les intérêts de la maison d'Autriche? Rien n'est plus naturel; mais exécutons le traité de Campo-Formio, qui attribue à Votre Majesté de larges indemnités en compensation des provinces perdues dans les Pays-Bas, et les lui assure là où elle préfère les obtenir, c'est-à-dire en Italie. Que Votre Majesté envoie des négociateurs où elle voudra, et nous ajouterons au traité de Campo-Formio des stipulations capables de la rassurer sur l'existence des États secondaires, qu'on reproche à la République française d'avoir tous ébranlés. — Le Premier Consul faisait ici allusion à la Hollande, à la Suisse, au Piémont, à l'État Romain, à la Toscane, à Naples, que le Directoire avait mis en révolution. A ces conditions, ajoutait-il, la paix est faite : rendons l'armistice commun à toutes les armées, et entrons en négociation immédiate.

Juin 1800.

M. de Saint-Julien, l'un des généraux qui avaient la confiance de l'empereur, dut porter à Vienne, et cette lettre, et la convention d'Alexandrie.

Quelques jours après, un peu revenu de ses premières impressions, le Premier Consul éprouvait un de ces regrets, qu'il a éprouvés souvent, quand il lui arrivait d'écrire une pièce importante de premier mouvement, et sans avoir consulté des esprits plus froids que le sien. Rendant compte de sa démarche aux Consuls, il leur disait : J'ai expédié un courrier à l'empereur avec une lettre que le ministre des relations extérieures vous communiquera. *Vous la trouverez un peu originale;* mais elle est écrite sur un champ de bataille. (22 juin.)

Après avoir dit adieu à son armée, il partit pour Milan le 17 juin (28 prairial) au matin, trois jours après la victoire de Marengo. On l'y attendait avec une vive impatience. Il y arriva le soir, à la nuit. La population, avertie, était accourue dans les rues pour le voir passer. Elle poussait des cris de joie, et jetait des fleurs dans sa voiture. La ville était illuminée avec cet éclat que les Italiens savent seuls déployer dans leurs fêtes. Les Lombards, qui venaient de supporter pendant dix ou douze mois le joug des Autrichiens, rendu plus dur par la guerre et la violence des circonstances, tremblaient d'être replacés sous leur insupportable autorité. Ils avaient, pendant les chances diverses de cette courte campagne, recueilli

Départ du Premier Consul pour Milan.

les bruits les plus contraires, éprouvé les plus cruelles anxiétés, et ils étaient ravis de voir enfin leur délivrance assurée. Le général Bonaparte fit proclamer sur-le-champ le rétablissement de la République Cisalpine, et se hâta de mettre quelque ordre aux affaires d'Italie, que sa dernière victoire changeait complétement de face.

Nous avons déjà dit que la guerre entreprise par la formidable coalition des Russes, des Anglais, des Autrichiens, pour rétablir dans leurs États les princes renversés par les prétendus envahissements du Directoire, n'avait remis personne à sa place. Le roi de Piémont était à Rome ; le grand-duc de Toscane en Autriche ; le pape était mort à Valence, et ses provinces étaient envahies par les Napolitains. La famille royale de Naples, livrée entièrement aux Anglais, se trouvait seule dans ses États, où elle souffrait la plus sanguinaire des réactions. La reine de Naples, le chevalier Acton, lord Nelson, permettaient, s'ils ne les ordonnaient pas, des cruautés abominables. La victoire de la République française devait changer tout cela : l'humanité y était aussi intéressée que la politique.

Le Premier Consul institua un gouvernement provisoire à Milan, en attendant qu'on pût réorganiser la Cisalpine, et lui donner des frontières définitives, ce qui n'était possible qu'à la paix. Il ne se crut pas obligé envers le roi de Piémont à plus d'égards que n'en avait montré l'Autriche, et en conséquence il ne se hâta pas de le rétablir dans ses États. Il lui substitua un gouvernement provisoire, et nomma le général Jourdan commissaire auprès de ce gouvernement, avec mission de le diriger. Depuis long-temps le Premier Consul voulait employer, et enlever à ses ennemis cet homme honnête et sage, peu fait pour être le chef des anarchistes en France. Le Piémont était ainsi gardé en réserve, avec l'intention d'en disposer à la paix, soit au profit de la République française, soit comme gage de réconciliation avec l'Europe, en reconstituant les États secondaires, détruits sous le Directoire. La Toscane devait rester occupée par un corps autrichien. Le Premier Consul la fit observer, prêt à y porter la main, si les Anglais y descendaient, ou si on continuait à y faire des levées d'hommes contre la France. Quant à Naples, il ne dit rien, ne fit rien, attendant les conséquences de sa victoire sur l'esprit de cette cour. Déjà la reine de Naples, épouvantée, se disposait à se rendre à Vienne, pour invoquer l'appui de l'Autriche, et surtout celui de la Russie.

Juin 1800.

Restait la cour de Rome : c'est là que les intérêts temporels se compliquaient des intérêts spirituels les plus graves. Pie VI, comme on l'a vu, venait de mourir en France, prisonnier du Directoire. Le Premier Consul, fidèle à sa politique, lui avait fait rendre des honneurs funèbres. Un conclave s'était réuni à Venise, et avait obtenu avec beaucoup de peine, du cabinet autrichien, la permission de donner un successeur au pape défunt. Trente-cinq cardinaux assistaient à ce conclave. Un prélat en était secrétaire : c'était monsignor Consalvi, prêtre romain, jeune, ambitieux, remarquable par la souplesse, la pénétration, l'agrément de son esprit, et mêlé

Conclave à Venise pour donner un successeur à Pie VI.

Le cardinal Consalvi.

depuis aux plus grandes choses du siècle. Le conclave, suivant l'usage dans toute élection politique ou religieuse, s'était divisé. Vingt-deux de ses membres étaient rangés derrière le cardinal Braschi, neveu du dernier pape, et portaient au pontificat le cardinal Bellisomi, évêque de Césène. Ceux qui ne voulaient pas perpétuer à Rome la domination de la famille Braschi, rangés derrière le cardinal Antonelli, portaient le cardinal Mattei, signataire du traité de Tolentino. Mais ils ne lui donnaient que treize voix. Plusieurs mois avaient été employés à soutenir de part et d'autre cette lutte silencieuse, mais obstinée. Aucun des deux concurrents n'avait jusqu'ici gagné de voix sur l'autre. Alors on songea au savant cardinal Gerdil, qui avait figuré dans les controverses du dernier siècle. Ce nouveau candidat était Savoyard, et devenu, depuis les victoires de la République, sujet de la France. L'Autriche exerça contre lui son droit d'exclusion. Pour en finir, deux voix se détachèrent du cardinal Mattei, et promirent de se réunir au cardinal Bellisomi, ce qui lui assurait vingt-quatre voix, c'est-à-dire les deux tiers des suffrages, nombre rigoureusement exigé par les lois de l'Église pour qu'une élection fût valable. Mais, comme on se trouvait dans les États de l'Autriche, on avait cru convenable de lui soumettre auparavant cette nomination, afin d'obtenir son agrément tacite. La cour de Vienne eut le tort de laisser écouler plus d'un mois sans donner de réponse. La susceptibilité des princes de l'Église en fut blessée; en même temps tous les partis se disloquèrent, et l'élection du cardinal Bellisomi devint impossible. C'était ce moment de désordre et de fatigue qu'attendait l'habile secrétaire du conclave, le prélat Consalvi, pour faire surgir une nouvelle candidature, objet de ses longues et secrètes méditations. Parlant à tous les partis le langage qui pouvait les toucher, il démontra aux uns les inconvénients de la domination des Braschi, aux autres le peu de fondement qu'on pouvait faire sur l'Autriche et sur les diverses cours chrétiennes; puis, s'adressant au vieil intérêt romain, si profond, si sagace, il découvrit à leurs yeux surpris une perspective tout à fait nouvelle pour eux. — C'est de la France, leur dit-il, que nous sont venues les persécutions depuis dix années. Eh bien, c'est de la France que nous viendront peut-être à l'avenir les secours et les consolations. La France, depuis Charlemagne, fut toujours pour l'Église le plus utile, le moins gênant des protecteurs. Un jeune homme, bien extraordinaire, bien difficile à juger encore, y domine aujourd'hui. Il aura prochainement, n'en doutez pas, reconquis l'Italie. (La bataille de Marengo n'était pas encore livrée.) Souvenez-vous qu'il a protégé les prêtres en 1797, et qu'il a rendu tout récemment des honneurs funèbres à Pie VI. Des paroles singulières qu'on lui a entendu dire sur la religion, sur la cour de Rome, nous ont été répétées par des témoins dignes de foi. Ne négligeons pas les ressources qui s'offriraient de ce côté. Arrêtons-nous à un choix qui ne puisse pas être considéré comme une hostilité pour la France, qui puisse même lui convenir jusqu'à un certain point; et nous ferons peut-être une chose plus utile pour l'Église, qu'en demandant des candidats à toutes les cours catholiques de l'Europe. —

C'était là certainement un éclair de ce génie de la cour romaine, qui allait jeter encore quelques grandes lueurs au commencement de ce siècle. Monsignor Consalvi mit alors en avant le nom du cardinal Chiaramonti, évêque d'Imola. On ne pouvait pas mieux choisir pour le but qu'il se proposait. Le cardinal Chiaramonti, natif de Césène, âgé de 58 ans, parent de Pie VI, élevé par lui à la pourpre romaine, jouissait par son esprit, son savoir, et ses douces vertus, de l'estime universelle. A ses qualités attachantes, il joignait une grande fermeté; et on l'avait vu lutter, à une époque antérieure, contre les tracasseries de son ordre, celui de Saint-Benoît, et contre les persécutions du Saint-Office, avec une constance victorieuse. Son acte le plus récent et le plus célèbre était une homélie faite en qualité d'évêque d'Imola, quand son diocèse avait été réuni à la République Cisalpine. Il avait parlé alors de la Révolution française avec une modération qui avait charmé le vainqueur d'Italie, et scandalisé les fanatiques de l'ancien régime. Respecté néanmoins de tout le monde, il plaisait au parti Braschi, ne répugnait pas au parti contraire, convenait à tous les cardinaux fatigués de la longueur du conclave, et semblait heureusement choisi à ceux qui espéraient beaucoup du bon vouloir de la France dans l'avenir. L'adhésion inattendue d'un illustre personnage décida son élection, qui ne rencontra du reste de véritable difficulté que dans sa résistance personnelle à un tel honneur. Cette adhésion fut celle du cardinal Maury. Ce célèbre champion de la vieille monarchie française était retiré auprès de la cour romaine, où il vivait, récompensé par le chapeau de cardinal de ses luttes avec Barnave et Mirabeau. C'était un émigré, mais un émigré doué d'un esprit remarquable, d'un grand sens, et accueillant avec une satisfaction secrète l'idée de se rattacher au gouvernement de la France, depuis que la gloire rachetait la nouveauté de ce gouvernement. Il disposait de six voix, et les donna au cardinal Chiaramonti, qui fut élu pape, à peu près au moment de l'arrivée du général Bonaparte à Milan, par la route du Saint-Bernard.

Le nouveau pontife était à Venise, n'ayant pu obtenir de la cour de Vienne qu'on le couronnât à Saint-Marc, ni de la cour de Naples qu'on lui rendît Rome. Cependant, parti presque à l'improviste pour se transporter à Ancône, il négociait en cette ville l'évacuation des États de l'Église, et son propre retour dans la capitale du monde chrétien. Dans cette situation précaire, la France, devenue bienveillante pour le Saint-Siége, pouvait lui prêter un appui fort utile, et la singulière prévision de monsignor Consalvi recevoir son accomplissement d'une manière bien soudaine. Cette rencontre du cardinal Chiaramonti et du Premier Consul, l'un élevé au trône pontifical, l'autre à la dictature républicaine, presque en même temps, ne devait pas être l'un des événements les moins étonnants et les moins féconds de ce siècle.

Juin 1800.

L'élection de Pie VII, décidée par l'adhésion du cardinal Maury.

Le jeune Bonaparte, en 1796, général soumis au Directoire, ne pouvant pas tout oser, n'ayant pas encore la prétention de donner des leçons à la Révolution française, avait maintenu le Pape par le traité de Tolentino, et ne lui avait retiré que les Légations, pour les transmettre à la République Cisalpine. Devenu aujourd'hui Premier Consul, maître de faire ce qu'il jugerait convenable, décidé à revenir sur une grande partie des choses accomplies par la Révolution française, il ne pouvait pas hésiter dans sa conduite envers le Pape récemment élu. A peine retourné à Milan, il vit le cardinal Martiniana, évêque de Verceil, ami de Pie VII, lui déclara qu'il était résolu à bien vivre avec le Saint-Siége, à réconcilier la Révolution française avec l'Église, à soutenir même celle-ci contre ses ennemis, si le nouveau Pape se montrait raisonnable, et comprenait bien la situation actuelle de la France et du monde. Cette parole, jetée dans l'oreille du vieux cardinal, ne devait pas être perdue, et allait bientôt porter des fruits abondants. L'évêque de Verceil fit partir pour Rome son propre neveu, le comte Alciati, afin de nouer une négociation.

A cette ouverture, le général Bonaparte joignit un acte encore plus hardi, et qu'il n'aurait pas osé se permettre à Paris, mais qu'il était charmé de faire arriver de loin en France, comme un signe de ses intentions futures. Les Italiens avaient préparé un *Te Deum* solennel dans la vieille cathédrale de Milan. Il voulut y assister, et, le 18 juin (29 prairial), il écrivit ces paroles aux Consuls : « Aujourd'hui, » malgré ce qu'en pourront dire nos athées de Paris,

» je vais, en grande cérémonie, au *Te Deum* qu'on
» chante à la métropole de Milan. » (Dépôt de la
Secrétairerie d'État.)

Après avoir donné ces soins aux affaires générales d'Italie, il fit quelques dispositions indispensables pour distribuer l'armée dans le pays conquis, la nourrir, la réorganiser. Masséna venait de le rejoindre. L'humeur du défenseur de Gênes s'effaça devant l'accueil flatteur que lui fit le Premier Consul, et il reçut le commandement de l'armée d'Italie, qu'il méritait à tant de titres. Cette armée se composa du corps qui avait défendu Gênes, de celui qui avait défendu le Var, des troupes descendues par le Saint-Bernard, de celles qui, sous le général Moncey, étaient venues d'Allemagne. Tout cela formait la masse imposante de 80 mille soldats éprouvés. Le Premier Consul les établit dans les riches plaines du Pô, afin de les faire reposer de leurs fatigues, et de les dédommager de leurs privations par l'abondance dont ils allaient jouir.

Avec sa prévoyance accoutumée, le Premier Consul donna l'ordre de faire sauter les forts et citadelles qui fermaient les issues entre la France et l'Italie. En conséquence, la démolition des forts d'Arona, de Bard, de Seravalle, des citadelles d'Ivrée et de Ceva, fut prescrite et exécutée. Il fixa le mode et l'étendue des contributions qui devaient servir à sustenter l'armée ; fit partir lui-même la garde consulaire, en calculant les étapes de manière qu'elle pût arriver à Paris pour la fête du 14 juillet, laquelle, d'après ses intentions, devait être célébrée avec une

Juin 1800.

Dispositions militaires du Premier Consul avant de quitter l'Italie.

Masséna nommé général en chef.

grande pompe. Il prit soin, à Milan même, de régler les détails de cette fête. Il est nécessaire, écrivait-il, de s'étudier à rendre brillante la solennité du 14 juillet, et d'avoir soin qu'elle ne *singe* pas les réjouissances qui ont eu lieu jusqu'à ce jour. Les courses de chars pouvaient être très-bonnes en Grèce, où l'on se battait sur des chars. Cela ne signifie pas grand'chose chez nous. (Milan, 22 juin. — *Dépôt de la Secrétairerie d'État.*) Il défendit qu'on lui élevât des arcs de triomphe, en disant qu'il ne voulait *d'autre arc de triomphe que la satisfaction publique.*

Si le Premier Consul, malgré tout ce qui le rappelait à Paris, avait séjourné une dizaine de jours à Milan, c'était pour se bien assurer de la fidèle exécution de la convention d'Alexandrie. Il se défiait de la bonne foi autrichienne, et crut même s'apercevoir de quelques retards dans la remise de certaines places. Il gourmanda aussitôt la faiblesse de Berthier, et ordonna de retenir les seconde et troisième colonnes de l'armée de M. de Mélas. La première était déjà partie. On pouvait avoir des craintes surtout pour Gênes, que les Autrichiens devaient être tentés de livrer aux Anglais, avant que les Français y fussent entrés. Le prince de Hohenzollern, en effet, ou spontanément, ou suscité par les Anglais, refusait en ce moment de rendre aux troupes de Masséna une place qu'on avait eu tant de peine à conquérir. M. de Mélas, apprenant ces difficultés, insista de la manière la plus loyale auprès de son lieutenant, pour qu'il exécutât la convention d'Alexandrie, le menaçant, s'il résistait, de le livrer aux conséquences que pourrait entraîner pour lui un acte de déloyauté. Les paroles de M. de Mélas furent entendues, et Gênes fut remise aux Français le 24 juin, au milieu de l'allégresse des patriotes liguriens, délivrés en si peu de jours de la présence des Autrichiens, et de la domination des oligarques. Ainsi s'était vérifiée la belle parole de Masséna : Je vous jure que je serai rentré dans Gênes avant quinze jours ! —

Tout cela fait, le Premier Consul partit de Milan, le 24 juin, avec Duroc, son aide-de-camp de prédilection, Bessières, commandant de la garde consulaire, M. de Bourrienne, son secrétaire, et Savary, l'un des deux officiers qu'il avait attachés à sa personne, en mémoire de Desaix. Il s'arrêta quelques heures à Turin, pour ordonner des travaux à la citadelle, traversa le mont Cenis, et entra dans Lyon sous des arcs de triomphe, au milieu de la population émerveillée des prodiges qui venaient de s'accomplir. Les Lyonnais, qui étaient épris au même degré de sa gloire et de sa politique, envahirent l'hôtel des Célestins, où il était descendu, et voulurent absolument le voir. Il fut obligé de se présenter à eux. Des acclamations unanimes éclatèrent à son aspect. On lui demanda si instamment de poser la première pierre de la place Bellecour, dont la reconstruction allait être commencée, qu'il fut obligé d'y consentir. Il passa un jour à Lyon, au milieu du concours de tout le peuple des environs. Après avoir adressé aux Lyonnais des paroles qui les charmèrent, relativement au rétablissement prochain de la paix, de l'ordre et du commerce, il repartit pour Paris. Les habitants des provinces accouraient de toute part sur son passage. Cet homme si bien traité alors par la fortune, jouissait vivement de sa gloire; et cependant, s'entretenant sans cesse pendant la route avec ses compagnons de voyage, il leur adressa cette grande parole, qui peint si bien son insatiable amour de la renommée. Oui, leur dit-il, j'ai conquis en moins de deux ans le Kaire, Milan, Paris; eh bien, si je mourais demain, je n'aurais pas une demi-page dans une histoire universelle. — Il arriva dans la nuit du 2 au 3 juillet à Paris.

Son retour était nécessaire, car, éloigné de la capitale depuis près de deux mois, son absence, surtout au moment des fausses nouvelles de Marengo, avait fait renaître quelques intrigues. On l'avait même cru pendant un instant, ou mort ou vaincu, et les ambitieux s'étaient mis à l'œuvre. Les uns songeaient à Carnot, les autres à M. de La Fayette, sorti d'Olmutz, et rentré en France, par un bienfait du Premier Consul. Ils voulaient faire de Carnot ou de M. de La Fayette, un président de la République. M. de La Fayette n'avait eu aucune part à ces intrigues; Carnot, pas davantage. Mais Joseph et Lucien Bonaparte conçurent contre ce dernier, et fort injustement, des défiances qu'ils firent partager à leur frère. De là vint la fâcheuse résolution, que le Premier Consul exécuta plus tard, de retirer à Carnot le portefeuille de la guerre. On avait même cru voir que MM. de Talleyrand et Fouché, qui se haïssaient l'un l'autre, avaient cependant tendu à se rapprocher, sans doute pour se concerter, et profiter ensemble des événements. On ne put rien apercevoir en ce moment, chez l'homme le plus appelé à figurer dans le cas où le général Bonaparte aurait disparu de la scène, chez M. Sieyès. Mais il fut le seul qui montra autant de réserve. Tout cela du reste eut à peine le temps de poindre, tant les mauvaises nouvelles furent bientôt effacées par les bonnes. Mais on exagéra beaucoup ce qui s'était passé en le rapportant, et le Premier Consul en éprouva contre quelques personnages des ressentiments, qu'il eut le bon esprit de dissimuler, et même d'oublier entièrement à l'égard de tous ceux qu'on lui avait signalés, un seul excepté, l'illustre Carnot. Le Premier Consul d'ailleurs, tout entier à la joie de ses succès, ne voulut pas que, dans ce moment, le plus léger nuage vînt troubler la félicité publique. Il accueillit tout le monde parfaitement, et fut accueilli avec transport, surtout par ceux qui avaient des reproches à se faire. Le peuple de Paris, apprenant son retour, accourut sous les fenêtres des Tuileries, et remplit, pendant la journée entière, les cours et le jardin du palais. Le Premier Consul fut plusieurs fois obligé de se montrer à la foule. Le soir, la ville de Paris fut spontanément illuminée. On fêtait avec empressement une victoire miraculeuse, présage certain d'une paix ardemment désirée. Cette journée toucha si profondément celui qui était l'objet de ces hommages, que, vingt ans plus tard, seul, exilé, prisonnier au milieu de la solitude de l'Océan Atlantique, il la comptait, en recueillant ses souvenirs, parmi les plus belles de sa vie.

Le lendemain les corps de l'État se rendirent auprès de lui, et donnèrent le premier exemple de ces félicitations, dont on a vu depuis se renouveler tant de fois, et sous tous les règnes, le fastidieux spectacle. Ce spectacle était nouveau alors, et parfaitement motivé. On vit donc paraître aux Tuileries le Sénat, le Corps Législatif, le Tribunat, les grands tribunaux, la préfecture de la Seine, les autorités civiles et militaires, les directeurs de la Banque de France, enfin l'Institut et les sociétés savantes. Ces grands corps accouraient pour complimenter le vainqueur de Marengo, et lui parlaient comme on parlait jadis, comme on a parlé depuis aux rois. Mais il faut dire que le langage, quoique uniformément louangeur, était dicté par un sincère enthousiasme. En effet, la face des choses changée en quelques mois, la sécurité succédant à un trouble profond, une victoire inouïe replaçant la France à la tête des puissances de l'Europe, la certitude d'une paix prochaine faisant cesser les anxiétés d'une guerre générale, la prospérité enfin s'annonçant déjà de toutes parts, comment de si grands résultats, sitôt réalisés, n'auraient-ils pas transporté les esprits! Le président du Sénat terminait comme il suit son allocution, qui peut donner une idée de toutes les autres :

« Nous nous plaisons à reconnaître que la patrie
» vous doit son salut, que la République vous de-
» vra son affermissement, et le peuple une prospé-
» rité, que vous aurez fait succéder en un jour à

» dix années de la plus orageuse des révolutions. »

Pendant que ces choses se passaient en Italie et en France, Moreau, sur les bords du Danube, continuait sa belle campagne contre M. de Kray. Nous l'avons laissé manœuvrant autour d'Ulm, pour obliger les Autrichiens à quitter cette forte position. Il s'était placé entre l'Iller et le Lech, appuyant sa gauche et sa droite à ces deux rivières, tournant la face au Danube, le dos à la ville d'Augsbourg, prêt à recevoir M. de Kray s'il voulait combattre, et en attendant lui barrant le chemin des Alpes, ce qui était la condition essentielle du plan général. Si les succès de Moreau n'avaient été ni prompts ni décisifs, ils avaient été soutenus, et suffisants pour permettre au Premier Consul d'accomplir en Italie ce qu'il s'était proposé d'y faire. Mais le moment était venu où le général de l'armée du Rhin, enhardi par le temps, et par les succès de l'armée de réserve, allait tenter une manœuvre sérieuse, pour déloger M. de Kray de la position d'Ulm. Maintenant que, sans connaître la bataille de Marengo, il savait cependant l'heureux succès du passage des Alpes, Moreau ne craignant plus autant de découvrir les montagnes, avait toute liberté dans ses mouvements. Des diverses manœuvres possibles pour faire tomber la position d'Ulm, il préféra celle qui consistait à passer le Danube au-dessous de cette position, et à forcer M. de Kray de décamper, en menaçant de couper sa ligne de retraite. Cette manœuvre était en effet la meilleure; car celle qui aurait consisté à percer droit sur Vienne, par Munich, était trop hardie pour le ca-

Juin 1800.

Opérations de Moreau sur le Danube.

ractère de Moreau, et peut-être prématurée dans l'état général des affaires. Celle qui aurait consisté à passer au-dessus et tout près d'Ulm, pour emporter de vive force le camp des Autrichiens, était hasardée, comme toute attaque de vive force. Mais, passer au-dessous d'Ulm, et, en menaçant M. de Kray de lui enlever sa ligne de retraite, l'obliger à la regagner, était à la fois la manœuvre la plus sage et la plus sûre.

Du 15 au 18 juin, Moreau se mit en mouvement pour exécuter sa nouvelle résolution. L'organisation de son armée, comme on l'a dit, avait reçu quelques changements par suite du départ des généraux Saint-Cyr et Sainte-Suzanne. Lecourbe formait toujours la droite, et Moreau le centre, à la tête du corps de réserve. Le corps de Saint-Cyr, passé aux ordres du général Grenier, formait la gauche. Le corps de Sainte-Suzanne, réduit aux proportions d'une forte division, et confié à l'audacieux Richepanse, allait faire l'office d'un corps de flanqueurs, qui dans le moment eut la mission d'observer Ulm, pendant qu'on manœuvrerait au-dessous.

Il y avait eu quelques combats sous Ulm, un notamment le 5 juin, où deux divisions françaises avaient tenu tête à 40 mille Autrichiens. C'était de la part de M. de Kray une manière de nous fixer devant Ulm, en nous y occupant fortement. Le 18 juin, Richepanse était en vue d'Ulm, Grenier avec la gauche à Guntzbourg, le centre, composé du corps de réserve, à Burgau; Lecourbe avec la droite s'étendait jusqu'à Dillingen. (Voir la carte n° 10.) L'ennemi avait coupé tous les ponts depuis Ulm jusqu'à Donauwerth. Mais une reconnaissance faite par Lecourbe avait décidé Moreau à choisir les points de Blindheim et de Gremheim, pour y passer le Danube, parce que sur ces deux points les ponts imparfaitement coupés étaient plus aisés à réparer. Lecourbe fut chargé de cette opération périlleuse. Pour la lui faciliter, on le renforça du général Boyer avec cinq bataillons, et de toute la réserve de cavalerie sous les ordres du général d'Hautpoul. Le centre, sous le général en chef, se porta même de Burgau à Aislingen, pour être en mesure de seconder le passage. Grenier avec la gauche eut ordre de faire une tentative de son côté, afin d'attirer à lui l'attention de l'ennemi. Le 19 juin, au matin, Lecourbe avait disposé ses troupes entre le village de Blindheim et de Gremheim, dont les ponts n'étaient qu'à moitié détruits, et il eut soin de s'abriter derrière quelques bouquets de bois. Il n'avait point d'équipage de ponts, et possédait seulement une certaine quantité de madriers. Il suppléa par de l'audace à tout ce qui lui manquait. Le général Gudin dirigeait sous Lecourbe cette tentative de passage. Quelques pièces d'artillerie furent placées sur la rive du Danube pour en éloigner l'ennemi; en même temps l'adjudant Quenot se jeta bravement à la nage, pour aller s'emparer de deux grosses nacelles qu'on apercevait à l'autre bord. Ce courageux officier les ramena sous une pluie de balles, et revint n'ayant qu'une légère blessure au pied. On avait choisi les meilleurs nageurs des divisions, ils déposèrent leurs vêtements et leurs armes dans les deux nacelles, et se jetèrent

Juin 1800

Passage du Danube, et bataille d'Hochstett, le 19 juin.

au milieu des eaux du Danube sous le feu de l'ennemi. Arrivés sur l'autre rive, et sans même prendre le temps de se vêtir, ils se saisirent de leurs armes, fondirent sur quelques compagnies d'Autrichiens qui gardaient cette partie du fleuve, les dispersèrent, et leur enlevèrent deux pièces de canon avec les caissons. Cela fait, on courut aux ponts dont les appuis subsistaient encore; on travailla des deux bords à y placer des échelles et des madriers, et à rétablir un commencement de communication. Quelques canonniers français en profitèrent pour passer de l'autre côté du Danube, et allèrent employer contre l'ennemi les deux pièces de canon qu'on lui avait prises. Bientôt on fut maître des deux rives, et on rétablit suffisamment les ponts pour donner passage à la plus grande partie des troupes. L'infanterie et la cavalerie commencèrent à déboucher. Il fallait bien s'attendre que de nombreux renforts autrichiens remonteraient promptement de Donauwerth, et descendraient de toutes les positions supérieures, Gundelfingen, Guntzbourg et Ulm. Lecourbe, qui s'était rendu de sa personne sur les lieux, fit placer l'infanterie dont il pouvait disposer, avec quelques pelotons de cavalerie, dans le village de Schwenningen, qui était situé sur la route de Donauwerth. Ce point était important, car c'est par là que les Autrichiens, remontant le Danube, devaient se présenter. Bientôt, en effet, 4 mille hommes d'infanterie, 500 chevaux, 6 pièces de canon, se montrèrent, et attaquèrent le village qui, en moins de deux heures, fut perdu et reconquis plusieurs fois. Cependant la supériorité numérique des Autrichiens, et leur acharnement à reprendre une position décisive, allaient triompher de nos troupes, et leur faire abandonner le village, lorsque Lecourbe reçut à propos un renfort de deux escadrons de carabiniers. Il les réunit à quelques pelotons du 8ᵉ de hussards, qu'il avait sous la main, et les lança sur l'infanterie ennemie, qui s'étendait dans la vaste plaine aux bords du Danube. Cette charge fut exécutée avec tant de vigueur et de promptitude, que les Autrichiens culbutés nous laissèrent leur artillerie, 2 mille prisonniers et 300 chevaux. Deux bataillons de Wurtembergeois, voulant tenir en se formant en carrés, furent enfoncés comme les autres. Après ce brillant combat, soutenu par la brigade Puthod, Lecourbe n'avait plus rien à craindre du côté du bas Danube. Mais ce n'était pas de là que pouvaient venir les plus grands dangers. Le gros des Autrichiens étant placé au-dessus, c'est-à-dire à Dillingen, Gundelfingen et Ulm, il fallait se retourner de ce côté, pour faire face à l'ennemi qui allait en descendre. Heureusement les divisions Montrichard, Gudin, la réserve d'Hautpoul, avaient passé sur les ponts de Gremheim et de Blindheim rétablis, et elles bordaient la célèbre plaine d'Hochstëtt, rendue tristement fameuse pour nous du temps de Louis XIV (13 août 1704). L'ennemi qui, des points les plus rapprochés, était accouru sur Dillingen, à quelque distance d'Hochstëtt, était rangé près du Danube, l'infanterie à notre gauche le long des marécages du fleuve, et derrière quelques bouquets de bois, la cavalerie à notre droite, réunie en très-grand nombre. Il se présentait ainsi en bon ordre, attendant les renforts qui lui arrivaient, et se retirant lentement pour se rapprocher de ces renforts. La 37ᵉ demi-brigade et un escadron du 9ᵉ de hussards suivaient pas à pas le mouvement rétrograde des Autrichiens. Lecourbe, débarrassé par le combat de Schwenningen de l'ennemi qui pouvait venir par le bas Danube, était arrivé au galop à la tête du 2ᵉ régiment de carabiniers, des cuirassiers, des 6ᵉ et 9ᵉ de cavalerie, et enfin du 9ᵉ de hussards. C'était presque toute la réserve de cavalerie du général d'Hautpoul. On était en plaine, et séparé de l'ennemi par un petit cours d'eau, l'Egge, sur lequel était un village, celui de Schrezheim. Lecourbe, à la tête des cuirassiers, traverse le village au galop, les forme en débouchant, et les lance sur la cavalerie autrichienne, qui, surprise par cette charge vive et brusque, se replie en désordre, et laisse à découvert les 9 mille hommes d'infanterie qu'elle était chargée de protéger. Ces fantassins, ainsi abandonnés, veulent se jeter dans les fossés qui sillonnent les bords du Danube autour de Dillingen ; mais les cuirassiers, bien dirigés, coupent la colonne, et en séparent 1,800 hommes, qui deviennent nos prisonniers.

C'étaient déjà deux combats heureux dans la journée, dus en partie à la cavalerie, et ce n'était pas le dernier. Lecourbe se place sur l'Egge, attendant le reste de ses réserves, qui arrivaient par le pont de Dillingen, tombé dans nos mains. Mais la cavalerie de M. de Kray accourait en toute hâte, devançant l'infanterie, et se formait sur deux grandes lignes, dans la plaine en arrière de Lauingen. C'était le cas pour notre cavalerie de profiter de l'élan qu'elle devait aux succès du matin, et de se mesurer en plaine avec les nombreux et brillants escadrons de l'armée autrichienne. Lecourbe, après avoir fait occuper Lauingen par son infanterie, réunit toutes les troupes à cheval de ses divisions à celles de d'Hautpoul, et les déploie dans la plaine, offrant aux ennemis un genre de combat qui devait les tenter, à cause du nombre et de la qualité de leurs cavaliers. La première ligne autrichienne s'ébranle au galop, avec l'ensemble et l'aplomb naturels à une cavalerie très-manœuvrière. Elle ramène en effet le 2º régiment de carabiniers, qui s'était si vaillamment conduit le matin, et quelques escadrons de hussards qui avaient chargé avec lui. Alors nos cuirassiers s'avancent, rallient les carabiniers et les hussards, qui font volte-face en se voyant appuyés, et tous ensemble fondent avec vigueur sur les escadrons autrichiens, qu'ils ramènent à leur tour. A cette vue, la seconde ligne de la cavalerie ennemie s'élance, et, ayant l'avantage de l'impulsion sur nos cavaliers, qui s'étaient désunis dans la charge, les oblige à revenir en toute hâte. Mais le 9º était en réserve. Manœuvrant avec habileté et hardiesse, il aborde par le flanc la cavalerie autrichienne, la surprend, la renverse, et assure à nos escadrons victorieux la plaine d'Hochstëtt.

Les résultats en morts, blessés ou prisonniers ne pouvaient pas être fort considérables ; car il n'y a de bien sérieux que les rencontres de la cavalerie avec l'infanterie. Mais la plaine nous restait, et notre cavalerie venait de prendre une véritable supériorité sur celle des Autrichiens, ce qui ne lui était pas encore arrivé. Toutes nos armes avaient dès ce moment un ascendant décidé sur celles de l'ennemi. Il était huit heures, et dans les longs jours de juin, il restait encore du temps aux Impériaux pour nous disputer la rive gauche du Danube, si glorieusement conquise le matin. Huit mille hommes d'infanterie arrivaient, en effet, au secours des corps déjà battus, et ils étaient suivis par une nombreuse artillerie. Moreau était survenu à la tête de toutes ses réserves. Une nouvelle bataille plus acharnée s'engage alors. L'infanterie française aborde à son tour, sous les boulets et la mitraille, l'infanterie autrichienne. Les soldats de M. de Kray, qui combattent pour un grand intérêt, celui de se maintenir dans la position d'Ulm, déploient une extrême vigueur. Moreau se trouve engagé plusieurs fois de sa personne au milieu de la mêlée : mais son infanterie, appuyée par la cavalerie qui était revenue à la charge, reste enfin victorieuse vers onze heures du soir. Au même instant, la 37ᵉ demi-brigade entrait dans Gundelfingen, et dès lors toutes les positions de la plaine étaient en notre pouvoir. Nous avions franchi le Danube, fait 5 mille prisonniers, enlevé 20 pièces de canon, 1,200 chevaux, 300 voitures, et les magasins considérables de Donauwerth. On s'était battu dix-huit heures de suite. Cette opération, qui changeait les malheureux souvenirs d'Hochstëtt en souvenirs de gloire, était, après Marengo, la plus belle opération de la campagne. Elle honorait également Lecourbe et Moreau. Celui-ci s'était enhardi lentement ; mais enfin, stimulé par les exemples donnés en Italie, il était entré dans des voies plus grandes, et il venait de cueillir un laurier sur cet arbre auquel le Premier Consul en avait dérobé de si beaux. Heureuse et noble rivalité, si elle ne s'était jamais étendue au delà !

Juin 1800.

Après une manœuvre si hardie et si décisive de la part de son adversaire, M. de Kray ne pouvait tenir plus long-temps à Ulm, sans se voir coupé de ses communications avec Vienne. Aller droit aux Français pour leur livrer bataille était trop hasardeux, avec des soldats dont le dernier événement venait encore d'ébranler le moral. Il se hâta donc de décamper le soir même. Il fit passer devant lui le parc formé de près de mille voitures, et suivit le lendemain, avec le gros de l'armée, sur la route de Nordlingen. Il marchait, par un temps affreux, et sur des routes que la pluie avait entièrement dégradées. Cependant la rapidité de sa retraite fut telle, qu'il parvint en vingt-quatre heures à Neresheim. Pour soutenir ses troupes défaillantes, il fit répandre le bruit qu'une suspension d'armes venait d'être signée en Italie, qu'elle allait être étendue à l'Allemagne, et que la paix ne pouvait manquer de s'ensuivre. Cette nouvelle répandit la joie parmi ses soldats, et leur rendit quelque force. Ils arrivèrent à Nordlingen.

M. de Kray décampe, et quitte la position d'Ulm.

Moreau avait appris trop tard le départ de l'ennemi. Richepanse n'avait pu s'apercevoir de l'évacuation d'Ulm, que lorsque déjà les derniers détachements se retiraient, et il en avait aussitôt fait part à son général en chef. Mais, dans cet intervalle, les Autrichiens avaient gagné de l'avance, et le mauvais temps qu'il faisait depuis deux jours ne permettait pas de les rejoindre par une marche forcée. Moreau arriva néanmoins à Nordlingen le 23 juin au soir, serrant de près l'arrière-garde de M. de Kray, qui continuait à se retirer. Voyant que, par de mauvais chemins, il ne gagnerait pas assez d'avance pour atteindre l'armée autrichienne, et qu'il serait entraîné dans une poursuite infructueuse à des distances inconnues, Moreau prit le parti de s'arrêter, et de choisir une position, calculée sur l'état présent des choses. M. de Kray, sans vouloir lui donner la bonne nouvelle de la victoire de Marengo, qui n'était pas encore connue dans le camp des Français, lui fit annoncer cependant la suspension d'armes conclue en Italie, et lui proposa d'en stipuler une pareille en Allemagne. Moreau, soupçonnant dès lors que de grands événements s'étaient passés au delà des Alpes, ne doutant pas qu'ils ne fussent heureux, et s'attendant à recevoir à chaque instant un courrier qui les lui apprendrait, ne voulut rien conclure avant de les connaître, et surtout avant d'avoir conquis de meilleurs cantonnements pour ses soldats. Il prit la résolution de repasser le Danube, de confier à Richepanse l'investissement des deux principales places situées sur ce fleuve, Ulm et Ingolstadt, de se porter avec le gros de son armée au delà du Lech, d'occuper Augsbourg et Munich, de s'assurer ainsi une partie de la Bavière pour vivre, de conquérir enfin les ponts de l'Isar, et toutes les routes qui aboutissent à l'Inn.

Juillet 1800.

Moreau repassa donc le Danube et le Lech par Donauwerth et Rhain, porta ses divers corps par Pottmess et Pfaffenhofen, jusqu'aux bords de l'Isar. Il occupa sur ce fleuve les points de Landshut, Moosburg, Freisingen, et détacha Decaen sur Munich, lequel y entra comme en triomphe le 28 juin. Pendant qu'il exécutait ce mouvement, les deux armées se rencontrèrent une dernière fois, et se heurtèrent à l'improviste dans un combat sans but. Ce fut à Neubourg, sur la rive droite du Danube, pendant que les uns et les autres marchaient sur l'Isar. Une division française, engagée trop loin du reste de l'armée, eut à soutenir un combat long et acharné, dans lequel elle finit par triompher, après avoir fait la perte la plus sensible, celle du brave Latour-d'Auvergne. Cet illustre soldat, honoré par le général Bonaparte du titre de Premier grenadier de France, fut tué d'un coup de lance au cœur. L'armée versa des larmes sur sa tombe, et ne quitta le champ de bataille qu'après lui avoir élevé un monument.

Mort du grenadier Latour-d'Auvergne.

Le 3 juillet (14 messidor), Moreau était au milieu de la Bavière, bloquant Ulm et Ingolstadt, sur le Danube, et occupant sur l'Isar Landshut, Moosburg, Freisingen et Munich. C'était le moment de songer enfin au Tyrol, et d'enlever au prince de Reuss les fortes positions dont il était maître le long des montagnes, aux sources de l'Iller, du Lech, de l'Isar, positions au moyen desquelles il pouvait toujours inquiéter les Français. Sans doute il n'était pas très-dangereux, mais sa présence nous obligeait à faire des détachements considérables, et il devenait un sujet de préoccupation continuelle pour notre aile droite. Dans ce but, le général Molitor fut renforcé, et reçut les moyens d'attaquer les Grisons et le Tyrol. Les positions de Fussen, Reitti, Immenstadt, Feldkirch, furent successivement enlevées d'une manière prompte et brillante, et notre établissement sur l'Isar se trouva ainsi parfaitement consolidé.

M. de Kray avait repassé l'Isar, et s'était porté derrière l'Inn, occupant en avant de ce fleuve le camp d'Ampfing, les têtes de pont de Wasserbourg et de Muhldorf. On était à la mi-juillet (fin de messidor). Le gouvernement français avait laissé au général Moreau la liberté d'agir à son gré, et de poser les armes quand il le jugerait convenable. Il crut avec raison qu'il ne convenait pas d'être seul à se battre. Le repos dont jouissaient les soldats d'Italie, faisait envie aux soldats d'Allemagne; de plus, l'armée du Rhin, portée entre l'Isar et l'Inn, avait une position beaucoup plus avancée que l'armée d'Italie, et avait ainsi un de ses flancs découvert. Bien qu'une stipulation de la convention d'Alexandrie interdît aux Français comme aux Autrichiens de porter des détachements en Allemagne, il pouvait se faire qu'une telle stipulation ne fût pas exactement observée, et que l'armée du Rhin eût bientôt sur les bras une augmentation imprévue d'ennemis. Moreau, qui avait reçu plusieurs propositions de M. de Kray, se décida enfin à les écouter, et, le 15 juillet (26 messidor), consentit à signer à Parsdorf, lieu placé en avant de Munich, une suspension d'armes conforme à peu près à celle d'Italie.

Juillet 1800.

Suspension d'armes en Allemagne.

Les deux armées devaient se retirer chacune derrière une ligne de démarcation, qui, partant de Balzers dans les Grisons, longeait le Tyrol, courait entre l'Isar et l'Inn, à égale distance de ces deux rivières, venait tomber à Wilshofen sur le Danube, remontait ce fleuve jusqu'à l'embouchure de l'Alt-Mühl, suivait l'Alt-Mühl, la Rednitz, le Main jusqu'à Mayence. Les places de Philipsbourg, Ulm, Ingolstadt, restaient bloquées; mais elles devaient tous les quinze jours recevoir une quantité de vivres, proportionnée à la force de leurs garnisons. Les deux armées avaient douze jours pour se prévenir, en cas de reprise des hostilités. L'armée française avait ainsi pour se nourrir la Franconie, la Souabe et une grande partie de la Bavière. Nos soldats, placés sur le Mincio d'un côté des Alpes, sur l'Isar de l'autre côté, allaient se dédommager dans les riches plaines de l'Italie et de l'Allemagne de leurs privations et de leurs travaux. Ces braves soldats l'avaient mérité par les plus nobles exploits qui eussent encore signalé les armes françaises. L'armée du Rhin, bien qu'elle n'eût pas jeté un aussi grand éclat que l'armée d'Italie, s'était signalée néanmoins par une campagne conduite avec autant de sagesse que de vigueur. Le dernier grand événement de cette campagne, le passage du Danube à Hochstëtt, pouvait prendre place à côté des beaux faits d'armes de notre histoire militaire. L'opinion qui, en 1799, n'avait pas été favorable à Moreau, était devenue en 1800 presque partiale en sa faveur. Après le nom du général Bonaparte, et bien loin, il est vrai, mais à une distance à laquelle les places étaient belles encore, on plaçait sans cesse le nom du général Moreau; et comme l'opinion est mobile, ce dernier effaçait cette année le vainqueur de Zurich, par lequel il avait été effacé l'année précédente.

La nouvelle des heureux succès de l'armée du Rhin compléta la satisfaction produite par les succès extraordinaires de l'armée d'Italie, et changea en certitude les espérances de paix qui remplissaient les esprits. La joie était générale. Les fonds publics, qualifiés cinq pour cent, qui se vendaient à 13 francs avant le 18 brumaire, étaient montés à 40. Un arrêté des Consuls annonça aux rentiers que le premier semestre de l'an IX, celui qui devait échoir le 22 septembre 1800, leur serait payé intégralement en argent : heureuse nouvelle, qui depuis long-temps n'avait pas été donnée aux infortunés créanciers de l'État! On attribuait tous ces biens aux armées, aux généraux qui les avaient conduites, mais principalement au jeune Bonaparte, qui venait à la fois de gouverner et de combattre d'une manière également supérieure. Aussi la fête du 14 juillet, l'une des deux solennités républicaines conservées par la Constitution, fut-elle célébrée avec un grand éclat. Une cérémonie magnifique était préparée aux Invalides. Le musicien Méhul avait composé de beaux chants, et on avait fait venir pour les exécuter les premiers chanteurs de l'Italie, à laquelle on commençait alors à prendre ses chefs-d'œuvre et ses artistes. Après avoir entendu ces chants sous le dôme des Invalides, le Premier Consul, accompagné d'un nombreux état-major, se rendit au milieu du Champ-de-Mars pour recevoir la garde consulaire. Elle arrivait le matin même, couverte de poussière, ses vêtements en lambeaux, n'ayant cessé de marcher depuis le lendemain de la bataille de Marengo, pour être exacte au rendez-vous que le Premier Consul lui avait donné pour le 14 juillet. Elle apportait aux Invalides les drapeaux pris dans la dernière campagne, afin de les joindre au dépôt commun de nos trophées. La foule, qui bordait les deux côtés du Champ-de-Mars, se précipita pour voir de plus près les héros de Marengo. L'ivresse poussée au comble faillit amener des accidents. Le Premier Consul fut long-temps pressé dans cette mêlée populaire. Il rentra aux Tuileries entouré de la multitude attachée à ses pas. La journée fut consacrée tout entière à des réjouissances publiques.

Quelques jours après, le 21 juillet (2 thermidor), on annonça l'arrivée du comte de Saint-Julien, officier de confiance de l'empereur d'Allemagne, chargé de porter à Paris la ratification de la convention d'Alexandrie, et de conférer avec le Premier Consul sur les conditions de la prochaine paix. On ne douta plus alors de la conclusion de cette paix si désirée, qui devait mettre fin à la seconde coalition. La France, on peut le dire, n'avait jamais vu d'aussi beaux jours.

FIN DU QUATRIÈME LIVRE ET DU PREMIER VOLUME.

TABLE DES MATIÈRES

CONTENUES

DANS LE TOME PREMIER.

LIVRE PREMIER.
CONSTITUTION DE L'AN VIII.

Entrée en fonctions des Consuls provisoires. — Partage d'attributions entre M. Sieyès et le général Bonaparte. — Le général s'empare de l'administration des affaires, et laisse à M. Sieyès le soin de rédiger la nouvelle Constitution. — État de la France en brumaire an VIII. — Désordre de l'administration et des finances. — Profonde misère des armées. — Troubles en Vendée. — Agitation du parti révolutionnaire dans quelques villes du midi. — Premiers efforts des Consuls provisoires pour remettre l'ordre dans les diverses parties du gouvernement. — Nomination de MM. Cambacérès au ministère de la justice, Laplace, au ministère de l'intérieur, Fouché, au ministère de la police, de Talleyrand, au ministère des affaires étrangères, Berthier, au ministère de la guerre, Forfait, au ministère de la marine, Gaudin, au ministère des finances. — Premières mesures financières. — Suppression de l'emprunt forcé progressif. — Création de l'agence des contributions directes, et confection immédiate des rôles arriérés depuis plusieurs années. — Création des obligations des receveurs généraux. — La confiance commence à se rétablir, les banquiers de Paris prêtent au gouvernement les premiers fonds dont il a besoin. — Envoi d'un secours aux armées. — Actes politiques des Consuls provisoires. — Révocation de la loi des otages, élargissement des prêtres détenus, et des naufragés de Calais. — Pourparlers avec les chefs du parti royaliste. — Suspension d'armes en Vendée, conclue avec MM. de Bourmont, d'Autichamp et de Châtillon. — Commencement de relations avec les cabinets étrangers. — État de l'Europe. — L'Angleterre et l'Autriche résolues à continuer la guerre. — Paul Ier, irrité contre ses alliés, est disposé à se retirer de la coalition, et à se rattacher au système de neutralité, adopté par la Prusse. — Importance de la Prusse en ce moment. — Le général Bonaparte envoie à Berlin son aide-de-camp Duroc. — Bruits de paix. — Sensible amélioration dans l'état matériel et moral de la France, par suite des premiers actes des Consuls provisoires. — On commence à s'occuper de la Constitution. — Projet de M. Sieyès conçu et médité depuis longtemps. — Les listes de notabilité, le Sénat conservateur, le Corps Législatif, le Tribunat, le grand électeur. — Désaccord entre M. Sieyès et le général Bonaparte, relativement à l'organisation du pouvoir exécutif. — Danger d'une rupture entre ces deux personnages. — Des intermédiaires les rapprochent. — Le grand électeur est remplacé par trois consuls. — Adoption de la Constitution de l'an vIII, et sa mise en vigueur fixée au 4 nivôse an vIII.   1 à 111

LIVRE DEUXIÈME.

ADMINISTRATION INTÉRIEURE.

Constitution définitive du gouvernement consulaire. — Composition du Sénat, du Corps Législatif, du Tribunat et du Conseil d'État. — Déclaration du Premier Consul aux puissances de l'Europe. — Offres publiques de paix à l'Angleterre et à l'Autriche. — Proclamation adressée à la Vendée. — Ouverture de la première session. — Opposition naissante dans le Tribunat. — Discours des tribuns Duveyrier et Benjamin Constant. — Une majorité considérable accueille les projets des Consuls. — Nombreuses lois d'organisation. — Institution des préfectures et des sous-préfectures. — Création des tribunaux de première instance et d'appel. — Clôture de la liste des émigrés. — Rétablissement du droit de tester. — Loi sur les recettes et les dépenses. — Banque de France. — Suite des négociations avec l'Europe. — Refus par l'Angleterre d'écouter les propositions de paix. — Vive discussion à ce sujet dans le Parlement britannique. — L'Autriche fait un refus plus doux, mais aussi positif que celui de l'Angleterre. — Nécessité de recommencer les hostilités. — Ne pouvant ramener les puissances belligérantes, le Premier Consul tâche de s'attacher la Prusse, et s'explique franchement avec elle. — Il s'applique à terminer la guerre de la Vendée avant d'ouvrir la campagne de 1800. — Situation des partis en Vendée. — Conduite de l'abbé Bernier. — Paix de Montfaucon. — MM. d'Autichamp, de Châtillon, de Bourmont, Georges Cadoudal se rendent à Paris et voient le Premier Consul. — M. de Frotté est fusillé. — Soumission définitive de la Vendée. — Les troupes sont acheminées vers la frontière. — Fin paisible de la session de l'an vIII. — Règlement de police relatif à la presse. — Cérémonie funèbre à l'occasion de la mort de Washington. — Le Premier Consul va s'établir au palais des Tuileries.   112 à 226

LIVRE TROISIÈME.

ULM ET GÊNES.

Préparatifs de guerre. — Forces de la coalition en 1800. — Armée du baron de Mélas en Ligurie, du maréchal de Kray en Souabe. — Plan de campagne des Autrichiens. — Importance de la Suisse dans cette guerre. — Plan du général Bonaparte. — Il forme la résolution de se servir de la Suisse pour déboucher dans le flanc de M. de Kray, et sur les derrières de M. de Mélas. — Rôle qu'il destine à Moreau, et qu'il se destine à lui-même. — Création de l'armée de réserve. — Instructions à Masséna. — Commencement des hostilités. — Le baron de Mélas attaque l'armée de Ligurie sur l'Apennin, et la sépare en deux moitiés, dont l'une est rejetée sur le Var, l'autre sur Gênes. — Masséna, renfermé dans Gênes, s'y prépare à une résistance opiniâtre. — Description de Gênes. — Combats héroïques de Masséna. — Instances du Premier Consul auprès de Moreau, pour l'engager à commencer les opérations en Allemagne, afin de pouvoir secourir Masséna plus tôt. — Passage du Rhin sur quatre points. — Moreau réussit à réunir trois corps d'armée sur quatre, et tombe à Engen et Stokach sur les Autrichiens. — Batailles d'Engen et de Mœsskirch. — Retraite des Autrichiens sur le Danube. — Affaire de Saint-Cyr à Biberach. — M. de Kray s'établit dans le camp retranché d'Ulm. — Moreau manœuvre pour l'en déloger. — Plusieurs faux mouvements de Moreau, qui ne sont heureusement suivis d'aucun résultat fâcheux. — Moreau enferme définitivement M. de Kray dans Ulm, et prend une forte position en avant d'Augsbourg, afin d'attendre le résultat des événements d'Italie. — Résumé des opérations de Moreau. — Caractère de ce général.   227 à 349

LIVRE QUATRIÈME.

MARENGO.

Le Premier Consul attend avec impatience les nouvelles d'Allemagne. — Ces nouvelles arrivées et annonçant des succès, il se décide à partir pour l'Italie. — Détresse de la garnison de Gênes portée au comble. — Constance de Masséna. — Le Premier Consul se hâte de venir à son secours, en exécutant le projet de passer les grandes Alpes. — Départ du Premier Consul, sa feinte apparition à Dijon, son arrivée à Martigny, dans le Valais. — Choix du Saint-Bernard pour franchir la grande chaîne. — Moyens imaginés pour transporter l'artillerie, les munitions, les vivres et tout le matériel. — Commencement du passage. — Difficultés inouïes surmontées par le dévouement des troupes. — Obstacle imprévu du fort de Bard. — Surprise et douleur de l'armée à la vue de ce fort, jugé d'abord imprenable. — L'infanterie et la cavalerie font un détour, et évitent l'obstacle. — L'artillerie, traînée à bras, passe sous le feu du fort. — Prise d'Ivrée, et déploiement de l'armée dans les plaines du Piémont avant que les Autrichiens se soient doutés de son existence et de sa marche. — Passage simultané du Saint-Gothard par le détachement formé des troupes d'Allemagne. — Plan du général Bonaparte une fois descendu en Lombardie. — Il se décide à se rendre à Milan pour rallier les troupes venues d'Allemagne, et envelopper ensuite M. de Mélas. — Longues illusions de M. de Mélas détruites tout à coup. — Douleur de ce vieux général. — Ses ordres incertains d'abord, puis positifs, d'évacuer les bords du Var et les environs de Gênes. — Dernières extrémités de Masséna. — L'impuissance absolue de nourrir les soldats et le peuple de Gênes l'ont réduit à se rendre. — Belle capitulation. — Gênes prise, les Autrichiens se concentrent en Piémont. — Importance de la route d'Alexandrie à Plaisance. — Empressement des deux armées à occuper Plaisance. — Les Français y arrivent les premiers. — Position de la Stradella, choisie par le Premier Consul pour envelopper M. de Mélas. — Attente de quelques jours dans cette position. — Croyant que les Autrichiens lui ont échappé, le Premier Consul va les chercher, et les rencontre à l'improviste dans la plaine de Marengo. — Bataille de Marengo, perdue et regagnée. — Heureuse inspiration de Desaix et sa mort. — Regrets du Premier Consul. — Désespoir des Autrichiens, et convention d'Alexandrie, par laquelle ils livrent l'Italie et toutes ses places à l'armée française. — Quelques jours employés à Milan, par le Premier Consul, à régler les affaires d'Italie. — Conclave à Venise, et promotion de Pie VII à la papauté. — Retour du Premier Consul à Paris. — Enthousiasme excité par sa présence. — Suite des opérations sur le Danube. — Passage de ce fleuve au-dessous d'Ulm. — Victoire d'Hochstëtt. — Moreau conquiert toute la Bavière jusqu'à l'Inn. — Armistice en Allemagne comme en Italie. — Commencement des négociations de paix. — Arrivée à Paris de M. de Saint-Julien, envoyé par l'empereur d'Allemagne. — Fête du 14 juillet aux Invalides. 350 à 489

FIN DE LA TABLE DU PREMIER VOLUME.

www.ingramcontent.com/pod-product-compliance
Lightning Source LLC
Chambersburg PA
CBHW071718230426
43670CB00008B/1055